Celine Lemau

« RÉPONSES »
Collection dirigée par Joëlle de Gravelaine

DU MÊME AUTEUR

Chez le même éditeur :
LES ENFANTS DU RÊVE
LE CŒUR CONSCIENT
DIALOGUES AVEC LES MÈRES
UN LIEU OÙ RENAÎTRE
PSYCHANALYSE DES CONTES DE FÉES
SURVIVRE
LA LECTURE ET L'ENFANT
(en collaboration avec Karen Zelan)
FREUD ET L'ÂME HUMAINE

Chez d'autres éditeurs :
L'AMOUR NE SUFFIT PAS
LES ÉVADÉS DE LA VIE (Fleurus)
LES BLESSURES SYMBOLIQUES (N.R.F.)
LA FORTERESSE VIDE (N.R.F.)

BRUNO BETTELHEIM

POUR ÊTRE DES PARENTS ACCEPTABLES

Traduit de l'américain par Théo Carlier

ÉDITIONS ROBERT LAFFONT
PARIS

Titre original : A GOOD ENOUGH PARENT

© Bruno Bettelheim, 1987
Traduction française : Éditions Robert Laffont, S.A., Paris, 1988

ISBN 2-221-05322-2
(Édition originale :
ISBN 0-394-47148-2 Alfred A. Knopf, New York)

NOTE AU LECTEUR

Tout au long de ce livre je fais référence au parent en tant que « lui », à moins qu'un exemple précis ne fasse référence à une mère, bien que j'aie eu le plus souvent à l'esprit les mères lorsque je l'écrivais, supposant que ce sont essentiellement des femmes qui le liraient. De plus, puisqu'il y a légèrement plus d'enfants de sexe féminin il était difficile de décider de la meilleure façon de s'adresser à eux. Je suis convaincu que, bien que les deux parents contribuent d'une façon significative à la bonne éducation (ou pas tout à fait bonne) d'un enfant, c'est la mère, en particulier pendant les premières années, qui est la plus apte à jouer le rôle, à l'évidence, le plus important dans ce processus éducatif. On pourrait surmonter cette maladresse sémantique en écrivant toujours « elle » à propos du parent et « lui » à propos de l'enfant, afin de simplifier la tâche du lecteur. Mais j'ai trouvé aussi difficile de penser à tous les parents comme féminins et à tous les enfants comme mâles. Une autre solution aurait été de les mentionner en tant que « lui/elle », mais cela ne convient pas à ma façon un peu démodée de penser ou d'écrire. Mais l'une des raisons pour lesquelles j'ai écarté ces difficultés tient à ce que j'avais le sentiment de parler à mes lecteurs comme je l'ai toujours fait avec les mères depuis tant d'années, ou avec les membres des équipes institutionnelles ou autres professionnels intéressés par l'éducation des enfants. J'ai toujours recherché un contact personnel direct et c'est pourquoi j'ai trouvé plus sage d'écrire « lui » quand je me réfère à un enfant ou à un adulte, à un mâle ou à une femelle.

Cela me paraît plus naturel sans doute parce que j'ai été élevé et que j'ai passé près de la moitié de ma vie à Vienne où selon la coutume germanique les enfants étaient désignés par le pronom neutre.

PREMIÈRE PARTIE

PARENTS ET ENFANT

1.

EN GUISE D'INTRODUCTION : IMPORTANCE DES EXPÉRIENCES PRÉCOCES

> « Comme se penche l'arbrisseau, l'arbre se penchera. »
>
> Alexander POPE,
> *Essais sur la morale.*

Ce livre récapitule les efforts accomplis durant toute ma vie pour découvrir ce que nécessite l'éducation réussie d'un enfant ; celui-ci ne devra pas nécessairement passer pour un modèle de réussite aux yeux du monde ; mais, à la réflexion, il devra être satisfait de la façon dont il a été élevé et s'estimer digne d'amour, malgré les défauts auxquels nul ne peut échapper. Je pense qu'il existe une autre preuve d'une éducation réussie : la certitude d'avoir eu suffisamment confiance en soi pour affronter avec succès les épreuves et les difficultés de la vie. Cette confiance en soi n'est pas inébranlable — seuls les imbéciles et les vaniteux croient qu'elle peut l'être —, mais la personne qui a reçu une éducation convenable possède une vie intérieure riche et gratifiante dont il ne peut que se réjouir. Enfin, et c'est peut-être le plus important, le fait de grandir dans une famille où les relations entre les parents, et entre ceux-ci et leurs enfants, sont constamment bonnes permet à l'individu de former des liens durables et heureux avec autrui et de donner ainsi un sens à sa vie. Il sera également capable d'en donner à son travail et de le juger digne de ses efforts, au lieu de se contenter d'un travail routinier, vide de toute satisfaction.

L'intérêt que je porte à l'éducation des enfants remonte à soixante-dix ans environ. Dès le début de mon adolescence je me suis préoccupé des problèmes qu'elle pose et, depuis, mes efforts dans ce sens ne se sont jamais relâchés. Pendant les premières années, mon souci était à la fois théorique et très personnel ; j'essayais de comprendre ce qu'impliquait l'éducation d'un enfant telle que je l'avais vécue et observée autour de moi. Tout en ayant de très bons parents, je pensais que certains des aspects de l'éducation qu'ils me donnaient étaient perfectibles, et j'en rejetais certains catégoriquement. D'une façon générale, j'étais persuadé que les méthodes d'éducation pouvaient et devaient être améliorées, particulièrement à la lumière des idées, alors totalement nouvelles, de la psychanalyse.

Alors que j'approchais de la trentaine, il y a de cela quelque cinquante-cinq ans, l'éducation des enfants est devenue pour moi un problème concret, relevant de la pratique. A cette époque, j'avais commencé à me consacrer à la tâche difficile de réparer les dégâts psychologiques graves infligés à des enfants très perturbés. En appliquant ce que je pensais être de bonnes méthodes d'éducation, fondées sur les principes psychanalytiques, j'ai essayé de guérir un, parfois deux enfants autistiques qui ont vécu avec moi dans ma maison pendant plusieurs années. Au cours des années quarante, dans des conditions très différentes, je me suis consacré à un nombre beaucoup plus grand d'enfants très gravement perturbés qui vivaient et étaient soignés à l'école orthogénique Sonia Shankman, dans le cadre de l'université de Chicago. Je ne m'étendrai pas sur ce travail qui a été largement exposé dans un grand nombre d'articles et de livres.

Ayant moi-même trois enfants, j'ai appris qu'il existe des différences psychologiques et surtout émotionnelles importantes entre l'éducation de nos propres enfants et celle d'enfants qui ne nous appartiennent pas. Mon livre se fonde sur tout ce que j'ai appris à partir de ces expériences.

D'autre part, je n'ai jamais perdu de vue les quarante années que j'ai passées à apprendre à d'autres personnes la meilleure façon de traiter les problèmes d'éducation. Ces personnes appartenaient à deux groupes très différents : d'une part, les mères intelligentes et très motivées d'enfants plus ou moins normaux ; d'autre part, l'équipe de l'Ecole orthogénique qui se consacrait à la réhabilitation d'enfants souffrant de troubles psychologiques extrêmement graves en vivant avec eux et en les soignant d'une façon appropriée.

Je me suis efforcé de pousser les adultes de ces deux groupes à traiter à leur façon les problèmes que leur posaient les enfants dont ils avaient la charge. Ces problèmes n'auraient jamais pu être résolus si je leur avais indiqué avec précision ce qu'ils devaient faire et ne pas faire. En effet, les généralisations et les conseils sont rendus inopérants par le caractère unique de chaque adulte et de chaque enfant ainsi que par l'immense variété des circonstances qui se présentent.

Les mouvements complexes et variés d'une partie d'échecs offrent une métaphore très simplifiée des complications à l'œuvre dans les interactions humaines. Toutes les parties commencent de la même façon. Les règles sont identiques ; elles sont immuables, nettement comprises et librement acceptées par les deux joueurs qui doivent les respecter strictement. Le but poursuivi est tout aussi clair : mettre l'adversaire échec et mat.

Rien de tout cela n'est vrai pour ce qui se passe entre parents et enfants. L'ensemble de leurs relations découle d'une histoire longue et compliquée. Le début de chaque épisode est différent de celui de toutes les précédentes. Il n'y a pas de règles acceptées de part et d'autre, bien que les parents essayent souvent d'imposer des règles auxquelles l'enfant, de par sa faiblesse, ne peut s'opposer. Mais cet accord voulu et obtenu par les parents empêche l'enfant d'affronter ses problèmes d'une façon constructive. C'est pourquoi, dans ce livre, j'éviterai de proposer des solutions précises pour ne suggérer que des méthodes d'approche capables de renforcer la spontanéité des parents et de l'enfant dans l'ensemble de leurs relations et, ainsi, d'encourager l'enfant à affronter avec succès la réalité par ses propres moyens.

Quand l'un des parents estime qu'il a raison et que ses règles doivent être respectées, rien ne garantit que l'enfant se soumettra du fond du cœur. Sur le plan de l'expérience intérieure, l'enfant et ses parents suivent leurs propres règles sans les rendre explicites, même à leurs propres yeux. Ils peuvent en outre les modifier en cours de route sans avertissement ni même sans se rendre compte du changement. Et surtout, il y a une énorme différence entre l'éducation des enfants et les échecs : la vie réelle n'est pas un jeu, mais quelque chose de très sérieux...

On peut tout de même pousser la comparaison d'une manière plus positive. Aux échecs, le débutant qui suit son plan sans tenir compte du contre-jeu de son partenaire ne tardera pas à être battu. Il en va de même des parents qui suivent un plan préconçu fondé sur des conseils qu'on leur a donnés. Les parents doivent sans cesse adapter avec souplesse leur comportement aux réactions de l'enfant et réexaminer la situation à mesure qu'elle se développe. Comme aux échecs, ils doivent tenir compte des intentions et des réactions de leur enfant. Mais ce dernier, lorsqu'il est en désaccord avec ses parents, cache souvent ses véritables sentiments, par peur de leur réaction, si bien que les parents se trouvent souvent dans une impasse.

Parce qu'il a appris à reconsidérer l'ensemble de la situation après chaque coup, le bon joueur d'échecs peut prévoir un certain nombre de mouvements possibles de sa part et de celle de son partenaire. Les parents qui peuvent envisager de la même façon leurs relations avec leur enfant n'ont guère besoin de conseils : à chaque action ou réaction de l'enfant, ils sauront réévaluer la situation et trouveront le comportement juste. On peut donc dire que les parents capables de faire bon usage des conseils sur l'éducation des enfants n'ont guère besoin de ces conseils, alors que ceux qui sont incapables d'évaluer et de réévaluer correctement la situation ne peuvent pas tirer intelligemment parti des conseils. C'est pourquoi il faut autre chose que des explications et des conseils : il faut aider les parents à comprendre tout seuls ce qui se passe dans la tête de l'enfant. S'ils apprennent à se projeter dans son esprit, tout en essayant de comprendre ce qui les motive eux-mêmes, alors ils choisiront instinctivement le comportement le plus favorable.

Ce livre est donc fondé sur ce que je pense être la façon la plus efficace d'aider les parents à élever leurs enfants ; c'est-à-dire de les inciter à développer leurs propres idées sur l'éducation et à adopter les attitudes convenant non seulement à leurs buts, mais aussi à l'individu qu'ils sont et à leur enfant ; et de les aider à parvenir à une compréhension et une attitude bénéfiques pour tout le monde.

Pour parvenir à cette fin, j'ai constaté qu'il est de première importance d'éviter de penser que l'on connaît les bonnes solutions, même les plus évidentes, avant d'avoir soigneusement examiné ce qu'implique la situation pour les deux parties. En outre, il ne faut pas tenter de comprendre son enfant sans tenir compte de soi-même. Si on s'efforce sérieusement de se comprendre dans le contexte d'une situation donnée, si on essaie de voir comment on a contribué à cette situation — volontairement ou non, consciemment ou non —, alors notre façon d'envisager les choses est déjà modifiée, ainsi que notre comportement.

Il n'est pas toujours possible de suivre ce précepte, surtout quand il importe de réagir sur-le-champ. Pourtant, si l'on veut parvenir à une solution à long terme, il faut, dès que le calme est revenu, examiner ses propres idées et l'origine de ses réactions et, ensuite, sonder ce qui s'est passé dans la tête de l'enfant. C'est seulement de cette façon que les parents pourront adopter un comportement bénéfique à la fois pour eux-mêmes et leur enfant. En fait, c'est cette auto-exploration qui, souvent, procure les meilleurs indices permettant de comprendre et d'aider son enfant.

Cette méthode relative à la compréhension des interactions parents/enfants était implicite dans certains de mes écrits antérieurs, tels que *Dialogue avec les mères*[1]. Dans ce livre-ci, j'ai voulu être aussi explicite que possible en soulignant que l'unique manière efficace d'aider des personnes bien intentionnées, et intelligentes, à faire de leur mieux pour élever leurs enfants consiste à les encourager à compter sur eux-mêmes au lieu de s'en remettre aveuglément à l'opinion d'autrui.

En étudiant en profondeur un nombre limité de problèmes typiques, j'espère prouver que, dans l'intérêt des parents et de l'enfant, il est bon que l'adulte réfléchisse personnellement à la situation et découvre tout seul ce qui est en jeu. Il est judicieux de partir du principe que, quoi que fasse l'enfant, il croit — sans avoir toujours raison — que ce qu'il fait ou est sur le point de faire est pour lui la meilleure façon de procéder dans telle ou telle situation. Les cas exposés dans ce livre ne constituent que des exemples de la multitude de problèmes que peuvent poser les enfants au cours de leur croissance. Mon souci principal est d'aider les lecteurs à être de plus en plus capables de réfléchir aux problèmes qui leur sont posés à n'importe quel moment. Ma longue expérience me permet de croire que ce que je présente ici devrait permettre aux lecteurs, s'ils le désirent, de s'approprier cette méthode d'approche et, ainsi, de

---

1. Bruno Bettelheim, *Dialogues avec les mères*, collection « Réponses », éd. Robert Laffont, 1973.

mieux élever leurs enfants et d'entretenir avec eux des relations très satisfaisantes.

Les livres qui disent aux parents comment ils devraient élever leur enfant n'ont rien de bien nouveau. Ils ont même une très longue histoire. Mais c'est au cours de ce siècle, et particulièrement à partir des années cinquante, qu'ils sont devenus très populaires ; les parents ont été de plus en plus nombreux à espérer d'eux conseils et réconfort chaque fois qu'ils rencontraient des problèmes éducatifs. Avec la désintégration des modes traditionnels de vie familiale — provoquée par l'urbanisation et l'industrialisation intensives de notre siècle —, nous avons perdu la sécurité due, entre autres, à des coutumes ancestrales et à la pérennité d'une famille largement étendue.

Il se trouve ainsi que les personnes appartenant à la classe moyenne la plus moderne n'ont guère appris à s'occuper des enfants pendant leur propre enfance. Il en allait autrement du temps où les familles étaient plus étendues et où la parenté vivait à proximité ; alors, les plus jeunes enfants pouvaient être confiés à des frères et sœurs aînés ou à des cousins et cousines, de jeunes oncles et tantes qui vivaient avec la famille ou dans une maison voisine. S'il n'y avait pas de parents consanguins, les enfants des voisins faisaient l'affaire, comme il était de coutume dans les cultures villageoises. Avant de devenir eux-mêmes des parents, les individus en savaient assez sur l'éducation pour aborder avec confiance celle de leurs enfants. Avaient-ils besoin de conseils ? ils pouvaient se tourner vers leurs parents, vers une tante, vers le médecin de famille ou le curé, certains de recevoir d'eux l'assistance attendue.

Aujourd'hui, les parents, s'ils veulent éduquer convenablement leurs enfants dans un monde complexe, savent qu'une tâche beaucoup plus ardue les attend ; ils sont par ailleurs obligés d'endosser cette responsabilité sans bénéficier d'une formation préalable. Malheureusement, l'éloignement physique et émotionnel qui, maintenant, sépare le plus souvent les générations peut amener les jeunes parents — et la plupart du temps à juste titre — à ne recevoir de la part de leurs parents que des critiques ou des conseils qu'ils ne jugeront plus appropriés.

Autre facteur important : beaucoup ressentent le besoin de s'appuyer sur des experts parce qu'ils ont tendance à croire que les choses évoluent vite et que la recherche est en progrès constant ; ils pensent qu'il n'y a pas de limites aux possibilités de l'homme s'il s'efforce de suivre les méthodes « scientifiques ». Cette confiance en la science comme source de progrès a remplacé l'ancienne confiance en la sagesse inséparable de la tradition.

Dans le domaine de la psychologie humaine, la croyance que tout est possible, pourvu que l'on respecte les méthodes scientifiques correctes, a trouvé son expression la plus nette et la plus radicale avec les tenants du behaviourisme tel qu'il a été défini à l'origine par J. B. Watson. Il affirmait que l'enfant, selon le type de conditionnement qu'il subissait pendant les premières années de sa vie, pouvait acquérir des formes de personnalité radicalement différentes ; autrement dit, selon l'influence de son environnement, l'enfant pouvait être aussi bien un génie ou un vaurien. A en croire cette étrange doctrine, l'esprit et la personnalité du nouveau-né constituent une *table rase* sur laquelle les parents, les éducateurs ou les psychologues peuvent graver de façon indélébile tous les traits qu'ils désirent. Il n'est pas facile d'expliquer comment cette théorie de l'homme absolument manipulable a pu être, et est encore, si largement acceptée sans que les parents, en général, ne s'en rendent compte de façon précise. Dans la réalité, l'expérience de tous les parents montre que, dès le moment de la naissance, les enfants ont tous des réactions différentes et que, même à un âge très précoce, ils essayent d'affirmer un esprit bien à eux, même devant leurs parents qui, bien souvent, malgré tous leurs efforts, n'y peuvent rien.

Certains jugent la doctrine behaviouriste acceptable pour deux raisons : parce qu'elle soutient que la vie d'un enfant est un commencement totalement nouveau qui rend possible n'importe quel type de développement ; et qu'un entraînement extrêmement soigneux et volontaire est nécessaire pour atteindre le but désiré.

Actuellement, seuls les behaviouristes à tous crins continuent de prétendre abusivement que n'importe quel résultat désiré peut être obtenu par l'entraînement, qui porte maintenant les mots plus « scientifiques » de « conditionnement » et de « modification du comportement ». Mais rien, ou très peu, n'est changé en ce qui concerne la conviction behaviouriste la plus fondamentale et la plus répandue selon laquelle le destin de l'enfant dépend entièrement de la façon dont il a été élevé durant la petite enfance. Sans en être vraiment conscientes, bien des personnes adoptent et utilisent cette théorie dérivée de l'étude des réflexes conditionnés chez les chiens de Pavlov et les pigeons de Skinner ; pour la plupart, ces personnes ne se rendent pas compte que ces réflexes ont été provoqués et étudiés sur des animaux de laboratoire entraînés à courir dans des labyrinthes et, par ce conditionnement même, devenus incapables de survivre dans leur habitat naturel ; autrement dit, on a fait d'eux des inadaptés et des névrosés, incapables de réagir spontanément et à leur façon aux événements, et seulement capables d'agir conformément au « conditionnement » reçu.

Le behaviourisme est devenu l'école psychologique prédominante aux Etats-Unis pendant le second quart de ce siècle, alors que les méthodes traditionnelles d'éducation étaient écartées en faveur d'une approche nouvelle et plus scientifique que la complexité croissante de la vie semblait exiger. Il est resté depuis la doctrine psychologique dominante aux Etats-Unis, à tel point que la plupart des gens font du « behaviourisme » sans le savoir.

Cette acceptation tacite et aveugle du behaviourisme est à l'opposé des principes posés par des théories scientifiques très différentes et beaucoup mieux prouvées : l'évolution et la génétique. Elles montrent toutes les deux, et de manière indiscutable, que l'être humain n'apparaît complètement manipulable que de très loin ; que l'esprit de l'enfant à la naissance n'est pas du tout une table rase et que, au contraire, sa nature propre limite étroitement les développements personnels qui lui seront possibles. La génétique démontre que le devenir de chaque individu est déterminé dès sa conception par le mélange particulier des gènes de ses parents. Ce mélange varie d'individu à individu (à l'exception des vrais jumeaux qui sont pourvus du même équipement génétique). Par nos gènes, nous héritons également des résultats du très long processus de l'évolution humaine. L'équipement génétique et le processus évolutionnaire imposent ensemble des limites aux changements qui peuvent être imposés à un individu par l'éducation et toutes les autres expériences de la vie.

La théorie freudienne du développement humain, qui est en concurrence avec le behaviourisme, a été assez largement acceptée aux Etats-Unis à l'époque où le behaviourisme envahissait le pays.

La théorie freudienne insiste à la fois sur la nature irréductible d'une grande partie de notre héritage évolutionnaire et sur l'importance des expériences précoces ; bien qu'il nous soit impossible de modifier cet héritage, les expériences du premier âge changent la façon dont il s'exprime dans la personnalité d'un individu. La psychanalyse ajoute à la théorie de l'évolution cette idée : de même que l'embryon revit dans le ventre maternel, au cours de sa croissance, certaines étapes de l'évolution animale, le nourrisson et le petit enfant récapitulent des stades importants de l'histoire de l'humanité.

En se fondant sur cet héritage inaltérable et ces étapes inévitables du développement humain, la psychologie freudienne est beaucoup moins optimiste que le behaviourisme quant à ce qui peut être obtenu par l'éducation. Elle estime que l'homme sera toujours assailli par de profonds conflits internes issus des contradictions opposant ce qu'il est par nature et ce que lui-même veut être, ou ce que ses parents et ses éducateurs désirent qu'il soit. La psychologie freudienne estime qu'il est inévitablement destiné à lutter contre les tendances égoïstes, agressives et asociales qui font tout autant partie de son héritage évolutionnaire et de sa nature personnelle que son désir de former des liens émotionnels étroits. La psychologie freudienne soutient également que la pulsion égoïste d'autoprotection est souvent, et douloureusement, en conflit avec les tendances altruistes qui peuvent exiger des sacrifices pour la conservation et la continuation de l'espèce et pour assurer le bonheur de ceux que l'on aime.

La doctrine psychanalytique est profondément convaincue que les expériences vécues par un individu ont une influence sur ces caractéristiques héritées. La génétique et l'histoire évolutionnaire créent des potentialités, et la forme que celles-ci prendront dans la vie réelle dépendra en grande partie de l'histoire personnelle précoce de chaque individu. Il est donc de la plus grande importance de respecter la personnalité unique de l'enfant en toutes circonstances. Au lieu de le « conditionner » pour qu'il devienne l'individu souhaité par eux, les parents, s'ils sont conscients et responsables, réagiront avec sensibilité à n'importe quel moment à ce qui convient le mieux à leur enfant et, ainsi, l'aideront à devenir ce qu'il veut être. De tels parents ne se contenteront pas de prendre conscience et de tenir compte des luttes de l'enfant à certains stades de son développement ; ils l'aideront aussi à trouver les bonnes solutions. Ces stades comprennent, pour l'enfant : la découverte de lui-même et sa progression vers l'individualisation et la séparation d'avec sa mère ; le lent passage d'une vie dominée par le principe de plaisir primitif, qui incite l'enfant à satisfaire immédiatement ses désirs sans tenir compte des conséquences possibles, au principe de réalité, fondé sur l'idée qu'il est souvent préférable de modifier ses désirs ou de retarder leur satisfaction pour acquérir à long terme des avantages plus importants ; l'acquisition de la maîtrise de soi, indispensable, par exemple, à l'apprentissage de la propreté ; la mise en place des rudiments de l'individualité pendant la période œdipienne ; l'adaptation de l'enfant aux exigences qui lui sont imposées, et leur intériorisation sous la forme du surmoi ; et les développements par lesquels l'adolescent atteint une certaine maturité, l'indépendance et une identité personnelle unique.

La maîtrise de l'enfant, à chaque nouveau stade d'évolution psychologique et sociale, exige de la compréhension et une aide attentive de la part de ses parents, de telle sorte que sa personnalité à venir ne soit pas marquée par les cicatrices de blessures psychologiques. Les parents ne doivent pas céder au désir de créer l'enfant qu'ils *voudraient* avoir, mais plutôt l'aider à se développer, le moment venu, à son maximum et selon ses propres désirs, en accord avec ses capacités naturelles et en conséquence de l'histoire unique de sa vie.

Les deux systèmes théoriques — celui des behaviouristes et celui des freudiens — admettent que des changements peuvent et doivent intervenir tout au long de notre vie dans nos attitudes, notre comportement et notre personnalité. Mais, à mesure que nous prenons de l'âge, les changements à long terme deviennent de plus en plus difficiles à réaliser, étant donné que d'année en année notre façon de voir les choses et d'agir devient de plus en plus routinière, et donc moins souple. Les changements qui peuvent survenir à partir d'un certain âge n'affectent guère que des domaines limités de notre personnalité et de notre vie. L'importance des expériences précoces vient donc de ce qu'elles déterminent le cadre de tout ce qui arrivera plus tard. Plus les expériences sont précoces, plus elles ont d'influence.

D'après les behaviouristes, ces expériences très précoces nous déterminent totalement en tant qu'êtres humains. Mais la psychanalyse les juge importantes pour une tout autre raison en relation avec le rôle que jouent dans notre vie notre conscient et notre inconscient. L'esprit conscient se développe lentement et, à certains égards, reste toujours dominé par l'inconscient. Tant que nous vivons, d'après la théorie psychanalytique, notre inconscient nous fait interpréter une grande partie de ce qui nous arrive à la lumière de nos expériences les plus précoces. Notre inconscient, par exemple, sur la base de ce que nous pensons de nos premières expériences avec nos parents, nous amène à croire que le monde, fondamentalement, nous accepte ou nous rejette. Cette attitude s'étend à l'idée que nous sommes bons ou mauvais ; elle nous donne le sentiment que nous sommes aptes ou inaptes à affronter la vie ; que nous sommes ou ne sommes pas susceptibles d'être aimés ; et même que nous serons récompensés ou déçus. Ces attitudes à long terme sont fondées sur des sentiments extrêmement vagues et pourtant éprouvés avec force à une époque où, étant incapables de raisonner, nous ne pouvions comprendre la signification de ce qui nous arrivait. Et comme ces attitudes qui continuent de dominer nos expériences avaient leur origine dans notre inconscient, nous ignorons d'où elles viennent et pour quelle raison elles nous paraissent si convaincantes.

Si les théories freudiennes sont justes, il est clair que les expériences de la petite enfance non seulement influencent le développement de l'amour-propre et la perception de soi en relation avec autrui, mais déterminent aussi notre interprétation des expériences ultérieures et nous amènent à organiser les événements de notre vie pour qu'ils soient en accord avec nos idées préconçues. En conséquence, tout ce qui influence la vie de l'enfant devrait tendre à lui donner une perspective positive de lui-même et de son monde. Le bonheur futur de l'enfant et sa capacité à affronter la vie et à se relier à autrui dépendront de cela.

Freud disait que le résultat le plus souhaitable d'une éducation psychanalytique (c'est-à-dire une éducation qui reconnaît l'importance de l'inconscient et la nécessité de mobiliser ses forces pour servir des buts utiles socialement et personnellement) est de rendre l'individu capable « de bien aimer et de travailler bien ». Pour lui, cela impliquait la capacité d'obtenir le maximum de satisfaction à la fois dans les domaines public et privé : aimer ceux qui partagent notre vie et être aimés d'eux ; et être utile à la société, afin de pouvoir retirer un juste orgueil de ce que l'on réalise en son sein, malgré les épreuves inévitables, et sans tenir compte de l'opinion d'autrui. On peut aider les enfants à atteindre ces objectifs en leur permettant d'acquérir les moyens de faire face aux aléas de l'existence ; alors, au lieu de s'avouer battus, ils gagneront en compréhension de soi et pourront mieux comprendre leur vie intérieure.

Ainsi, les deux principales doctrines de la psychologie de l'enfant insistent sur l'importance de tout ce qu'il vit en passant par les différents stades qui le conduiront vers la maturité, et sur le fait que la façon dont les parents traitent ces situations n'est pas seulement d'une extrême importance, mais qu'elle peut être fatale si les choses tournent mal. Les parents sont donc maintenant très bien informés de ce qui devrait les inquiéter dans leur comportement vis-à-vis de leur enfant en cours de développement. Et, malheureusement, inquiets, ils le sont !

Etant donné ces doctrines et le fait que, pendant leur enfance, la plupart des personnes n'ont pas eu d'expérience directe de l'éducation, il ne faut pas s'étonner de ce que les parents attentionnés éprouvent de l'anxiété à l'idée qu'ils pourraient nuire à l'enfant qu'ils aiment. Mais cette anxiété parentale, tout en étant compréhensible, fait beaucoup de mal aux parents et à l'enfant. Winnicott, à propos de son concept de la « *mère acceptable* », qui est à l'origine du titre de ce livre, dit que le petit enfant, quand il regarde le visage maternel, s'y voit lui-même — on pourrait même dire qu'il s'y trouve — et cela parce que la mère « *suffisamment bonne* », en profonde empathie avec son bébé, reflète sur son visage les sentiments de celui-ci. La mère qui n'est pas « *suffisamment bonne* » est incapable de refléter sur son visage les sentiments de son enfant parce qu'elle est trop préoccupée de ses propres soucis : se comporte-t-elle bien à l'égard de son enfant ? Sa façon de l'élever n'est-elle pas nocive ? Faute de pouvoir trouver son propre reflet dans le visage de sa mère, le petit enfant réagit à son anxiété et devient lui-même anxieux. Pis encore, il voit le visage d'une étrangère et, au lieu de se sentir étroitement relié à elle, il éprouve un sentiment de solitude.

Il s'ensuit que pour être une mère ou un père acceptables il convient de se sentir en sécurité en tant que parent et dans ses relations avec l'enfant, ce qui évite l'anxiété et les sentiments de culpabilité. La sécurité des parents ne tarde pas à permettre à l'enfant de se sentir lui-même en sécurité. De là vient mon espoir que ce livre, bien loin de rendre les parents anxieux ou coupables, les amènera à penser : « Je fais ce qu'il faut faire », ou « c'est bien ce que je voulais faire ! ».

Malheureusement, de nos jours, trop de parents soucieux de l'éducation de leur enfant ont l'impression que leurs responsabilités sont parfois beaucoup trop lourdes. Les problèmes les plus normaux et inévitables peuvent prendre des proportions inquiétantes quand on songe que l'avenir de l'enfant dépend de la façon dont sont réglées certaines situations. On comprendra donc facilement que des parents modernes, qui ne croient plus que le destin de l'homme est décidé par Dieu, ou livré au hasard, désirent recevoir les meilleures directives possibles en ce qui concerne l'éducation de l'enfant, si décisive pour son avenir. Alors se pose la grande question : « Quelles sont ces meilleures directives ? » Sont-elles le fait d'un expert qui dicte aux parents ce qu'il faut faire et ne pas faire ? Ou consistent-elles à aider les parents à aboutir tout seuls à de justes décisions ?

Aucun livre ne peut englober les millions de problèmes que peut poser l'éducation d'un enfant. Pour leur propre bien et celui de leur enfant, les parents doivent résoudre les problèmes à leur manière et à mesure qu'ils se présentent, faute de quoi la solution n'apportera de satisfaction ni à eux ni à l'enfant. Quant aux directives, elles ne peuvent être suggérées que par la discussion et par des exemples montrant aux parents la meilleure ligne à suivre dans leur propre intérêt et celui de l'enfant dans telle ou telle situation.

J'estime que la tâche la plus importante des parents est de se mettre dans la peau de l'enfant pour savoir ce qu'il peut ressentir et, à partir de là, de se comporter de la façon la plus bénéfique pour eux-mêmes et pour l'enfant. Cette façon de procéder ne peut qu'améliorer la relation parents-enfants. La meilleure manière d'y parvenir est de se rappeler ce que l'on éprouvait soi-même étant enfant dans les mêmes circonstances et comment on aurait aimé voir le problème réglé par les parents.

Elever des enfants est une entreprise créative, un art plutôt qu'une science. Mon intention est de présenter ici des suggestions sur ce qu'il faut penser de cet art et de sa pratique. Il m'est impossible de dire au lecteur comment il doit aborder lui-même cet art ; c'est une affaire beaucoup trop personnelle. Pour indiquer comment, selon mon espoir, le lecteur utilisera ce livre, je ne puis mieux faire que de citer le poète T. S. Eliot : « Il y a peut-être beaucoup de choses à savoir sur tel ou tel poème, beaucoup de faits que peuvent me révéler les érudits et qui m'aideront à éviter certains malentendus ; mais, à mon avis, pour parvenir à une bonne interprétation, il me faut en même temps, tandis que je lis, interpréter mes propres sentiments. »

En adoptant l'attitude du poète, le lecteur trouvera ses actes beaucoup plus intéressants et gratifiants et il découvrira que l'éducation d'un enfant peut être une expérience beaucoup plus passionnante et plus heureuse, pour lui-même comme pour son enfant.

2.
CONSEILS D'EXPERT OU EXPÉRIENCE INTÉRIEURE ?

> « Les conseils sont rarement bien acceptés ; et ce sont toujours les personnes qui en ont le plus besoin qui les apprécient le moins. »
>
> Comte de Chesterfield,
> *Lettre à son fils,* 29 janvier 1748.

> « Ce qui est vraiment irritant en ce qui concerne les instructions de cette sorte, c'est qu'elles admettent une seule façon d'assembler cette rôtissoire : celle prévue par le constructeur. Et cette présomption élimine toute créativité. En réalité, il y a des centaines de façons d'assembler cette rôtissoire, et quand on vous contraint à n'en suivre qu'une, sans vous exposer l'ensemble du problème, il est difficile de suivre les instructions sans risquer de commettre des erreurs. Le travail perd tout attrait. Et, de plus, il est très probable qu'on ne vous a pas indiqué la meilleure méthode. »
>
> Robert M. Pirsig,
> *Le zen, et l'art d'entretenir les motocyclettes.*

La façon dont les parents élèvent leur enfant influence énormément son avenir. On comprendra alors que les parents recherchent les conseils des experts, surtout quand ils ne peuvent pas déchiffrer la signification du comportement de leur enfant ou quand ils s'inquiètent de son avenir ; ou encore lorsque leurs efforts pour corriger son comportement le rendent malheureux et provoquent sa résistance.

Mais il existe d'autres raisons importantes qui peuvent expliquer pourquoi, au cours des dernières décennies, tant de parents ont fait confiance aux conseils et recommandations qu'ils trouvaient dans des livres ou des articles relatifs à l'éducation des enfants. L'une de ces raisons tient au fort attrait de l'aspect « mode d'emploi » de ces publications, comme si la vie était un jeu de société qui pourrait être joué « selon des règles ». Le behaviourisme et la banalisation des théories freudiennes ont contribué à l'idée qu'il suffit de respecter des instructions détaillées pour obtenir automatiquement de bons résultats.

Les assemblages du genre « *do it yourself*[1] » nous apprennent qu'avec de bons schémas et des instructions correctes il est possible de construire des objets très complexes à notre entière satisfaction, alors que livrés à nous-mêmes nous pataugerions et irions à coup sûr vers l'échec. Cela explique la popularité des manuels traitant des domaines les plus variés, même de ceux qui impliquent sentiments et relations intimes. Beaucoup de gens acceptent sans hésiter les conseils offerts par ces livres ; la peur de l'échec, de la part des parents, et leur désir de bien faire ont abouti à toute une bibliothèque de livres qui donnent des conseils sur la manière d'élever les enfants.

En outre, dans notre société, il existe un préjugé quasi universel en faveur de l'idée qu'il n'y a qu'une seule façon correcte de faire n'importe quoi et que, si l'on s'y conforme, il est très facile d'atteindre son but. Par conséquent, dès que les choses deviennent difficiles ou complexes, les parents pensent avoir adopté une mauvaise approche : s'ils s'y étaient pris correctement, tout se serait bien passé. Quand nous assemblons un objet compliqué, si nous n'y arrivons pas, nous consultons le schéma et les instructions et, la plupart du temps, nous découvrons notre erreur.

Il est certain que ce procédé est tout à fait valable lorsqu'il s'agit de construire un objet en assemblant des pièces préfabriquées. Dans notre société, qui a remporté ses plus grands succès dans la production massive de biens de consommation, les individus ont tendance à croire que les principes qui réussissent dans le domaine de l'industrie peuvent être appli-

---

1. Faites-le vous-même. (*N.d.T.*)

qués aux relations humaines et au développement de l'individu.

Les parents qui s'appuient sur les « manuels » d'éducation établissent dans leur subconscient un parallèle entre leurs interactions personnelles les plus intimes et l'assemblage d'un produit industriel. Leur enfant doit avoir de bonnes « performances », il doit « fonctionner » convenablement, et s'il y a des « ratés », ils en concluent que leur « technique » n'est pas bonne et qu'ils ont suivi une mauvaise « méthode ». Et ils demandent des instructions au manuel d'éducation.

Tout cela ne veut pas dire que les parents ne doivent pas chercher à bien faire ni s'en remettre au hasard. Ils doivent, par leur propre comportement et par les valeurs qui inspirent leur vie, indiquer une direction à leurs enfants. Mais ils doivent aussi se débarrasser de l'idée qu'il existe des méthodes éprouvées capables de donner des résultats prévisibles si elles sont bien appliquées. Tout ce qu'ils font avec et pour leur enfant doit tenir compte de la situation particulière et de la relation qu'ils désirent établir avec lui.

Robert M. Pirsig, dans son livre *Le zen, et l'art d'entretenir les motocyclettes,* soutient que quand on assemble un appareil en suivant à la lettre les conseils et les instructions on se prive de tout sentiment de créativité. Cette perte est loin d'être compensée par l'aisance avec laquelle on réussit l'assemblage. Il y manque les sentiments inséparables de toute expérience vraiment humaine. Les parents auront beaucoup de mal à être contents d'eux-mêmes et de leur enfant s'ils appliquent à leurs interactions des conseils qui leur sont donnés par un tiers ; cela enlève à l'interaction la spontanéité qui permet aux expériences d'être véritablement humaines et satisfaisantes.

Il paraît tout simple d'assembler les morceaux d'un appareil quand on dispose des schémas et des instructions. Si on est découragé, fatigué ou lassé parce qu'on trouve le travail beaucoup plus difficile que prévu, on sait que l'abandon du projet ne coûtera rien d'autre que de l'argent, du temps et du travail. Rien de regrettable ne se produira si on demande à un ami de le finir pour nous, ou si on se repose pendant quelque temps avant de le reprendre.

Combien, par comparaison, les sentiments des parents sont plus complexes quand ils sont déconcertés par leur enfant dans une situation délicate ! Ici, il faut agir ; et on constate qu'il est incroyablement difficile, et souvent au-delà de nos ressources émotionnelles, de se comporter d'une manière qui satisfasse nos propres besoins et qui, en même temps, puisse aider l'enfant à développer pleinement sa personnalité et à acquérir peu à peu une perspective correcte et positive de lui-même et du monde. On ne souffre pas dans son amour-propre quand on ne parvient pas à assembler les pièces d'un objet ; mais quand on se découvre incapable de trouver seul les bonnes solutions aux problèmes d'éducation, l'idée qu'on pourrait être des parents incapables nous fait peur. C'est donc avec angoisse et un certain malaise que l'on approche les conseils proposés par les livres.

Plus on est perplexe, plus le besoin est pressant et plus l'urgence de la solution à trouver nous stresse. Plus on est troublé, moins on est capable de peser tranquillement les choses, et plus on désire recevoir les directives d'une autorité. L'empressement des parents à prendre pour argent comptant les conseils des experts vient surtout de leur désir de bien élever leur enfant et n'a pas grand-chose à voir avec la pertinence des conseils trouvés dans les livres. Autrement, il y aurait un consensus à propos des livres qu'il faut suivre et de ceux qu'il faut rejeter, consensus qui est loin d'exister. Mais, paradoxalement, plus on désire ces conseils, moins on les apprécie, parce que le besoin qu'on a d'eux vient de ce que l'on est confronté à un problème que, du plus profond de nous-mêmes, nous voudrions être capables de résoudre seuls.

En outre, les parents se demandent souvent si, en suivant ces conseils, tout ira mieux, ou si, au contraire, ils ne conduiront pas à des problèmes plus graves. Cette inquiétude est justifiée. En effet, à supposer même que le conseil soit judicieux, nous pouvons très bien, pour des raisons internes ou externes, ne pas être capables de l'appliquer correctement, et constater que la situation est pire qu'à l'origine ! Dans la plupart des situations complexes, tout dépend de la façon dont le conseil est compris et se trouve adapté à la situation spécifique à laquelle il répond ainsi qu'à sa mise en pratique plus ou moins heureuse. A cet égard, comme à beaucoup d'autres, bien des écueils sont possibles.

Le meilleur conseil est fondé sur un examen et une appréciation approfondis de tous les constituants du problème, y compris sa

« préhistoire » ; évidemment, il nous est impossible de trouver cela dans un livre. Mais même si le conseil est donné après une analyse minutieuse de tous les éléments, on peut être incapable de le suivre dans les conditions prévues par l'expert. Cela peut aggraver la difficulté originelle, car nous nous sentons alors coupables non seulement à cause du problème lui-même, mais aussi à cause de notre incapacité à faire bon usage du conseil reçu. C'est là une raison suffisante de trouver rétrospectivement le conseil mal venu ; s'il faut tâtonner, autant le faire à sa façon.

Subconsciemment, nous nous méfions des conseils relatifs à l'éducation des enfants, même quand nous les recherchons. Tout au fond de nous-mêmes, nous savons très bien que toute une histoire a précédé la situation qui exige un conseil : elle n'a pas surgi du néant et comprend de nombreux éléments concernant spécifiquement les parents et l'enfant. Aucun auteur d'un livre destiné aux parents en général ne peut connaître ni peser tous les facteurs intervenant dans une situation particulière. Nous savons que le donneur de conseils ne risque absolument rien, alors que les parents et l'enfant peuvent être lourdement pénalisés si les conseils sont incomplets, mal compris, ou appliqués d'une façon erronée. Nous savons que depuis le moment où nous avons commencé à suivre un conseil il s'est passé entre notre enfant et nous des choses qui ont modifié la situation originale ; nous ne pouvons revenir sur nos pas ni repartir de zéro.

En général, quand on étudie les instructions d'un assemblage, on ne souffre pas de savoir que d'autres sont capables de se passer de directives. Mais quand on s'efforce de suivre un manuel d'éducation, on a la pénible impression que d'autres parents ne rencontrent pas les mêmes difficultés que nous en ce qui concerne, par exemple, l'apprentissage de la propreté ou l'alimentation. On a beau nous dire que tous les parents connaissent les mêmes problèmes, nous savons très bien, en parlant avec eux, qu'il n'en est parfois rien. Tel enfant apprend tout seul à être propre, tel autre ne se réveille jamais la nuit, tel autre encore accepte avec plaisir la naissance d'un petit frère...

Quand les parents, d'autre part, décident de prendre avis, ils en veulent inconsciemment au comportement de leur enfant qui les oblige à s'en remettre à des tiers. Ils ont l'impression que l'enfant n'aurait pas dû rencontrer telle ou telle difficulté, ou qu'il aurait dû être capable de la vaincre tout seul. Puisque d'autres enfants y parviennent, pourquoi pas le nôtre ? Et, ce qui serait pire, n'est-ce pas de notre faute ? Si telle est notre attitude, il est encore plus difficile de suivre les conseils avec la tranquillité d'esprit qui nous permettrait de bien les comprendre et de les appliquer correctement.

Ainsi, malheureusement, nos sentiments, lorsque nous essayons de suivre des conseils, sont en général ambigus ou négatifs. Nous avons peur de constater que nous avons déjà porté à l'enfant un tort irréversible ; ou que les démarches préconisées n'aillent à l'encontre de nos convictions ou de notre façon habituelle d'agir ; ou encore qu'il nous soit très difficile de procéder comme on nous le suggère. On peut également avoir peur des réactions de l'enfant. Enfin, consciemment, ou plus probablement subconsciemment, on peut avoir peur, en suivant les conseils des livres, de provoquer des conflits au sein de la famille en s'attirant de sévères critiques de la part du conjoint ou des grands-parents de l'enfant.

Au moment où ils décident de consulter des livres relatifs à l'éducation des enfants, les parents, sans aucun doute, ont déjà envisagé certaines solutions au problème du moment. Même ceux qui proclament « ne savoir que faire » ont déjà essayé beaucoup de choses et songé à des solutions encore plus nombreuses. Qu'il s'agisse de cauchemars, de propreté ou de petits vols, ils ont réfléchi à ce qui *pourrait* être fait et savent ce que l'on en pense dans leur entourage.

Nous nous rappelons aussi comment ces problèmes étaient résolus par nos parents pendant notre enfance, et nous savons lesquelles de leurs méthodes nous plaisaient ou nous déplaisaient. De toute façon, ces méthodes nous ont marqués profondément et continuent de porter l'aura de l'autorité parentale. Que nous le voulions ou non, notre réaction à un conseil livresque sera influencée par le résidu de nos expériences précoces, par la « préhistoire » de notre attitude actuelle face au problème en question.

Nous *savons* qu'il y a mille manières de traiter n'importe quelle situation mais que très peu d'entre elles peuvent être bénéfiques pour notre enfant. Il est donc tout naturel que nous approchions les conseils avec le secret espoir qu'ils ne seront pas en contradiction avec le comportement que nous avons déjà essayé ou simplement envisagé. Notre satisfaction, s'il en est ainsi, n'a d'égale que notre déception dans le cas contraire. La crainte que nos idées puissent être mises en question nous empêchera d'appliquer les conseils avec toute l'intelligence nécessaire. Nous pouvons même chercher inconsciemment l'échec pour exprimer notre ressentiment à l'égard de l'« expert ».

Bien entendu, la plupart des parents qui recherchent les avis d'un expert le font avec l'espoir qu'ils confirmeront leurs propres convictions. Comme le dit C. C. Colton : « On demande conseil, mais ce que l'on désire en réalité, c'est une approbation. » Cela est particulièrement vrai quand nos émotions sont fortement impliquées, phénomène constant dès lors qu'il s'agit de nos relations avec nos enfants.

Les parents qui sont francs avec eux-mêmes reconnaissent que, pour un conseil trouvé dans un article ou dans un livre et qu'ils suivent, il en existe plusieurs autres, opposés, qu'ils refusent. Pour s'en rendre compte, il suffit d'observer une mère choisissant sur une étagère un livre relatif à l'éducation des enfants. Tous ces livres sont écrits par de soi-disant « experts », mais cette qualité est admise par certains parents et niée par d'autres. En réalité, s'il existe en effet des spécialistes de l'enfance en général, seule une personne connaissant intimement ce qui se passe entre tels parents et leur enfant peut prétendre à une certaine compétence en ce qui les concerne personnellement.

Devant la multitude de livres qui s'offrent à eux, les parents ne peuvent que choisir celui qui leur donnera un conseil pertinent, avec l'espoir que le reste du livre le sera tout autant. Comment pourrait-il en être autrement ? Pour élargir nos perspectives sur des sujets où nous ne sommes pas personnellement impliqués, nous pouvons lire des auteurs dont les opinions sont opposées aux nôtres, mais s'il s'agit de notre propre enfant, nous aimons consulter quelqu'un dont les vues sont très proches des nôtres.

L'avis le plus convaincant n'est pas toujours facile à suivre s'il entraîne des inconvénients. Cela est vrai non seulement pour les conseils donnés par autrui, mais aussi pour ceux que l'on se donne à soi-même et qui, objectivement parlant, devraient être aisément mis en pratique. Par exemple, tous les livres qui abordent le chapitre des produits dangereux conseillent de les mettre hors de portée des enfants. Et pourtant, chaque jour, des enfants sont conduits à l'hôpital parce qu'ils ont avalé de tels produits. Nous avons tous fortement tendance à agir comme Mary Wortley Montagu qui écrivait à la comtesse de Mar : « Il m'arrive de me donner d'admirables conseils que je suis incapable de suivre. »

Les avis qui ne gênent en rien le confort ou les idées des parents sont plus facilement suivis, bien que certains experts pensent le contraire. C'est pourquoi le conseil de laisser les bébés crier au lieu de les prendre dans les bras pour les calmer est encore largement suivi. Ce n'est pas tellement que ce comportement soit un soulagement pour les parents puisqu'ils sont importunés par les cris de l'enfant ; le problème est que, inconsciemment, les parents en veulent à l'enfant et qu'ils se persuadent qu'il ne servira à rien de le prendre dans les bras. S'ils se résignent à le faire, ce sera souvent d'une manière excédée qui n'apportera aucun bien-être à l'enfant. Il est facile de faire le geste, mais parfois très difficile de réconforter des personnes qui nous ennuient, même s'il s'agit de nos propres enfants. Ainsi, quand ils sont suivis à contrecœur, les conseils sont le plus souvent voués à l'échec.

J'ai connu beaucoup de parents qui adoptaient une attitude distante à l'égard de leur enfant. Quand on leur demandait ce qui leur avait donné l'idée d'agir ainsi, ils affirmaient presque toujours qu'ils avaient lu ou entendu dire que c'était la meilleure façon de procéder. Finalement, on apprenait qu'ils avaient aussi reçu l'avis contraire, mais qu'ils avaient cherché dans la littérature la solution qui était la plus conforme à leur désir.

En résumé, il est très difficile de lire des conseils d'éducation et d'échapper à de fortes réactions personnelles ; et celles-ci nous empêchent de bien comprendre ces conseils, de les aborder avec l'objectivité qui les dégagerait d'éléments qu'en réalité ils ne comportent pas. Et à partir du moment où nous avons recherché ces conseils, il devient difficile de les chasser de notre esprit. Nous devons les affronter, les accepter ou les rejeter, les intégrer ou tout au moins continuer d'y réfléchir. Mais étant donné que nous cherchons des conseils parce que nous sommes dans une impasse avec notre enfant — parce qu'il est jaloux de son frère, qu'il a peur des chiens ou de l'école, qu'il mouille son lit, qu'il est boulimique ou, au contraire, rechigne à manger —, nous n'avons pas le loisir de considérer le conseil reçu avec la sérénité qui nous permettrait de faire le bon choix. Nous sommes soumis à une pression trop forte — parce que notre enfant continue de ne pas vouloir aller à l'école, parce qu'il mange trop ou pas assez ou qu'il s'entête à nous demander de le protéger contre des dangers imaginaires. Même s'il ne nous supplie pas de « faire quelque chose », nous nous sentons obligés de l'aider, et cette pression ne nous permet guère d'adopter une attitude objective à l'égard du conseil. Si, par hasard, le problème de comportement cesse momentanément de se poser, nous continuons de nous inquiéter de ce qui a pu le provoquer, car nous savons par expérience qu'un tel répit n'est pas durable ou que le problème peut resurgir sous une autre forme. Nous ne pouvons donc pas nous empêcher de ruminer le conseil, d'être dérangés par certains de ses aspects, fascinés par d'autres, ce qui nous interdit souvent d'apprécier objectivement dans quelle mesure il s'applique à notre problème.

Les livres disent volontiers aux parents comment « ils doivent être » avec leur enfant : compréhensifs, patients et, surtout, aimants. On a beau vouloir être non pas des parents idéaux, mais du moins de très bons parents, il est pratiquement impossible de maintenir ces attitudes positives dans des situations de crise, quand, violemment perturbés par nos émotions, nous perdons patience devant l'obstination incompréhensible d'un enfant. Nous nous sentons incapables de l'aimer quand il heurte nos sentiments, nous embarrasse, détruit nos objets les plus précieux, lance sur nous sa nourriture ou passe sa rage en frappant sa petite sœur ou nous-mêmes. Il peut nous arriver de prendre tout cela avec bonne humeur, mais à d'autres moments nous sommes excédés par ce comportement, même s'il est caractéristique de son âge.

Evidemment, en grande majorité, les parents aiment leur enfant et ne demandent qu'à l'aimer en permanence. Il n'existe cependant que peu d'amours qui soient totalement dénués d'ambivalence. Cela est même vrai de l'amour d'une mère pour son premier-né, amour qui, selon Freud, est de toutes les relations humaines la plus positive et la moins ambivalente. L'amour parental est parfois teinté d'ennui, de découragement et de déception comme l'est l'amour qu'éprouve l'enfant pour ses parents.

Dans la plupart des situations conflictuelles, des parents réfléchis se diront que le comportement de l'enfant n'est au fond que l'un des éléments, certes difficile, mais inévitable de sa croissance. Malheureusement, cette façon pertinente de voir les choses n'est pas d'un grand secours pour les parents quand ce sont leurs propres valeurs, et surtout leur façon de vivre qui se trouvent mises en cause par l'enfant.

Ce qui peut vraiment aider les parents dans de telles situations, c'est le souvenir de leur propre enfance. A certains moments de notre vie, nous avons tous mis la patience de nos parents à rude épreuve, et nous avons contesté ouvertement ou en silence leur façon de se comporter dans la vie. Si nous pouvons vraiment nous rappeler ces moments de notre enfance, nous pouvons savoir également combien nous en souffrions, combien nous nous sentions inquiets, insécurisés derrière notre attitude de défi, et combien nous en voulions à nos parents de ne pas s'en rendre compte.

Une adolescente et sa mère, par exemple, se lancèrent un jour dans une discussion qui s'envenima au point que la jeune fille en vint à insulter sa mère. Celle-ci en souffrit profondément pendant plusieurs jours et se demanda pourquoi elle était bouleversée à ce point. Après tout, ce n'était pas la première fois que sa fille et elle se heurtaient violemment ; mais jamais elle n'avait été blessée à ce point. Finalement, elle se rendit compte que cette altercation lui avait rappelé l'une des rares fois — oubliée jusqu'alors — où elle avait insulté ses parents qui lui avaient sévèrement reproché d'avoir fumé une cigarette. Elle se rappela aussi, à son grand étonnement, qu'elle avait délibérément voulu blesser ses parents, parce qu'ils l'avaient eux-mêmes blessée, mais que ses injures, lui semblait-il, n'avaient pas atteint leur but. Elle en conclut qu'elle n'avait aucune importance aux yeux de ses parents et que rien de ce qu'elle pouvait faire ne réussirait à les émouvoir. Maintenant, sachant combien elle avait été ulcérée par les insultes de sa fille, elle pouvait comprendre la souffrance de ses propres parents.

Elle se rendit compte en même temps qu'elle s'était méprise sur l'insensibilité de ses parents en pensant que ses sentiments pouvaient les laisser indifférents. Mais, heureusement pour ses relations avec sa fille, elle comprenait maintenant combien celle-ci devait souffrir de s'être laissé emporter. Sa propre souffrance, comparée à celle de sa fille, lui parut insignifiante. Le souvenir de sa révolte d'adolescente lui permit de se mettre avec elle en parfaite empathie.

Ainsi, les souvenirs de notre enfance peuvent nous rendre patients et tolérants ; nous comprenons que notre enfant, malgré son obstination, souffre comme nous avons nous-mêmes souffert, et, en même temps, notre amour pour cet enfant en qui nous nous reconnaissons réapparaît de lui-même. Mais pour que cela se produise, nous devons revivre en esprit les expériences de notre passé ; si nous nous contentons de suivre un conseil du genre : « garder son sang-froid devant la révolte de l'enfant », notre attitude devient artificielle, mécanique, au lieu de découler naturellement de nos sentiments profonds. L'enfant s'en rend compte, et nous lui paraissons moins humains.

Nos enfants sont très proches de nous parce que nous nous retrouvons en eux. De même qu'ils s'identifient à nous, nous nous identifions à eux beaucoup plus que nous n'en avons conscience. Nous sommes heureux de reconnaître en eux des traits de caractère que nous approuvons en nous-mêmes. Mais ce contact intime avec notre enfant provient d'identifications non seulement positives, mais aussi négatives. Quand nous croyons voir chez notre enfant des aspects de notre personnalité que nous désapprouvons, nous en sommes bouleversés ; ce sont souvent des tendances que nous avons essayé en vain d'éliminer. Dans de telles circonstances, le conseil d'être patient, compréhensif et aimant ne sert strictement à rien. En outre, nous nous rendons compte que le problème est avant tout de notre côté, et seulement de façon secondaire du côté de l'enfant. Cela nous aide à mieux l'affronter et à éviter de punir l'enfant pour une affaire qui est plus nôtre que sienne.

En fait, presque tous les parents sont capables d'agir raisonnablement, d'être patients et compréhensifs tant que leurs émotions n'interviennent pas, c'est-à-dire dans des circonstances qui ne remuent pas de profonds sentiments personnels. Mais lorsque l'enfant est en jeu, la plupart des situations font surgir ces sentiments. Trop souvent, hélas, nous pensons être émotionnellement neutres, nous conduire d'une façon tout à fait rationnelle, alors qu'il n'en est rien. J'en donnerai un exemple.

Le plus cher désir d'un père et d'une mère était de voir leur fils unique, qu'ils avaient eu assez tard, suivre le même chemin qu'eux : ils avaient l'un et l'autre poussé très loin de brillantes études. Tout alla bien jusqu'au début de l'adolescence de ce fils qui se désintéressa alors de son travail scolaire pour ne plus se passionner que pour le sport. Il réussissait néanmoins à ne pas poser de graves problèmes et à passer de justesse d'une classe à l'autre. Ils commencèrent à le critiquer sévèrement, sans lui cacher leur profonde déception. Le père, éminent physicien, craignant pour l'avenir de son fils, joua de toute son influence pour le faire changer de cap. Le seul résultat fut que le père et le fils, qui, jusque-là, étaient très proches l'un de l'autre, n'eurent plus rien en commun.

En réalité, ni l'un ni l'autre ne se rendait compte que, si le fils tournait le dos aux études, c'était parce qu'il se sentait incapable de rivaliser avec son père sur son propre terrain, et préférait faire ses preuves dans un domaine qui lui était totalement étranger : le sport.

Les parents, de leur côté, jugeaient leurs motivations tout à fait rationnelles : leur fils, pour son plus grand bien, devait laisser tomber le sport et se replonger dans ses livres. Leur insistance finit par projeter une lumière négative sur tout ce qui se passait entre eux et lui. Le fils, qui avait toujours beaucoup aimé ses parents, et qui continuait de les aimer et de les admirer, souffrait de voir que ces deux êtres, qui étaient si importants pour lui, ne trouvaient plus rien de bon en lui et désapprouvaient tout ce qu'il faisait. Pour moins souffrir, il se replia sur lui-même ; et, pour cacher sa déception, il adopta à leur égard une attitude de défi. L'atmosphère de la maison devint si tendue qu'il se mit à passer la plus grande partie de son temps avec ses amis sportifs, ce qui, bien sûr, fut loin d'arranger les choses.

En désespoir de cause, le père prit la décision de consulter un psychothérapeute pour amener son fils à changer de vie. Après avoir écouté attentivement les doléances du père, le thérapeute lui demanda de lui parler de sa propre jeunesse et de ses relations avec son père. Quand il en vint aux souvenirs de la fin de son adolescence, le père du jeune homme se souvint de quelque chose qu'il avait totalement oublié : en réalité, il avait vécu avec son père la même expérience que son fils avec lui. Selon la tradition de l'époque, son père avait voulu qu'il suive ses traces et qu'il prenne la relève dans l'affaire familiale. Il s'était révolté contre cette idée et avait résolu de se lancer dans une carrière totalement différente, celle des sciences. Après une longue période de brouille, son père s'était résigné à contrecœur et, plus tard, fut même très fier des succès universitaires de son enfant.

A partir de là, au lieu de s'entêter à projeter son ambition sur son fils, le père put s'identifier à lui sur la base d'une expérience partagée : il s'agissait pour tous deux de trouver un moyen de s'affirmer sans avoir à entrer en compétition avec le père. Quasiment du jour au lendemain, cette identification permit au père non seulement d'accepter le genre de vie de son fils, mais aussi de vivre en profonde empathie avec lui.

Dans les deux cas, les pères étaient intimement convaincus que l'avenir réservé par eux à leur fils était le meilleur possible. Ils ne se rendaient pas compte que derrière ces considérations rationnelles se cachaient des motivations inconscientes dont la plus puissante était le désir de s'identifier d'une façon permanente au fils en lui faisant adopter un genre de vie identique au leur. Venait ensuite le désir encore plus profondément refoulé de maintenir leur supériorité sur leur enfant en partant du principe qu'il réussirait moins bien qu'eux dans leur profession. Leur fils serait ainsi une réplique moins parfaite d'eux-mêmes, et comme la supériorité du père ne serait pas remise en question, le lien père-fils resterait inchangé. Dans les deux cas, le fils se rendait compte inconsciemment de ce qui se passait et refusait catégoriquement de n'être qu'une pâle imitation du père.

Ce désir de voir le fils suivre les traces de son père ne répond pas seulement à un désir de maintenir la supériorité parentale. Il se fonde surtout sur l'envie de continuer la relation parents-enfant sous la forme qui paraissait la plus satisfaisante à chaque partie. A l'origine, les capacités supérieures des parents garantissaient la sécurité et le bien-être de l'enfant ; celui-ci aime et admire le parent qui satisfait à ses besoins. Plus tard, quand l'enfant refuse de se conformer au genre de vie parental, il menace un élément important, établi de longue date, de la relation parents-enfants, c'est-à-dire la supériorité des parents à maîtriser les problèmes de la vie de l'enfant. C'est ainsi que se créait un lien puissant entre les deux générations. On comprend alors que les parents veuillent maintenir intact ce lien en poussant l'enfant vers la carrière qu'ils ont eux-mêmes choisie et où ils se sentent compétents. Comme ce désir est en grande partie égoïste, il demeure inconscient et se trouve remplacé par la conviction consciente que ce choix de carrière est le meilleur que l'enfant puisse adopter.

Ce qui vient compliquer davantage les choses, c'est qu'au moment où l'enfant affirme son désir d'indépendance, les parents ont atteint l'âge où ils commencent à voir leurs forces décliner. Si c'est le cas, ils se sentent moins menacés si l'enfant choisit une carrière où ils peuvent exercer leur supériorité.

La jalousie de la mère, dont la beauté et le pouvoir de séduction commencent à décliner alors que ceux de sa fille sont en train de s'épanouir, est immortalisée par la reine de *Blanche Neige*. Il en est de même pour le vieux roi Saül devant la force et la réussite de son jeune successeur, David. Dans ces deux très vieilles histoires, le roi et la reine veulent détruire le jeune être qui s'apprête à les surpasser.

Les parents, de nos jours, ont tendance à ignorer le poids des ans et font tout leur possible pour rester aussi beaux, jeunes, forts et séduisants que leurs enfants. Dans notre culture, on a peur de vieillir, contrairement à ce qui passait dans la Chine ancienne où plus on prenait de l'âge, plus on était vénéré ; les parents, alors, n'avaient aucune raison d'être jaloux de leurs enfants et ne ressentaient pas le besoin de rivaliser avec eux.

La plupart des mères, naguère, tentaient de réprimer la sexualité naissante de leur fille pour ne pas se sentir menacées par elle ; aujourd'hui ces mêmes mères préféreraient rivaliser avec leur fille sur le plan de la séduction féminine, et même de la jeunesse. Les pères, eux, essaient de se maintenir aussi en forme que leur fils. Aux yeux de l'enfant, ses parents apparaissent plutôt comme grande sœur ou grand frère. Et pourtant, bien que se plaçant sur un pied d'égalité, les parents prétendent conserver leur autorité parentale, essentiellement fondée sur des différences dues à l'écart des générations et justement niées par la compétition. Cependant, pour sa propre sécurité, et pour qu'il puisse avoir de ses parents une image respectable, et non pas les considérer comme des rivaux, l'enfant a besoin de sentir leur supériorité, due à l'expérience de leur génération.

Etant donné cette évolution relativement récente, l'enfant désire avoir une vie bien à lui, différente de celle de ses parents, ce que ces derniers ont souvent du mal à accepter. D'une part, ils veulent participer à la vie de leur enfant en étant physiquement leur égal, d'autre part ils entendent être respectés en raison de leur connaissance supérieure de la vie. A ce jeu, personne ne peut gagner tant que les parents sont incapables de reconnaître les aspects inconscients de leur rivalité avec l'enfant. Par contre, s'ils sont capables d'accepter consciemment ce qui se passe en eux-mêmes, le plaisir qu'ils éprouvent à le voir aborder un âge où toute la séduction de sa jeunesse peut s'épanouir remplacera leurs réactions inconscientes de jalousie, mal cachées derrière des rationalisations justifiant leur volonté d'orienter l'avenir de leur enfant et leur désir de rester aussi jeunes que possible « pour le plus grand bien de tous ».

Parce que nous voulons agir en parents intelligents et responsables, nous nous laissons facilement séduire par les aspects raisonnables de notre comportement tout en ignorant les motivations émotionnelles. Mais nos enfants, qui réagissent beaucoup plus à leur inconscient et au nôtre qu'à la voix de la raison, sont extrêmement sensibles à notre engagement émotionnel qu'ils sont loin de toujours approuver.

Si, dans notre for intérieur, nous admettions que nos émotions régissent souvent nos actions face à notre enfant, nous serions beaucoup plus sensibles à ses réactions émotionnelles vis-à-vis de nous et de nos exigences. Alors que, dans le feu de l'action, nous ne sommes pas toujours capables de faire appel à la patience et à la compréhension dont nous aimerions faire preuve, il nous est en général plus facile de parvenir rapidement à cette attitude à partir du moment où nous nous avouons que nous nous sommes laissé emporter par nos sentiments.

Bien des parents peuvent dire à juste titre et avec une certaine irritation : « J'ai vraiment essayé d'être patient avec mon enfant, mais je n'y arrivais pas. » Quand ils contrôlent leurs émotions, les parents peuvent être patients, mais il y a forcément des moments où les émotions l'emportent sur la patience. Lorsque, d'autre part, nous essayons d'être patients parce qu'on nous a *conseillé* de l'être, quels que soient nos sentiments, nous ne le sommes pas de façon naturelle, et nous jouons la comédie devant nos enfants.

Chaque fois que nous nous engageons émotionnellement — comme nous le faisons presque toujours, à un certain degré, avec nos enfants —, nous n'agissons pas seulement en fonction des conseils reçus, mais aussi dans le sens de nos émotions, et la combinaison des deux éléments est souvent déroutante. Fort heureusement, nous agissons la plupart du temps en accord avec la personne que nous sommes réellement et avec ce que la vie nous a enseigné. Dès que nous nous rendons compte que nos expériences personnelles conditionnent notre comportement, nous sommes en mesure de comprendre les sources profondes qui déterminent ce que nous faisons et comment nous le faisons.

La compréhension intuitive de l'enfant, fondée sur d'innombrables situations, lui fait éprouver avec une quasi-certitude si ses parents agissent ou non en accord avec leurs convictions et leurs valeurs habituelles, et avec leur façon traditionnelle de se comporter. Plus l'enfant est jeune, plus il se concentre avec passion sur ses parents et tire des conclusions — pas toujours très justes — de ses observations. S'il sent que ses parents agissent d'une façon qui ne leur est pas « naturelle » (par exemple en suivant des conseils insuffisamment réfléchis et mal adaptés à leurs propres sentiments), il les considère avec perplexité et méfiance.

Comme je l'ai dit plus haut, les conseils offerts par les livres sont nécessairement d'ordre général ; ils ne présentent que des idées abstraites et des conclusions qui peuvent, au mieux, reposer sur des circonstances analogues aux nôtres mais jamais identiques dans les détails. Il en va de même des explications et des solutions que nous offrent avec les meilleures intentions les parents et amis. Leurs suggestions se fondent sur leur propre expérience qui, étant donné qu'eux-mêmes et leurs enfants sont différents de nous et des nôtres, ne peuvent pas s'appliquer exactement à notre situation. Chaque parent, chaque enfant est un individu unique ; l'histoire de chacun est unique, comme le sont ses réactions dans n'importe quelle situation particulière. D'autre part, les séquences d'événements ne sont jamais identiques. La plupart des drames familiaux, petits et grands, pourraient être évités si les parents réussissaient à se libérer de toute idée préconçue sur ce que leurs enfants « devraient être ».

Robert Pirsig a raison : « Il est difficile de suivre des instructions sans faire d'erreur. On perd le goût du travail. » Quand on nous dit qu'il n'y a qu'une façon d'agir, on nous prive de la créativité que nous mettrions en œuvre en cherchant et en trouvant nos propres solutions. Le remède contre la perte de la spontanéité — qui fait de la relation parents-enfants une chose vide et mécanique — consiste à comprendre par ses propres moyens — et non par les « lumières » d'un tiers — l'ensemble du problème et, à partir de là, à trouver une façon créative et réellement personnelle de le résoudre. La compréhension vient de l'intérieur, tandis que nous explorons le problème et ses ramifications, et aussi de nos efforts pour trouver une solution adaptée à notre personnalité et à celle de l'enfant. Tel est le thème du livre de Pirsig qui raconte une randonnée à motocyclette effectuée par son fils et lui. Pendant ce voyage, qui symbolise celui du père vers la découverte de soi-même, il essaie de comprendre l'ensemble des problèmes posés par sa relation avec son fils ; en même temps, il parvient à se mieux comprendre, et l'idée qu'il se fait de lui-même change radicalement.

Nous devons tous, comme lui, nous efforcer de mieux nous comprendre, ce qui nous permettra de voir clair dans nos relations avec notre enfant et, en même temps, d'enrichir notre vie. Cette compréhension de nous-mêmes, à l'occasion de problèmes d'éducation, ne peut nous être procurée par un tiers, quelle que soit sa compétence. Tout ce qu'un livre peut faire, y compris celui-ci, c'est d'exposer certains des problèmes généraux traitant de l'éducation des enfants : leur origine, leur signification, leur portée et, tout particulièrement, les différentes manières d'y réfléchir.

3.
PARENTS OU ÉTRANGERS ?

> « Les considérations d'ordre général ne peuvent régler les cas concrets. »
>
> Le juge O. W. HOLMES.

Par la phrase citée en exergue, le juge Holmes n'avait pas du tout l'intention de déprécier les considérations d'ordre général ; il savait simplement que, pour prendre des décisions de justice, il ne suffit pas d'appliquer les principes généraux : il convient d'examiner un cas concret dans ses moindres détails. Dans le même esprit, Freud a toujours insisté sur l'importance de la compréhension d'une part des principes psychanalytiques, d'autre part de la façon unique dont ceux-ci s'appliquent dans toute situation concrète. Les écrits et la formation psychanalytique peuvent enseigner à l'étudiant les problèmes généraux et les vicissitudes du développement humain au cours de la vie. Cette compétence acquise donne une bonne chance de comprendre ce qui peut se trouver en dessous des particularités d'une certaine situation, mais ce n'est que le point de départ d'une étude soigneuse du cas particulier. La démarche suivante, pour les parents, comme pour le juriste ou le psychanalyste, est de se mettre en résonance avec l'ensemble du problème et la forme concrète, spécifique, sous laquelle il se présente, afin que la compréhension soit non seulement rationnelle, mais aussi empathique et émotionnelle.

Si les conseils d'un étranger court-circuitent ce processus de découverte, les parents peuvent être séduits par l'idée que leurs efforts vers la compréhension sont inutiles. Mais en suivant les conseils, quand bien même seraient-ils pertinents, les parents s'interdisent d'affronter le problème spontanément et de trouver leur propre solution. Cela est d'une extrême importance dans l'éducation d'un enfant où, à tout instant, interviennent des émotions complexes, et où on ne peut s'empêcher de penser que la meilleure solution, et la seule authentique, c'est *la nôtre*. Chercher du côté d'un expert une *compréhension de l'ensemble du problème* est une manière raisonnable de procéder. Mais *agir* en suivant les conseils d'un tiers nous prive de la profonde satisfaction que nous éprouvons quand nous avons compris tout seuls, et par nos propres moyens, ce qu'implique tel ou tel problème et ce que nous pouvons faire pour le résoudre.

Lorsque, nous trouvant dans une impasse, nous nous efforçons de trouver la bonne solution et de comprendre le pourquoi et le comment de cette situation difficile, nous devons faire appel à toute notre énergie intellectuelle et émotionnelle. Notre enfant, qui est toujours en harmonie avec nous, s'en rend compte, et il est réconforté de savoir combien nous tenons à lui. Nous atteignons ainsi ce que nous recherchons par-dessus tout : réussir à établir entre lui et nous une relation satisfaisante.

Normes et règles

Quand on vient nous dire que le comportement de notre enfant est normal pour son âge, cela ne nous avance pas à grand-chose. Et d'abord, que veut dire « normal » quand il s'agit de relations intimes ? Tout simplement que l'enfant est dans la moyenne. Mais cette idée ne plaît guère aux parents, et les enfants ne tiennent pas à être seulement « dans la moyenne ». Ils ont de bonnes raisons de vouloir être pour nous quelque chose de très particulier et ils ont tous les droits d'espérer être pour nous des êtres uniques. Par conséquent, l'idée de la norme est utile sur le plan statistique mais n'est pas de mise là où les sentiments profonds qui unissent parents et enfants sont en jeu.

Quand notre enfant nous rend heureux, nous ne pouvons pas croire un instant que ce qu'il est et ce qu'il fait soit commun à tous les enfants de son âge. L'amour que nous éprouvons pour lui nous persuade qu'il est quelqu'un de très particulier. Et nous ne serions pas satisfaits s'il nous considérait comme des parents « moyens », c'est-à-dire pas plus dignes de son amour que n'importe quel adulte.

D'autre part, si on nous dit que le comportement de notre enfant est « normal », cela n'a rien de réconfortant si ce comportement blesse nos sentiments ou nous fait craindre que ses actes ne soient nuisibles sur le moment et ne puissent compromettre son avenir. Si mon enfant conduit négligemment ou même dangereusement, à quoi bon me dire que son comportement est normal étant donné son âge. Je préférerais de beaucoup qu'il s'écarte de la norme et soit un conducteur prudent !

Penser à notre enfant en termes de norme, c'est diminuer l'importance unique qu'il a pour nous parce que cela implique que nous le comparons à un étranger. Les gens de l'extérieur ont parfaitement le droit de faire cette comparaison et de considérer notre enfant comme normal ou non. Mais quand les parents commencent à regarder cliniquement leur enfant, comme le ferait un étranger, et à le classer avec des centaines de milliers d'autres dans une catégorie définie par des normes, la relation parents-enfants et l'opinion que les parents ont d'eux-mêmes en tant que parents ne sont plus les mêmes.

Les études psychologiques qui établissent des normes de comportement pour les différentes classes d'âge ignorent délibérément les innombrables caractéristiques qui font de chaque enfant un être unique. Quand les parents comparent leur enfant à ces normes, ils tendent à l'oublier, surtout quand l'enfant est au-dessus de la norme. Par exemple, certains enfants obtiennent facilement des résultats supérieurs à la moyenne et, dans ce cas, tout se passe bien. Mais d'autres n'y parviennent qu'au prix d'énormes efforts. Il semblerait raisonnable que les parents se fassent des soucis pour un enfant qui se soumet à de telles pressions. De même qu'il existe des parents qui poussent leur enfant, lorsqu'il est en dessous de la norme, à se hisser au niveau de ses capacités, d'autres parents, logiquement, dont l'enfant est très au-dessus de la moyenne, devraient le pousser à se calmer, en craignant qu'il n'ait un prix trop fort à payer. Mais, hélas, les parents de cette sorte sont rares !

On pourrait citer des exemples encore plus éloquents de cette attitude. Les normes du comportement adolescent incluent la lutte pour l'indépendance et contre les restrictions de toutes sortes (rentrer à l'heure, ne pas fumer, regarder moins la télévision, etc.) et le mépris des valeurs parentales. Si leur enfant adolescent n'essayait pas d'affirmer agressivement son désir d'indépendance, les parents conscients des normes du comportement adolescent devraient exiger de lui qu'il agisse en accord avec les normes de son âge, c'est-à-dire qu'il soit provocant, récalcitrant, désordonné et sujet à des sautes d'humeur. Ici encore, rares sont les parents qui exigent cela de leur enfant ! J'ai rarement entendu des parents qui, d'une part, exigent de leur enfant des résultats scolaires « au niveau de ses moyens », leur demander, d'autre part, de se conduire davantage en adolescent, c'est-à-dire de réagir plus « normalement », et donc négativement, aux exigences des adultes. Le plus souvent, quand leur enfant a le comportement typique de l'adolescence, les parents lui disent sur un ton de reproche qu'il devrait « être de son âge » ; ils entendent par là qu'il devrait avoir la maturité d'un adulte, alors qu'il est, d'après les experts, dans la norme de l'adolescence.

Quand notre enfant adolescent nous défie, nous fait souffrir par son indifférence à tout ce que nous lui disons, il est difficile de réagir avec sérénité à ce comportement sous prétexte que notre enfant « aborde ses problèmes de croissance d'une manière typiquement adolescente », et qu'il ne s'agit en somme que du « processus normal de la maturation ». Ces bonnes paroles n'ont rien de réconfortant alors que nous avons légitimement peur de le voir tâter de la drogue ou commettre des actes condamnés par la loi ou dangereux pour sa santé. Mais si nous parvenons à adopter l'attitude qui convient à son comportement, entrer en empathie avec ses tourments, nous pouvons alors l'aider à faire face aux difficultés de la vie adolescente. Il n'est guère possible de parvenir à cette attitude en comparant notre enfant aux normes établies. Quelle que soit la « normalité » pour la vaste majorité, nous voulons que notre enfant soit différent afin qu'il sorte sain et sauf de l'adolescence et que celle-ci ne soit pas pour nous un calvaire. Tant que nous sommes incapables de le comprendre en tant qu'individu, nous ne pouvons vraiment, malgré tous nos efforts, l'accepter ni tolérer son comportement. Et quand bien même nous pourrions, par un acte de volonté, adopter une attitude de tolérance et de résignation parce que nous savons qu'il ne peut s'écarter de la norme, c'est-à-dire de la révolte, notre adolescent

45

comprendra que cette idée de « moyenne » sous-tend notre attitude ; et il en souffrira beaucoup, car rien n'est plus important pour lui que d'être considéré comme unique, différent de tous les autres, bien qu'il appartienne à la foule de ses compagnons d'âge.

Nous trouvons-nous encore ici dans une situation où personne ne peut gagner ? Pas du tout. Ce que nous devons absolument faire, sur la base de notre expérience intérieure, c'est nous mettre en état d'empathie avec les tourments et les pressions exprimées par le comportement de notre enfant. Nous serons beaucoup plus en mesure de faire face aux crises de l'adolescence si nous nous rappelons combien nous avons souffert des mêmes problèmes pendant notre jeunesse. Problèmes posés par la découverte de soi-même et par le besoin de défier ses parents. Nos souvenirs sont toujours relatifs à des événements précis (à quelle heure rentrer à la maison ? Avec qui sortir ?) et jamais au souci de se développer et de mûrir selon les « normes ». De tels souvenirs peuvent nous amener à ressentir par empathie les troubles de notre enfant. L'important est que nous voulions, nous aussi, nous libérer de nos parents tout en restant intimement liés à eux ; nous aussi avons éprouvé une multitude de sentiments pénibles, et souvent contradictoires.

Si nous nous souvenons de tout cela, comment ne sympathiserions-nous pas avec les épreuves traversées par notre enfant ? Comprendre que son comportement est normal pour son âge ne peut nous mener qu'à une acceptation résignée. Mais une compréhension empathique fondée sur nos propres souvenirs réduit les conflits qui nous opposent à notre enfant et crée un lien affectif puissant.

Cette empathie, si importante, vient de nos efforts pour comprendre ce qu'il y a derrière le comportement de notre enfant, et des souvenirs conscients et subconscients de nos expériences analogues. L'enfant, comme l'adolescent, se sentira plus en sécurité et acceptera plus volontiers les conseils de ses parents s'il sent qu'ils agissent authentiquement, en accord avec leurs valeurs et leurs convictions et, surtout, sur la base de ce qu'ils ont appris par leurs expériences du même ordre.

Règles

Croire qu'il puisse exister des règles qui commandent notre comportement vis-à-vis de notre enfant, c'est compromettre la compréhension empathique qui ne peut venir que de nos propres expériences, aussi uniques que le sont, pour lui, celles de notre enfant. Faire confiance aux règles, c'est s'épargner le souci de réfléchir à chaque situation problématique et de se sentir responsable de sa résolution. En outre, comme toutes les règles sont fondées sur des généralisations, elles ignorent ce qui est personnel et nous amènent à négliger ce qui est unique chez notre enfant et dans notre relation avec lui.

Pour éviter d'avoir à examiner le pour et le contre et d'en discuter avec l'enfant, certains parents aiment établir des règles qui, en général, fixent le comportement de celui-ci. L'enfant se sent très rarement lié par elles. Mais il est vrai que certains aiment être soumis à des règles. Non seulement, elles leur épargnent de devoir, dans chaque situation particulière, analyser ce qu'ils pensent et éprouvent, mais, de plus, elles leur permettent d'en vouloir à la règle elle-même au lieu de s'en prendre à leurs parents, qui les ont établies et qui les appliquent. (Il est beaucoup plus facile de se mettre en colère contre une règle impersonnelle que contre des personnes qui, pour nous, sont très importantes et à qui nous sommes reliés par de puissants sentiments.)

Alors que, dans les situations impersonnelles, les règles ont l'avantage de nous éviter de prendre des décisions, elles ont l'inconvénient d'objectiver et de dépersonnaliser. C'est à cela que pensait Pirsig : il est certainement pratique de suivre les règles quand on assemble un objet, mais il est très difficile de ne pas en devenir l'esclave ou, tout au moins, d'en avoir l'impression. Les règles sont les ennemies de la spontanéité et des sentiments positifs.

Dès qu'elles sont formulées et plus ou moins suivies par l'enfant, les règles le privent, ainsi que ses parents, du grand plaisir qu'il éprouve quand il se propose de lui-même à rendre service, ou leur montre combien il apprécie la réciproque. Seules les personnes compulsives se plaisent à agir en se soumettant à des règles, car leur névrose ne leur permet pas de faire autrement. Pour la majorité des individus, il n'est guère satisfaisant de suivre des règles, pas plus pour les enfants qui leur obéissent que pour les parents qui les édictent.

Sécurité : une attitude parentale

Dans presque tous les problèmes d'éducation, les parents et l'enfant sont à la fois le problème lui-même et sa solution. Les parents peuvent avoir une influence sur la façon dont la situation est ressentie par l'enfant et, par conséquence, sur ce qu'elle signifie pour lui. Par exemple, une maladie grave peut être éprouvée par lui comme un événement positif parce qu'il a ressenti plus intensément que d'ordinaire leur dévouement et leur amour.

Quel que soit le problème, les parents seront certainement très près de trouver une solution s'ils se concentrent sur ses aspects psychologiques et émotionnels, sur leur nature et leur origine. Mais, pour les tirer au clair, ils doivent se servir de leurs propres intuitions et non pas de celles des donneurs de conseils. Freud a découvert qu'il était faux de croire que les intuitions du psychiatre peuvent à elles seules améliorer le problème du patient : il faut que ce dernier parvienne lui-même à l'intuition de ce qui se passe en lui. Il en va de même pour les problèmes d'éducation, même quand ils sont enracinés dans des circonstances sur lesquelles les parents n'ont pas de prise.

Pendant le *blitz* londonien, Anna Freud a été très impressionnée par le fait que certains enfants, accablés par l'angoisse, étaient incapables de trouver le sommeil, même dans la journée quand tout était calme, et manifestaient de graves symptômes névrotiques dus aux bombardements, alors que d'autres traversaient tranquillement la tourmente. Elle citait le cas d'une petite fille qui, toute rayonnante, s'estimait la personne la plus heureuse de Londres parce que, se promenant quelques heures plus tôt dans Hyde Park avec sa mère, elle avait eu la chance extraordinaire de voir un arbre voler comme un gros oiseau. Il fallait lui poser des questions pour qu'elle consente à parler de la bombe qui avait déraciné l'arbre.

La mère de cette heureuse petite fille, sachant que les bombardements étaient inévitables, faisait tout son possible pour empêcher son enfant d'être angoissée. Elle ne permettait pas à la guerre et à ses désastres de troubler leur paisible relation et de leur imposer une expérience terrifiante. Quand retentissait la sirène, au lieu de se précipiter vers un abri elle restait dans son appartement pour ne pas effrayer sa fille qui dormait profondément. Le calme, le sang-froid de la mère donnaient à l'enfant un sentiment de sécurité. Alors que d'autres mères communiquaient leur propre terreur à leur enfant, celle-ci ne transmettait à sa fille que le bonheur de savoir qu'il ne leur était rien arrivé de malheureux et qu'elles étaient capables de *vivre ensemble* l'épreuve des bombardements.

Des enquêtes sur de nombreuses familles pendant le *blitz* londonien ont montré qu'il existait une étroite relation entre le niveau d'angoisse des mères (la plupart des pères étant au front) et celui de leurs enfants. Les mères qui restaient chez elles pendant les bombardements, et qui réussissaient tant bien que mal à dormir, avaient des enfants qui se comportaient de la même façon. Celles qui étaient dévorées par l'angoisse avaient des enfants encore plus angoissés qu'elles-mêmes. A part quelques rares exceptions, on constata en outre que les mères qui, avant la guerre, manifestaient un haut degré d'anxiété étaient celles qui souffraient, ainsi que leurs enfants, des angoisses les plus intenses pendant le *blitz*.

Des constatations analogues ont été faites il y a quelques années à l'occasion d'une enquête sur une petite ville californienne dévastée par un séisme. Certains enfants ont souffert de graves angoisses prolongées alors que d'autres, qui avaient subi les mêmes épreuves, n'en subissaient pas les contrecoups. L'angoisse des enfants les plus touchés, tout en étant aggravée par le tremblement de terre, avait des racines antérieures, et leur guérison fut rendue plus facile quand les parents n'ajoutaient pas leur propre anxiété à la leur.

Le comportement en temps de guerre des enfants israéliens mène aux mêmes constatations. Dans son étude, « Des enfants sous les bombardements », Alfred M. Freedman écrit que « les réactions de peur des parents étaient particulièrement traumatisantes pour les petits enfants ». D'autre part, si les parents étaient capables de maîtriser leur anxiété et d'offrir un réconfort émotionnel et social, « l'angoisse n'était guère accrue chez les enfants sujets au stress de la guerre ».

J'ajouterai un témoignage personnel. J'avais six ans quand une maison de quatre étages, en face de la nôtre, dans la rue étroite où nous vivions, fut ravagée par un incendie au milieu de la nuit. Les flammes illuminaient tout le quartier, et des étincelles jaillissaient sur notre maison arrosée par les pompiers. Je dormais profondément dans une chambre du fond. Mes parents me réveillèrent et me conduisirent à une fenêtre pour que je puisse voir le spectacle. Comme ils me parlaient calmement de la beauté des flammes, je n'avais pas peur, et je me rendormis tranquillement quand ils me ramenèrent dans ma chambre, heureux d'avoir pu assister à cet événement prodigieux. Pendant les mois suivants, chaque fois que je quittai la maison, il ne me vint jamais à l'esprit, en voyant les ruines de celle d'en face, que j'avais été en danger et que notre maison aurait pu brûler.

C'est un lieu commun de dire que l'anxiété des parents fait naître celle de l'enfant. Cependant, étant donné les différences entre parents et enfants, l'origine et la nature de l'anxiété ne peuvent être que dissemblables, et elle s'exprimera donc différemment. Il est moins facile de reconnaître que, si des personnes réagissent avec des degrés très différents d'anxiété à un même danger, ces variations doivent avoir leur origine dans autre chose que dans la situation elle-même. On peut dire que cet autre facteur est le degré de confiance ou de méfiance à l'égard de la vie, l'optimisme ou le pessimisme, l'équilibre entre la sécurité et l'insécurité intérieures. Des recherches en profondeur prouvent toujours que ces attitudes fondamentales se forment bien avant l'événement, bien que celui-ci, chez les personnes particulièrement sensibles, provoque souvent la pleine expression de ce qui, autrement, ne serait qu'une anxiété relativement latente. Ces personnes peuvent parvenir à discerner la cause de leur méfiance originelle, de leur pessimisme profond, de leur insécurité devant le monde extérieur et de l'idée qu'ils se font du destin qui les attend. Dans ce cas, ces sentiments sont soulagés dans une certaine mesure et l'angoisse provoquée par le danger actuel est considérablement amoindrie. Dès que l'on se rend compte que l'angoisse du moment est due non pas à un danger imminent, mais plutôt à des expériences précoces non résolues, on est mieux à même de faire face à la situation présente et d'aider l'enfant qui est lui-même en proie à l'anxiété.

L'anxiété parentale rend la vie très difficile pour les parents comme pour l'enfant, et cela parce que l'enfant réagit à l'angoisse des adultes par une angoisse beaucoup plus accentuée et que, par conséquent, les angoisses s'aggravent mutuellement. Heureusement, dans des conditions normales, on n'a pas à subir des bombardements ni des catastrophes naturelles. Mais, de toute façon, l'enfant réagit à ce qui a provoqué l'angoisse de ses parents comme s'il s'agissait de la fin du monde.

La raison en est que la sécurité chancelante de l'enfant dépend — et il le sait fort bien — non pas de son aptitude à se protéger lui-même, mais de la bonne volonté d'autrui. Quand les adultes dont il dépend lui semblent incapables de faire face, il perd le peu de sécurité qu'il avait. Son monde s'effondre beaucoup plus radicalement que celui de ses parents. Ces derniers, malgré leur angoisse, savent pourtant que tout n'est pas perdu ; ils ont de bonnes raisons d'espérer que la société viendra à leur secours, par exemple que les pompiers ne tarderont pas à arriver, que les équipes de secours, en cas de séisme, interviendront bientôt, etc. Le jeune enfant ne dispose pas de ces recours ; sa sécurité et son réconfort ne peuvent venir que de ses parents. S'il les voit paralysés par l'angoisse, il perd tout espoir. Quand les signaux qu'il reçoit de ses parents lui apprennent qu'il y a réellement lieu d'avoir très peur, il réagit non pas par des sentiments appropriés au danger possible, mais par ceux qui correspondent à l'angoisse qu'il sent chez ses parents. Il n'a qu'une idée très vague des causes de cette angoisse, ce qui augmente encore son désarroi.

Un bon exemple quotidien de tout cela nous est fourni par les difficultés qu'éprouvent les parents à se séparer de leur enfant quand il entre à l'école maternelle. L'angoisse de séparation est l'une des plus fondamentales de l'homme, et personne ne peut y échapper. Pendant notre petite enfance, nous avons peur d'être abandonné par la personne la plus proche de nous — en général notre mère. La façon dont celle-ci réagira à cette angoisse déterminera largement pour toute notre vie notre attitude vis-à-vis de l'angoisse de séparation.

Beaucoup d'enfants, sinon tous, ne savent pas très bien ce que sera la situation toute nouvelle où ils se trouveront à l'école maternelle et, au début, ils ont du mal à se séparer de leur mère. Et pourtant, certains s'adaptent facilement, alors que d'autres éprouvent de grandes difficultés, souvent durables. Tout dépend des signaux que l'enfant reçoit de sa mère. S'ils lui disent qu'il s'agit d'une situation désirable dont il n'a rien à craindre, il acceptera avec plaisir la nouvelle expérience. Mais s'il se rend compte, par sa réaction, qu'elle est désolée de ce qui arrive et qu'elle n'a pas envie de le laisser partir, le désarroi initial de l'enfant est aggravé. Et la mère constate que ses appréhensions étaient justifiées : l'enfant pleure et s'accroche à ses jupes, et elle se sent dépassée par les événements, se demande si son enfant a vraiment l'âge d'aller à l'école, etc.

L'anxiété maternelle, beaucoup plus que celle de l'enfant, déclenche le processus. Cela vient de ce que la mère sait quelque chose dont l'enfant n'a pas la moindre idée ; que cette séparation n'est qu'un commencement et que, pour finir, son enfant aura une vie bien à lui, radicalement distincte de celle de ses parents. C'est en général cette anticipation anxieuse qui provoque l'angoisse de séparation de la mère, toujours présente dans son inconscient en conséquence de ses propres expériences infantiles. Ce processus, et ses effets sur les autres enfants de la classe, est mis en évidence par une anecdote que je tiens d'une éducatrice d'école maternelle, mais qui aurait pu avoir pour cadre n'importe quel établissement.

Cette enseignante a remarqué, à chaque rentrée scolaire, que si la mère quittait sans hésitation son enfant à la porte de l'école, l'enfant se livrait avec plaisir à toutes les activités prévues. Mais l'histoire est toute différente si la mère s'inquiète de la séparation ; elle transmet son anxiété en traînaillant, en faisant mine de s'en aller pour aussitôt revenir embrasser son enfant dès qu'il manifeste sa peur. L'enfant ne tarde pas à sentir que sa mère n'accepte pas de gaieté de cœur la séparation et se met à pleurer et à s'accrocher à elle. Dès que les autres enfants le remarquent, ils commencent à avoir des doutes sur l'école et se mettent à réclamer leur mère en pleurant alors que quelques secondes plus tôt ils jouaient joyeusement.

Ce qui semble le plus intéressant à cette enseignante, c'est le comportement de son propre fils dans une telle situation. Un jour, une mère conduisit pour la première fois son fils à l'école et se mit à jouer la comédie des faux départs. L'enfant, comprenant que sa mère ne tenait pas du tout à se séparer de lui, répondit obligeamment à son message en s'accrochant à elle en pleurant, bientôt rejoint par les autres enfants qui réclamèrent désespérément leur maman. Finalement, le fils de l'enseignante se mêla au chœur et implora : « Je veux ma maman » alors qu'elle était tout près de lui. Quand elle le lui fit remarquer, il eut un moment d'hésitation, puis, redoublant de sanglots, cria encore plus fort : « Alors, je veux mon papa ! »

En voyant cette mère qui ne se décidait pas à se séparer de son fils, les autres enfants subirent une réactivation de leur angoisse de séparation et créèrent une atmosphère de désespoir à laquelle le petit garçon qui avait sa mère à côté de lui ne put échapper. Comme sa mère lui faisait remarquer l'absurdité de son comportement, il ne tarda pas à trouver une justification en réclamant son papa (qui ne l'avait jamais accompagné à l'école et qui, apparemment, ne lui avait jamais manqué). C'était son angoisse de séparation qui le faisait pleurer et non pas l'absence de son père.

Malheureusement, en pareil cas, si la maîtresse d'école fait remarquer à la mère que son comportement hésitant rend les choses plus difficiles pour son enfant, cela ne résout rien. La mère peut faire consciemment un effort pour diminuer la tension du moment, mais son anxiété ne sera pas soulagée pour autant et s'exprimera de façon plus discrète. Le problème peut être moins apparent, mais, à long terme, comme il n'est pas résolu, il peut en créer d'autres beaucoup plus graves.

Le parent peut mieux comprendre l'angoisse de son enfant quand il profite de l'expérience pour découvrir comment il réagissait lui-même, étant enfant, à des situations similaires. Il peut alors comprendre par empathie l'origine de sa propre implication dans l'attitude de son enfant envers l'école. En se souvenant de ses angoisses enfantines, le parent comprendra celles de son enfant à propos de la séparation ; mais il ne peut découvrir cela qu'après avoir compris la véritable nature de l'anxiété de son enfant, qui n'a pas grand-chose à voir avec ce qui peut arriver à l'école et provient seulement de sa peur de perdre sa mère. Les détails du comportement, uniques pour chaque enfant, offrent les meilleurs indices sur ce qui le provoque ; mais si l'on peut découvrir ces indices (par exemple le fait que le petit garçon cesse de réclamer en pleurant sa maman pour s'écrier : « Alors, je veux mon papa ! ») on est alors en mesure d'apprécier ce qui se passe réellement.

Que le parent et l'enfant réussissent ou non à découvrir les sources les plus profondes de leurs angoisses communes, le fait que l'adulte fouille son passé pour comprendre son enfant, et que celui-ci sent que son parent agit ainsi pour l'aider, crée entre l'un et l'autre un lien plus intime. C'est pour cela que je dis que l'enfant et le parent sont à la fois le problème et sa solution.

L'expert ne peut aider un parent que si ce dernier a les expériences intérieures appropriées ; ses conseils peuvent alors épargner au parent la peine de s'engager dans la démarche difficile de rechercher les causes des difficultés de son enfant, et, ce faisant, de découvrir dans sa propre vie et dans son être des éléments qui le rapprocheront de son enfant. La juste expérience intérieure, d'autre part, montrera combien le meilleur conseil peut être superficiel et impersonnel s'il est appliqué à une situation complexe provoquée par des sentiments très personnels ; et cette situation peut devenir de plus en plus compliquée à mesure qu'elle fait naître de nouveaux sentiments. C'est pourquoi je ne veux pas présenter dans ce livre des « conseils d'expert ». Mon seul propos est d'inciter le lecteur à explorer ceux de ses sentiments qui sont impliqués dans des problèmes d'éducation.

4.
LEURS RAISONS ET LES NÔTRES

> « La première condition, pour que l'on puisse espérer connaître un homme, est qu'il soit, pour les choses essentielles, un être qui nous ressemble. »
>
> J. A. FROUDE.

Bien avant la naissance de leur enfant, les parents éprouvent pour lui des espoirs et des inquiétudes, et ils s'interrogent sur les conséquences que l'événement aura sur leur propre vie. Quoi qu'ait pu prévoir une femme à propos de sa maternité, la réalité peut tout changer. Celle qui ne voulait pas être mère tombera amoureuse de son enfant dès son arrivée et ne pourra pas comprendre qu'elle ne l'ait pas désiré. Telle autre, qui en voulait un, sera déçue de devoir se consacrer exclusivement à lui sans recevoir les satisfactions escomptées.

Tout peut dépendre de l'attitude du père. S'il sent que le bébé accapare l'attention, le temps et l'énergie de sa mère, l'obligeant, lui le père, à se contenter d'une place secondaire dans sa vie, cette attitude nuira à sa femme, à lui-même, au bébé et au mariage. Par contre, sa joie d'être père, l'aide affectueuse qu'il apportera à sa femme après la naissance contribueront fortement à faire de celle-ci un événement vraiment heureux.

Dès le début, l'interrelation entre les parents et l'enfant est continue. Tout dépendra donc des sentiments avec lesquels les deux parents, et surtout la mère, accueilleront le bébé et les changements qu'il provoque dans leur vie. Chaque événement auquel ils participent, quelle que soit son importance, jouera un rôle significatif dans leur relation. Les « problèmes graves » ne sont pas seuls à contribuer à la formation de la personnalité de l'enfant. En réalité, des incidents jugés anodins par les adultes ont souvent beaucoup d'importance pour l'enfant. Un mot, un geste, une intonation, une expression sur le visage d'un parent peuvent soudain amener l'enfant à considérer les choses sous un éclairage très différent. Non seulement le comportement visible du parent, mais aussi ce qui se passe dans son esprit conscient et inconscient ont une grande influence sur l'enfant en lui donnant des éléments sur lesquels il peut appuyer l'idée qu'il se fait de lui-même et du monde.

Comme je l'ai dit plus haut, le but de l'éducation est tout d'abord de permettre à l'enfant de découvrir la personne qu'il veut être, grâce à laquelle il pourra être satisfait de lui-même et de sa façon de vivre. En fin de compte, il devrait être capable de faire dans sa vie tout ce qui lui semble important et désirable ; d'établir avec autrui des relations constructives, satisfaisantes et mutuellement enrichissantes ; de supporter convenablement les tensions et les difficultés qu'il rencontrera inévitablement au cours de sa vie. Pour tout cela, les parents ne sont pas seulement les premiers formateurs de l'enfant, mais aussi les êtres par lesquels il pourra s'orienter. Il ne cessera jamais de les observer, de les étudier, pour voir ce qu'ils font et comment ils le font et essayer de connaître leurs sentiments, les plus apparents comme les plus refoulés. C'est ainsi que ses parents lui montrent *qui* il doit être et *comment* il y parviendra, et cette connaissance est beaucoup plus importante pour le présent et l'avenir de l'enfant que l'acquisition du savoir scolaire qui tend à tenir tant de place dans l'esprit des parents.

Quelles sont les étapes importantes de la croissance de l'enfant et de la formation de sa personnalité ? Quels sont les événements primordiaux de l'éducation ? Certaines écoles de pensée insistent sur l'allaitement, le sevrage, l'apprentissage de la propreté ; d'autres sur la façon de parler à l'enfant, de jouer avec lui, de le baigner, de le coucher. D'autres encore accordent la première place à la façon dont les parents répondent aux angoisses et aux problèmes de l'enfant ; ou sur les sentiments des parents : leurs désirs et leurs inquiétudes, ce qu'ils aiment ou n'aiment pas chez lui. Nietzsche avait de bonnes raisons de dire : « Les dissonances non résolues entre les caractères et les sentiments des parents survivent chez l'enfant et forment l'histoire de ses souffrances intimes. » En fait, presque tous les événements et les conditions de vie de l'enfant peuvent avoir une très forte influence sur la personnalité et les perceptions de tel enfant, et un impact très limité sur tel autre. Tout dépend non seulement de la situation, du contexte de l'événement, mais aussi de l'âge de l'enfant et de la nature et de l'intensité des sentiments de ses parents.

Le facteur essentiel est souvent la manière dont le parent se comporte dans une situation donnée, parce que c'est ce comportement qui permettra à l'enfant de saisir la signification de ce qui se passe. Les attitudes intérieures du parent, telles qu'elles s'expriment par son comportement dans toutes les situations, quelle que soit leur importance, sont ce qui affecte le plus l'enfant ; et il est impossible du juger sur le moment de l'événement qui comptera dans l'expérience de l'enfant. Notre évaluation de l'importance d'un événement peut différer totalement de celle de notre enfant.

C'est pourquoi les parents suffisamment bons sont ceux dont les actions et les réactions, les approbations tout comme les critiques — toutes deux également importantes et nécessaires pour l'éducation d'un enfant — sont tempérées par une prise en considération attentive des perceptions de leur enfant. Les parents acceptables s'efforcent d'apprécier les situations et d'y réagir à la fois d'après leur perspective d'adultes et celle très différente de l'enfant ; et de fonder leurs actes sur une intégration raisonnable des deux, tout en acceptant que l'enfant, en raison de son immaturité, ne peut comprendre la situation que de son seul point de vue.

Tout cela est plus facile à dire et à comprendre théoriquement que dans la pratique quotidienne. Cette double perspective devient presque impossible quand le problème éveille de fortes émotions ou nous paraît très important pour des raisons personnelles ou pour le bien-être présent et futur de l'enfant. Nous sommes convaincus du bien-fondé de notre perspective adulte, et il nous est difficile de nous écarter de ce cadre de référence pour considérer sérieusement la situation du point de vue de l'enfant. Après tout, quelle raison valable aurait-il de vouloir faire des choses aussi absurdes, impossibles ou dangereuses ? Pourquoi désire-t-il si fort ce qui nous semble futile ?

Plus une situation nous paraît simple, évidente, moins nous sommes capables de nous intéresser aux raisons de l'attitude de notre enfant. Constatant qu'il se laisse souvent emporter par ses pulsions momentanées et irrationnelles, qu'il tend à agir sans réfléchir, sans souci des conséquences, pourquoi essaierions-nous de découvrir ce qui sous-tend *ses* pensées et ses actes, et pourquoi prendrions-nous au sérieux *ses* motifs ?

Quand le comportement de leur enfant est inacceptable, les parents les plus intelligents tentent de le raisonner, de lui expliquer ses erreurs et de lui prouver la supériorité de leur point de vue. Malheureusement, dès qu'il s'est mis une idée en tête, ces efforts bien intentionnés l'amènent rarement à changer sa façon de penser. Tant qu'il est petit, ses parents peuvent arriver à se faire obéir. Mais cela leur fait croire trop souvent que l'enfant, puisqu'il se soumet, a adopté leur propre raisonnement : ou, ce qui est pis, ils se moquent de ce qu'il peut croire du moment qu'il se conduit bien. La situation, pour eux, est peut-être réglée, mais elle ne l'est absolument pas pour l'enfant. Il peut être malheureux d'avoir été contrecarré ; il peut en vouloir à ses parents qui l'ont obligé à agir contre son gré alors qu'il est encore persuadé d'avoir raison, puisqu'on n'a pas pu lui prouver le contraire.

La puissance de raisonnement de l'adulte est beaucoup plus forte que celle de l'enfant, incapable de faire valoir ses arguments d'une manière convaincante ; mais la supériorité de l'adulte peut donner à l'enfant l'impression d'une défaite. Et beaucoup d'enfants, sachant par expérience que leur parent n'en fera qu'à sa tête, sont d'avance en colère ou malheureux de l'issue qu'ils attendent ; et leurs sentiments les empêchent à la fois d'affirmer leurs arguments et de comprendre ceux de leurs parents.

L'enfant se sent donc vaincu par la raison parentale, ce qui est une expérience frustrante et débilitante. Il est loin d'être convaincu, mais il se tait tout en s'en tenant avec plus d'entêtement que jamais à son opinion. Devant son silence, le parent croit avoir marqué un point. Pour mettre un terme aux discussions, l'enfant, si on le lui demande, reconnaît que le parent a raison, et cet acquiescement est pris pour une intime conviction.

Les parents, en général, ne se rendent pas compte que leurs raisons et leur comportement ne sont pas plus clairs pour l'enfant que ne le sont les siens pour eux-mêmes. Plus s'accentue le malentendu entre deux personnes, moins chacune d'elles ne veut ou ne peut faire crédit aux opinions et aux motifs de l'autre, et cela s'applique aux parents et aux enfants. Cette situation est d'autant plus difficile pour l'enfant que, tant qu'il n'a pas atteint l'adolescence, il est incapable d'affronter deux points de vue différents. Pour lui, c'est tout l'un ou tout l'autre ; seul un esprit mûr peut comprendre des arguments fondés sur deux positions différentes. C'est donc le parent qui doit reconnaître les différences de points de vue, d'intérêts, de soucis et de buts qui existent entre lui et son enfant, et qui doit tenir compte des idées de ce dernier, aussi erronées qu'elles puissent paraître.

Dans tout conflit, aucune solution n'est possible si chacun des adversaires est incapable de prendre sérieusement en considération le point de vue de l'autre.

L'état de dépendance totale où se trouve l'enfant l'oblige à faire ce qu'on lui dit de faire, et les parents ont trop tendance à croire qu'il est convaincu du bien-fondé de leurs exigences. Mais l'enfant, puisqu'il lui est impossible de désobéir, ne se soumet aux ordres de ses parents qu'avec des réserves tacites. Agir en désaccord avec ses convictions est une expérience affligeante et débilitante, même si les conséquences des actions sont favorables. Nous pensons toujours que les résultats auraient été meilleurs si nous avions pu agir à notre idée. Donc, chaque fois qu'un parent ne trouve pas une bonne solution pour sortir d'une impasse, ses relations avec l'enfant ne peuvent qu'en souffrir.

Cette bonne solution, satisfaisante pour tout le monde, n'est possible que quand le parent tient compte des points de vue et des désirs de l'enfant, aussi naïfs et immatures qu'ils puissent être. Comprendre, c'est déjà pardonner, mais cela ne signifie pas que l'on doive adopter les erreurs de l'autre.

Les parents acceptables doivent donc examiner les mobiles de leur enfant, essayer de comprendre ses pensées et ses désirs et cela pour savoir ce qu'il espère en tirer, et de quelle manière. Sur la base de cette compréhension, ils peuvent alors montrer à l'enfant, dans ses propres termes, que sa méthode ne convient pas à *son* but et qu'il peut l'atteindre en s'y prenant autrement. L'enfant peut alors produire ses meilleurs efforts pour atteindre son objectif, ce qu'il ne ferait pas nécessairement pour atteindre le but que *nous* lui imposons et que nous jugeons important et raisonnable.

Le fait d'être pris au sérieux est extrêmement satisfaisant pour l'enfant, ainsi que le sentiment d'être compris par ses parents. Comme il cherche avant tout à avoir des satisfactions, celles-ci peuvent lui faire accepter plus volontiers d'avoir à modifier son comportement.

La plupart des désaccords entre parents et enfants viennent de ce que les premiers s'entêtent à vouloir que l'enfant ait la même façon qu'eux de voir les choses et réagisse en conséquence... alors que saint Paul disait déjà qu'un enfant ne peut penser et comprendre que comme tel et non pas comme un adulte. Avant lui, Térence estimait qu'il existe autant d'opinions que de gens, et c'est vrai : notre point de vue est déterminé par l'ensemble de nos expériences passées et par notre propre cadre de référence. Et les choses sont encore plus complexes quand il s'agit des parents et de leur enfant, étant donné que les différences de leur expérience, de leur objectivité et de leur compréhension sont beaucoup plus grandes que celles qui existent entre personnes ayant les mêmes antécédents. Par conséquent, si nous voulons que notre enfant comprenne quelque chose à la façon que nous jugeons correcte et pour lui bénéfique, nous devons réfléchir à ce que l'expérience ou l'événement signifie pour lui étant donné son cadre de référence. Nous pouvons alors adapter notre comportement à l'événement de manière à ce qu'il puisse avoir pour lui le sens que nous souhaitons. Ce n'est pas facile, même dans les situations les plus banales de la vie quotidienne, et même lorsque aucun facteur extérieur n'intervient entre l'enfant et nous.

Comme le faisait remarquer Anna Freud, le bambin qui perd sa mère de vue dans un grand magasin ne dit jamais : « Je me suis perdu », mais « Maman m'a perdu ! » Rares sont les mères qui lui donneraient raison ! Persuadée que l'enfant restera à côté d'elle, la maman est certaine que c'est l'enfant qui s'est égaré alors que, dans l'esprit de l'enfant, c'est le contraire qui s'est produit. Les deux opinions sont justes, selon la perspective de chacun. Ce qui se passe en réalité, c'est que chacun est attiré ou distrait par des choses différentes : elle par ses emplettes, lui par les objets qui l'intéressent, à moins, plus probablement, qu'il ne se soit découragé parce que sa mère fait moins attention à lui qu'aux marchandises disposées sur les étagères. Alors, il trottine loin de sa mère ou s'attarde quand elle passe à un autre rayon. Se rendant soudain compte de son absence, il la cherche en vain et constate avec terreur qu'il est perdu.

La mère comprend l'angoisse de l'enfant, mais sachant qu'ils sont encore tous les deux dans le même magasin, elle ne mesure pas toute l'ampleur de son angoisse ; cette dernière est comparable à celle d'un adulte qui se retrouverait soudain perdu dans un désert. Une mère sensible peut se rendre compte de la détresse de son enfant ; mais il lui est alors pénible de savoir qu'elle l'a plongé dans un tel état d'anxiété, et cela parce qu'elle ne pensait qu'à faire ses courses. Sachant qu'elle a négligé son enfant, pour apaiser ses remords, elle se persuade que la faute était du côté de l'enfant et elle juge la situation de son point de vue d'adulte, avec ses ressources d'adulte.

Cette attitude de la mère, tout en étant correcte vue de sa propre perspective, est nuisible à l'enfant, d'abord parce qu'il s'est angoissé de se savoir perdu, ensuite parce qu'il est désespéré de ne pas être compris par sa mère. C'est cette combinaison qui rend ces événements quotidiens vraiment terrifiants pour l'enfant si l'adulte ne tient pas compte de ce qu'il ressent intimement.

Ici, comme en toutes situations semblables, tout va bien si nous réagissons convenablement à la terreur de l'enfant ; mais si son angoisse nous laisse insensibles, et si nous sommes gênés de ce qu'il ait attiré sur nous, par ses cris, l'attention du public, il se sent encore plus perdu. Non pas perdu physiquement, mais parce qu'il est mal compris par la seule personne qui, en le comprenant, est capable de lui donner un sentiment de sécurité. Comme c'est nous qui l'avons conduit à un endroit où tant de choses attirent son attention et l'empêchent d'avoir sans cesse les yeux sur nous, il est persuadé que tout est de notre faute.

Un autre exemple peut illustrer cette différence de perspective. L'enfant fait tomber un objet de valeur et le casse. Son parent, bouleversé par le désastre, laisse voir à l'enfant combien sa maladresse le contrarie. Mais envisageons l'incident du point de vue de l'enfant. Il est angoissé parce qu'il a cassé quelque chose et par la réaction hostile qu'il attend de l'adulte. Il sait aussi que l'adulte, lui, n'aurait pas fait tomber l'objet. Ainsi, sa propre maladresse, dont il a brusquement conscience, ajoute à sa peur de la colère parentale un sentiment accablant d'infériorité et d'inaptitude. Si les parents pouvaient avoir toujours conscience de cet état d'esprit chez l'enfant, ils ne se contenteraient pas de déplorer la perte matérielle ; ils pourraient alors compatir avec leur pauvre enfant, si mécontent de lui-même, si malheureux de ce qu'il a fait et terrorisé par la punition qui l'attend, et ils pourraient s'employer à apaiser sa détresse.

Ces deux exemples montrent combien notre réaction peut être différente dès que nous devenons capables de voir les choses de notre point de vue *et* de celui de l'enfant. Evidemment, dans le deuxième cas, c'est l'enfant qui a le plus de chances de se placer dans les deux perspectives. Même s'il ne se demande pas pourquoi on a laissé cet objet si précieux et si tentant à portée de sa main, il est très malheureux d'avoir été la cause directe du désastre. Tandis que ses parents ne pensent qu'à leur perte matérielle, il se sent concerné, lui, par notre peine et par la sienne. Dans cette histoire, on peut se demander qui, du parent ou de l'enfant, montre le plus de compréhension et de maturité !

Ce ne sont pas seulement les perspectives émotionnelles différentes qui se trouvent impliquées, mais aussi des différences matérielles très tangibles. Les supermarchés sont organisés pour que les marchandises soient facilement atteintes par les adultes ; elles éveillent la curiosité de l'enfant qui se sent frustré de ne pas pouvoir les toucher. Tant que nous maîtrisons nos émotions, nous sommes parfaitement conscients de ces différences matérielles. Et quand nous avons un bon contact avec notre petit enfant, nous essayons de supprimer ou tout au moins de réduire ces différences. Nous nous baissons pour être à son niveau ou nous nous asseyons près de lui, à son grand contentement, car il se rend compte inconsciemment de nos efforts pour réduire au minimum la distance émotionnelle et expériencielle qui nous sépare de lui. De même, quand nous le prenons dans nos bras ou le posons sur nos épaules pour qu'il puisse voir comme nous les choses de haut, nous lui offrons l'immense plaisir d'observer le monde de notre point de vue. Mais, même alors, son sentiment de sécurité est moindre que le nôtre : sur nos épaules, il n'est plus en contact avec le sol.

Ce sont là des observations de la vie quotidienne. Mais ce n'est qu'en prenant le temps de considérer le monde du point de vue du petit enfant que nous pouvons commencer à comprendre combien, pour lui, ce monde est impressionnant. Pour lui, tous les objets sont énormes, et il est frustré de les savoir hors de sa portée. Les adultes voient normalement les objets posés sur une table et ils peuvent les toucher. Le petit enfant, si nous ne le soulevons pas, ou si nous ne le mettons pas dans sa grande chaise, ne peut voir que le dessous de la table. Et quand il est dans sa chaise, il est frustré de ne pas pouvoir prendre en main les objets qu'il voit. En outre, il est sur sa chaise en position plutôt précaire : il ne peut en sortir qu'avec notre aide, et, s'il tombe, il risque de se faire très mal. Pour grimper un escalier, pour traverser une rue, pour voir son environnement avec nos yeux, il a besoin d'un adulte. Cela crée un degré d'insécurité et de dépendance qu'il est difficile d'apprécier quand on s'en est affranchi ; mais si nous voulons être des parents acceptables, nous devons le comprendre et sympathiser avec lui. Par exemple si, dans un grand magasin, après l'avoir perdu, nous nous projetons pendant quelques secondes dans son esprit, il nous sera impossible de nous fâcher contre lui. Au contraire, nous partagerons son soulagement de nous avoir retrouvés.

Cette empathie nous permet de participer à tout ce qui se passe dans l'existence de l'enfant, non pas en égaux, ce que nous ne sommes pas, mais en tant que partenaires d'importance équivalente dans l'entreprise essentielle de nos vies, qui est de vivre véritablement en famille.

Le fait de réagir sur cette base à toutes les situations a un effet secondaire qui est loin d'être négligeable : celui de nous rappeler des incidents similaires, depuis longtemps oubliés, de notre propre enfance. Il nous permet enfin de mieux comprendre la signification qu'ils avaient pour nous, le rôle qu'ils jouaient dans la formation de notre personnalité et de l'image que nous nous faisions du monde. Nous sommes alors enrichis par une meilleure compréhension non seulement de notre enfant, mais aussi de notre propre passé. Nous pouvons même être enfin en mesure de résoudre des problèmes refoulés et donc non résolus, qui reviennent maintenant au jour sous la triple lumière des réactions de notre enfant, des réactions de l'enfant que nous étions naguère, et de l'adulte que nous sommes maintenant. Dans la mesure où nous pouvons réaliser cela, notre enfant et nous pouvons nous rapprocher émotionnellement et en tant que personnes ; et, en même temps, nous sommes de plus en plus capables de connaître et d'apprécier nos enfants pour ce qu'ils sont : des enfants.

5.
RÉSULTATS SCOLAIRES :
UN SUJET DE DISCORDE

> « N'use pas de violence dans l'éducation des enfants, mais fais en sorte qu'ils s'instruisent en jouant : tu pourras par là mieux discerner les dispositions naturelles de chacun. »
>
> PLATON, *La République*, VII.

Le travail scolaire, qui oppose si souvent parents et enfant, peut nous aider à mieux montrer comment leurs perspectives distinctes deviennent souvent matière à discorde. La même idée, la même expérience peuvent avoir pour chacun des significations radicalement différentes. La plupart des parents qui s'inquiètent des progrès scolaires de leur enfant sont motivés par leur peur pour son avenir, alors que, pour l'enfant, l'avenir c'est demain, ou à la rigueur les quelques jours qui suivent. (Beaucoup d'adultes ont eux-mêmes bien du mal à se projeter à plus d'une quinzaine d'années dans le futur.)

Tout ceci ne doit pas nous détourner du fait que, pour la majorité des enfants, l'intérêt porté par leurs parents à leur travail est de la plus grande importance pour leur réussite scolaire. Mais cet intérêt doit s'exercer sur ce qui se passe quotidiennement, puisque l'enfant vit sur cette base et ne comprend pas autrement sa vie. L'élément essentiel des succès scolaires est une relation positive enfant-parents et l'engagement de ces derniers en ce qui concerne les affaires intellectuelles. L'enfant désire avoir accès à tout ce qui est important pour les parents qu'il aime, et il veut apprendre le maximum de ces choses qui comptent tant pour eux. Il veut aussi leur faire plaisir et obtenir *tout de suite* leur approbation (de même que celle de leur maîtresse et de toutes les personnes qui tiennent une grande place dans sa vie). Son application, à l'école, lui semble un moyen facile d'obtenir tout cela.

L'enfant qui travaille convenablement est bien récompensé : ses parents sont contents de lui, ses maîtres le complimentent et il a de bonnes notes. Par conséquent, l'enfant normalement doué et qui, malgré tout, a de mauvais résultats doit nécessairement avoir ses raisons, beaucoup plus fortes que les récompenses que lui apporteraient ses succès scolaires. Pour comprendre ces raisons, il faut d'abord se demander pourquoi l'échec peut sembler plus désirable que la réussite. Les parents sont convaincus *a priori* que le choix de l'échec ne peut être justifié : s'ils faisaient l'effort d'adopter une perspective qui rendrait compréhensible le choix de leur enfant, ils découvriraient son raisonnement et le trouveraient logique. En outre, et c'est beaucoup plus important, le désaccord parents-enfant serait résolu, et les parents sauraient comment convaincre l'enfant afin que son choix soit en accord avec le leur.

Un cas précis : les parents d'Ella, une adolescente, réussissaient remarquablement dans la vie et accordaient une importance extrême à leurs études et à celles de leur fille. Mais Ella était une élève plutôt médiocre, différant en cela de son frère aîné qui, à la grande joie de ses parents, était vraiment un intellectuel. Après avoir récolté d'assez bonnes notes, Ella se mit à en avoir de très mauvaises dans toutes les disciplines. Evidemment, sa mère, qui s'inquiétait depuis des années du peu d'entrain que sa fille mettait à travailler, en fut très contrariée. Elle essaya en vain de réduire le temps qu'Ella passait devant le poste de télévision et de lui faire lire de « bons » livres. Des entrevues répétées avec les professeurs d'Ella n'aboutirent à rien : ils étaient aussi perplexes qu'elle.

Finalement, la mère se décida à consulter un professionnel. Elle lui dit combien elle s'inquiétait de voir sa fille se désintéresser de la lecture, perdre son temps avec des amis et se passionner pour la télévision. Elle ne cacha pas non plus les sévères remontrances qu'elle adressait à sa fille. Mais il fallut qu'on l'interrogeât sur sa situation familiale pour qu'elle avouât que son mari l'avait quittée depuis des mois, à son grand désespoir. Cette séparation lui était si pénible qu'elle évitait d'en parler ou d'y penser, tout en sachant parfaitement que la nouvelle situation créait de graves difficultés à l'ensemble de la famille. Elle se sentait plus que jamais contrainte de veiller à ce que ses enfants n'aillent pas à la dérive. Mais quand elle avait supplié Ella d'améliorer ses résultats scolaires, ses objurgations avaient eu l'effet contraire.

Si la mère était partie de l'idée que sa fille devait avoir de bonnes raisons d'agir ainsi, elle se serait demandé pourquoi, alors qu'elle avait d'assez bonnes notes, Ella avait soudain eu de mauvais résultats dans tous les domaines. La mère, dans son propre travail scientifique, veillait à réfléchir soigneusement à toutes les circonstances qui entouraient un événement avant de conclure quoi que ce fût sur sa cause. Mais dès qu'il s'agissait de sa fille, elle ne se demandait pas, par exemple : « Comment expliquer un changement aussi radical du travail scolaire de ma fille ? » ou : « Quels sont les événements importants qui se sont produits à peu près au même moment que son échec scolaire ? » Si elle avait réfléchi à ces questions, il lui aurait paru évident qu'un grand changement s'était produit dans la vie de sa fille : le départ de son père bien-aimé ; et elle aurait certainement pensé qu'il devait y avoir une relation entre les deux événements.

Parce qu'elle avait peur que l'échec de son mariage pût avoir des conséquences désastreuses pour ses enfants, et parce qu'elle était résolue à les éviter, la mère n'a pas pu percevoir les véritables intentions de sa fille. Elle était en outre persuadée qu'il ne pouvait y avoir aucune bonne raison derrière l'échec scolaire de son enfant. La piètre opinion qu'elle avait des mobiles de sa fille — une paresseuse, une futile, une tête vide ne cherchant que le plaisir — et la peine que cela lui causait empêchaient la mère de chercher à expliquer d'une façon plus généreuse le comportement d'Ella. Etant persuadée que sa propre manière de considérer les mobiles de son enfant était la seule correcte, elle était incapable de voir qu'Ella voulait exactement la même chose qu'elle : ramener son père à la maison.

Bien loin de penser que l'école n'avait aucune importance, ainsi que le croyait sa mère, la jeune fille, au contraire, avait intégré la conviction de ses parents que les résultats scolaires pouvaient changer la vie et permettre d'atteindre les objectifs les plus importants. Elle était assez intelligente pour comprendre que, si elle continuait de travailler passablement à l'école, son père en conclurait que tout allait bien, malgré son départ, et qu'il n'aurait aucune raison de réintégrer le domicile conjugal. Son échec sur toute la ligne, chose toute nouvelle, pourrait suffisamment l'inquiéter pour rétablir les choses telles qu'elles étaient avant : il reviendrait à la maison, et elle aurait de bonnes notes, comme par le passé. Mais, consciemment, elle avait seulement l'impression que, sans l'appui de son père, elle était incapable de bien travailler. Sa mère, plongée dans ses propres problèmes, voulait surtout éviter de nouveaux ennuis à sa famille, mais Ella était plus optimiste : croyant que le départ de son père n'était pas définitif, elle tenta de provoquer son retour de la meilleure façon qu'elle connût. Pour l'essentiel, elle était en parfait accord avec sa mère, mais celle-ci ne pouvait s'en rendre compte.

Ainsi, un comportement qui, apparemment, indique que le parent et l'enfant sont en total désaccord peut être en réalité motivé par la recherche d'un même but par des moyens différents. Ella a certainement agi naïvement et de manière immature, sans se soucier des conséquences à long terme. Mais, étant donné son âge, comment aurait-elle pu faire autrement pour exercer sur son père une pression aussi forte ?

La plupart des parents ne se rendent pas compte que leur enfant a les mêmes buts qu'eux. Il est si attaché à eux, sa vie est si mêlée à la leur qu'il ne peut s'empêcher de réagir intuitivement à ce qui se passe dans leur esprit et leur cœur. Comme il est soumis, plus que les adultes, à l'influence de son inconscient, l'enfant, souvent, réagit moins à ce qui concerne l'esprit conscient de ses parents qu'à ce qui se passe dans leur inconscient.

La mère désirait ardemment le retour de son mari, mais, le connaissant bien et étant réaliste, elle ne se faisait aucune illusion et éprouvait pour lui des sentiments ambivalents. Convaincue qu'il ne reviendrait pas, elle ne pouvait imaginer que le désir de son retour pût motiver sa fille.

Les sentiments d'Ella à l'égard de son père n'étaient pas ambivalents et elle ne réagissait qu'à un aspect de l'ambivalence de sa mère, celui qui lui faisait désirer la fin de la séparation ; comme cet aspect était en harmonie avec le plus cher désir d'Ella, elle s'appuyait sur lui avec détermination, quoique inconsciemment, et ne pouvait pas comprendre pourquoi sa mère voyait les choses autrement qu'elle. Ella vivait dans le présent, sans se soucier de l'avenir qui préoccupait tant sa mère, et la perte de son père la rendait constamment malheureuse.

D'après sa propre expérience, elle ne connaissait pas son père en tant que mari ni en tant qu'adulte qui s'intéressait à une multitude de choses en dehors de son foyer. Elle ne voyait en lui que son père et tout le reste était pour elle sans réalité. Maintenant que cette relation père-fille, si importante pour elle, était brisée, elle ne pouvait penser qu'à son désir de la rétablir. Selon sa perspective, le retour de son père était une chose possible, beaucoup plus réalisable que ne le pensait sa mère ; elle fit donc tout ce qu'elle put pour transformer en réalité son propre désir et celui, ambivalent, de sa mère. Malheureusement, cette dernière ne pouvait pas savoir que, si son mari, poussé par sa fille, se décidait à assumer ses responsabilités de père, un trimestre d'échec scolaire était un prix dérisoire à payer.

Les sentiments dont nous sommes conscients sont comparables à la partie visible d'un iceberg ; nos motivations et nos sentiments inconscients représentent l'énorme partie submergée et invisible. L'échec scolaire d'Ella était sa réaction à sa situation pénible, réaction dictée surtout par ses forces immergées, c'est-à-dire les pulsions qui venaient de son inconscient. Il serait faux de croire que ses échecs étaient le résultat d'un plan soigneusement mis au point. Les processus de l'inconscient sont inconnus, tumultueux et confus ; les motifs sont très embrouillés, et souvent contradictoires ; et quelques-uns de ces éléments peuvent avoir accès momentanément à la conscience, pour être aussitôt refoulés dans l'inconscient. Il se peut qu'Ella ait vaguement pensé : « Si je rate tous mes examens, mes parents sauront combien je souffre de leur séparation ; mon père fera certainement quelque chose pour moi. » Mais ces idées, et leurs conséquences, lui faisaient peur, et elle les refoulait, ce qui ne l'empêchait pas d'agir d'après elles, sans savoir ce qu'elle faisait ni pourquoi.

Non seulement notre inconscient détermine nos actions, sans que nous connaissions nos mobiles sous-jacents, mais ceux-ci sont presque toujours le résultat de la convergence des résidus de nos expériences et des sentiments du passé. L'échec scolaire d'Ella, destiné avant tout à montrer à ses parents l'aspect destructif de leur séparation, était aussi le point culminant d'autres processus psychologiques, parfois très anciens, qui s'agitaient dans son inconscient.

Si on applique au problème de cette mère et de cette fille ce que nous ont enseigné un grand nombre de situations semblables, on peut en conclure que l'explication du comportement d'Ella peut être cherchée du côté d'expériences plus précoces datant d'avant le départ de son père, événement qui a simplement exacerbé ce qui se passait dans son esprit depuis longtemps. Son inaptitude antérieure — et non pas son refus, comme le pensait sa mère — à s'intéresser à la bonne littérature peut être le résultat d'un sentiment qu'elle avait depuis longtemps : que ses parents s'intéressaient davantage à la culture et à la littérature qu'à elle en tant que personne humaine. Pensant qu'ils consacraient beaucoup trop de temps à ces choses et très peu à elle, elle en était venue à haïr tout ce qui les intéressait, au point d'être incapable de s'y impliquer.

Tous les enfants, par moments, ont comme Ella le sentiment que leurs parents s'intéressent moins à eux qu'à certaines autres choses. Tout dépend alors du comportement des parents qui, pour combattre ces pensées néfastes, doivent faire comprendre à l'enfant qu'il est bien au centre de leurs préoccupations et de leur affection. C'est pourquoi il est si important que prédomine l'approbation parentale de ce qu'est l'enfant et de ce qu'il fait. Ce n'est qu'à cette condition que les critiques (inévitables au cours de l'éducation) peuvent être supportées par l'enfant sans provoquer de dégâts. Le danger, ici, est double : ou bien les critiques risquent de détruire la confiance en soi de l'enfant et sa confiance en la bonne volonté de ses parents ; ou bien elles le poussent à haïr et à rejeter ce qui compte pour ses parents et à se défier de leurs intentions... ce qui semble avoir été le cas d'Ella.

Le plus triste, dans cette situation, est qu'Ella était incapable de se justifier aux yeux de sa mère. Elle ne savait pas consciemment pourquoi elle se désintéressait de son travail scolaire et ne trouvait aucun intérêt aux « bons » livres qu'on lui proposait. Mais quand bien même elle eût connu les raisons de son comportement, elle n'aurait pas pu les exprimer, sachant qu'elles auraient été jugées inacceptables.

Bien des parents, hélas, ne savent pas combien ils comptent pour leurs enfants. Si sa mère avait réfléchi selon cette perspective à l'attitude d'Ella vis-à-vis de la littérature, elle se serait demandé : « Pourquoi est-elle incapable de s'intéresser à quelque chose d'aussi vital pour moi et pour son père ? » Et elle aurait conclu :

« C'est justement parce que c'est extrêmement important pour nous ! » Et elle aurait alors facilement compris qu'Ella tournait le dos à la littérature parce qu'elle voulait être pour ses parents ce qu'il y avait d'essentiel.

La solution, dans ce cas comme pour la plupart des impasses de la relation parents-enfants, consiste à ne pas essayer d'obliger l'enfant à se conformer à nos désirs ; et c'est malheureusement le seul parti qui semble possible aux parents, et sur lequel ils concentrent tous leurs efforts. Si nous parvenons momentanément à nos fins, c'est en imposant une défaite à l'enfant, ce qui ne peut que nuire à sa confiance en soi. De plus, en fin de compte, c'est lui qui peut l'emporter sur nous, pas nécessairement en ce qui concerne le conflit en cours, mais à l'occasion d'autres batailles, probablement plus importantes. Et un fossé commence à se creuser, qui peut contribuer à nous aliéner plus tard notre enfant.

Comme l'enfant est incapable de voir plus loin que le bout de son nez, et qu'il ne pense pas qu'il puisse y avoir des façons de résoudre un problème autres que celles qu'il a en tête, c'est aux parents qu'il revient de trouver une solution qui rende raisonnablement justice aux deux points de vue. Pour cela, ils doivent comprendre et accepter les motivations de l'enfant. Pour les découvrir, ils doivent partir du principe que, étant *leur* enfant, il ne peut être motivé, comme eux, que par ce qu'il estime être une bonne cause. (Celle-ci, évidemment, est nuancée par une façon de voir les choses propre à son âge et par les aspects particuliers de la situation tels qu'il les conçoit.) En procédant de cette façon, les parents donnent à l'enfant le sentiment qu'ils sont *avec* lui pour trouver une solution au problème du moment et non pas *contre* lui et contre ses désirs. Ils peuvent alors poser en toute tranquillité la question de savoir si le chemin qu'il suit pour atteindre son but peut être amélioré, et si, en réfléchissant avec eux, il ne pourrait pas en trouver un meilleur.

Il ne serait pas tellement difficile de procéder ainsi si nous pouvions seulement nous conduire avec notre enfant d'une manière rationnelle, étant donné que le principe le plus fondamental dans la recherche de la justice est d'accorder à l'autre partie le bénéfice du doute. Mais notre affection pour notre enfant est telle que nous sommes malheureux de le voir agir contre nos désirs, et que notre réaction émotionnelle nous empêche de croire qu'il peut avoir de bonnes raisons de le faire. Ce qui rend les choses encore plus difficiles, c'est que ce lien intime (après tout, c'est nous qui l'avons mis au monde, qui lui avons appris tout ce qu'il sait, qui avons veillé sur lui nuit et jour) nous amène à penser que *nous connaissons par avance* ses motivations, et qu'il est donc inutile de prendre la peine de les rechercher. Nous avons là un curieux paradoxe : c'est la force même de notre amour pour notre enfant qui nous entraîne à être injuste envers lui. Pour découvrir ses véritables motifs, nous devons commencer par sortir de notre propre cadre de référence pour pénétrer dans celui de notre enfant.

Toute situation née de la relation parents-enfants est chargée de sentiments. Cela est inévitable et éminemment souhaitable puisque seules les actions parentales imprégnées de sentiments positifs peuvent convaincre l'enfant de l'importance qu'il a pour nous, ce qui lui permettra en même temps de croire qu'il peut également compter aux yeux des autres. En réalité, bien qu'il soit pénible pour l'enfant d'éveiller chez ses parents des sentiments négatifs, cela vaut mieux que l'absence de tout sentiment. Des parents froids et indifférents ne peuvent produire que des enfants émotionnellement gelés ou très agressifs.

Mais il y a là également des dangers sérieux. Les parents qui sont très contrariés par des événements sans relation directe avec l'enfant peuvent s'énerver à propos d'une faute mineure commise par ce dernier et décharger sur lui leurs émotions refoulées. L'enfant se rend compte instinctivement de ce qui se passe et en souffre profondément. Comme chacun de nous, il désire supporter uniquement les émotions qui le concernent personnellement.

Un autre piège où tombent souvent des parents, par ailleurs très raisonnables et conscients de leurs responsabilités, est la situation où le parent se croit émotionnellement engagé avec l'enfant alors que celui-ci a l'impression du contraire. C'est le cas, par exemple, où un parent exige des succès scolaires et réagit avec excès au moindre échec. Nos soucis à propos de l'avenir de l'enfant, de ses rapports avec ses maîtres et ses condisciples, de sa confiance en soi et même de la réputation de la famille, peuvent ajouter un élément de passion et un surcroît d'ardeur à ce qui, autrement, ne serait qu'un désir tout à fait normal. Malheureusement, beaucoup d'enfants réagissent négativement à cette attitude parentale. Dans certaines circonstances, notre enfant peut avoir finalement le sentiment que nous ne nous intéressons qu'à ses résultats scolaires, et non pas à lui en tant qu'individu, et en venir à détester les études. Dans cette situation, comme dans beaucoup d'autres, les parents sont certains d'agir dans l'intérêt de l'enfant, tandis que celui-ci est persuadé qu'ils ne s'intéressent qu'à sa réussite.

Ici encore, si nous essayons de voir les choses du point de vue de l'enfant en nous reportant à des situations similaires vécues par nous dans le passé, nous pouvons nous mettre à sa place et tenir compte de son attitude. Beaucoup d'individus, par exemple, ont le sentiment, dans leur travail, que les autres ne s'intéressent qu'aux résultats sans reconnaître leur mérite ni leurs efforts ; ils se sentent alors exploités et non pas appréciés, traités comme un objet et non pas comme une personne humaine.

Mais en ce qui concerne le travail scolaire, nous sommes convaincus que notre enfant doit avoir les mêmes réactions que nous, et qu'il en est capable. Mais ce n'est pas du tout ce qu'il ressent. S'il ne s'applique pas en classe, ce n'est ni par paresse ni par manque d'intérêt. C'est parce qu'il est très déçu de ne pas nous intéresser en tant qu'être humain. Qui d'entre nous pourrait brillamment réussir dans une activité détestée ?

Un autre enfant, qui, pour quelque raison, se sent étouffé par ses parents, peut refuser de bien travailler à l'école parce qu'il ne voit pas d'autre moyen de lutter à armes égales avec ses parents et de leur infliger une défaite équivalente à celle qu'il estime avoir subie. Un autre encore, pour se prouver qu'il n'est pas un pantin manipulé par ses parents ou ses professeurs, leur lancera un défi sous la forme d'un échec scolaire.

J'ai dit plus haut que certains enfants « pensent » que leurs difficultés avec leurs parents viennent de leur travail scolaire, mais en réalité, le plus souvent, il s'agit de vagues « impressions », si pénibles, si angoissantes qu'elles sont exclues du niveau conscient. Une fois refoulées, elles continuent d'exercer une forte influence sur l'esprit de l'enfant qui, en conséquence, est incapable de se consacrer sérieusement à ces études détestées, tout en sachant qu'il risque de s'attirer le mécontentement de ses parents.

Lorsque nous refoulons un désir intense par nécessité, il continue d'exercer sa pression dans notre inconscient, avec d'autant plus de force qu'il échappe désormais au contrôle de notre esprit rationnel. Ce qui n'arrange pas les choses, c'est que nous ne savons plus pourquoi nous avons eu ce désir, ou que nous avons même oublié ce qu'il était. Ce qui, à l'origine, était le désir d'agir d'une certaine façon est devenu une force irrationnelle nous obligeant à agir d'une manière que nous ne pouvons ni expliquer ni contrôler.

C'est cette étrange contradiction qui rend le refoulement et ses effets si difficiles à saisir ; ce que nous avons refoulé, pour nous interdire d'agir d'une certaine façon, devient la force même qui nous pousse à agir. Si les adultes ont tant de mal à comprendre le travail de l'inconscient, comment les enfants y parviendraient-ils ? Ils enragent de plus en plus de ne pas pouvoir s'empêcher de faire des choses que, consciemment, ils ne veulent pas faire — par exemple, de contrarier les désirs parentaux. Si leurs parents, par exemple, leur reprochent de mal travailler à l'école, ils s'en veulent terriblement de ne pas pouvoir faire ce qui plairait à leurs parents et à eux-mêmes.

L'article de Freud sur le « refoulement », écrit en 1915, est en rapport direct avec ce problème : « ... La névrose compulsive présuppose une régression par laquelle une tendance sadique a pris la place d'une tendance bienveillante. C'est cette pulsion hostile qui est sujette au refoulement. » Et l'on pourrait ajouter : « Uniquement parce que cette personne est très aimée. » Plus on aime une personne, plus il est nécessaire de refouler totalement les sentiments négatifs que l'on éprouve à son égard.

Si l'on demande donc à un enfant incapable de travailler à l'école parce qu'il déteste les études et veut défier ses parents — et qui, par anxiété, a refoulé ce désir de défier — s'il aime ses parents, il répondra sans hésiter : « Oui ! » Et ce serait une réponse sincère parce que c'est cet amour qui a été la cause de son ressentiment lorsqu'il s'est rendu compte que son travail scolaire avait pour ses parents plus d'importance que lui-même. Mais il a refoulé l'idée qu'en travaillant mal il se vengeait de ses parents. Et quand on lui demande pourquoi il n'est pas un bon élève, comme le désirent tant ses parents qu'il aime, il ne peut que répondre, déconcerté par cette contradiction : « Je voudrais travailler, mais je ne peux pas. »

Consciemment, c'est tout ce qu'il sait. Il n'est pas étonnant que les parents et l'enfant soient déroutés par ce paradoxe.

J'ai dit plus haut que ce qui se passe dans l'inconscient des parents influence fortement l'enfant ; il est également vrai que les parents, sans s'en rendre compte, réagissent considérablement au travail de l'inconscient de l'enfant. Dans d'autres situations, les parents, en général, se reconnaissent obligés de réagir d'une façon positive aux facultés et aux connaissances limitées de l'enfant, et ils font tout leur possible pour trouver des solutions aux problèmes qu'il ne peut résoudre tout seul. Mais quand l'anxiété consciente des parents à propos de l'avenir de l'enfant, en raison de son mauvais travail scolaire, s'aggrave du sentiment inconscient qu'il s'agit d'un acte de rébellion, alors beaucoup de parents perdent patience et tendent à exercer une pression de plus en plus forte sur l'enfant. Cette pression et l'intensité des émotions que ce dernier sent derrière elle sont prises par lui comme la preuve évidente que seuls ses résultats scolaires importent vraiment à ses parents. Cette expérience douloureuse entretient sa méfiance inconsciente et peut même l'aggraver, et maintenant non seulement il en veut à l'école, mais aussi à ses parents. Les parents, à leur tour, souffrent de cette attitude, et tout le monde est de plus en plus malheureux.

Comme le conflit originel se situait entre le parent et l'enfant, et non pas entre l'enfant et l'école, il ne sert pas à grand-chose d'essayer de soumettre l'enfant à une pédagogie corrective. Seuls les parents peuvent parvenir à résoudre ses problèmes inconscients et tout d'abord en cessant de faire pression sur lui pour qu'il travaille mieux à l'école.

La situation sera radicalement modifiée dès que l'enfant sera convaincu que ses parents ne s'intéressent vraiment qu'à lui, qu'ils l'aiment et veulent le rendre heureux. Se sachant totalement accepté, rien ne l'empêchera maintenant de mieux s'appliquer à son travail scolaire.

La « phobie de l'école » est encore plus préjudiciable que le mauvais travail scolaire : la seule idée de devoir aller à l'école provoque une angoisse incoercible. Les causes peuvent être très nombreuses, mais la plus fréquente, surtout chez les petits enfants, est le désir de ne pas grandir, de rester un « bébé ». Ils savent que le fait d'aller en classe les amènera à renoncer à un grand nombre de satisfactions infantiles. Mais ce désir de rester « petit » ne suffit pas à motiver la phobie de l'école ; doit s'y ajouter une angoisse beaucoup plus puissante, celle qui naît de l'idée qu'en grandissant il ne sera plus en contact intime avec ses parents, et surtout avec sa mère.

Certains enfants, qui, malgré leur angoisse, sont obligés d'aller à l'école, souffrent de troubles psychosomatiques graves, la maladie étant pour eux une raison valable de rester à la maison. Les symptômes peuvent être très variés : vomissements compulsifs, maux de tête migraineux, comme si leur cerveau ne pouvait pas supporter ce qui les attend à l'école. Une petite fille que ses parents avaient obligée, malgré ses supplications, d'aller à l'école devint anorexique, et son état de faiblesse devint tel qu'il fut hors de question de l'envoyer en classe. Dans son cas, comme dans beaucoup d'autres, la phobie de l'école réactivait des conflits infantiles graves ; sa mère, pour compenser le sentiment de rejet qu'elle éprouvait à son endroit, la suralimentait de force, et l'enfant, de son côté, réagissait par un refus de manger.

L'angoisse de séparation d'avec la mère est souvent aggravée par l'idée qu'un ou plusieurs enfants plus jeunes profiteront de ce qu'ils restent à la maison pour remplacer l'écolier dans le cœur de la mère. La maladie reste un moyen non seulement de ne pas quitter le foyer, mais aussi de capter plus encore qu'avant l'attention de la mère.

Dans un cas extrême, l'enfant avait été mis au monde par ses parents pour remplacer leur première fille, morte à treize ans. Le second enfant — également une fille — savait qu'elle était là pour remplacer la disparue et, de plus, que ses parents désiraient qu'elle fût comme cette sœur qu'elle n'avait jamais connue. Cela lui donna l'idée qu'elle mourrait au même âge, à treize ans. Elle était rongée par l'obsession de ne pas grandir et l'école, pour elle, était avec ses classes successives le symbole du vieillissement. Elle ne voyait qu'une solution : refuser d'aller à l'école. Elle ne fut guérie qu'à la suite d'une longue thérapie qui la persuada que, malgré le désir de ses parents, elle n'était pas une copie conforme de sa sœur, mais un être tout à fait différent.

Le drame, dans de telles situations, est que l'effort déployé par les parents pour expédier leur enfant à l'école est considéré par lui comme la preuve qu'ils ne cherchent qu'à se débarrasser de sa présence, ou tout au moins de l'empêcher de rester enfant. L'école, et tout ce qu'elle représente, creuse alors un gouffre entre parents et enfant. Il importe avant tout que les premiers, par leur comportement, parviennent à convaincre l'enfant qu'il n'a pas à recourir à des méthodes aussi extrêmes et que, quoi qu'il arrive, il ne perdra jamais leur amour ni leur affection.

Dans ces situations difficiles, les parents doivent entrer en empathie avec leur enfant et comprendre qu'il souffre avant tout d'un sentiment généralisé d'insécurité. Seule cette empathie peut donner l'occasion de sortir de l'impasse où se trouvent l'enfant et ses parents à propos de son refus d'aller à l'école ou de ses mauvais résultats scolaires. Pour parvenir à cette empathie, les parents doivent d'abord comprendre à quel point ils sont importants aux yeux de leur enfant. Malheureusement, la méfiance de l'enfant à l'égard de ses parents, qui semble nier leur importance, rend cette compréhension difficile. Mais l'intensité même de son refus de se soumettre aux désirs parentaux devrait être considérée comme la preuve de l'intensité de son engagement émotionnel : ces émotions expriment un profond engagement et pas seulement une préférence pour le jeu et la télévision. A partir du moment où les parents acceptent l'idée que leur valeur unique aux yeux de l'enfant est à l'origine de l'impasse, ils peuvent commencer à trouver des façons de lui prouver qu'ils ne se contentent pas de l'identifier à ses résultats scolaires.

Pour y parvenir, ils doivent aussi faire confiance à leur enfant, c'est-à-dire partir du principe qu'il réussira dans la vie. L'enfant a besoin de cette confiance pour affronter le monde avec succès. Les doutes de ses parents — y compris, bien sûr, ceux qui sont relatifs à sa réussite scolaire — sont terriblement destructeurs pour un enfant qui, déjà, a tendance à douter de l'amour parental. Pour pouvoir réussir, il a surtout besoin de nous savoir convaincus qu'il en est capable. C'est notre confiance en lui qui crée sa confiance fondamentale en lui-même. Le psychanalyste Erik Erikson a beaucoup écrit, et avec pertinence, sur cette confiance, et a expliqué en détail comment sa présence ou son absence déterminent ce que sera la vie future de l'enfant.

Le besoin inconscient de défier ses parents constitue sans doute la situation la plus difficile à régler où l'enfant, pour des raisons psychologiques, se sent incapable de travailler de son mieux à l'école. Si ce besoin n'est pas supprimé, le défi, plus tard, peut se traduire par des fugues, par la délinquance ou la drogue.

Evidemment, le mauvais travail scolaire peut avoir d'autres motifs comme, par exemple, le besoin d'affirmer son indépendance. Les parents acceptables se mettront en empathie avec ce besoin, grâce à quoi leur attitude en présence de l'enfant sera toute différente de celle qu'ils auraient s'ils attribuaient l'échec scolaire à la paresse ou à un manque de moyens. L'empathie transforme une attitude critique en une attitude ouverte : nous comprenons que le besoin qu'éprouve notre enfant d'être une personne à part entière peut l'amener à décider tout seul s'il s'appliquera ou non à ses études. Nous voudrions qu'il fasse mieux, nous essayons de l'aider, mais en même temps nous sommes fiers de voir qu'il déploie déjà ses ailes, fût-ce en s'affirmant contre l'autorité établie de l'école. Nous pouvons même penser que son comportement augure bien de son avenir ! Cet état d'esprit positif éliminera à coup sûr chez l'enfant la crainte que ses parents s'intéressent plus à ses résultats scolaires qu'à lui-même en tant que personne et les aidera finalement à ranimer son intérêt pour les études. Ils pourront ainsi contourner l'impasse sans négliger leurs propres buts. En approuvant son désir d'indépendance, nous aidons l'enfant à se sentir bien dans sa peau ; fort de l'approbation de ses parents quant à son principal souci du moment, il est à même de comprendre tout seul que le rejet du travail scolaire n'est pas le seul ni le meilleur moyen d'être lui-même. D'autre part, ce besoin ne sera certainement pas satisfait si on essaie de le contraindre à mieux travailler, ce qui ne peut que le convaincre que ses parents et ses maîtres le considèrent comme un pantin dont ils tirent les ficelles. L'approbation parentale de ce besoin d'auto-affirmation peut enfin aider l'enfant à trouver des moyens moins destructeurs de parvenir à ses fins et à ne plus tourner le dos à l'école.

Quand nous admettons que notre enfant estime que ses motivations sont excellentes, nous ne tardons pas à découvrir que c'est vrai, bien que ces motivations soient fondées sur une perspective très immature du monde. Mais quelle autre perspective pourrait avoir un enfant ? Si nous partons de ce principe, nous ne tarderons pas à constater que les raisons de notre enfant et les nôtres, qui nous semblaient séparées par tout un monde, sont en réalité, dans la plupart des cas, parfaitement conciliables. Cela demande de la bonne volonté des deux côtés, et beaucoup de patience de la part des adultes. Quand nous comprenons ce que sont ou peuvent être ses motifs, la communication se fera plus facilement et plus agréablement entre les deux parties, et, de plus, notre empathie nous permettra de mieux apprécier notre enfant et, par conséquent, d'éprouver plus de joie et de satisfaction à être ses parents.

6.

UNE HUMANITÉ COMMUNE

> « *Homo sum ; humani nihil a me alienum puto.* » (Je suis un être humain ; j'estime que rien de ce qui est humain ne m'est étranger.)
>
> Publius Terentius Afer.

Si Ella, dont il a été question dans le chapitre précédent, avait voulu s'expliquer, elle n'aurait pas pu dire à sa mère : « Je déteste lire les bons livres parce qu'ils ont pour toi plus d'importance que je n'en ai », non pas par peur des conséquences possibles de cet aveu, mais parce que ses raisons étaient si profondément refoulées qu'elles étaient inaccessibles à son esprit conscient. Il en va de même pour les enfants qui ne savent pas pourquoi ils souffrent d'une maladie qui les empêche d'aller à l'école, pour le bébé qui est incapable de s'exprimer ou pour l'enfant plus âgé qui, emporté par l'émotion — surtout par l'angoisse —, ne peut que crier et pleurer. Aucun d'entre eux ne peut s'expliquer. Alors, que devons-nous faire ?

Une mère, venue me demander conseil, était exaspérée par le comportement irrationnel de son petit garçon. Par exemple, un jour où ils avaient quitté leur pavillon de banlieue pour rendre visite à des amis dans la grande ville, il s'était brusquement arrêté au moment de traverser une rue très fréquentée et s'était mis à pleurer en refusant de quitter le trottoir. Ce qui l'avait exaspérée, c'était le spectacle ridicule qu'elle et son enfant offraient aux passants. Qu'aurait-elle dû faire dans une telle situation ?

Je n'aime pas donner des conseils dans des affaires de ce genre parce que je crois que, dans toute relation intime, comme celle qui existe entre une mère et son enfant, et où de fortes émotions interviennent, c'est au parent qu'il revient de trouver tout seul une solution. Mais je lui ai suggéré d'essayer d'imaginer ce qui aurait pu la faire pleurer, elle, dans les mêmes circonstances. Il ne lui fallut pas plus d'une seconde pour se rendre compte qu'elle aurait réagi de la même façon si elle avait été auparavant témoin d'un grave accident de la circulation. Elle comprit aussitôt que son fils avait dû être terrifié par quelque chose qu'il avait vu ou imaginé. Et elle fut tout étonnée de se rappeler qu'à l'âge de son fils elle était terrorisée à l'idée qu'elle pourrait se perdre et être incapable de retrouver le chemin de la maison. Il ne lui était jamais venu à l'esprit que son fils pouvait être bouleversé par les mêmes sentiments. Ce jour-là, elle était auprès de lui ; comment aurait-il pu avoir peur de se perdre ?

Mais elle se rendait maintenant compte que la présence de ses propres parents n'avait pas toujours suffi à la rassurer. Ce n'est qu'après avoir évoqué cette grande angoisse de son enfance qu'elle comprit que son fils avait éprouvé des émotions similaires. Au lieu d'être contrariée par le comportement « irrationnel » de son enfant, elle éprouvait maintenant pour lui une profonde sympathie et pouvait être sensible à sa terreur. Je lui dis alors que son fils avait peut-être peur qu'elle se fît écraser en traversant la rue ; elle comprit immédiatement combien il pouvait s'alarmer à l'idée de se retrouver tout seul après l'accident, dans une ville inconnue, incapable de retrouver son chemin.

La peur de l'abandon est la principale angoisse de l'enfance, et l'enfant peut imaginer mille circonstances où il se retrouverait seul. Les parents, dans la situation de cette mère, ont de bonnes raisons de croire que l'enfant ne risque rien ; mais quand on est en proie à la terreur, les explications rationnelles ne peuvent absolument pas modifier ce que nous *ressentons*. Pour l'enfant, les parents parlent d'un monde totalement différent du sien et ce qu'ils disent du monde des adultes ne peut apaiser sa terreur.

La plupart d'entre nous peuvent se souvenir d'avoir été terrifiés pendant leur enfance, en entrant par exemple dans une maison inconnue ou en dormant dans le noir. Quand nous disions en pleurant avoir vu quelque chose bouger dans l'obscurité, notre maman nous expliquait posément qu'il n'y avait aucune raison d'avoir peur ; mais si le ton de sa voix et son attitude nous montraient qu'elle nous trouvait stupide, nous étions persuadé qu'elle ne savait absolument rien de toutes les choses épouvantables qui peuvent se cacher dans l'obscurité. Si, par contre, elle nous montrait qu'elle comprenait notre frayeur, nous étions alors rassuré et moins inquiet parce que nous ne nous sentions plus seul avec notre angoisse.

Le parent qui se maintient à distance de notre terreur n'est pas *avec nous* au cœur de la situation. Il reste pratiquement à l'écart. Mais le parent qui fait comprendre qu'il est en empathie avec notre peur et qu'il la considère comme réelle et légitime nous donne le sentiment qu'il sait ce dont il parle. C'est pourquoi nous pouvons faire confiance à ce qu'il nous dit. Nous devons nous souvenir de tout cela quand nous nous trouvons dans la même situation que la mère de tout à l'heure. Si nous réagissons à l'état émotionnel de notre enfant et non pas à ce que nous dicte notre raison adulte, nous nous efforcerons en toute priorité de calmer sa terreur. Par exemple, au lieu de le raisonner, ce qui, étant donné son état émotionnel, ne peut produire aucun résultat, nous le serrerons dans nos bras pour qu'il se sente en sécurité.

Quelques années plus tard, cette mère me dit qu'après notre première rencontre elle avait presque toujours réussi à comprendre intuitivement et émotionnellement les forces qui déterminaient les comportements « irrationnels » de son fils, pour le plus grand bien de l'un et de l'autre. Dès qu'elle a appris à considérer avec empathie le comportement de son fils, cette mère a été motivée pour s'efforcer de comprendre intuitivement et émotionnellement — et non pas intellectuellement — les forces qui animaient l'enfant.

La compréhension empathique de ce qui motive notre enfant quand il devient difficile ou perturbé, combinée avec des souvenirs de notre propre vie, rend possible une acceptation profonde de son comportement. Sans cette empathie, dans une situation semblable à celle que cet enfant et sa mère ont eu à affronter, le parent réagira par une irritation, non seulement à cause de l'impasse momentanée (le refus, de la part de l'enfant, de bouger), mais surtout parce qu'il a l'impression que sa présence et sa sollicitude ne donnent pas de résultats tangibles. Ainsi, sans une réaction empathique et sympathique à la situation pénible où se trouve l'enfant, notre irritation ne fait qu'envenimer les choses.

Cette irritation, souvent inconsciente, nous empêche sur le

moment de réagir avec empathie au point de vue de l'enfant ; nous sommes incapables de l'aider à se ressaisir et notre colère ne fait qu'accroître son angoisse. Mais si nous parvenons à nous rappeler des expériences analogues, il nous devient alors quasiment impossible de nous fâcher. Ici, la compréhension intellectuelle ne suffit pas.

Il n'est pas toujours possible de nous rappeler des situations vraiment identiques, soit en raison de leur ancienneté, soit parce qu'elles n'ont jamais eu lieu. Alors que cette mère se souvient d'avoir éprouvé des angoisses enfantines semblables à celles de son fils, la maman d'Ella, elle, ne pouvait se rappeler qu'une chose : la lecture avait été l'un des plus grands plaisirs de son enfance et cela la rendait incapable de ressentir avec empathie les réactions opposées de sa fille.

Lorsque nos propres souvenirs nous font défaut, nous devons essayer une autre approche et nous demander ce qui pourrait nous contraindre à agir de la même manière que notre enfant, quelles que soient les différences de détail qui existent entre les deux situations. La mère d'Ella, par exemple, aurait dû ne plus penser aux livres ni à la place privilégiée qu'elle accordait à la culture, toutes choses que détestait Ella. Mais le fond du problème émotionnel existant entre cette mère et sa fille n'était pas les livres en tant que tels ; c'était l'incapacité d'Ella de faire ce que désirait par-dessus tout sa mère. Les livres n'étaient qu'un élément secondaire sur lequel le conflit s'était concentré.

Pour se mettre en empathie avec l'état émotionnel d'Ella, sa mère aurait dû remonter à une époque de son enfance où elle était incapable de faire certaines choses que d'autres trouvaient faciles ou se souvenir d'une expérience enfantine où elle éprouvait de la répulsion pour l'objet des désirs de ses parents. Elle aurait alors pu se dire : « Les sentiments d'Ella sont certainement les mêmes que les miens à son âge ! » Elle aurait alors compris combien la situation présente devait être grave et pénible pour son enfant et se serait trouvée dans l'impossibilité de la gronder. Elle se serait ensuite demandé : « Dans de telles circonstances, quelle attitude aurais-je attendu de la part de mes parents pour m'aider à changer mes sentiments ? » et elle aurait alors eu une idée assez juste de ce qu'elle pouvait faire pour sortir sa fille de l'impasse.

Prenons l'exemple du parent d'un petit garçon qui a frappé un camarade. Au lieu d'être convaincu que la brutalité est toujours condamnable, ce parent devrait se dire : « Quel est l'incident, quel est le sentiment qui auraient pu me déterminer à frapper quelqu'un, ou tout au moins m'en donner l'envie ? » Alors, au lieu de gronder son fils, il aurait compris qu'il devait l'aider à surmonter sa colère et lui montrer que les coups n'étaient pas le meilleur moyen de régler le problème.

Le parent acceptable doit en outre se demander : « Qu'est-ce qui pourrait bien m'obliger à agir comme mon enfant est en train de le faire ? Et si je me sentais contraint d'agir de la sorte, qu'est-ce qui pourrait me ramener à de meilleurs sentiments ? » Si nous pouvons répondre franchement à ces deux questions, par ailleurs liées entre elles, nous comprendrons, sans nous tromper de beaucoup, ce qui a motivé notre enfant, même s'il ne peut ou ne veut nous le dire lui-même, et nous saurons ce que nous pouvons faire pour l'aider à régler son problème.

En réalité, ce principe est vieux de plus de deux mille ans. Voici comment l'a expliqué Térence : « *Homo sum ; humani nihil a me alienum puto.* » (Je suis un être humain ; j'estime que rien de ce qui est humain ne m'est étranger.) Autrement dit, quoi que pense ou fasse un être humain, je dois pouvoir en trouver en moi l'équivalent, tout au moins en tant qu'éventualité théorique. Si cela est vrai pour le comportement de parfaits étrangers, que dire s'il s'agit de notre propre enfant !

Il peut être difficile de croire que certaines situations, dans notre existence, pourraient nous amener à agir d'une manière que nous n'aurions jamais pu imaginer. Au cours de ma propre vie, particulièrement quand l'âge et l'expérience ne m'avaient pas encore appris à penser autrement, je me disais souvent : « Jamais je ne ferai cela ! » Mais j'ai été conduit à penser différemment en vivant deux guerres mondiales, l'effondrement d'un empire et l'expérience de deux camps de concentration allemands ; et aussi en travaillant sur une énorme variété de cas psychiatriques incluant des criminels et des psychotiques. J'ai découvert que tout ce que je croyais impossible pouvait survenir dans certaines circonstances, le plus souvent extrêmes ; il m'est souvent arrivé d'être fortement tenté de m'engager dans un de ces actes ; il m'avait fallu beaucoup de détermination pour ne pas le faire.

On ne peut s'attendre à une telle discipline de la part des

enfants. Quoi qu'ils fassent, nous devons nous interdire de penser : « Jamais je ne ferais une chose pareille ! » Nous devons croire au contraire que dans les mêmes circonstances nous aurions exactement les mêmes pensées que lui, et que, si nous agissons différemment, c'est uniquement en raison de notre plus grande expérience et de notre maturité, qui nous permettent de nous contrôler. Si nous acceptons cette vérité, il nous est très facile d'imaginer ce qui a pu pousser notre enfant à agir comme il l'a fait. De plus, si nous nous livrons au travail mental consistant à tirer tout cela au clair, nous découvrons des choses passionnantes sur nous-mêmes et notre enfant, et sur tout ce que nous avons en commun.

Pour que l'amour d'un parent soit pleinement et positivement efficace, il doit être éclairé par la réflexion. Tous nos actes (de même que notre manière d'agir et nos motivations) produisent un impact le plus souvent inconscient sur notre enfant. Le plus grand amour peut être égoïste et peut alors nous empêcher d'avoir des réactions positives, alors qu'avec un peu de réflexion nous agirions avec plus de circonspection. Nous devons connaître et soupeser nos mobiles au lieu de nous contenter de n'examiner que ceux que nous approuvons sans hésitation. Nous devons savoir au bénéfice de qui nous agissons — au nôtre ou à celui de l'enfant — et envisager l'éventualité que nous pourrions être influencés par le souci des réactions d'autrui — la famille étendue, les amis, les voisins. Cela ne veut pas dire qu'il est mauvais d'agir dans notre propre intérêt quand les circonstances le justifient, mais seulement que nous devons veiller à ne pas faire croire à notre enfant que nous n'agissons que pour son bien.

L'heure d'aller au lit est souvent l'occasion d'une duperie de ce genre. La plupart des parents, sur ce point, font preuve d'un certain laxisme, mais ils sont prêts à se montrer inflexibles quand cela les arrange. Quand, le soir venu, ils sont fatigués et désirent se livrer à leurs activités d'adultes sans être importunés par leur enfant, ils ont tendance à l'obliger à aller au lit, parce que c'est l'heure et qu'il a besoin de sommeil... ce qui est évidemment le cas de tout le monde. L'heure d'aller au lit n'est pas sacro-sainte, comme nous le savons par expérience, pas plus que le minutage du début et de la fin du sommeil, surtout pour un bambin qui ne doit pas aller à l'école le lendemain matin. Nous savons aussi par expérience que, quand nous n'avons pas eu notre compte de sommeil, nous pouvons nous rattraper la nuit suivante, et nos enfants peuvent en outre se permettre une sieste prolongée.

Il n'y a pas de mal à vouloir être tranquille pour la soirée. Le problème commence quand un parent est persuadé qu'il envoie son enfant au lit dans l'intérêt de celui-ci, alors qu'il le fait pour son propre bénéfice. Dans ce cas, il recourt à la règle pour éviter d'examiner le degré de fatigue de l'enfant ou son réel besoin d'aller se coucher. L'enfant en est conscient très tôt, exactement quand il commence à faire des histoires pour aller au lit ; c'est au même âge qu'il comprend que ses parents vont se coucher quand ça leur chante, selon leur humeur et ce qui se passe dans la maison. D'ordinaire, l'enfant sait uniquement qu'il a envie de rester plus longtemps parce qu'il a quelque chose à faire ou pour continuer de participer à la vie familiale. Mais cela n'empêche pas qu'à un autre niveau il en veut à ses parents d'avoir le pouvoir de l'obliger à faire ce qu'il n'a pas envie de faire.

L'enfant déteste particulièrement qu'on lui dise qu'il est fatigué alors qu'il est certain de ne pas l'être. Il accepte volontiers l'idée évidente que ses parents en savent plus long que lui sur le monde en général, mais cela ne s'étend pas à ses propres sensations. Peut-être est-il incapable de les exprimer, mais il les connaît. Il est habile à discerner à qui peut bénéficier une action, à ses parents ou à lui-même. Il peut accepter, quoique difficilement, que nos intérêts soient légitimes, bien que leurs conséquences puissent lui être désagréables, du moment que nous lui exprimons clairement nos motivations. Mais la plupart d'entre nous souffrent d'être considérés comme quantité négligeable, et cela est également vrai pour notre enfant. Et ce sentiment se transforme en colère quand on se débarrasse de nous en prétendant agir dans notre intérêt.

Lorsque les parents, même s'ils savent très bien qu'ils désirent avant tout être tranquilles, se persuadent qu'ils envoient leur enfant au lit parce que l'heure a sonné et qu'il a besoin de sommeil, celui-ci se rend très bien compte que leur motivation est égoïste. Sa rancune l'empêchera de s'endormir paisiblement ; peut-être même aura-t-il des cauchemars, essayant par ses rêves de se venger de l'injustice qui lui a été infligée par ses parents, ou parce qu'il se sent coupable de sa colère refoulée.

Si, en revanche, les parents admettent franchement qu'ils ont besoin d'un moment de tranquillité, ils accepteront avec compassion le ressentiment de l'enfant, déçu d'être exclu momentanément de leur vie. Un compromis sera alors possible : ils accorderont un répit d'un quart d'heure et trouveront le moyen de rendre plus agréable l'exclusion. Quand leur enfant sera couché, ils s'efforceront de faire le minimum de bruit pour que l'exilé n'ait pas l'impression de manquer un événement important.

Autrement dit, nous devons envisager la situation à la fois de notre perspective parentale et de celle de l'enfant. Celui-ci pense : « Si mes parents se débarrassent de moi, c'est qu'ils ne veulent plus de moi, qu'ils ne m'aiment pas. » Et c'est terrible pour un petit enfant de ne pas être désiré par ses parents, ne serait-ce que pour une soirée ! Si nous nous mettons à sa place, nous aurons tout naturellement envie de le rassurer, de lui rendre sa confiance en nous et en lui-même pour qu'il puisse s'endormir vite et profondément.

Si quelqu'un venait nous dire impérativement qu'il est l'heure d'aller au lit, quelle que soit notre envie de dormir, nous aurions une idée très nette de ce que pense notre enfant dans les mêmes circonstances. Nous pouvons apprendre beaucoup de choses sur notre enfant et nous-même, et sur nos relations, si nous comprenons ses réactions aux événements quotidiens, par exemple quand nous lui disons de s'habiller de telle ou telle manière, de se laver les mains, de manger ceci et de ne pas manger cela, etc. Si, de plus, nous nous demandons comment nous réagirions dans le cas où on nous tiendrait le même langage, nous ne manquerions pas de nous interroger sur ce que notre enfant pense de notre attitude. Et nous pourrions lui demander quelles sont, d'après lui, les raisons de nos exigences. Pour la plupart des enfants, ce serait une expérience toute nouvelle ; mais elle ne peut réussir que si l'enfant se sent libre de nous dire ce qu'il pense, avec la certitude d'être écouté sans être critiqué systématiquement.

La meilleure façon de convaincre l'enfant que ses opinions ont pour nous de l'importance est de l'interroger sur elles, non pas pour les réfuter, mais pour y réfléchir sérieusement.

Si nous lui montrons que nous nous intéressons à ce qu'il pense de notre comportement vis-à-vis de lui, il comprendra vite que ce que nous pensons de lui n'a rien d'arbitraire. Ne serait-ce que par équité, nous devons prendre ses idées sur les motivations de notre comportement à son égard avec autant de sérieux que celui que nous attendons de lui en ce qui concerne l'opinion qu'il se fait de nous. Et si nous sommes vraiment convaincus que nous avons beaucoup en commun — même si nous ne sommes pas toujours d'accord —, nous pouvons être certains d'aboutir à une compréhension mutuelle beaucoup plus intime.

Demander à notre enfant ce qu'il pense de nos motivations, ce n'est pas l'interroger sur les siennes, ne serait-ce que parce que nous pouvons l'obliger à obéir alors qu'il peut avoir besoin de recourir à des manœuvres détournées pour obtenir de nous ce qu'il désire. C'est cette différence qui fait de nos investigations dans l'esprit de l'enfant un processus à sens unique, surtout si nous n'aimons pas qu'il nous pose des questions sur nos raisons d'agir et si nous ne lui répondons pas franchement et totalement. Même si nous le faisons, le fait de demander à un enfant de nous révéler ses motivations et ses pensées les plus secrètes est un processus contestable qui exige mûre réflexion, comme nous le verrons dans le chapitre suivant.

7.

« POURQUOI ? »

> « Questionner n'est pas de mise entre gentlemen. »
> Samuel JOHNSON, cité par Boswell.

Quand j'étais petit, comme la plupart des enfants de la classe moyenne ayant des parents conscients et intelligents, on m'a posé une infinité de questions sur ce que je faisais ou pensais. D'après mes souvenirs, je n'ai jamais eu l'impression que mes parents s'intéressaient vraiment à mes mobiles. La plupart du temps, mes réponses avaient pour seul résultat de m'empêcher de faire ce que je voulais et d'être critiqué pour mes intentions. J'étais le plus souvent frustré et la réaction de mes parents était rarement positive. Quand on me disait : « Pourquoi ? » je m'attendais rarement à entendre des propos équitables et sans préjugés, et j'en étais venu à détester la question, même dans les rares cas où les conséquences de ma réponse m'étaient favorables.

On me demandait si souvent « pourquoi ? » que j'avais fini par penser que telle était la question posée tout naturellement par les adultes à l'enfant quand ils ne sont pas d'accord avec lui, quand ils se méfient de ce qu'il mijote, ou encore quand il se comporte d'une façon qui leur semble inappropriée ou gênante. On m'a si souvent demandé « pourquoi ? », même à propos de choses qui me paraissaient évidentes, que j'en ai tiré cette conclusion : les adultes, tout simplement, ne comprennent rien aux enfants, sinon ils n'auraient pas besoin de leur poser des questions à tout bout de champ.

Chaque fois qu'on me questionnait ainsi, je me sentais sur la sellette et cela me déplaisait souverainement ; tel était mon souvenir le plus marquant. Je me disais : « Si mes parents faisaient un effort pour me comprendre, ils pourraient facilement répondre à leur question, mais ils estiment inutile cet effort qui leur permettrait de trouver tout seuls la réponse. » Je me rappelle aussi combien je souffrais quand une réponse franche ne me valait rien de bon ; j'étais sûr que mes parents avaient pris leur décision avant même de me demander de m'expliquer ; et qu'ils supposaient a priori que mes mobiles n'étaient pas valables. Et chaque fois que ma réponse m'attirait leur approbation, j'avais l'impression qu'ils me la donnaient à contrecœur.

Cette réaction à la question « pourquoi ? », qui était la mienne, est commune à presque tous les enfants. Les parents estiment que le mot « pourquoi » est neutre, mais les enfants ne sont pas de cet avis. Pour eux, le mot a presque toujours une connotation négative. C'est ce que je savais intuitivement, à la suite de nombreuses expériences, et j'exprimais mes explications sur un ton défensif qui ne plaisait pas à mes parents.

Mon ressentiment avait encore une autre source : je sentais que les adultes étaient convaincus que je leur devais une explication et qu'il était même normal que je justifie à leurs yeux toutes mes pensées et tous mes actes. Il allait de soi que je fournisse des réponses sur commande, mais mes parents ne s'expliquaient à moi que de temps en temps, quand ils en avaient envie. Il est certain que cette différence contribuait à me faire détester les questions.

Ma réaction était à l'opposé — j'étais alors aux anges — quand mes parents approuvaient spontanément ce que je faisais ou envisageais de faire, et quand ils semblaient comprendre mes intentions et mes actes sans me poser de questions. J'étais alors heureux de leur exprimer mes intentions et de lever le moindre malentendu. J'éprouvais une grande satisfaction et un sentiment de sécurité à leur montrer que nos pensées étaient identiques, ou tout au moins parallèles sur des points importants.

Quand mes parents me laissaient entendre qu'ils avaient réfléchi sérieusement à mes mobiles et me montraient leur sympathie, même s'ils n'approuvaient pas mes projets, je leur donnais volontiers des explications, étant sûr qu'ils les écouteraient d'une oreille attentive et impartiale. Il me suffisait de savoir qu'ils avaient pris au sérieux mon point de vue. Si, ensuite, ils m'expliquaient clairement pourquoi ils ne changeaient pas d'avis, j'étais si content de notre échange de vues et de notre respect mutuel que j'acceptais leur décision, sans pour autant en être enchanté. La même décision eût été inacceptable si mes parents l'avaient prise en ne tenant aucun compte de mes réponses à leurs questions. Dans ces cas-là, j'obéissais presque toujours, mais sans éprouver de bons sentiments à l'égard de moi-même ni de mes parents ; le monde me semblait vraiment trop injuste. Et quand mon bon sens me disait que la décision de mes parents était juste et m'était, en fin de compte, favorable, je n'en pensais pas moins que je n'avais pas été traité avec le respect auquel je pensais avoir droit.

Une aventure qui m'est arrivée à quinze ans peut illustrer et expliquer dans une certaine mesure mes réactions. Elle produisit sur moi une impression si profonde qu'elle est restée très vivante dans mon esprit pendant les soixante et quelques années qui se sont écoulées depuis.

J'étais un très bon élève, un adolescent paisible, introspectif et plutôt réservé. Mais un jour, le comportement de l'un de mes professeurs, que mes camarades et moi trouvions terriblement ennuyeux et très différent de nos autres professeurs, me fit sortir de mes gonds. Sans réfléchir, je le saisis par les épaules et, aidé de deux autres élèves, enhardis par mon geste, je le chassai de la classe. Une fois ce travail accompli, je fus bouleversé par ce que j'avais fait. Ça ressemblait tellement peu à mon comportement habituel dans le cadre du collège et à l'extérieur ! J'avais seulement conscience d'avoir été offensé au point de me sentir obligé de faire *quelque chose* ; mais je n'avais pas la moindre idée de ce qui avait précisément déclenché mon action ni de ce qui avait provoqué ma colère.

Encore maintenant, je n'arrive pas à comprendre ce qui m'avait poussé à agir d'une façon aussi inhabituelle. Je ne me serais jamais cru capable d'une telle rage agressive ni — si l'on tient compte du cadre, un honorable collège du temps de la monarchie — d'un tel acte d'indiscipline. J'essayai de comprendre ce qui avait bien pu provoquer ma rage soudaine puisque ce professeur, ce jour-là, s'était comporté comme d'habitude envers moi et mes condisciples. Malgré tous mes efforts, je n'arrivais pas à trouver quelque excuse qui aurait pu me rassurer sur les conséquences de mon geste. Le directeur du collège, par ailleurs homme d'un grand savoir, ne plaisantait pas avec le travail et se montrait à cheval sur la discipline, et je tremblais à l'idée du dur châtiment qui m'attendait. J'allais être renvoyé et sans doute exclu de tous les autres établissements de Vienne. Mon avenir était compromis, et je l'avais bien mérité ! Le lendemain se produisit un événement rare et toujours impressionnant, pour ne pas dire menaçant ! Vers le milieu de la matinée, le directeur entra dans la classe. Nous nous mîmes tous au garde-à-vous, et il nous adressa des paroles cinglantes, accusant mes camarades du crime de ne m'avoir pas retenu, et moi-même d'avoir été l'instigateur de cette infamie sans précédent. Il me traita entre autres d'hypocrite car, selon lui, j'avais jusqu'alors fait semblant d'être un élève irréprochable. A entendre sa philippique, je me sentis plus terrifié que jamais à l'idée de ma punition, de même que mes camarades, comme ils devaient me l'apprendre plus tard.

Après m'avoir blâmé et nous avoir tous terrorisés, il se tut brusquement pendant un bon moment, puis il ajouta de sa voix la plus calme des paroles que je n'ai jamais oubliées. Il dit : « Evidemment, je sais que, si le professeur X avait eu le comportement que j'attends de tout le personnel enseignant de notre institution, rien de tel ne serait arrivé. » Puis, s'adressant nommément à moi, il conclut : « Demain, après les cours, vous aurez deux heures de retenue pendant lesquelles vous travaillerez seul sur les matières que monsieur X aurait dû rendre assez intéressantes pour que jamais ce déplorable incident n'eût pu avoir lieu. » Et sur ce, il sortit tranquillement de la classe. Après avoir, à juste titre, redouté le pire, j'étais énormément soulagé par cette punition incroyablement bénigne que ni moi ni mes amis ne pouvions comprendre.

Mais ce qui me fit le plus d'impression, sur le moment et par la suite, c'est qu'on ne me posa pas de questions sur mes mobiles. On ne me demanda pas de passer aux aveux, de condamner mon comportement ni de présenter des excuses. En fait, le directeur était intervenu pour nous dire de but en blanc qu'il connaissait la cause de l'incident et que, sans le pardonner, non seulement il le comprenait, mais que dans une certaine mesure il acceptait le fait que lui-même et son institution étaient responsables de nous avoir donné un professeur qu'il ne pouvait respecter lui-même.

Toujours est-il que j'avais passé toute une nuit à chercher en vain l'explication que j'aurais pu offrir. Si j'avais dit que ce professeur ne valait rien, je n'aurais rien expliqué ; tout le monde le savait, et personnellement cela m'était égal. Si j'avais prétendu que c'était cela qui m'avait mis en rage, c'eût été le comble de l'hypocrisie. Je savais que toute la classe s'amusait du comportement et de la personnalité faibles et stupides de ce maître. Nous prenions plaisir à l'agacer et à nous moquer de lui. Alors, pourquoi avais-je voulu éliminer la source de tant de plaisirs, un professeur auquel nous nous sentions tous supérieurs, ce qui nous consolait de nous sentir inférieurs à tous les autres ? Pourquoi ce besoin soudain de nous débarrasser de lui... (ce qui arriva effectivement car il n'osa jamais revenir dans notre classe après le jour de son expulsion) ?

Mon acte avait été clairement symbolique. Mais quelles avaient été mes motivations ? Là, c'était le vide. Je m'étais attendu à un interrogatoire en règle sur mes mobiles, et je n'en avais pas. Les autorités jugeraient inacceptable cette absence de mobiles et considéreraient cela comme une circonstance aggravante. En désespoir de cause, j'étais prêt à mentir, mais je ne trouvais aucun mensonge, même à demi convaincant. J'étais totalement sans défense. Je n'avais aucune excuse, et, sachant cela, le directeur n'avait pas essayé de me faire mentir. Il me fallut longtemps avant de comprendre combien il avait été sage.

Le professeur X ne tarda pas à être renvoyé du collège et remplacé par un homme pour lequel nous eûmes un grand respect, non seulement pour la qualité de son enseignement et de sa loyauté envers nous, mais aussi pour son équilibre et la virilité qui émanait de lui sans qu'il en fît étalage. Quelques années plus tard, je compris que le directeur l'avait sans doute choisi parce qu'il pensait que nous avions droit à une compensation, après notre malheureuse expérience avec X, et qu'il avait choisi en conséquence un homme qui était son opposé.

Avant cette aventure, je n'avais été qu'un élève anonyme parmi quelques centaines d'autres ; mais par la suite, chaque fois que je croisais le directeur dans un couloir, il semblait me reconnaître et me traitait avec une froideur empreinte d'un certain respect, et son regard n'avait rien d'amical. Jamais il ne me fit la moindre faveur. Des années plus tard, je compris que son attitude exprimait le désir de me faire savoir qu'il continuait de désapprouver ce que j'avais fait, ce qui justifiait son inimitié, mais qu'il reconnaissait que mon acte était tout à fait compréhensible.

A mesure que j'avançais en âge, j'ai apprécié de plus en plus le fait que le directeur ait tiré ses conclusions sans juger utile de me faire subir un interrogatoire. Il comprenait assez bien les garçons de mon âge pour savoir ce qui se passait dans leur esprit. Il désapprouvait mon acte, mais il avait saisi l'essentiel : tout venait de ce que le professeur X était un parfait imbécile. Le directeur n'a pas cherché à connaître mes mobiles précis, en partie parce qu'il les jugeait relativement sans importance après avoir déterminé la cause de l'événement, en partie parce qu'il supposait avec raison qu'un garçon qui se trouvait dans ma situation ne savait pas exactement ce qui l'avait poussé à agir.

Tout en étant très exigeant en ce qui concernait la discipline, il s'était bien gardé de détruire mon amour-propre en m'obligeant à exprimer des remords que je n'éprouvais pas, mais que j'aurais été obligé de feindre s'il m'avait interrogé sur mon incartade. Et si, étant questionné, j'avais prétendu que j'avais eu raison de faire ce que j'avais fait — chose inimaginable dans le cadre de ce collège —, il eût été obligé de me punir sévèrement, et cela parce qu'il m'avait obligé à me révéler. Dans ce cas, je me serais senti victime d'une injustice, et bien loi d'améliorer mon comportement, j'aurais détesté le collège et son directeur.

Dans le sens le plus profond, le directeur prenait mon acte pour ce qu'il était : la déclaration symbolique de mon besoin d'avoir de bons maîtres que je pouvais respecter. Ainsi, ma punition — deux heures de retenue — fut-elle également symbolique, tout comme une mauvaise note de conduite qu'on ne retrouva jamais dans les bulletins suivants. Cela montre bien que le directeur était convaincu que mon éclat était un acte isolé.

Il me fallut attendre la pleine maturité et d'être devenu un éducateur expérimenté et un thérapeute de l'enfance — et un père — pour comprendre vraiment que le directeur m'avait montré certaines des conditions propres à un éducateur avisé, particulièrement dans des situations tendues et difficiles : nous devons soupeser les mobiles possibles de l'enfant pour pouvoir saisir les raisons de son comportement. Ce n'est que sur cette base que nous pouvons décider de notre approbation ou de notre désapprobation, et cela indépendamment de notre propre attitude envers l'acte lui-même ; il est en effet tout à fait possible d'approuver totalement les mobiles de l'enfant et, en même temps, de nous sentir obligés de sanctionner son action.

Mais comment le fait de parvenir à une opinion sur les mobiles de l'enfant est-il en rapport avec l'éventualité de le questionner sur eux ? Si nous approuvons ses mobiles, il est inutile de l'interroger. Par exemple : un sentiment louable de compassion lui donne envie de donner à quelqu'un un objet auquel nous tenons beaucoup, et nous ne pouvons pas le lui permettre. Dans ce cas, il nous suffit de lui expliquer pourquoi il ne peut pas disposer de cet objet et, en même temps, de lui dire que nous approuvons ses mobiles. Si nous nous trompons sur certains aspects de ces mobiles, il sera probablement heureux de nous détromper, car notre approbation spontanée lui fait sentir qu'il a été compris. La bonne opinion qu'il a de nous sera ainsi confirmée et — ce qui est très important — l'incitera à être aussi ouvert que nous à l'avenir.

Lorsque l'approbation parentale est impossible, c'est une tout autre histoire. Il est alors encore plus important de soupeser les mobiles de l'enfant ; mais il faut aussi se demander sérieusement si l'enfant est lui-même tout à fait conscient de ses désirs. Si nous ne pouvons l'approuver, quelle sera sa réaction si nous l'obligeons à les révéler ? Sera-t-il gêné ? Sera-t-il poussé à mentir ? Et quand ses réponses nous forcent à critiquer ce qu'il nous révèle, ne sera-t-il pas convaincu que sa franchise n'a pour lui que des conséquences indésirables ?

La situation est également différente quand l'adulte non seulement désapprouve l'acte de l'enfant mais, de plus, est incapable de sonder ses mobiles. Si nos questions obtiennent des réponses satisfaisantes, tout va bien à un certain niveau, mais à un autre cela n'atténue pas le côté désagréable de l'interrogatoire. L'enfant peut croire que nous l'avons écouté d'une oreille impartiale, et qu'il peut nous convaincre qu'il a raison, mais il lui reste l'impression déplaisante qu'au début nous ne l'avions pas compris... sinon, pourquoi l'aurions-nous interrogé ? Cela n'augmente pas son respect pour un adulte qui manque à ce point d'imagination et qui est tellement prêt à lui attribuer des intentions inacceptables. Ainsi, au mieux, sa réaction sera ambivalente : « Mes parents sont justes, mais il faut que j'y mette du mien pour les amener à comprendre mon point de vue. Pourquoi, afin de savoir ce que je fais, ne me font-ils pas confiance dès le début ? »

Evidemment, il est toujours possible que l'enfant ne connaisse pas ses propres motivations, ce qui fut le cas lorsque j'ai chassé le professeur X de la classe. Si, par leurs questions, les parents obligent l'enfant à l'admettre, ils ne le croiront probablement pas, persuadé qu'il use de faux-fuyants. Il découvre alors que son comportement est non seulement incompréhensible pour lui-même, mais aussi pour ces adultes plus sages et plus expérimentés que lui, et de qui dépend sa sécurité. Résultat : un affaiblissement accru du respect de l'enfant envers ses parents, et une répugnance à accepter d'être guidé par eux, puisqu'ils ne le comprennent pas mieux qu'il ne le fait lui-même.

Il est pour le moins gênant pour un enfant de penser qu'il peut lui arriver de ne pas connaître ses mobiles et de devoir l'avouer. S'il en est ainsi, comment pourrait-il croire qu'il sait ce qu'il fait ? S'il se connaît si mal, et si les adultes n'en savent pas beaucoup plus sur lui, comment peut-il espérer un jour se connaître mieux, comprendre ses mobiles, et agir plus sagement ? Obligé de s'avouer qu'il ne sait rien de lui-même, sa confiance en soi est minée, et il ne peut entretenir une bonne relation avec l'adulte qui, en le questionnant, l'a obligé à prendre conscience de cette faiblesse.

Quand il est questionné sur des mobiles qu'il ne connaît pas, l'enfant a l'impression d'être censé les connaître. Cela peut le pousser à mentir. Comme le disait le poète irlandais Oliver Goldsmith : « Ne me posez pas de questions, et je ne vous mentirai jamais. » Obligé à mentir, l'enfant souffre dans son amour-propre et il en veut à l'adulte qui l'a questionné.

Résumons-nous : si l'enfant ne connaît pas ses vrais mobiles, en l'interrogeant nous le rendons désemparé, incertain de la valeur de ses actions pour l'avenir. Si, après avoir compris ses mobiles, nous les lui expliquions, tout irait mieux pour lui et pour nous. A condition de ne pas lui faire perdre sa confiance en soi. Si, aux yeux de l'enfant, ses mobiles sont mauvais, ou bien il nous mentira ou bien, ce qui est pire, il se mentira à lui-même.

Fort heureusement, dans mon cas, ni mes parents ni le directeur ne m'ont interrogé. Il est évident que mes parents se sont inquiétés des conséquences possibles de mon comportement. Ils ont envisagé de me faire poursuivre mes études dans une ville de province dans le cas où, comme nous le craignions, je serais renvoyé du collège. Cette réaction qui consistait à ne pas me blâmer et à dresser des plans positifs a augmenté ma confiance en eux. J'étais sûr qu'ils trouveraient une solution. Le lendemain, quand ils connurent la décision clémente du directeur, ils éprouvèrent un grand soulagement et ne jugèrent pas opportun de me demander pourquoi j'avais agi aussi brutalement. Je suis heureux qu'ils se soient abstenus car, à l'époque où j'aurais pu leur fournir une explication satisfaisante, ils n'étaient plus de ce monde. Plus de trente années, en effet, s'étaient écoulées lorsque je découvris enfin ce qui m'avait poussé à cet exploit invraisemblable qui me ressemblait si peu...

Le professeur X était un imbécile, un pédant qui parlait avec une voix d'eunuque. Il était incapable d'enseigner convenablement les rudiments de la discipline qui lui avait valu une licence. Mes camarades et moi nous trouvions à un âge où les garçons ont des doutes angoissants sur leur sexualité naissante et ont besoin de s'identifier à des personnages forts. Le professeur X, loin d'offrir cette image rassurante, augmentait nos angoisses. Il représentait pour nous l'adulte masculin que nous avions peur de devenir. C'est pourquoi nous le haïssions. Et c'est pourquoi quelques-uns de mes camarades m'avaient aidé à l'expulser de la classe.

Quel est le besoin pressant qui m'avait poussé à agir si loin des limites de mon comportement normal ? Peu de temps auparavant, un événement marquant avait eu lieu : mon père avait eu une attaque qui l'avait momentanément handicapé. Non seulement je me trouvais privé de mon modèle le plus important, mais encore, étant le seul garçon de la famille, j'envisageais la possibilité d'avoir à le remplacer en tant que chef de famille. C'était plutôt terrifiant pour un adolescent peu sûr de lui-même et doutant encore de pouvoir affirmer sa masculinité. Mon anxiété fut accrue par la grave maladie de mon père (dont il devait heureusement se remettre peu à peu). Et j'avais peur de venir un professeur X. Cette idée était intolérable. Comme je le voyais tous les jours, j'en vins bientôt au point de ne plus pouvoir contrôler mon angoisse ; et je ne pouvais la calmer qu'en m'affirmant par un acte de défi. Ce besoin était si grand que je ne pouvais pas me laisser arrêter par les conséquences possibles de mon acte qui, en quelque sorte, exprimait cette idée : « Si vous, le professeur, êtes incapable d'agir comme un homme, moi je dois le faire, bien que je sois beaucoup trop jeune pour cela. » C'était une raison suffisante pour mon comportement, mais aussi la raison pour laquelle je ne pouvais pas me permettre de savoir ce qui l'avait provoqué. Il m'était en effet impossible de reconnaître l'origine et l'amplitude de mon angoisse, parce que cela aurait détruit le peu de confiance que j'avais en moi, alors que j'avais besoin de la renforcer à tout prix. De plus, cela aurait annulé les effets positifs d'un acte qui avait pour moi tant d'importance que j'étais prêt à risquer mon avenir.

Je n'ai pu comprendre la complexité de mes mobiles qu'à partir du moment où ma propre psychanalyse m'a aidé à dévoiler certains aspects cachés de ma relation à mon père. Le temps très long qu'il me fallut pour parvenir à une conclusion m'a persuadé qu'il n'est pas du tout indiqué de chercher à connaître les mobiles d'un enfant lorsqu'il est possible qu'il les ignore lui-même. C'est ce que savait parfaitement le directeur à l'ancienne mode de mon collège qui, pourtant, était totalement étranger à la psychanalyse. Nous autres, qui sommes familiarisés avec le rôle joué par l'inconscient lorsque nous sommes poussés à des actions dont les raisons nous échappent, devrions agir pour le moins avec autant de sensibilité psychanalytique que ce directeur. En s'abstenant de me poser des questions pour ne s'appuyer que sur l'idée qu'il se faisait tout seul sur mes mobiles probables, il a fait en sorte que je le respecterai toute ma vie... et c'est bien cela que les parents désirent obtenir de la part de leur enfant, grâce à la relation qu'ils entretiennent avec lui.

8.

L'EMPATHIE

> « EMPATHIE : Projection de sa propre personnalité dans celle d'une autre personne afin de mieux la comprendre et de partager ses émotions ou ses sentiments. »
>
> *Webster's New World Dictionary.*

La tirade du directeur exprimait exactement sa colère. Les remarques prononcées ensuite tranquillement signifiaient ce qu'il pensait de l'incompétence du professeur X. Il était à bon droit mécontent de lui et, à cause de cela, pouvait comprendre mon acte. Il n'avait donc aucune raison de m'interroger sur mes mobiles ni de me punir sévèrement. Mais il me comprenait intellectuellement et non pas empathiquement : il était trop convaincu de sa supériorité sur un simple collégien et trop éloigné des épreuves et des aventures de sa propre scolarité pour pouvoir entrer en empathie avec moi. Ma répugnance envers le professeur lui semblait assez raisonnable ; pour considérer mon acte comme justifié, il aurait dû nous placer, lui et moi, sur le même plan émotionnel, poussés par des motivations identiques ou très similaires, moi dans la réalité, lui en théorie. Il se sentait si supérieur à moi que cela lui était impossible.

L'empathie, si importante pour la compréhension d'un enfant, exige que l'on considère l'autre comme un égal ; non pas en ce qui concerne les connaissances, l'intelligence, l'expérience et encore moins la maturité, mais relativement aux sentiments qui nous motivent tous. Pour cela, l'adulte doit être familiarisé avec toute la gamme de ses sentiments et pas seulement avec ceux du moment.

Une réponse empathique ne peut exister que si nous nous mettons dans la peau de l'autre pour que nos sentiments nous évoquent ses émotions et ses mobiles. Quand nous essayons de créer en nous une réaction sympathique, nous devons comprendre l'autre de l'intérieur, et non pas de l'extérieur comme le ferait un observateur intéressé et même concerné qui tenterait de comprendre les mobiles de l'autre par une démarche purement intellectuelle.

Le directeur avait essayé de comprendre intellectuellement ce qui s'était passé. Etant très mécontent du professeur X, il pouvait facilement en déduire que je l'étais aussi. Cela lui suffisait. Pour apprécier avec empathie ce que j'avais fait, il aurait dû aller plus loin et se demander pourquoi, dans cette affaire, je m'étais comporté d'une façon tout à fait inhabituelle, et ce qui m'avait incité à agir ainsi. Il estima suffisant de s'appuyer sur sa propre compréhension qu'il jugeait bien supérieure à la mienne. J'ai cité plus haut l'adage français : « *Comprendre,* c'est déjà *pardonner* ». J'ajouterai ici que dans l'empathie on *sent* comme l'autre ; on est en état de sentir pour et avec lui ; on est pour ainsi dire dans sa peau.

Freud parlait de la sympathie qui existe entre l'inconscient d'une personne et celui d'une autre, et il disait que nous pouvons comprendre l'inconscient d'une tierce personne uniquement par le nôtre. On ne peut expliquer convenablement ce que sont l'amour, la colère, la jalousie, l'angoisse, et les mots ne peuvent exprimer ce que l'on entend par « dépression » et « euphorie ». Mais si on a vécu ces états d'être, on sait ce qu'une autre personne doit pouvoir ressentir. Lorsque nous sommes en empathie avec quelqu'un, nous sommes très près de lui ; nous le comprenons beaucoup mieux que si on devait se contenter de ce qu'il nous dit. Les plus grands poètes doivent eux-mêmes recourir au langage symbolique pour transmettre au lecteur leurs sentiments profonds. Ils parlent par métaphores, par allégories, parce qu'aucune expression directe ne peut suffire à leur but. Pour découvrir leur signification, nous devons lire entre les lignes et tenir compte de ce que le langage symbolique évoque dans notre inconscient.

Nous ne devons pas croire nos enfants capables de nous dire ce qu'ils ressentent profondément, puisqu'ils sont incapables d'exprimer ce qui se passe dans leur inconscient. Pour comprendre leurs mobiles cachés, nous devons nous appuyer sur nos réactions empathiques ; notre esprit rationnel fonctionne pour comprendre ce qu'ils essaient de nous dire par leurs paroles et leurs actes, tandis que notre inconscient, grâce à la « projection dans l'objet de notre contemplation », tente de les voir en relation avec nos propres expériences intérieures, présentes et passées. En faisant cela, nous comprenons nos enfants tout en nous comprenant mieux. C'est pourquoi ce que disait Ménandre, il y a plus de deux mille ans : « Connais-toi toi-même », est une bonne chose, mais certainement pas dans toutes les situations. Il est souvent préférable de dire : « Connais les autres. »

Pour expliquer la nature et les vertus thérapeutiques de l'empathie, le psychanalyste de l'enfance, Olden, racontait le cas d'un garçon de huit ans particulièrement agressif. Tout au début de sa thérapie, il a dicté à Olden cette histoire : « Ma mère me dégoûte. Mon père me dégoûte. Ma mère est laide. Mon analyste est laid et monstrueux. » Il exprimait ainsi d'une manière radicale sa rage d'être en traitement. Sachant que son analyste ne réagirait pas à cette explosion de haine comme le feraient ses parents, ses maîtres et toute autre personne, il voulut qu'Olden fît lire à un autre adulte ce qu'il avait dicté. Cela, pensait-il, montrerait à l'analyste comment le monde réagissait habituellement à lui. Olden fit appel à une jeune femme qui lut l'« histoire » très attentivement et avec sympathie. Comme il n'obtenait pas la réaction scandalisée et sévèrement critique à laquelle il était accoutumé, le garçon lança comme un défi : « C'est une fameuse histoire, hein ? » Et la jeune femme répondit sur un ton de compassion : « C'est une histoire très triste. » L'enfant en resta pantois. Revenu de sa surprise, il demanda pourquoi elle était triste. « C'est parce qu'elle montre que tu ne t'aimes pas beaucoup, dit la jeune femme. Il faut vraiment se détester soi-même pour ne voir que du mal chez les autres et pour être si en colère contre eux et le monde entier. »

En s'efforçant de se mettre dans la peau d'une personne qui serait en rage contre ceux qu'elle devrait aimer le plus, la jeune femme a pu expérimenter elle-même la source profonde des sentiments du garçon. Il lui paraissait évident que seule sa profonde tristesse pouvait expliquer ces sentiments, une tristesse provoquée par le désespoir de ne pas pouvoir s'aimer lui-même. Voyant que ses sentiments les plus profonds étaient compris et acceptés avec sympathie (alors qu'ils étaient habituellement repoussés), l'enfant put commencer à avoir une autre perception de lui-même et du monde. Au stade initial de la thérapie, l'analyste n'aurait pu parvenir au même résultat, car l'enfant était assez intelligent pour savoir que son métier consistait justement à l'accepter. L'attitude spontanée de la jeune femme donna à l'enfant l'espoir que les personnes qui comptaient le plus pour lui, ses parents, finiraient par répondre positivement à sa tristesse au lieu de ne réagir que négativement à sa colère. Les questions, même bien intentionnées, n'auraient jamais pu réaliser cela ; elles n'auraient fait que renforcer le garçon dans sa conviction que personne ne pouvait ou ne voulait le comprendre.

L'intensité des sentiments agressifs des enfants est comme un mur infranchissable qui cache tout ce qui se trouve derrière eux. Cela devrait nous être familier, car nous savons tous que les adolescents sont eux-mêmes incapables de connaître la source véritable de leurs rages. Toute personne qui vit sous l'impact psychologique de sentiments si violents qu'ils dominent toute sa vie est incapable de penser rationnellement à ces émotions démesurées ni de prendre la distance qui lui permettrait de comprendre leurs causes.

Tout ce que ce garçon pouvait dire, c'était : « Ça me met en rage ! », le « ça » étant son inconscient, l'origine de sa révolte. Pressé de se montrer plus explicite, il n'aurait pu émettre que des rationalisations qu'il aurait lui-même jugées vides, superficielles et à côté de la question. Quand on l'interroge, on ne fait qu'augmenter sa colère en l'obligeant à mesurer les limites de sa compréhension de soi.

Si j'avais été obligé d'expliquer mon comportement vis-à-vis du professeur X, tout ce que j'aurais pu dire de sincère était que « quelque chose » m'avait obligé à agir, un « quelque chose » que j'ai mis des années à identifier ; une angoisse si menaçante, si insupportable que je l'avais refoulée dans mon inconscient. Si on m'avait poussé dans mes retranchements, sous prétexte que « quelque chose » n'était pas une explication, ou bien je serais devenu muet — ce qui eût été pris pour de l'entêtement, et non pour de l'impuissance —, ou bien j'aurais dénoncé l'incompétence du professeur X. Ni le directeur ni moi n'eussions considéré cette explication comme valable. En fin de compte, j'en aurais voulu au directeur qui me demandait l'impossible (m'expliquer) et il m'en aurait voulu de m'obstiner à lui cacher mes vraies raisons. Il se serait passé à peu près la même chose si Olden avait voulu obliger son jeune patient à lui révéler l'origine de sa colère. Là où sont impliqués des sentiments profonds, on comprend que les parents, désireux de connaître les motifs de leur enfant, le poussent à s'expliquer. Mais comme il en est incapable, malgré toute sa bonne volonté, parents et enfants se supportent de plus en plus difficilement et perdent leur confiance réciproque.

De nos jours, la plupart des parents savent une chose qu'ignorait le directeur : que de puissantes émotions inconscientes déterminent la plupart de nos actions et que, pour amener ces sentiments au niveau conscient, il faut des années de dur travail. Si on presse une personne d'accomplir ce travail sur-le-champ, le matériel refoulé devient encore plus inaccessible. Mais pourquoi les parents ont-ils tant de mal à reconnaître tout cela ? Ils savent, après tout, qu'ils cachent eux-mêmes certains aspects de leur vie à leurs enfants. Je crois que le problème vient à la fois de leur désir conscient d'être le plus près possible de leur enfant, et du sentiment inconscient qu'il ne peut être véritablement *à eux* que s'il n'a aucun secret pour eux... y compris ce qui se passe dans son inconscient. Ils admettent volontiers qu'il en a un et qu'il le cache au monde extérieur, mais certainement pas à eux, ses parents !

La réponse : « Je ne sais pas »

Quand nous nous trouvons dans une impasse au sujet de notre enfant et sommes incapables de le comprendre avec empathie, nous devons au moins essayer de réagir avec sympathie à sa position. Nous pouvons alors, en utilisant nos ressources d'adultes, lui présenter une solution ; mais s'il accepte notre suggestion, nous devons être sûrs qu'il ne le fait pas seulement pour nous faire plaisir ou pour éviter une discussion. Pour cette raison, il est préférable de l'inviter à réfléchir sur les avantages de la solution proposée. Cette méthode lui permet d'aiguiser son sens critique, ce que ne ferait certainement pas une simple question. En lui demandant de réfléchir à notre idée (« qu'en penses-tu ? ») au lieu de se borner à l'accepter ou de défendre la sienne, nous saurons beaucoup mieux comment fonctionne son esprit ; et ses propres pensées, traduites par des mots et des phrases intelligibles, deviennent pour lui beaucoup plus claires.

Je disais plus haut que les perspectives des adultes sont très différentes de celles de l'enfant ; il est donc souvent difficile de savoir comment il parvient à sa décision. Mais si nous essayons de voir les choses de son point de vue, si nous lui présentons des suggestions qui lui montrent que nous ne sommes pas loin de penser comme lui, ou du moins que nous ne désapprouvons pas systématiquement ses intentions, alors il lui plaira de dire spontanément ce qu'il a en tête.

Mais quand nous sommes fâchés, le ton sur lequel nous lui demandons des explications lui donne l'impression que nous avons des doutes ou que nous avons adopté une position critique. Tous les enfants se savent désapprouvés par leurs parents au ton de leur voix, à l'expression de leur visage, à l'attitude de leur corps ou à tout autre signal qu'ils leur envoient inconsciemment et auquel ils sont très sensibles. Si l'enfant craint que ses propos ne provoquent une réaction négative, il sera incapable de répondre calmement à leur question, et il se troublera au point de ne plus savoir très bien quelles étaient ses intentions.

L'enfant est rarement assez sûr de lui-même et de sa relation à ses parents pour ne pas connaître ce type d'anxiété. Qu'il ait été critiqué ou non dans le passé, il ressent toute critique comme si elle était dirigée non pas contre ce qu'il pense ou fait, mais contre lui-même en tant que personne.

Cette appréhension l'empêche d'exprimer librement ses opinions, de telle sorte qu'il les infléchit pour que la personne qui l'interroge n'ait rien à objecter. Parfois, il est conscient de ne pas dire exactement ce qu'il pense ; parfois, il ne se rend pas compte qu'il censure ses idées pour les rendre plus acceptables.

L'enfant, qui, pour tranquilliser ses parents, cache ou modifie la raison pour laquelle il désire faire quelque chose, en veut, à lui-même et à ses parents, de ne pas pouvoir être aussi assuré ni aussi franc qu'il voudrait l'être : son anxiété, à propos de la réaction parentale éventuelle, rend cette franchise impossible. Ayant peur d'être grondé pour ce qu'il est sur le point de dire, il préfère répondre : « Je ne sais pas » aux questions des parents. Il ne se compromet pas et, pense-t-il, ne risque pas de les contrarier. Mais, la plupart du temps, cette réponse les contrarie bel et bien puisqu'ils la considèrent comme le refus de répondre à leurs questions, et parce qu'ils pensent ou bien que leur enfant est un écervelé qui agit sans réfléchir, ou bien qu'il n'a pas confiance en eux. Comme aucune de ces éventualités ne leur plaît, ils n'acceptent pas ce « je ne sais pas » comme expression de la vérité, et sont frustrés de n'avoir pas pu aller au fond des choses.

En réalité, ce « je ne sais pas » n'est pas qu'une excuse ou une échappatoire, mais l'expression exacte du désarroi de l'enfant. A l'origine, il savait peut-être très bien ce qu'il faisait et pourquoi il le faisait, et il était persuadé d'avoir raison. Mais quand la façon dont nous le questionnons lui fait redouter notre désapprobation, il ne sait plus très bien où il en est. Il ne se sentait pas du tout en faute, mais il a maintenant des doutes. C'est l'impasse.

Les parents doivent savoir à quel point ils comptent aux yeux de leur enfant. Dès qu'il se sent désapprouvé, ses convictions sont ébranlées. Il ne voit plus clair dans sa tête : tout à l'heure, son acte était justifié par la situation telle qu'il la percevait, mais maintenant il se dit qu'il avait tort puisque ses parents ne sont pas contents de lui. Il n'y comprend plus rien ; son intellect immature ne saisit ni la relativité ni les nuances de deux points de vue différents. Pour lui, rien ne peut être à la fois bien *et* mal. D'où sa perplexité.

Ainsi, les questions que posent les parents dans l'intention de mieux comprendre leur enfant sont souvent causes de confusion pour lui et pour eux. Comme « je ne sais pas » est un aveu d'incapacité, il est mécontent d'avoir dû le dire, et il en veut à ses parents de l'avoir questionné.

Dans cette situation, les parents se sentent eux aussi frustrés. Dans pratiquement tous les autres cas, quand l'enfant avoue son ignorance, ils sont heureux de pouvoir l'éclairer puisqu'il est dans sa nature de ne pas savoir ou de mal comprendre. Mais quand les parents, mécontents de ce que leur enfant est en train de faire, l'interrogent sur son comportement, ils admettent rarement qu'il soit vraiment incapable de répondre parce que ses raisons sont enfouies dans son inconscient.

L'enfant se rend vaguement compte que, s'il est incapable de répondre autre chose que « je ne sais pas », c'est en raison de l'importance que ses parents ont pour lui. Il trouve injuste d'être blâmé pour une réponse qu'ils ont provoquée. L'enfant, à cet égard, est plus perspicace que ses parents qui ne voient que son refus obstiné de leur dire ce qu'ils désirent apprendre et ignorent les raisons qui justifient ce refus.

La situation est à peu près la même quand notre enfant, à notre avis, ne réussit pas comme il le devrait — par exemple à l'école — et se contente de dire : « Je n'y arrive pas. » En d'autres circonstances, quand il nous dit qu'il ne peut pas faire quelque chose, nous réagissons avec sympathie à son impuissance ; mais si nous adoptons dès le début une attitude critique, ici encore nous obtiendrons une réponse évasive. L'enfant sent notre réprobation et réagit à elle — pas toujours consciemment — par de la mauvaise volonté qui, à son tour, renforce notre attitude négative. Ayant l'impression que nous n'accepterons pas ses raisons, il ne juge pas opportun de les exprimer.

Si nous voulons obtenir de notre enfant une réponse vraiment sincère, nous devons d'abord lui faire comprendre que nous la respecterons, soit par notre attitude, soit par la manière dont nous formulons notre question. Il ne se sentira pas alors obligé de se trouver des excuses, ou de prétexter son ignorance ou son incapacité. Sûr de notre bon vouloir, il sera heureux de l'accroître en nous faisant savoir (et à lui aussi) ce qui se passe dans sa tête.

Même si nous réagissons avec empathie aux raisons de notre enfant, il y a des moments où nous ne pouvons pas partager sa façon de voir les choses ou approuver sa conduite ; mais s'il est assuré de notre bonne volonté, il pourra prendre une autre direction avec un état d'esprit positif. Nos objections ne lui plaisent peut-être pas, mais il ne se sentira pas frustré. Et si, comme nous l'espérons, il change sa façon de voir et son comportement, il ne le fera pas à cause de son anxiété, mais par amour ; non pas parce qu'il a peur de nous déplaire ou d'être puni, mais pour que nous continuions d'avoir une bonne opinion de lui.

Bien qu'il soit difficile d'éviter des circonstances qui peuvent aboutir à un « je ne sais pas », il est préférable de ne pas interroger un enfant sur ses raisons. S'il les connaît, il se croira critiqué même si, dans la réalité, il n en est rien. Le fait est que les parents demandent très rarement à leur enfant de leur expliquer un comportement jugé par eux acceptable. Ils ne demandent des explications que s'ils ne sont pas d'accord, et l'enfant le sait très bien. Rares sont les parents qui ont l'habitude de demander, par exemple : « Pourquoi fais-tu tant d'efforts pour avoir de si bonnes notes à l'école ? » Ils diront : « Pourquoi n'as-tu pas appris tes leçons à la maison ? » et non pas : « Pourquoi es-tu rentré faire tes devoirs alors que tu jouais si bien dans le jardin ? » Ils ne demandent jamais : « Pourquoi es-tu si gentil avec ton frère ? » ou « Pourquoi as-tu si bien rangé ta chambre ? » Ils sont prêts à le féliciter quand il se conduit bien, mais s'abstiennent de l'interroger sur ses mobiles, bien qu'ils soient aussi complexes et même, parfois, aussi discutables que ceux qui sous-tendent un comportement fautif. Il sait donc que les questions, le plus souvent, impliquent une désapprobation.

L'apprentissage du mensonge

Même quand l'enfant, se sentant en sécurité et convaincu d'avoir raison, peut expliquer ses mobiles tout en sachant que ses parents ne sont pas d'accord avec lui, les choses ne sont pas toujours faciles. Nous demandons à notre enfant, par exemple, pourquoi il a frappé un camarade, et il nous répond sans mentir que ce dernier le méritait : « Il l'avait bien cherché ! »

La plupart des parents diraient alors qu'il faut éviter d'être provoqué (bien qu'ils aient parfois du mal à obéir à ce principe) ; ou ils disent à l'enfant que ce n'est pas parce que quelqu'un vous embête qu'il faut le frapper. Dans une société civilisée, la violence doit être évitée dans la mesure du possible. Mais l'adulte est capable de maîtriser ses impulsions alors que l'enfant, souvent, ne le peut pas en raison de son manque de maturité. Quand ses parents s'expriment ainsi, tout ce que retient l'enfant, c'est que ses parents ne le comprennent pas ; ou bien il conclut : « Quand je dis franchement pourquoi j'ai fait ceci ou cela, tout ce que j'y gagne, c'est de m'entendre dire que j'ai tort ! » L'enfant qui a vécu cette expérience à longueur d'année (et c'est le cas de la majorité des enfants) ne pourra pas résister à son envie de broder sur les faits pour les rendre plus acceptables, car il est convaincu de ne pas pouvoir se permettre de dire la simple vérité.

Pour expliquer ses actes de violence physique, l'enfant dit habituellement : « Il m'a obligé à le faire ! » Contrairement à ce que pensent certains parents, il n'entend pas par là faire porter à un autre la responsabilité de son comportement ; il ne fait qu'exprimer avec sincérité son sentiment que l'attitude de l'autre a provoqué chez lui des émotions si puissantes qu'il est devenu incapable de se contrôler. Le parent, ayant remarqué que l'autre n'a pas frappé le premier, dira sans doute à son enfant : « Non, il ne t'a pas obligé » ; mais, de son propre point de vue, l'enfant estime qu'il avait de bonnes raisons de frapper. Un adulte, en général, *peut* obéir au principe de la non-violence, mais est-il raisonnable d'exiger d'un enfant une telle maîtrise de soi ?

L'ennui, ici, comme dans beaucoup d'autres cas, est que les parents jugent la situation d'après leur propre perspective et décident que l'enfant devrait réagir comme ils le feraient s'ils étaient à sa place. Mais l'enfant est beaucoup plus qu'eux affecté par ses émotions et beaucoup moins capable de maîtriser ses impulsions. La loi accorde les circonstances atténuantes aux personnes qui sont foncièrement incapables de se contrôler en toutes circonstances. Pourquoi les parents ne feraient-ils pas de même en ce qui concerne leur enfant ?

Si nous sommes convaincu dès le départ que les actes de notre enfant sont fondés sur de bonnes raisons, nous pouvons supposer que, s'il a frappé un camarade, c'est parce qu'il se sentait sérieusement provoqué et ne voyait pas d'autre solution. Dans ce cas nous n'avons pas à demander : « Pourquoi l'as-tu frappé ? » parce que nous connaissons parfaitement la réponse. Nous ignorons encore ce qu'était cette provocation, mais nous pouvons formuler notre question en montrant de la sympathie pour l'enfant : « C'est terrible qu'il t'ait mis en colère à ce point ! Qu'a-t-il pu donc te faire ? » L'enfant sentira que nous sommes de son côté et sera rassuré de savoir que nous comprenons que la situation ne lui permettait pas d'agir autrement. Il n'aurait alors aucune raison de ne pas nous raconter l'histoire exactement comme il la voit. L'impasse serait évitée, et il ne nous resterait plus qu'à expliquer à l'enfant qu'il existait une autre façon, plus positive, de réagir à la provocation. Si nous pensons que notre enfant est foncièrement bon, nous pouvons attendre la fin de sa colère pour lui dire pourquoi la violence physique est condamnable et lui montrer tous les avantages dont il bénéficiera en apprenant à se contrôler.

Est-il nécessaire d'ajouter que nous ne convaincrons jamais notre enfant de la nécessité d'éviter les agressions physiques si nous le punissons par le même moyen ? Si nous le frappons, il apprendra que la violence n'a rien de répréhensible, n'entraînant pas de conséquences fâcheuses pour celui qui l'exerce au nom de « la bonne cause ». Comme l'enfant est toujours persuadé que la sienne est juste, il n'apprendra à ne plus frapper que si nous lui donnons l'exemple, même si nous considérons aussi que notre propre cause est juste. Cela nous amène au chapitre de la discipline et de la punition.

9.

LA DISCIPLINE

« Les enfants ont plus besoin de modèles que de critiques. »

Joseph JOUBERT, *Pensées,* 1842.

Beaucoup de parents se soucient de la meilleure façon d'éduquer leurs enfants, c'est-à-dire de leur donner le sens des responsabilités et de leur apprendre à être disciplinés dans leurs actions et leurs réactions. Ce souci est très compréhensible quand on pense au manque de discipline qui règne dans la société, particulièrement chez les jeunes. De nos jours, non seulement les théories sur le sujet varient considérablement, mais l'idée elle-même est loin d'être populaire. Presque tous les parents qui m'ont interrogé sur ce sujet voulaient surtout connaître mon avis sur les punitions, et pensaient presque toujours aux châtiments corporels. Tous ces parents, par ailleurs très désireux de bien élever leurs enfants, avaient négligé de se renseigner sur le sens réel du mot discipline. S'ils avaient ouvert un dictionnaire, ils auraient découvert que seule la dernière définition suggère l'idée de punition. Cela est vrai pour l'*Oxford English Dictionary,* le *Webster's New World Dictionary,* et également pour le Littré, qui propose : « 1. Instruction et direction morale. 2. Se dit des relations de maître à disciple. 3. Règle de conduite commune à une multitude, aux membres d'un corps. 4. Manière de se conduire selon les règles d'une profession. 5. En particulier, règle des armées, rapport du commandement et de l'obéissance. 6. Doctrine, science. 7. Instrument de flagellation, fouet fait de cordelettes ou de petites chaînes dont les religieux et aussi les personnes laïques se servent pour se mortifier ou pour châtier ceux qui sont sous leur conduite. »

J'ai cité toutes ces définitions pour bien montrer que c'est l'idée d'instruction qui est la plus importante, la notion de punition ne venant qu'en dernier lieu. D'autre part, l'étymologie du mot indique qu'il s'agit d'un enseignement livré à des « disciples », du verbe latin *discere,* « apprendre », et du mot *discipulus,* « celui qui apprend ». Pour la plupart d'entre nous, le terme « disciple » évoque les disciples du Christ, qui l'aimaient et l'admiraient, et qui étaient si impressionnés par sa personne, sa vie et son enseignement qu'ils essayaient de suivre son exemple de leur mieux. Leur plus cher désir était de l'imiter, non seulement parce qu'ils croyaient en ses paroles, mais en raison de leur amour pour lui et de son amour pour eux. Sans cet amour réciproque, l'enseignement et l'exemple du maître ne parviendraient jamais, malgré leur caractère convaincant, à changer du tout au tout la vie et les croyances des disciples. Leur histoire prouve que l'amour et l'estime sont des sentiments puissants qui peuvent nous permettre d'intégrer les valeurs d'une personne et d'imiter son comportement. En même temps, la combinaison de l'enseignement, de l'exemple et de l'amour réciproque a le pouvoir de nous empêcher d'agir à l'encontre des principes d'une telle personnalité. En suivant cette ligne de pensée, on peut dire que la méthode la plus sûre nous permettant d'instiller à nos enfants les valeurs désirables, et l'autodiscipline qui les rend capable de les garder, est tout à fait évidente.

Si nous nous en tenons à cette signification des mots « disciple » et « discipline », comment pourrions-nous croire que cette dernière puisse être imposée par la force ? En fait, la meilleure et probablement la seule façon de devenir une personne disciplinée est d'imiter quelqu'un dont nous admirons l'exemple ; l'enseignement verbal a certes un rôle à jouer, mais certainement pas les menaces. Et si nous nous croyons le favori du maître ou tout au moins l'un de ses favoris, nous sommes encore plus motivés pour nous former à son image à défaut de nous identifier à lui.

Plus l'enfant est jeune, plus il admire ses parents. Il ne peut d'ailleurs pas faire autrement. Pour se sentir en sécurité, il a besoin de croire en leur perfection. Quel autre modèle pourrait-il avoir que les êtres qui jouent auprès de lui le rôle de parents ? Qui, pour lui, pourrait avoir plus d'importance qu'eux ? Et si les choses sont ce qu'elles devraient être, personne au monde ne l'aime autant ni ne l'entoure de tels soins. Tous les enfants veulent se croire les favoris de leurs parents. La peur de ne pas l'être est à l'origine de la rivalité fraternelle dont l'intensité indique bien le degré d'angoisse de l'enfant. Evidemment, les parents ont parfois un préféré tout en étant persuadés que tous leurs enfants ont une même place dans leur cœur. Les enfants d'une même famille ont entre eux des différences personnelles qui font qu'ils ne peuvent être aimés d'une façon identique. La plupart des parents aiment tel enfant à un certain moment, tel autre en d'autres temps, tandis que chacun des enfants traverse un stade de développement qui éveille des réactions émotionnelles différentes chez ses parents. Tout enfant souffre de ne pas se sentir le favori, mais il pourra se contenter de l'être par moments si son espoir n'est pas cruellement et trop souvent déçu.

A mesure qu'il grandit, l'enfant cesse progressivement d'admirer ses parents d'une manière aussi absolue. A mesure que le cercle de ses relations s'agrandit, ils lui semblent de moins en moins parfaits. Cependant, son désir d'être leur favori reste aussi fort ; son ancien besoin d'admirer inconditionnellement ses parents était si intense, si profondément enraciné, qu'il travaillera dans son inconscient jusqu'à ce qu'il atteigne la maturité, et même au-delà.

Dans la plupart des familles, il existe donc, heureusement, un terrain propice au désir de l'enfant d'être le disciple de ses parents, de les aimer, de les admirer et de les imiter. Ce désir existe sinon dans son esprit conscient, du moins dans son inconscient. Mais nous connaissons tous des familles où les parents n'aiment guère l'enfant, sont déçus par lui ou ne se comportent pas d'une manière susceptible d'inspirer un amour admiratif. L'enfant qui n'admire pas ses parents et ne désire pas les imiter peut très bien trouver une autre personne qui lui donnera envie de se former à son image.

On y verra la conséquence naturelle de l'état de dépendance du petit enfant, de son besoin d'être pris en charge par un être assez fort pour lui donner la sécurité, besoin qu'il conservera au moins jusqu'à la maturité. Le danger, alors, est que l'enfant qui n'a pas pu acquérir précocement le contrôle de soi en imitant ses parents, et qui est devenu un adolescent indiscipliné, soit encore mû par son besoin d'un modèle à imiter et finisse par trouver un maître lui-même indiscipliné. Je donnerai comme exemple le membre d'une bande de jeunes délinquants, si impressionné par son chef asocial qu'il l'admire et le copie, avec les conséquences les plus désastreuses pour lui-même et la société. La discipline avec laquelle ils obéissent à leur chef est une autre preuve du besoin qu'ont les jeunes de se lier à quelqu'un qu'ils admirent, bien qu'ils le fassent pour des raisons qui sont considérées par la plupart des gens comme mauvaises. Le jeune peut le savoir, plus ou moins nettement, mais son besoin de s'attacher à un modèle qui semble, en retour, l'accepter et lui assurer la sécurité est si puissant qu'il étouffe la voix de la raison.

C'est aux parents qu'il revient de s'appuyer sur ce besoin d'attachement pour apprendre à l'enfant à se contrôler à propos de problèmes particuliers et, ce qui est plus important, à devenir de façon durable une personne disciplinée. Même quand l'enfant admire ses parents, les aime et, se sentant aimé d'eux, désire leur ressembler, il ne lui est pas du tout facile d'acquérir l'autodiscipline ; beaucoup de parents, en effet, ne sont pas eux-mêmes tellement disciplinés et, à cet égard, ne présentent pas à l'enfant une image claire qu'il pourrait imiter. Bien des parents, de plus, essaient d'enseigner le contrôle de soi en s'y prenant d'une manière qui provoque la résistance de l'enfant au lieu du plaisir de l'apprendre.

Il existe une autre difficulté. Les enfants ont tendance à réagir plus volontiers — positivement ou négativement — quand ils sentent la force de l'engagement émotionnel de leurs parents ; mais un comportement discipliné exclut habituellement l'étalage des sentiments. C'est quand les parents perdent leur contrôle que les enfants sont le plus impressionnés, et cela parce qu'ils reçoivent des signaux puissants. Il est paradoxal que l'enseignement du contrôle de soi exige une grande patience de la part du maître ; mais la patience est une vertu tranquille qui ne produit pas une impression profonde et immédiate comme le fait la perte du contrôle. Il faut une infinité d'exemples parentaux de contrôle de soi et de patience pour enseigner à l'enfant la valeur de ce type de comportement et pour qu'il l'intègre.

L'apprentissage de l'autodiscipline est un processus continu, mais lent, fait de petits pas entrecoupés de retours en arrière ; un processus si prolongé que, rétrospectivement, il peut sembler ne pas avoir laissé de traces dans la mémoire, comme s'il était « naturel » et sans douleur. Ayant oublié ce qu'était réellement ce processus, les parents tendent à s'impatienter quand ils estiment que leurs enfants ne progressent pas.

Si nous pouvions nous rappeler nos propres luttes dans ce domaine — combien nous étions nous-mêmes indisciplinés, combien nous avions du mal à nous maîtriser ; combien nous nous sentions victimes, pour ne pas dire maltraités quand nos parents nous obligeaient à être disciplinés contre notre volonté —, alors tout serait beaucoup plus facile pour nos enfants et nous. L'un des plus grands maîtres à penser de l'humanité, Goethe, l'a très bien exprimé dans l'une de ses épigrammes : « Dis-moi comment tu peux supporter si aisément / L'attitude arrogante d'une jeunesse exaspérante ? — Si je ne m'étais pas moi-même conduit d'une façon insupportable, / Alors, oui, je ne pourrais pas la supporter ! »

Comme l'apprentissage d'une judicieuse discipline commence de très bonne heure, ce sont les parents qui en sont logiquement responsables ; ils acceptent volontiers cette responsabilité, mais beaucoup moins la nécessité de montrer l'exemple. Nous connaissons bien le vieux dicton : « Fais ce que je dis, et pas ce que je fais », mais nous répugnons encore à admettre qu'il ne convient pas du tout à l'éducation des enfants. Qu'ils obéissent ou non, au fond d'eux-mêmes ils réagissent moins à nos ordres qu'à ce qu'ils perçoivent de notre caractère et de notre comportement. Ils se forment par réaction à nous : plus ils nous aiment, plus ils nous imitent, et plus ils intériorisent nos valeurs, même celles dont nous ne sommes pas conscients mais qui influencent aussi nos actions ; et moins ils nous aiment, moins ils nous admirent, et plus ils réagissent négativement à nous pour former leur personnalité.

Une enquête suédoise, publiée en 1973, a montré de façon convaincante que les adultes bien disciplinés vivant en accord avec leurs valeurs n'ont guère besoin de prêcher le contrôle de soi à leurs enfants et ne le font que très rarement. D'autre part, les parents qui disent à leurs enfants de se plier à la discipline sans donner eux-mêmes l'exemple n'obtiennent aucun résultat.

Le gouvernement suédois s'est inquiété de l'échec de son système qui assurait la sécurité économique du berceau à la tombe, et cela pour atteindre l'un de ses principaux objectifs : la suppression des troubles sociaux. Malgré tous ses efforts, la drogue et l'alcoolisme chez les jeunes, l'hooliganisme, la délinquance et le crime étaient en progression, tout comme aux Etats-Unis, quoique à un moindre niveau. Ces problèmes amenèrent le gouvernement à entreprendre une enquête très poussée sur les jeunes bien disciplinés, sur les marginaux et les délinquants. On présumait que les jeunes dont les parents manifestaient des tendances asociales présenteraient cette même caractéristique et pencheraient vers la délinquance. Mais pourquoi certains enfants appartenant aux milieux aisés où la délinquance était rare se mettaient-ils en marge de la loi alors que d'autres ne le faisaient pas ? L'enquête a démontré que ni le niveau matériel ni la classe sociale n'avaient une influence statistiquement significative sur le comportement. Ce qui était décisif, c'était l'atmosphère psychologique et émotionnelle qui régnait à la maison.

Les parents qui réussissaient le mieux à élever des enfants disciplinés étaient eux-mêmes des êtres responsables, très droits, exemples vivants des valeurs qu'ils avaient adoptées et qui les expliquaient volontiers à leurs enfants quand ceux-ci leur posaient des questions. Ils n'éprouvaient pas le besoin d'imposer ces valeurs à leurs enfants et ne doutaient pas que ces derniers deviendraient des personnes « bien ». De fait, quand ces jeunes avaient délibérément de mauvaises relations, ils montraient qu'ils avaient intériorisé trop profondément les valeurs parentales pour se trouver en danger. Le comportement des drogués et autres asociaux leur paraissait totalement sans intérêt et ne leur convenait pas. L'inverse était aussi vrai : quand les délinquants et les drogués étaient en contact avec des jeunes « rétro », ils ne s'amélioraient pas et n'interrompaient même pas provisoirement leur comportement asocial.

Les enquêteurs ont en outre constaté que les enfants à problèmes ne venaient pas forcément de familles indisciplinées, désorganisées ou asociales. Ils découvrirent au contraire qu'ils étaient attachés à des valeurs sur lesquelles ils n'étaient pas toujours d'accord et que, de toute façon, ils ne vivaient pas en accord avec ces valeurs qu'ils essayaient d'inculquer à leurs enfants.

Ces derniers n'avaient pas été capables de les intégrer précisément parce qu'ils s'identifiaient aux contradictions de leurs parents : finalement, ils devinrent pour la plupart beaucoup moins disciplinés que leurs parents.

Les enquêteurs constatèrent aussi que les valeurs spécifiques adoptées par les parents (qu'ils fussent conservateurs ou progressistes, stricts ou permissifs) avaient la même influence bénéfique sur leur enfant. Tout dépendait de la façon dont les parents vivaient les valeurs qu'ils essayaient d'enseigner ?

Ces constatations n'ont rien de surprenant puisque nous savons déjà que les résultats scolaires d'un enfant dépendent énormément du niveau atteint par ses parents. Si le savoir des parents a tant d'importance, il n'est pas étonnant qu'il en soit de même pour la discipline ; celle-ci est en effet très liée à l'enseignement comme le montrent la définition du mot « discipline » et son étymologie. On a remarqué que le besoin de rejeter les valeurs parentales peut amener l'enfant à refuser le travail scolaire, et cela pour contrer ses parents qui, sur tous les autres plans, l'emportent sur lui ; et la même chose est vraie en ce qui concerne le comportement discipliné. L'enfant peut juger trop pénible l'imitation de ses parents et tout simplement la refuser. Dans ce cas-là, tout dépend de la réaction des parents face à ce découragement momentané. Je donnerai ici l'exemple d'un petit Américain de neuf ans qui, un jour, laissa exploser sa colère en disant à son père : « Je sais pourquoi tu te tues au travail. C'est parce que tu veux donner le bon exemple à tes enfants ! » Son père, qui n'avait jamais songé à cela, fut stupéfait. Il vivait simplement en harmonie avec ses principes qui voulaient qu'il s'appliquât à son travail, et parfois avec acharnement, pour des raisons qui lui semblaient justes. Néanmoins, l'influence de son exemple était inévitable. Son fils ne pouvait pas s'empêcher de suivre son exemple et de travailler plus dur qu'il ne désirait le faire ; et il était mécontent de lui-même quand il ne le faisait pas. Ainsi, tout en réprouvant le comportement de son père, il avait commencé à l'intérioriser.

La remarque naïve de ce garçon est très révélatrice. En pensant que son père n'agissait que pour donner l'exemple à ses enfants, il essayait d'éviter d'intérioriser ces valeurs parentales, et pouvait donc se comporter d'une façon moins disciplinée. Heureusement, son père comprit tout cela et put rassurer son fils. Loin de vouloir donner l'exemple, lui dit-il, il savait qu'il est souvent difficile de vivre en accord avec ses principes ; et il espérait que le garçon, étant beaucoup plus jeune, prendrait les choses moins au sérieux et ne travaillerait pas au point de ne plus jouir de la vie. Il ajouta qu'il ne s'était pas lui-même toujours livré avec autant d'intensité à son travail — il ne le faisait que depuis qu'il avait trouvé une activité enrichissante et intéressante — et que, dans sa jeunesse, il avait aimé prendre du bon temps. Le garçon prit à cœur les remarques de son père, et se détendit ; mais en grandissant, il devint plus acharné que lui au travail.

L'enfant est tout particulièrement impressionné par ses parents quand ils agissent naturellement, sans tenir compte des conséquences possibles. L'exemple de l'amour-propre est si convaincant que l'enfant ne peut guère éviter d'imiter ses parents. Le père ou la mère qui se respecte personnellement n'a pas besoin de renforcer sa sécurité en exigeant le respect de la part de ses enfants. Sûr d'eux-mêmes, ils n'auront pas l'impression que leur autorité est menacée et accepteront — de temps en temps — que leur enfant leur manque de respect... comme savent si bien le faire les jeunes enfants. Le parent sait que ce comportement vient d'un manque de jugement, dû à l'immaturité, que le temps et l'expérience finiront par corriger. D'autre part, le fait d'exiger le respect révèle à l'enfant un parent inquiet qui n'est pas convaincu de sa respectabilité. On n'accorde qu'à contrecœur ce qui est exigé et, consciemment ou inconsciemment, on estime que la personne qui exige ne se sent pas en sécurité. Qui voudrait se former à l'image d'une telle personne ? Malheureusement, l'enfant qui a des parents dans ce cas devient comme eux en grandissant.

Chaque fois qu'un parent prêche ce qu'il ne pratique pas, la leçon tourne court, en ce sens qu'elle n'ira pas au-delà du cas spécifique. Evidemment, plus un parent vit en accord avec ses principes, moins il donne d'instructions précises, mieux cela vaut pour l'enfant.

J'ai cité au début de ce chapitre une pensée du moraliste Joubert selon laquelle les enfants ont davantage besoin de modèles que de critiques. Il est probable qu'à son époque, comme maintenant, les parents étaient plus prompts à critiquer et à sermonner qu'à s'appuyer sur leur propre valeur d'exemple. Il est indéniable que les critiques correctives obtiennent des résultats immédiats ;

mais ceux-ci sont de courte durée comparés à ce que peuvent accomplir les modèles parentaux.

Corriger un enfant — et à plus forte raison lui imposer ce qu'il doit faire — a pour effet d'abaisser son amour-propre en attirant son attention sur ses insuffisances. Même s'il obéit, il ne profitera pas de la critique, et la formation de sa personnalité indépendante ne sera pas favorisée. Les principes de son comportement ne se modifieront que si, et quand, il comprendra qu'un changement lui rapportera ce qu'il désire le plus profondément : le respect de soi.

Le fait d'être discipliné par les autres et d'accepter de vivre selon leurs règles rend le contrôle de soi superflu. Quand les aspects de la vie et du comportement d'un enfant sont réglementés de l'extérieur, il n'éprouve pas le besoin d'apprendre à se contrôler puisqu'on le fait pour lui. De même, il ne peut apprendre à se contrôler avant d'être assez mûr pour comprendre qu'il s'agit là d'une qualité nécessaire et bénéfique. La punition peut nous contraindre à obéir aux ordres qui nous sont donnés, mais cela ne nous apprendra qu'à obéir à l'autorité et non pas à acquérir un contrôle augmentant notre respect de soi. Ce n'est qu'après avoir atteint l'âge où nous sommes capables de prendre nos propres décisions que nous pouvons apprendre à nous contrôler ; cela peut arriver très tôt mais pas avant de pouvoir raisonner seul, puisque le contrôle de soi est fondé sur le désir d'agir à partir de ses propres décisions, elles-mêmes issues de nos propres réflexions.

Il est intéressant de comparer ce qui se passe au Japon et chez nous : contrôle fondé sur l'autorité parentale dans la culture occidentale, sur le raisonnement personnel de l'enfant au Japon. Une enquête a été entreprise récemment dans le but de savoir pourquoi les jeunes Japonais avaient des résultats scolaires très supérieurs à ceux des enfants américains. La comparaison des méthodes et du matériel pédagogiques n'a rien donné. Mais quand les enquêteurs ont abordé la question du contrôle parental, il devint évident qu'il existait des différences culturelles radicales qui semblaient expliquer les différences de niveau scolaire. Quand un jeune enfant du monde occidental se met à courir dans les allées d'un supermarché, sa mère, agacée, lui dit : « Arrête de courir comme ça ! » ou le tance vertement. A la rigueur, on lui dira sur un ton plus calme : « Je t'ai pourtant dit de ne pas faire ça ! » La mère japonaise, et cela est très caractéristique, s'abstient rigoureusement de dire à son enfant ce qu'il doit faire. Elle lui demande : « A ton avis, que pense le directeur quand tu cours dans son magasin ? » ou : « Crois-tu vraiment que ça me fasse plaisir ? »

De même, une mère occidentale ordonnera à son enfant de manger quelque chose, ou lui dira qu'il doit manger parce que c'est bon pour lui, tandis que la Japonaise demandera : « Que pensera l'homme qui a fait pousser pour toi ces légumes, si tu les refuses ? » ou : « Que penseront ces carottes, qui ont poussé pour que tu les manges, si tu les refuses ? » Ainsi, dès son plus jeune âge, on dit à l'enfant occidental ce qu'il doit faire, tandis que le petit Japonais est encouragé non seulement à penser aux sentiments d'autrui — ce qui tient plus de place dans la socialisation japonaise que dans celle du monde occidental —, mais à réfléchir à son comportement au lieu de simplement obéir à des ordres.

La mère japonaise désire que son enfant soit capable de prendre de bonnes décisions et fait appel à lui pour qu'il ne la mette pas dans l'embarras ; perdre la face est l'une des pires choses qui puisse arriver à un individu dans la culture japonaise traditionnelle. Sa question : « Que pense le directeur (ou moi) quand tu cours dans le magasin ? » implique qu'en se conduisant mieux l'enfant accordera une très grande faveur à l'un ou l'autre. L'amour-propre de l'enfant est renforcé quand on l'invite à appuyer ses actions sur ses propres réflexions ; on le détruit si on donne à l'enfant l'ordre de faire le contraire de ce qu'il a envie de faire.

La patience avec laquelle la mère attend que son enfant se décide joue également un rôle très important dans l'acquisition par l'enfant de l'autodiscipline — et il faut noter que le peuple japonais est extraordinairement discipliné. Cette patience, d'une part, constitue un bon exemple et, d'autre part, persuade l'enfant qu'en prenant son temps il parviendra à choisir la bonne décision.

Au cours d'un long séjour au Japon, je n'ai jamais vu un enfant pleurer, se battre avec un camarade ni être grondé par ses parents ou toute autre personne. J'ai été très impressionné devant le spectacle d'une mère apprenant à son enfant à se déchausser avant d'entrer dans une pièce. Je n'en ai jamais vu une seule donner un ordre. La mère ne disait rien et se contentait d'attendre patiemment que l'enfant se décidât. A la rigueur elle faisait un geste pour lui indiquer qu'il ne devait pas encore franchir le seuil. Dans une situation analogue, la plupart des parents occidentaux ne feraient pas preuve d'une telle patience et donneraient immédiatement un ordre. L'enfant, sans doute, obéirait, mais son ressentiment ferait surface plus tard sous la forme d'un comportement indiscipliné. Les parents impatients *imposent* la discipline, alors que l'*enseignement* de l'autodiscipline exige du temps et donne l'assurance que l'enfant se conduira bien de lui-même.

Une autre enquête a étudié le comportement d'une mère japonaise et celui des mères américaines quand elles venaient chercher leur enfant à l'école maternelle. (Remarquons en passant que la mère japonaise en question avait eu pendant des années l'occasion d'observer les autres mères ; son enfant était le seul petit Japonais de l'établissement.) Dès qu'elles arrivaient, les mères américaines s'empressaient d'habiller leur enfant et de prendre avec lui le chemin de la maison. C'était fait en quelques minutes alors que les enfants, de toute évidence, auraient aimé s'attarder un peu. La mère japonaise, elle, s'asseyait en silence et ne faisait rien pour attirer l'attention de sa fille. Finalement, elle lui parlait doucement, mais son attitude était aussi calme que celle de l'enfant qui continuait de faire ce qui l'intéressait. La scène pouvait parfois durer une heure, jusqu'au moment où elles partaient aussi satisfaites l'une que l'autre.

Cette petite fille pouvait se rendre compte que ses besoins étaient respectés, et que sa mère ne faisait pas passer son désir de partir avant celui de l'enfant qui préférait ne pas quitter immédiatement l'ambiance de l'école. La mère, de plus, manifestait un contrôle de soi qui pouvait se comparer, en sa faveur, à ce que les autres enfants observaient chez leur mère. Cet exemple, plus que toute autre chose, apprenait à la petite Japonaise la valeur de son propre contrôle de soi.

Ce respect invétéré du lent développement de l'autodiscipline ne se limite pas à la culture japonaise. L'anthropologue américaine Ruth Benedict, par exemple, raconte combien elle a été étonnée de la patience avec laquelle les Indiens américains attendaient que leurs enfants se décident à leur convenance de faire ce qu'on leur demandait de faire. Quand elle-même voulait contraindre un petit Indien à lui obéir, elle sentait la désapprobation de tous les Indiens présents. Elle avait honte d'avoir manifesté si peu de respect pour le besoin qu'avait l'enfant de prendre son temps et de s'exécuter parce qu'il le voulait et pas seulement parce qu'on le lui ordonnait.

Les Américains sont toujours pressés ; cela fait partie de leur culture. Mais, malheureusement, le contrôle de soi ne s'apprend pas à la hâte. Nos enfants sont bousculés pratiquement dès leur naissance. Une enquête, entreprise dans une maternité, a montré que les nouveau-nés eux-mêmes n'avaient pas le droit de prendre leur temps pour se décider. Sans cesse on entendait les mères dire : « Allez, réveille-toi ! ... Dépêche-toi de téter, tu n'as pris que la moitié de ta ration ... Veux-tu bien ouvrir la bouche ! ... Allez, vite, un beau renvoi ! » et même : « Montre à la dame comme tu es mignon ! » Demander à un bébé de quelques jours d'impressionner quelqu'un par un exploit !

Cette insistance ne traduit pas seulement l'impatience de la mère et son désir d'en finir rapidement avec l'allaitement, mais aussi la conviction intime que, si l'enfant n'est pas poussé à faire ce qui est bon pour lui, il ne le fera pas. La mère japonaise, de son côté, indique par sa patience que son enfant, parce qu'il est *son* enfant, agira bien, et au moment voulu par lui, si on lui permet de réfléchir ; cette conviction empêche la mère de s'inquiéter de l'avenir de l'enfant et permet à celui-ci de savoir qu'elle a de lui la meilleure opinion.

Les Occidentaux ne peuvent pas suivre l'exemple japonais. Leur culture, leur histoire et leurs valeurs sont trop différentes. Mais nous pouvons nous servir de cet exemple pour souligner l'importance, pour l'apprentissage du contrôle de soi et de la confiance en soi, de la foi qu'ont les parents en leurs propres valeurs et en celles de l'enfant. Si ses parents doutent de son avenir, l'enfant aura bien du mal à acquérir la confiance en soi qui est le fondement indispensable de l'amour-propre. « Mes parents en savent plus long que moi, se dit l'enfant. S'ils n'ont pas confiance en moi, c'est qu'ils doivent avoir de bonnes raisons. Ils ont sûrement découvert chez moi des défauts que j'ignore. » Et c'est une raison suffisante pour douter de soi. Tout cela est nuisible à la confiance en soi sur laquelle est fondée l'autodiscipline !

Toute émotion qui nous a en son pouvoir aura une influence en bien ou en mal sur notre formation. Le jeune enfant est incapable de distinguer ce qui est moralement bon ou mauvais. Il sait seulement ce qui lui fait bonne ou mauvaise impression, ce qu'il aime et n'aime pas. Ainsi, l'amour filial l'incitera à imiter ses parents, quelle que soit leur moralité, et à s'identifier aussi bien à ce qu'ils ont de bon qu'à ce qu'ils ont de mauvais.

Les enfants de parents alcooliques, par exemple, qui les ont maltraités quand ils étaient en état d'ébriété, deviennent souvent des alcooliques ou en prennent un pour époux. Bien avant que l'enfant ne comprenne le rapport qui existe entre l'alcoolisme et les sévices, il peut avoir appris à admirer ce parent alcoolique pour ses bons côtés. L'identification au parent a lieu très tôt dans la vie et peut être si solidement ancrée dans les couches les plus profondes de la personnalité en développement qu'elle ne pourra que très difficilement être extirpée par les expériences ultérieures. Cette identification précoce peut motiver un individu même parvenu à l'âge adulte, particulièrement quand il est en proie à de fortes émotions.

Comme le montre cet exemple extrême, les parents ne peuvent guère déterminer les aspects de leur personnalité auxquels leur enfant s'identifiera. Rares sont les alcooliques désireux de voir leur enfant suivre leur exemple. Comme nous ne savons pas auxquels de nos traits s'identifiera notre enfant, nous devons veiller à la constance de notre personnalité et de nos actes, comme l'enquête suédoise le démontre très clairement.

Evidemment, comme personne n'est parfait, tout ce que nous pouvons espérer est que les caractéristiques que *nous* estimons désirables domineront inévitablement en nous ; et cela non pas parce que nous voulons que notre enfant nous imite (comme le croyait l'enfant de neuf ans à propos de son père), mais parce que nous souhaitons être le type de personne qui possède ces caractéristiques désirables. Si nous nous engageons fortement à devenir cette personne, ces traits positifs attireront tant notre enfant qu'il s'identifiera solidement à eux. Plus tard, en grandissant, il jugera par lui-même ceux des traits de ses parents qu'il peut considérer comme désirables ou indésirables et décider de s'identifier à eux ; mais ces décisions de l'âge mûr viennent se greffer sur des identifications datant de bien avant l'âge de raison. Nous pouvons ainsi comprendre l'attrait inconscient que peut exercer un comportement alcoolique sur des enfants d'alcooliques qui, devenus adultes, détestent consciemment cet abus. De même, nous pouvons voir l'attrait inconscient exercé par la discipline parentale sur des enfants qui s'identifient à cette caractéristique bien avant de pouvoir apprécier consciemment sa valeur.

10.

FAUT-IL PUNIR ?

« La punition impose le silence, mais ne démontre pas l'erreur. »
Samuel JOHNSON, *Sermons*.

Il y a une différence énorme entre acquérir la discipline en s'identifiant à ceux que l'on admire, et être soumis de force à une discipline excessive. Le fait d'imposer la discipline à un enfant ne peut être qu'inefficace et nuire à l'objectif désiré par les parents. Quant à la punition, elle peut évidemment contraindre l'enfant, mais elle ne lui apprend pas à s'autodiscipliner. Il ne manque pas de meilleures façons de le lui apprendre. Le parent qui se laisse emporter par les émotions provoquées par la mauvaise conduite de son enfant ferait bien de se l'avouer au lieu de prétendre suivre une méthode d'éducation. Peut-être parvient-il à se leurrer lui-même, mais l'enfant n'est pas dupe.

Tout ce que l'enfant retient des punitions qu'on lui inflige, c'est qu'elles peuvent malgré tout avoir du bon : plus tard, quand il sera plus grand et plus fort, il essaiera de prendre sa revanche ; et c'est ainsi que beaucoup d'enfants punissent leurs parents en se comportant de manière à les contrarier. Nous ferions bien de nous rappeler ce que disait Shakespeare : « Ceux qui ont le pouvoir de faire souffrir et s'abstiennent d'en user... ont droit aux bienfaits du ciel. » Parmi ces bienfaits se trouve certainement celui d'être aimé et imité par ses enfants.

Toute punition, physique ou émotionnelle, nous dresse contre la personne qui nous l'inflige. Notons en passant que la blessure subie par les sentiments peut être beaucoup plus durable et préjudiciable que la douleur physique. J'en donnerai pour exemple un châtiment très courant aux Etats-Unis appliqué aux enfants qui s'expriment grossièrement : on les oblige à se laver la bouche au savon. Le goût est très mauvais, mais ce n'est guère pénible, et pourtant l'humiliation est énorme. L'enfant, inconsciemment, réagit au message apparent : il a dit quelque chose d'inacceptable ; mais aussi au message caché : ses parents considèrent qu'il est sale et mauvais à l'intérieur de lui-même, cette partie interne étant symbolisée pas sa bouche. Par conséquent, non seulement il a usé d'un langage exécrable, mais il est lui-même exécrable. Cette punition atteint rarement le but visé par les parents, qui est de « nettoyer » le vocabulaire de l'enfant. Ils n'entendront plus de gros mots, mais l'enfant les utilisera en cachette ou dans ses fantasmes. Il se rend compte que ses parents se soucient énormément de son comportement apparent et se désintéressent totalement de ce qui l'a poussé à parler grossièrement. Puisque ses parents, se dit l'enfant, ne s'intéressent qu'à leurs propres désirs et négligent les siens, pourquoi à son tour ne se soucierait-il pas que de ses désirs en se moquant de ceux de ses parents ?

Des enfants, en cours de thérapie, m'ont dit qu'à la suite de cette punition ils ne disaient plus de gros mots mais qu'ils se les répétaient en silence chaque fois qu'ils se sentaient frustrés. Ils étaient devenus si négatifs qu'ils étaient pratiquement incapables d'établir de bonnes relations ; ces dernières les mettaient encore plus en colère et les poussaient à chercher des mots de plus en plus grossiers. Dans un cas extrême, un garçon en vint à ne plus pouvoir parler ; selon son expression, le savon, dans sa bouche, avait éliminé les mauvais comme les bons mots, si bien qu'il ne lui en restait plus aucun pour s'exprimer.

Evidemment, chaque enfant réagit à sa manière à n'importe quelle punition, selon sa personnalité et surtout la nature de sa relation à ses parents ; mais aucun enfant puni n'échappe au sentiment d'avilissement. J'ai connu une petite fille qui, pour dissuader ses parents de l'empêcher de prononcer des gros mots, avait prétendu que ça ne lui faisait absolument rien d'avoir du savon dans la bouche. Les parents, interloqués, renoncèrent à ce genre de punition. Mais la petite fille, en réalité, avait profondément réagi au traitement, et la relation parents-enfant en souffrit.

Elle se sentait supérieure à ses parents qui recouraient à des procédés aussi cruels, et c'était sa façon de neutraliser son sentiment d'avilissement ; non seulement elle aima moins ses parents, mais elle commença à moins les respecter.

Je suis certain que pendant mon adolescence je n'hésitais pas de temps en temps à prononcer des gros mots, mais aujourd'hui il ne me reste qu'un seul souvenir. Je ne sais plus ce qui m'avait contrarié, mais toujours est-il que je dis quelque chose de très grossier à ma mère. Bouleversée, peinée, elle ne dit ni ne fit rien. Mais elle en parla à mon père, qui fut bouleversé à son tour. Il me demanda d'une voix ferme : « Dois-je vraiment te punir pour que tu surveilles ton langage quand tu t'adresses à ta mère ? » Ce fut tout, mais cette simple question me fit une profonde impression, beaucoup plus forte, je crois, que n'aurait pu le faire n'importe quelle punition. Mon père était très doux, et l'idée de devoir me punir le rendait malheureux. Ce qui me touchait, ce n'était donc pas la possibilité d'une punition — je n'en recevais jamais —, mais le fait que j'avais ému mon père à ce point. Malgré son agitation, il s'était contrôlé, ne m'avait posé qu'une question et en était resté là, sans plus me gronder. Il ne m'en fallut pas davantage pour ne plus jamais parler grossièrement à mes parents. (Je n'avais aucune raison de le faire, mais ne m'en privais pas avec mes camarades.) Une punition aurait sans doute fait naître ma résistance, car, même s'il sait avoir mal agi, l'enfant sent qu'il doit exister une meilleure façon de le corriger, autre que la souffrance et le malaise mental. Et plus les enfants aiment leurs parents, plus ils se sentent insultés par le châtiment et déçus par la menace de la férule.

Pour la plupart, ils apprennent à éviter de se mettre dans une situation qui pourrait leur valoir un châtiment. Dans ce sens, la punition est efficace. Cependant, les peines infligées aux criminels montrent qu'elles ne dissuadent guère ceux qui se croient assez forts pour ne pas être pris. Ainsi, l'enfant qui ne cachait aucun de ses actes apprend à les dissimuler. Plus la punition est sévère, plus il deviendra sournois.

Il apprendra aussi à manifester des remords, qu'il en éprouve ou non. En réalité, il se peut qu'il soit seulement désolé d'avoir été pris et de devoir subir une punition. Il ne faut donc pas oublier qu'une expression de regret arrachée de force ne vise qu'à nous apaiser ou à obtenir le pardon.

Mieux vaut dire à l'enfant qu'il ne savait probablement pas ce qu'il faisait en agissant mal. Il en est presque toujours ainsi. Il a peut-être pensé : « Si mes parents se rendent compte de ce que j'ai fait, ils se mettront en colère. » Mais cela ne veut pas dire qu'il sait avoir mal agi. Sur le moment, tout ce qu'il fait lui semble bien. Par exemple, un bonbon interdit peut provoquer un désir intense qui, pour l'enfant, justifie le larcin. Plus tard, la gronderie ou la punition peut le convaincre qu'il a payé très cher son plaisir et qu'il aurait mieux fait de laisser le bonbon dans sa boîte, mais c'est une réaction à retardement.

Si nous disons à notre enfant qu'à notre avis il ne pensait pas à mal, cette approche positive l'aidera à nous écouter sans arrière-pensée. Peut-être n'aimera-t-il pas nos objections ; mais il attachera à la bonne opinion que nous avons de lui assez de prix pour avoir envie de la maintenir, même s'il doit se priver de quelque chose qu'il aime.

L'enfant est rarement *convaincu* d'avoir mal agi par le simple fait que ses parents le lui disent. C'est quand il se rend compte qu'il risque d'être moins aimé que son acte lui paraît mauvais. Comme le meilleur moyen d'être aimé, à court terme, est de faire ce qui est approuvé par ses parents, et à long terme de devenir comme eux, il s'identifie à leurs valeurs. Cette identification résulte donc du fait d'admirer et d'aimer ses parents, et non pas d'être puni par eux.

Alors que les critiques ou la peur du châtiment peuvent nous empêcher de mal agir, elles ne nous donnent pas envie de nous conduire bien. En oubliant cela, les parents et les éducateurs commettent une grave erreur. La seule discipline efficace est l'*autodiscipline* de l'enfant, motivée par le désir intime de bien agir, selon ses propres valeurs, pour avoir bonne opinion de soi-même, c'est-à-dire pour avoir « bonne conscience ». Elle est fondée sur des valeurs que nous avons intériorisées parce que nous aimions, admirions et voulions imiter les personnes qui les respectaient.

Nos sentiments ont certainement un rôle essentiel à jouer à cet égard, mais il existe aussi des éléments extérieurs qui soutiennent notre volonté de nous respecter. Parmi ceux-ci, je citerai le désir d'obtenir ou de conserver l'estime des personnes qui comptent dans notre vie. Si nous n'attachons aucun prix à l'opinion qu'elles ont de nous, qu'importe ce qu'elles peuvent penser. Elles peuvent détenir le pouvoir de nous punir, mais pas celui d'influencer notre comportement. Nous nous bornons alors à essayer d'éviter le châtiment.

En dernière analyse, c'est donc l'amour-propre qui seul nous empêchera de faire ce que nous voulons ; s'il ne nous retient pas, notre comportement ne dépend plus que de notre appréhension des conséquences possibles. Autrement dit, nous vivons alors sur la base d'une morale qui change avec l'instant et non pas d'une morale solidement ancrée dans les couches profondes de notre personnalité. Par conséquent, le rôle des parents, dans le domaine de la discipline, consiste à accroître l'amour-propre de leur enfant et à le rendre si fort, si résistant, qu'il l'empêchera à tout moment d'agir mal.

Je l'ai exprimée plus haut, mais je n'insisterai jamais assez sur l'idée que, quoi que fasse l'enfant, son acte lui paraît bon sur le moment. Quand nous le réprimandons, nous devons donc lui faire comprendre clairement ce que nous pensons de son comportement : s'il a agi comme il l'a fait, c'est uniquement parce qu'*il* croyait avoir raison. Cette approche est la seule capable de sauvegarder son amour-propre et de lui permettre de nous prêter une oreille favorable. Bien que nous puissions être navrés de l'attitude erronée de notre enfant, nous devrions nous souvenir de l'avertissement de Freud : la voix de la raison est souvent très pressante, mais elle est faible, tandis que le cri des émotions est extrêmement puissant, au point d'étouffer toutes les autres voix, et particulièrement pendant l'enfance.

La voix de la raison doit être soigneusement cultivée et rendue séduisante pour les enfants afin que, malgré sa faiblesse, elle puisse être entendue. Crier contre un enfant ne nous mènera pas loin. Il se peut que la peur le contraigne à obéir, mais il sait — et nous aussi — qu'il ne se plie pas à la voix de la raison. Nous devons donc créer une situation où la raison puisse être entendue et suivie. Si nous sommes énervés, anxieux, nous ne parlerons pas avec la voix douce de la raison, et si l'enfant craint notre mécontentement ou une punition, il ne sera pas en état de l'écouter.

Malheureusement, nous avons oublié pour la plupart combien l'enfant subit l'attrait du fruit défendu, ne serait-ce qu'un bonbon ; les adultes peuvent facilement résister à cette envie ou la satisfaire. Le désir des petits est si intense qu'il efface toute autre considération. Si nous voulons comprendre cet état d'esprit, nous devons imaginer ce que nous penserions ou ce que nous ferions quand nous avons envie de commettre un acte illégal facile à exécuter et qui ne nuira à personne. L'exemple le plus fréquent — que nos enfants peuvent observer et même, le cas échéant, commenter — est le dépassement des vitesses limites, ou toute autre infraction au code de la route. L'enfant est très conscient de la facilité avec laquelle nous décidons de commettre une faute de conduite, et il accepte difficilement que cette facilité ne lui soit pas accordée. Ici, comme toujours, tout dépend de ce que nous faisons et non pas de ce que nous disons.

Si nous réfléchissions à notre comportement sur la route, nous saurions très bien ce qui se passe dans la tête de l'enfant quand il dérobe un bonbon, et nous hésiterions à condamner sévèrement son écart de conduite. Au contraire, nous le jugerions avec sympathie, et nous trouverions les mots justes — et les sentiments justes — pour le persuader de n'avoir pas agi pour le mieux. Notre clémence, notre compréhension l'aideront à l'avenir à mieux résister à la tentation... à condition de donner l'exemple et de nous montrer capables de la même fermeté.

Le bonbon dérobé représente le symbole d'une multitude de transgressions, souvent plus sérieuses. Plus nous les estimons graves, moins nous sommes enclins à agir en accord avec les principes que je viens d'exposer, alors qu'ils s'appliquent à tous les cas. En disant à notre enfant que, tout en désapprouvant son comportement, nous comprenons que, selon lui, il était justifié, nous ouvrons le dialogue. Mais si nous lui laissons croire que nous ne prenons pas au sérieux ses raisons, il sera convaincu que nous n'accordons du crédit qu'à notre propre façon de penser, et jamais à la sienne quand elle n'est pas en accord avec la nôtre.

Dire à un enfant qu'il a mal agi, surtout sur un ton coléreux et désapprobateur, ne peut qu'amoindrir son amour-propre et réduire son amour pour nous et, en même temps, son besoin d'agir de façon à gagner notre approbation. D'autre part, le fait de lui dire que nous savons qu'il n'aurait pas agi de la sorte s'il avait su que c'était mal augmente son amour-propre et son amour pour nous, avec tout ce que cela entraîne. C'est le désir d'être aimé qui l'incite à bien se conduire dans le présent. Plus tard, son amour-propre le motivera pour vivre en adulte selon des principes moraux.

Cela ne veut absolument pas dire que les parents doivent s'abstenir de réprimander ou de réprimer l'enfant dont ils désapprouvent la conduite ni qu'ils ne peuvent jamais être mécontents de lui. Le plus bienveillant, le mieux intentionné des parents ne peut éviter parfois de s'énerver. Dans ce cas, le parent acceptable sait que son irritation est davantage due à lui-même et ne profite à personne ; le parent médiocre, lui, croit que sa colère et ses conséquences sont parfaitement justifiées par le comportement de l'enfant. Mais, dans l'intérêt de tout le monde, il est bon de ne pas oublier que la colère empêche de bien raisonner. Nous sommes alors incapables d'agir en fonction d'un jugement équilibré ; quant à l'enfant, il répond plus à nos émotions qu'à nos raisons et ne peut nous prêter une oreille attentive. Si nous faisons semblant d'être calmes alors que nous bouillons à l'intérieur, l'enfant s'en rend très bien compte et comprend que nous trichons avec nous-mêmes.

Revenons à l'exemple du bonbon dérobé. Il nous serait facile de faire comprendre notre point de vue à l'enfant si nous attendions le moment où, rassasié, il n'aurait plus envie de manger. Il serait alors capable de comprendre qu'il ne faut pas abuser des bonbons. Comme aucune émotion ne viendrait le gêner, il entendrait très bien la petite voix de la raison.

Tout cela paraît si judicieux que l'on peut se demander pourquoi on ne se conforme pas toujours à ces procédures. Les raisons sont évidentes et multiples. Et tout d'abord, nous ne voulons pas nous contenter du renoncement de l'enfant. Nous voulons aussi qu'il soit d'accord avec notre position.

Un exemple : Une mère, dont la relation à son fils était en général excellente, avait dû lui refuser une nouvelle bicyclette à dix vitesses. L'adolescent en fut très malheureux, et il insista tellement que sa mère le fit asseoir en face d'elle pour lui expliquer en détail la situation financière de la famille. Après l'avoir écoutée patiemment, il lui dit : « Je suis désolé de devoir renoncer à la bicyclette, mais j'étais prêt à accepter ton refus. Seulement, quand tu me demandes d'écouter un cours d'économie domestique, alors, c'est trop ! » Sa mère, heureusement, comprit son point de vue et lui fit des excuses. Elle s'était rendu compte qu'au lieu d'aider l'enfant à accepter sa décision elle avait fait tout le contraire. Loin de simplement sympathiser avec sa déception, elle avait voulu lui faire voir les choses à sa façon, ce qui, sur le moment, était impossible à l'enfant.

Nous voulons trop souvent que l'enfant comprenne et accepte nos raisons à un moment où son implication émotionnelle l'en empêche. Si cette mère avait attendu le lendemain pour expliquer à son fils l'état du budget familial, le garçon aurait eu le temps de digérer sa déconvenue et, sans être particulièrement intéressé, il aurait mieux écouté son discours. Il aurait aussi compris que sa déception était bien acceptée, et son amour-propre y aurait beaucoup gagné.

Ne nous laissez pas succomber à la tentation

Parmi les fautes habituelles de l'enfance, aucune n'inquiète plus les parents que le vol ; et ce qui les trouble, c'est moins le fait lui-même que l'idée de voir leur enfant devenir un voleur. Pour l'enfant, qui n'a pas la moindre intention de se transformer en délinquant lorsqu'il commet un larcin, cette réaction excessive paraît inappropriée, et il souffre profondément de constater que ses parents le considèrent comme un criminel en puissance. En général, il est conscient d'avoir mal agi et il est prêt à accepter le mécontentement de ses parents, mais seulement pour ce qu'il a fait ici et maintenant. Il ne se sent pas concerné par l'avenir, d'abord parce qu'il a du mal à l'imaginer, ensuite parce que son esprit est totalement occupé par les pressions du moment.

Cela ne veut pas dire que les parents doivent être indifférents à la conduite de leur enfant. Quoi qu'il fasse de bon ou de mauvais, leur réaction positive ou négative influence fortement la formation de sa personnalité. Toute faute grave exige une réponse appropriée pour que l'enfant puisse apprendre quelque chose à partir de l'épisode. Si le vol est pris à la légère, ou ignoré volontairement, l'enfant peut se sentir encouragé à recommencer, peut-être sur une plus grande échelle. Par conséquent, nous devons prendre son acte au sérieux, et surtout nous devons veiller à ce que notre enfant comprenne bien notre réaction et la considère comme totalement justifiée.

Evidemment, il ne faut pas lui permettre de jouir du bien mal acquis. Ce qu'il a volé doit être immédiatement restitué à son propriétaire, avec des excuses — tous les enfants comprennent que c'est indispensable — et tout dommage doit être convenablement compensé. Mais nous ne devons pas considérer son acte comme s'il s'agissait d'un crime. Nous ne devons pas être plus sévères que la loi qui estime que l'enfant ne peut pas commettre un crime. D'autre part, il n'est pas bon de l'envoyer rendre l'objet tout seul. Mieux vaut l'accompagner pour superviser les modalités de la restitution. Dans ce cas, à mon avis, le plus important est que l'enfant voie de ses propres yeux combien son acte nous met dans l'embarras. Pour l'enfant qui aime ses parents, la pire des expériences est de les voir honteux à cause de lui.

Mais si, de surcroît, nous le punissons, nous affaiblissons beaucoup les effets de cette détresse. Dans une large mesure, notre système pénal reflète le sens commun qui veut, entre autres, que le châtiment efface la culpabilité ; et on a pu observer que les peines légales n'ont qu'un très faible effet de dissuasion. Le délinquant est si furieux contre ceux qui l'ont puni qu'il peut rejeter l'idée qu'il a mérité son sort ; en outre, ayant payé son crime, il a moins de raison de se sentir coupable. Il vaut beaucoup mieux laisser l'enfant observer notre peine et notre gêne devant les personnes qu'il a volées. Il s'en souviendra et aura plus de chances d'éviter la récidive.

Comme nous craignons pour l'avenir de notre enfant, nous ne voyons pas de différence, que son vol ait eu lieu à la maison ou dans un magasin ; mais pour lui, ce sont deux choses très différentes. Il importe donc que nous examinions avec soin les deux situations.

Peu d'enfants n'ont jamais été tentés de ramasser les petites pièces de monnaie que leurs parents ont laissé traîner. Il y a à cela plusieurs raisons possibles : l'enfant, par exemple, désire acheter un objet dont il a fort envie ; ou il veut avoir la même chose que ses camarades ou acheter leur amitié ; ou bien a-t-il envie de punir le parent qu'il vole. De plus, son acte peut être motivé par de multiples raisons inconscientes. Certains enfants, sans le savoir, volent pour éprouver le frisson qui accompagne leur geste, ou pour se prouver leur audace, leur ruse, ou pour voir si la chance est de leur côté.

Quand notre enfant nous dérobe de l'argent, nous devons nous demander — avant de nous en prendre à lui — si ce n'est pas notre négligence qui l'a induit en tentation. Nous savons très bien que la plupart des enfants commettent des larcins, mais comme il s'agit de *notre* enfant, nous avons tendance à croire qu'il ne succombera pas. Bien sûr, il n'aurait pas dû agir ainsi, mais qu'avons-nous fait pour l'empêcher de se laisser tenter ? Après tout, dans nos prières, nous demandons au Seigneur de « ne pas nous laisser succomber à la tentation », et cela parce que nous connaissons notre faiblesse... Notre enfant aurait peut-être pu résister si nous lui avions dit que personne ne peut échapper à la tentation et qu'il est très difficile et louable de ne pas céder. Peut-être, alors, aurait-il choisi la vertu de préférence au péché. La vertu paraît certainement moins séduisante aux yeux d'un enfant jeune et inexpérimenté dont le contrôle moral est encore très faible. Ce contrôle peut en outre avoir été affaibli par l'exemple donné par ses parents qui, apparemment, n'hésitent pas à s'acheter tout ce qu'ils désirent. N'y a-t-il pas de notre part un peu d'hypocrisie quand nous nous montrons à bon droit révoltés par ses larcins, destinés à se procurer un objet très désiré, alors que toute sa vie il nous a vus acheter ce qui nous faisait envie ?

Nous devrions donc veiller à ne pas induire notre enfant en tentation et placer hors de sa portée ce qu'il aurait envie de prendre. Il est trop facile de dire : « Il ne *doit* pas s'emparer de ce qui n'est pas à lui, alors pourquoi prendre la peine de tout cacher ? » Cette attitude n'est qu'une excuse pour notre négligence.

Peut-être suis-je un peu trop sensible à ces problèmes, mais s'il en est ainsi, c'est en raison d'une expérience personnelle. J'avais une dizaine d'années quand, un jour, une personne qui vivait avec nous laissa traîner quelque menue monnaie. Je fus tenté d'en prendre un peu, sans savoir pourquoi. J'ai gardé l'argent pendant le reste de la journée, tremblant que mon larcin fût découvert... tout en le souhaitant pour que l'affaire fût réglée. Le lendemain, vingt-quatre heures environ après l'avoir pris, je remis l'argent en place. J'étais grandement soulagé tout en me demandant de plus en plus pourquoi j'avais volé ces pièces que je n'avais pas du tout l'intention de dépenser. J'étais également de plus en plus en colère d'avoir été exposé à la tentation par une personne si insouciante qu'elle ne s'était même pas rendu compte qu'il lui manquait de l'argent. Alors, malgré mon jeune âge, je compris que j'avais voulu la punir de m'avoir tenté.

C'est ainsi que je sais par expérience qu'un enfant peut voler

« gratuitement », sans intention d'utiliser son larcin pour s'acheter quelque chose. A mon grand soulagement, personne n'a eu connaissance de mon acte. Mais le sentiment de culpabilité que j'avais ressenti avait été si pénible que, pendant tout le reste de ma vie, je n'ai jamais songé à m'emparer de quelque chose qui ne m'appartenait pas.

Si, le vol découvert, on m'avait interrogé, je suis certain que j'aurais avoué avec joie pour atténuer mes remords. Mais je suis sûr, aussi, que je n'aurais pas pu exprimer le fait que j'avais voulu punir la personne qui m'avait induit en tentation. Quant à mes parents, ils auraient été persuadés que j'avais pris cet argent pour le dépenser.

J'ai raconté cette histoire pour montrer que les parents doivent veiller à ne pas se contenter de l'idée que leur enfant a commis un larcin dans le seul but de satisfaire un caprice. Cette conclusion simpliste peut être tout à fait erronée. Comme l'indique mon expérience, chaque fois qu'un enfant prend quelque chose chez lui, sa relation à la personne lésée joue toujours un rôle très important. La faute de l'enfant doit donc être toujours interprétée dans ce sens. Par exemple, il peut voler un frère qu'il juge plus favorisé que lui par ses parents. Dans ce cas, il a simplement l'impression de rectifier une situation injuste. Peut-être pense-t-il que ses parents l'ont inutilement privé de quelque chose ou ne lui ont pas accordé son dû, et dans ce cas il décide de rétablir l'équilibre en s'adjugeant un objet leur appartenant. Ce ne sont que quelques éventualités parmi beaucoup d'autres. Pour l'enfant dont les parents appartiennent aux classes moyennes, la motivation représente rarement le seul désir d'un gain matériel étant donné que ses besoins sont largement satisfaits. C'est pourquoi il est très important de découvrir toute la gamme de ses mobiles.

L'enfant qui veut régler un compte ou punir un membre de sa famille désire aussi gagner quelque chose pour lui-même : une satisfaction ; mais il s'agit rarement de la satisfaction tirée d'un achat permis par l'argent dérobé. Ici, le simple fait de lui demander *pourquoi* il a lésé telle personne et non pas telle autre peut être très instructif ; mais nous ne pouvons obtenir cette importante information que si nous ne sommes pas visiblement exaspérés, et seulement si nous montrons à l'enfant que nous gardons un esprit ouvert. Notre enfant, comme nous tous n'est guère en état de découvrir ou de révéler ses motivations profondes quand il est bousculé par une personne qui est très en colère contre lui ou lui semble avoir décidé à l'avance que ces motivations ne sont pas raisonnables.

Si nous ne nous efforçons pas sincèrement de comprendre *tous* les mobiles de l'enfant — apparents ou secrets —, il sera persuadé que nous nous soucions de notre argent et non pas de lui. Il est bien évident que la plupart des parents se soucient de leur enfant et de son avenir et non de leur perte qui, dans la plupart des cas, est relativement minime. Mais les enfants comprennent cela difficilement à moins que leurs parents ne fassent l'effort de dire clairement que leur souci majeur n'est pas le vol et ce qu'il augure pour l'avenir de l'enfant, mais de comprendre les raisons de son acte. Il sera alors incité à s'assurer de notre bonne volonté et de l'opinion favorable que nous avons de lui.

Ces petits vols indiquent presque toujours que l'enfant a une notion des possessions familiales très différente de celle de ses parents. Tant de choses dans la maison peuvent être utilisées librement par tout le monde que l'enfant a du mal à en exclure l'argent. Constatant que ses parents décident de ce qu'il peut faire et ne pas faire, pourquoi, de son côté, ne déciderait-il pas de celles de nos possessions qu'il peut considérer comme siennes ? Comme il voit ses parents manipuler et même accaparer les objets qu'il ne range pas, il ne voit pas d'inconvénient à s'adjuger l'argent qui traîne. Et si nous lui demandons, souvent impérativement, de partager avec les autres ses possessions les plus chères, il estime tout naturel que nous partagions les nôtres avec lui. Evidemment, les parents qui lui demandent de « partager » pensent à un usage momentané de l'objet. Ils feraient mieux de demander à l'enfant de « prêter » cet objet, parce que le prêt suppose qu'il n'y a pas de changement de propriétaire, ce qui n'est pas toujours vrai pour le partage.

Ce qui importe ici, c'est que nous n'hésitons pas à prescrire à notre enfant l'usage qu'il doit faire de ses biens, à quels moments il doit laisser les autres s'en servir, comment il doit les soigner, les ranger et même s'en priver définitivement ; et il nous arrive même de les confisquer purement et simplement pour une raison quelconque. Pourquoi ne se sentirait-il pas le droit de faire de même avec ce que nous possédons ? S'il pense cela et que, de notre côté, nous lui refusons cette égalité, il peut essayer de l'établir subrepticement. Bien entendu, il est trop jeune pour réfléchir raisonnablement à tout cela, mais tels sont ses sentiments, et nous savons que des sentiments intenses qui ne peuvent être exprimés clairement poussent à agir avec plus de force que ne le feraient des pensées explicites

Quand un enfant « vole » ses parents, ce qui importe le plus est probablement les sentiments qu'il éprouve pour sa famille ; puisqu'il lui appartient, et particulièrement à ses parents, ceux-ci ne lui appartiennent-ils pas ? Il existe beaucoup de théories sur l'origine et le but de la famille. Sa principale fonction, bien sûr, est de pourvoir par nécessité aux besoins des jeunes tant qu'ils sont incapables de s'en charger eux-mêmes. Mais, selon l'une de ces théories, la famille sous sa forme actuelle était à l'origine un groupe où la propriété était partagée et mise en commun. Tous les membres de la famille pouvaient utiliser les biens selon leurs besoins et les usages en cours.

En raison de sa situation de dépendance, l'enfant a souvent un sens plus aigu de la famille — à un niveau intuitif, subconscient — que ses parents. Etant plus primitif, il expérimente la réalité d'une façon beaucoup plus primitive et directe. C'est *sa* famille ; pourquoi tout ce qui appartient à sa famille ne serait-il pas également à lui ? S'il appartient à ses parents, et si ses parents lui appartiennent, pourquoi de simples objets, comme des pièces de monnaie, n'appartiennent-ils pas à la fois à ses parents et à lui ? Partout où l'ensemble des possessions de la famille étaient mises en commun, le sens familial était très probablement plus profond et plus solide. Ce n'est donc pas une mauvaise idée de voir d'un œil différent les vols commis à la maison et ceux qui ont pour victimes des étrangers. Dans le premier cas, l'enfant gagnera un sens plus profond de la famille si nous lui faisons comprendre clairement que — dans des limites raisonnables — ce qui appartient à la famille est disponible pour tous, mais qu'il ne devrait jamais prendre des choses furtivement. Quand je dis « dans des limites raisonnables », je pense à de petites sommes d'argent ou des objets de faible valeur dont la perte ne compromet pas l'avenir de la famille. Si ces petites pertes bouleversent les parents, c'est uniquement parce qu'ils imaginent déjà que leur enfant deviendra un panier percé, ou même un voleur. Cette façon d'envenimer les choses n'est pas juste envers l'enfant, et il s'en rend compte. Quand il éprouve ce sentiment, nos réprimandes perdent en efficacité. Tout est différent quand l'enfant, motivé par des pressions venues de l'inconscient, ne sait pas pourquoi il s'est approprié quelque chose. S'il ne peut pas s'empêcher de le faire, et fréquemment, c'est qu'il souffre de problèmes psychologiques qui doivent être résolus ; il a besoin d'être soulagé des pressions intérieures incontrôlables qui le poussent à des actes qu'il préférerait éviter. Ici aussi, la première démarche, et la plus importante, conduisant à la solution du problème est de découvrir les mobiles inconscients qui peuvent expliquer ses actions.

Faut-il en conclure qu'il ne faut jamais punir un enfant ? Que penser des adultes convaincus que les punitions reçues pendant leur enfance leur ont fait beaucoup de bien ?

Mon propos, ici, n'est pas d'étudier la punition en elle-même, en tant qu'extension de la morale, mais d'analyser les conditions qui donnent à l'enfant le désir d'être une personne morale et bien disciplinée. Si nous réussissons à créer ces conditions, il sera inutile de penser à sévir. Dans ce sens, le châtiment n'a aucune valeur, et j'irai même plus loin en disant que punir son enfant est toujours indésirable — et cela bien que la punition permette aux parents de décharger leur colère, et à l'enfant d'apaiser son sentiment de culpabilité.

Sans aucun doute, le châtiment peut détendre l'atmosphère. En donnant libre expression à sa colère ou à son angoisse, le parent se soulage ; il peut alors regretter d'avoir puni son enfant et, de toute façon, après s'être libéré de ses sentiments négatifs, il peut rétablir avec lui une relation positive. L'enfant, pour sa part, ayant aux yeux de ses parents payé sa faute, n'est plus contraint de se sentir coupable, même s'il estime — et c'est le plus souvent le cas — que la punition était beaucoup trop sévère. Le parent et l'enfant peuvent donc avoir le sentiment que la paix a été rétablie.

Mais est-ce bien la meilleure façon d'atteindre l'objectif à long terme : faire de l'enfant un adulte responsable ? Le fait de voir un parent agir violemment ou pour sa propre satisfaction amène-t-il l'enfant à vouloir s'autodiscipliner ? Et la confiance, le respect de l'enfant seront-ils renforcés si le parent regrette de l'avoir puni — ou plutôt d'avoir été « obligé » de le punir ? En outre, le fait de céder à la colère est-il un bon exemple du contrôle de soi ? Le parent ne ferait-il pas mieux d'éviter un acte qui, par la suite, lui donnera du remords ? Et si, après avoir puni son enfant, il n'éprouve pas le moindre remords, est-il vraiment un parent acceptable ? En ce qui concerne l'enfant, n'aurait-il pas accompli un progrès moral plus important et l'effet dissuasif de la punition sur lui n'aurait-il pas été plus intense s'il avait dû lutter plus longtemps avec son sentiment de culpabilité ? En agissant selon les exigences de sa conscience, l'enfant se construit une personnalité plus responsable et plus solide que s'il devait se contenter de réagir à la peur du châtiment.

La punition, particulièrement si elle est pénible ou dégradante, est une expérience très traumatisante, parce qu'elle empêche l'enfant de croire en la bienveillance de ses parents, bienveillance qui constitue la base essentielle de son sentiment de sécurité. Comme tous les autres événements traumatisants, la punition peut donner lieu à un refoulement. L'enfant peut en effet refouler sa souffrance et son ressentiment et ne se souvenir que du soulagement provoqué par le rétablissement des sentiments positifs. Le souvenir de quelques aspects positifs sert à dissimuler les nombreux éléments négatifs qui prédominaient sur le moment. Immédiatement après avoir été puni, l'enfant ne dit jamais que cela lui a fait du bien ; cette idée ne vient que beaucoup plus tard, quand il peut voir les expériences passées sous un éclairage différent. Il est certain que la réconciliation qui suit le châtiment le rend plus supportable ; cela, avec le temps, aboutit à une sorte de quiproquo : on croit que le bon sentiment inspiré par la réconciliation était la conséquence de la punition, alors qu'il n'en est rien. Au mieux, si la réconciliation a eu lieu, le châtiment physique risque moins de blesser la personnalité de l'enfant ; mais cela ne prouve pas que la punition a favorisé le développement de l'autodiscipline et de la bonne conduite.

Tout acte parental ayant pour but un châtiment, même bénin, est accueilli avec ressentiment par l'enfant ; et plus la punition est sévère, plus grave est l'indignation qu'elle soulève. Qui donc aurait envie d'imiter une personne à qui on en veut ou de s'identifier à elle, quelque admirable qu'elle puisse être par ailleurs ? Ainsi, toute punition, aussi justifiée qu'elle soit à nos yeux, et même à ceux de notre enfant, compromet notre but principal : que notre enfant nous aime, qu'il accepte nos valeurs et désire vivre ce qui, pour nous, est une vie morale. Une punition bénigne aura moins d'influence négative sur ce but qu'une punition sévère, mais cela ne change rien au fait que le châtiment voulu par le parent et ressenti comme tel par l'enfant rendra ce dernier moins désireux d'imiter ses parents et diminuera donc ses chances d'être satisfait de lui-même et de sa vie en général.

Même quand la punition, physique ou non, ne provoque pas une blessure psychologique permanente — ce qui arrive souvent —, cela ne prouve qu'une chose : que les parents qui, dans l'ensemble, sont « de bonne volonté » peuvent se tirer de beaucoup de situations périlleuses sans faire trop de mal à leur enfant. Il n'en reste pas moins que tout irait beaucoup mieux pour les parents comme pour l'enfant si les erreurs d'éducation pouvaient être évitées.

C'est pourquoi, à mon avis, on a toujours tort de punir un enfant ; même s'il pense l'avoir bien mérité, il garde le sentiment d'avoir été traité injustement. Même s'il n'en comprend pas clairement les raisons, ce sentiment est très fort.

Pourquoi l'enfant réagit-il de cette façon ? D'abord parce que la punition menace la sécurité reposant sur le fait de voir en ses parents des protecteurs qui le traiteront toujours avec une tendre sollicitude. Ensuite parce que la nature humaine exige que nous en voulions à quiconque a le pouvoir de nous punir. On ne peut se sentir en sécurité quand celle-ci dépend d'une personne envers laquelle on éprouve du ressentiment. Tous les enfants, sans aucun doute, réprouvent certains actes de leurs parents ; mais dans les circonstances normales, ces ressentiments dus aux nombreux cas où les parents doivent réglementer ou, tout au moins, superviser certains aspects importants de la vie de l'enfant ne peuvent être comparés aux ressentiments douloureux que nous éprouvons envers ceux qui s'arrogent le droit de nous punir.

La différence entre, d'une part, apprendre à un enfant à bien se conduire ou réglementer certains aspects de sa vie et, d'autre part, lui « apprendre » à coups de châtiment peut sembler infime ou sans importance à un parent convaincu que le but de la punition est d'enseigner à l'enfant à mieux se comporter à l'avenir ; mais, pour l'enfant, la différence est énorme. S'il peut sentir que l'intention de son parent est d'agir pour son bien, l'enfant, même s'il n'est pas d'accord avec la correction ou l'interdit, sait tout au fond de lui-même que le parent n'a rien fait qui puisse l'empêcher d'être son principal protecteur. Le parent qui punit son enfant avec la conviction de l'empêcher de faire des choses qui pourraient avoir pour lui des conséquences dangereuses croit aussi qu'il le protège ; mais l'enfant n'est pas de cet avis, et un coup d'œil sur notre système pénal prouve qu'il a raison.

Pensez à toutes les garanties auxquelles tout accusé a droit avant d'être jugé coupable. Non seulement il est présumé innocent tant que sa culpabilité n'a pas été prouvée ; sa défense est assurée non pas par lui-même, mais par un avocat disposant des mêmes droits, des mêmes privilèges et du même prestige que l'accusateur. Chose encore plus importante, l'affaire est traitée par un juge indépendant, assisté ou non d'un jury, qui accorde autant de poids aux arguments de l'accusation qu'à ceux de la défense. Mais quand notre enfant passe au « tribunal », il est obligé de présenter sa propre défense, tandis que ses parents assument les rôles incompatibles d'accusateur et de juge... et il n'y a jamais de jury.

Si les parents pouvaient avoir présentes à l'esprit toutes les garanties dont ils peuvent disposer avant d'être reconnus coupables par la société, sans doute ne s'estimeraient-ils pas en droit, faute de ces garanties, de punir leur enfant ; ils comprendraient alors combien leur font défaut la distanciation émotionnelle et l'objectivité qui sont les premiers attributs de celui qui dispense la justice. Un dernier mot à ce sujet : le juge qui prononce la sentence n'applique jamais lui-même le châtiment... Est-il bon, est-il juste que les parents cumulent les deux fonctions ?

Alors, que doivent faire les parents pour empêcher leur enfant de se mal conduire ? Idéalement, ils peuvent obtenir un excellent résultat en montrant à l'enfant leur déception, mais je doute que cela suffise dans tous les cas.

Comme je l'ai dit plus haut, l'éducation fonctionne mieux si l'élève non seulement est profondément et positivement impressionné par la personnalité et la compétence de son maître, mais aussi s'il désire rester dans ses bonnes grâces en raison de l'affection qu'il ressent pour lui, parce qu'il l'aime et veut être aimé de lui. C'est pourquoi, si on lui donne une petite chance, l'enfant qui a été élevé avec tendresse et sollicitude fera tout son possible pour garder l'amour de ses parents et redoutera plus que tout de les perdre comme protecteurs.

Etant donné cette réalité, quand tout ce que nous pouvons dire à notre enfant pour l'amener à mieux se conduire reste lettre morte, la menace d'un affaiblissement limité et momentané de notre amour et de notre affection est alors le seul et le plus sûr moyen de lui faire comprendre qu'il a intérêt à tenir compte de notre requête, faute de quoi nous ne pourrons plus avoir une très bonne opinion de lui ni l'aimer comme nous et lui-même le désirons. Certains parents, plus ou moins conscients de la puissance d'une telle menace, détruisent son efficacité, avec les meilleures intentions du monde, en affirmant à l'enfant que, de toute façon, ils l'aimeront. C'est peut-être vrai ; mais tout en le rassurant sur le moment, cela n'a rien de convaincant pour l'enfant : il sait très bien qu'il n'aime pas toujours ses parents. Alors, comment pourrait-il croire en leurs serments d'amour quand il est conscient de leur mécontentement ou même de leur colère ? En réalité, ce réconfort prive les parents de la meilleure, de la seule façon logique d'inciter l'enfant à se conduire mieux. Il faut ajouter que, pour la plupart, nous n'accordons pas notre amour inconditionnellement ; si nous sommes trop souvent et trop sérieusement déçus, notre amour s'émousse. Par conséquent, tous nos efforts pour paraître à notre avantage, pour faire semblant d'être plus aimants que nous ne le sommes en réalité auront un effet contraire à celui que nous désirons. A vrai dire, l'amour que nous éprouvons pour quelqu'un peut être si profondément ancré en nous qu'il est capable de résister aux coups les plus violents ; il en est de même pour notre amour envers notre enfant. Mais au moment où il nous déçoit gravement, notre amour peut être à son point le plus bas ; et si nous voulons le voir changer de comportement, mieux vaut le lui faire savoir.

Beaucoup de parents, sans s'en rendre compte consciemment, savent par instinct que la menace du retrait de leur amour est le meilleur moyen, et le plus efficace, de corriger leur enfant. Quand le fait de s'adresser à son esprit rationnel et de lui manifester notre mécontentement reste sans effet, le moment est venu de bien informer son inconscient de tout le sérieux de la situation en ajoutant à nos paroles une action qui, tout en restant symbolique, indique clairement qu'il risque de perdre notre amour. L'enfant qui reçoit ce message corrigera son comportement *pour ses propres raisons* — garder intacte notre affection — et non pas pour les nôtres.

Il suffit pour cela d'exclure l'enfant pour un temps très court de notre présence. Nous pouvons, par exemple, le faire sortir de la pièce ou, si possible, l'envoyer dans sa chambre ; ou nous retirer dans la nôtre. Peu importe la manière dont le parent indique clairement : « Tu me déçois tellement que, pour le moment, je suis incapable de supporter ta présence. » Ici, l'éloignement physique est le symbole de l'éloignement émotionnel, et ce symbole s'adresse à la fois au conscient et à l'inconscient de l'enfant. C'est pourquoi il est si efficace.

Cette exclusion de l'enfant ne doit jamais avoir pour but de le punir, mais uniquement de permettre au parent et à l'enfant de se calmer, de réfléchir. Mais c'est la menace de l'abandon qui impressionne le plus l'enfant. J'ai dit plus haut que l'angoisse de séparation est sans doute la plus précoce et la plus fondamentale. Le petit enfant la connaît quand sa mère s'éloigne de lui ; il a le sentiment que, si cette absence se prolongeait, ce serait pour lui une menace de mort. Tout ce qui ranime cette angoisse est ressenti comme une menace. Même s'il est assez grand pour savoir que sa vie n'est pas en danger, il réagira par un sentiment de découragement, et cela parce que, dans une certaine mesure, il ne peut s'empêcher de craindre pour sa survie. La différence est que la peur de l'abandon physique éprouvée par le bébé est remplacée un peu plus tard par la peur de l'abandon émotionnel.

Les personnes qui, pendant leur enfance, ont subi cet éloignement, se rappellent combien elles se sentaient perdues et solitaires dans leur chambre. Cette forte réaction serait incompréhensible si elles n'avaient pas compris plus ou moins consciemment que l'enjeu était la perte éventuelle de l'affection de leurs parents et, par conséquent, de leur protection indispensable. Dans d'autres circonstances, elles aimaient être seules dans leur chambre et se passaient très bien de la présence physique de leurs parents, et elles n'avaient pas l'impression d'être réellement abandonnées.

Nos enfants peuvent eux-mêmes nous apprendre beaucoup de choses sur ce point... Quand il est profondément déçu par ses parents, la pire des représailles que puisse imaginer l'enfant est celle d'une fugue. Il est persuadé que la seule idée de son éloignement physique les fera changer de comportement. L'enfant comprend donc très bien que notre menace de nous éloigner physiquement de lui est le symbole de notre distanciation émotionnelle, et cette menace ne peut manquer de produire sur lui une impression très profonde.

S'il est conçu et *prévu* comme une punition, cet éloignement physique perd beaucoup de son impact émotionnel ; en effet, ce qui est efficace, ce n'est pas l'action soigneusement raisonnée et exécutée, mais le choc émotionnel. Tel fut l'impact qu'eut sur moi la question de mon père quand il apprit que j'avais parlé grossièrement à ma mère. Il n'avait pas vu sur le moment d'autre moyen de me signifier sa déception. (Il est intéressant de noter que je ne répondis ni par une excuse ni par quelque promesse. J'étais trop bouleversé pour cela. Je me retirai tout simplement dans ma chambre pour ruminer ce qui venait de se passer. Je me sentais contraint de m'éloigner physiquement de la force des sentiments de mon père ; il n'avait pas eu besoin de m'envoyer dans ma chambre...)

Quand leur enfant commet une faute très grave, il est tout naturel que les parents aient une forte réaction émotionnelle. En lui retirant momentanément leur amour, ils ne font que donner une suite logique à leur véritable sentiment. L'enfant les a trop déçus et ils ne peuvent plus supporter sa présence. Si l'enfant ressent l'exclusion comme une punition, c'est une autre affaire ; cela montre qu'il comprend très bien que ses parents ne peuvent rien faire de pire que de le menacer de lui retirer leur affection. Mais dans le sens le plus profond, il ne s'agit pas d'un châtiment seulement de l'expression d'un sentiment.

Les parents qui ont envie de punir et de faire souffrir leur enfant sont capables de profiter de la moindre occasion pour ce faire. Il n'est donc pas du tout étonnant que des parents « médiocres » appliquent la méthode du retrait de leur amour qui, pour eux, n'a pas les inconvénients du châtiment corporel. Ils peuvent, par exemple, punir l'enfant en ne lui parlant pas pendant des jours et même des semaines. Ce comportement peut provoquer chez l'enfant une telle anxiété que sa relation à ses parents se trouve compromise — elle l'était sans doute déjà en raison de leur hostilité latente — et que, surtout, sa personnalité naissante en souffre gravement.

Je connais le cas d'une mère qui est allée encore plus loin envers sa fille. Si l'enfant ne se conduisait pas comme elle l'entendait, cette mère, parfois, ne lui parlait plus pendant des mois ; et, plus grave encore, elle racontait à qui voulait l'entendre les prétendus méfaits de sa fille. Elle allait jusqu'à dire qu'elle « n'était pas sa fille », révélant ainsi inconsciemment ses véritables sentiments. C'était bien ce qu'elle éprouvait profondément, et c'était l'unique raison de son comportement de rejet.

Tout ce qui arrive au sein de la relation parent-enfant dépend donc des sentiments éprouvés par le premier à l'égard de l'autre. Un parent acceptable se sentira malheureux quand il éloignera momentanément son enfant pour que tous les deux aient le temps de laisser leurs sentiments positifs reprendre le pas sur les sentiments négatifs. Le parent médiocre, quand il est mécontent de son enfant, le punira sévèrement sans tenir compte de la méthode particulière de punition qu'il applique. S'il agit ainsi, c'est sans doute parce qu'il en veut à l'enfant dont la présence lui rappelle qu'il est incapable de l'aimer. Je ne pense pas qu'un tel parent agisse ainsi parce qu'il est foncièrement mauvais — je ne crois pas que de tels gens puissent exister —, mais, comme tout le monde, il réagit à ses besoins intérieurs, quelle que soit leur origine. La mère dont je viens de parler ne renie pas sa maternité par pure méchanceté — bien que son comportement ait des conséquences désastreuses pour son enfant —, mais parce qu'elle ne supporte pas de faire face à cet être qui lui rappelle qu'elle est incapable de l'aimer et d'être un parent acceptable. Et elle la punit non pas pour les fautes qui, pour elle, justifient le châtiment, mais parce que, à cause de l'enfant, elle est mécontente d'elle-même.

Comme ce livre est écrit non pas pour raconter en détail les dommages que les parents médiocres infligent à leur enfant, mais à l'intention des parents de bonne volonté qui désirent bien traiter leur enfant, je ne m'attarderai pas sur la situation lamentable qui existe quand la relation parent-enfant n'est pas foncièrement aimante.

Les parents suffisamment bons éviteront de punir leur enfant et s'efforceront de compenser leurs critiques par des éloges chaque fois qu'ils en auront l'occasion.

Si l'éloge, lui aussi, est efficace, c'est moins parce que nous sommes bons juges des valeurs objectives et davantage parce qu'il est l'expression de nos fortes émotions positives, de la joie et du plaisir que nous éprouvons quand notre enfant se conduit bien. Notre réaction à ses fautes devrait elle aussi être surtout émotionnelle et exprimer nos sentiments plutôt que notre jugement objectif. C'est ainsi que les compliments — symboles d'un surcroît de notre amour et de notre affection — et le retrait temporaire de notre affection sont les deux meilleures manières d'influer sur la formation de la personnalité de l'enfant. Quand nous le complimentons, nous nous rapprochons affectivement de notre enfant, et même physiquement quand, par exemple, nous l'embrassons... et c'est là quelque chose qu'il comprend très bien. La réaction opposée est la conséquence de notre déception. Nous avons parfaitement le droit d'être déçus, mais cela ne nous donne pas le droit de punir. L'enfant le sait ; et c'est pourquoi il nous en veut quand nous le punissons, même s'il modifie son comportement pour effacer notre déception. Quand il sait que nous l'aimons, il peut comprendre que ses fautes nous déçoivent ; de même, c'est parce qu'il nous aime qu'il a peur de nous décevoir.

Seul l'exemple de notre bon comportement incitera l'enfant à l'intégrer dans sa personnalité, et seulement si nous n'essayons pas de lui inculquer de force nos valeurs et si nous ne le croyons pas capable d'imiter notre exemple avant que son propre développement ne le lui permette. Nous devons admettre qu'il peut lui arriver de commettre des erreurs, sans pour cela nous décevoir ; et nous devons sans cesse être convaincus de sa bonté foncière et savoir qu'il s'écoulera un certain temps avant que notre exemple porte ses fruits. N'en était-il pas ainsi dans notre propre vie ? Plus nous comprendrons que c'était vrai pour nous, meilleures seront nos relations, et plus harmonieux sera le développement de notre enfant.

Et nous devons laisser nos émotions s'exprimer franchement et ouvertement : en montrant à notre enfant par notre comportement, plus que par nos paroles, combien nous l'aimons. Nous devons croire que notre amour produit son meilleur effet quand il s'exprime par notre façon de répondre aux besoins de notre enfant et de l'aider à résoudre ses difficultés. Quand il nous déçoit, il est bon pour nos relations réciproques de le lui faire savoir ; mais nous devons lui manifester notre déception non pas en le critiquant et en le punissant, mais en nous tenant à distance, car il est vrai que nous ne pouvons pas être intimement proches de lui quand nous n'en avons pas envie. Il s'agit tout simplement d'être soi-même, sans feindre d'être meilleurs que nous ne le sommes, certainement sans prétendre être parfaits, mais en faisant tout notre possible pour rendre notre vie droite et juste, de telle sorte que notre enfant, impressionné par les avantages de cette vie, aura, le moment venu, le désir de nous imiter.

11.

L'ENFANCE REVISITÉE

« Nous n'arrêterons pas d'explorer
Et le but de nos explorations
Sera de revenir au point de départ
Et de le connaître pour la première fois. »
T. S. Eliot.

Parmi les expériences les plus appréciables — et les moins connues — que l'éducation puisse procurer se trouvent les occasions qu'elle offre d'explorer, de revivre et de résoudre les problèmes de notre enfance dans le contexte de nos relations avec notre enfant. Comme nous le rappelle T. S. Eliot, ce n'est qu'en explorant sans cesse les étapes qui nous ont permis de devenir nous-mêmes que nous pouvons vraiment *connaître* ce que furent les expériences de notre enfance et ce qu'elles ont signifié dans notre vie. Si nous parvenons à cette connaissance, l'impact de ces événements sur notre personnalité sera modifié. Notre attitude face à notre expérience sera changée, de même que notre façon de voir les expériences similaires vécues par notre enfant. Plus nous nous connaissons, mieux nous comprenons notre enfant, surtout quand ce dernier est à l'origine des progrès que nous avons accomplis dans la connaissance de soi.

Malheureusement, presque toutes nos expériences précoces sont perdues pour notre mémoire consciente. Faute de les revivre, nous pouvons du moins explorer par l'imagination certains de leurs aspects en observant comment notre enfant réagit à ses processus intérieurs, à nous-mêmes et au monde qui l'environne.

Par exemple, si nous nous rendons compte que le monde

auquel s'éveille le bébé ne comprend que deux expériences contraires — bonheur et bien-être physique, d'une part, malheur et souffrance, d'autre part —, cela peut nous aider à comprendre l'origine et la nature ambivalente de nos émotions les plus fortes. Comme ce sont normalement les parents qui changent l'état négatif de la vie du petit enfant — par exemple les souffrances de la faim ou l'inconfort des langes mouillés — pour le transformer en bien-être — en lui donnant le biberon ou en le changeant —, le bébé voit en ses parents la source unique du bonheur et du malheur qu'il peut éprouver. C'est ainsi que l'ambivalence est gravée dans notre inconscient, particulièrement par rapport à nos parents. Plus tard, nos parents et leurs substituts, nos premiers éducateurs, continuent de dispenser plaisir et souffrance en nous complimentant, par exemple, ou en nous critiquant, en nous privant de ce que nous désirons. Les sentiments ambivalents originels, profondément enracinés dans notre inconscient, continuent d'être entretenus par les innombrables expériences de la vie quotidienne.

La compréhension de cette origine infantile de l'ambivalence, particulièrement en relation avec les parents, nous aide à mieux comprendre nos enfants quand nous sommes confrontés à l'expression de leur ambivalence envers nous. Plus nous acceptons les sentiments ambivalents qu'ils éprouvent à notre égard, plus ils auront de chances, en grandissant, de neutraliser et de maîtriser ces ambivalences — et moins ils auront besoin de souffler tour à tour le chaud et le froid. En acceptant que les aspects négatifs de cette ambivalence doivent être nécessairement exprimés de temps à autre, nous réduisons le besoin qu'a notre enfant de les refouler ; et moins ils sont refoulés, plus il est facile de les soumettre à un examen rationnel et de les modifier.

Pendant notre enfance, nous étions, nous aussi, déchirés par nos émotions ambivalentes. Mais quand nous mettions en acte leurs aspects négatifs, la désapprobation de nos parents était habituellement si forte que nous étions forcés de refouler ces sentiments qui, ainsi, conservaient toute leur force dans notre inconscient. Quand, en tant que parents, nous devons affronter les mêmes sentiments chez notre enfant, l'expérience tend à réactiver une partie de ce matériel refoulé. Tant que son comportement ne réveille pas en nous des sentiments que nous voulons continuer de refouler, nous pouvons accepter que notre enfant se contrôle moins bien que nous ; mais quand nos propres refoulements se trouvent remobilisés, il nous devient impossible de traiter avec réalisme le négativisme de l'enfant.

Il est tout à fait compréhensible que nous refoulions les côtés négatifs des sentiments que nous éprouvons à l'égard de nos parents ; après tout, nous avons besoin d'eux et nous ne voulons pas les offenser ou les aliéner en manifestant ouvertement notre hostilité. Il est beaucoup plus difficile de comprendre pourquoi nous refoulons aussi notre identification à ce qui, pour nous, enfants, nous semble définir les aspects négatifs de nos parents. Nous sommes pour la plupart très conscients d'avoir intégré ce qui nous plaisait chez eux, mais nous ne le sommes pas de nous être également identifiés aux aspects négatifs de leur attitude envers nous et de les avoir intériorisés. A notre grande surprise, nous en devenons tout de même conscients quand nous nous entendons gronder notre enfant avec exactement le même ton et les mêmes mots que ceux dont se servaient nos parents à notre égard. Et pourtant, leur manière ne nous plaisait pas et nous n'aurions jamais songé qu'un jour nous les imiterions avec nos propres enfants.

D'autre part, quand nous parlons gentiment à notre enfant, nous ne sommes pas du tout poussés à utiliser les termes qu'employaient nos parents avec nous. Dès qu'il s'agit de comportements et d'expressions positifs, nous sommes tout à fait nous-mêmes et nous pouvons parler avec notre propre voix. La raison en est simple : comme nous n'étions pas contraints de refouler notre identification positive à nos parents, elle n'a pas été enfermée dans notre inconscient et a pu être sujette à des modifications au cours de notre croissance. Par contre, l'identification négative, étant refoulée, a pu rester intacte.

La relation de l'enfant avec le parent du même sexe que lui est très souvent chargée de plus d'ambivalences qu'avec le parent de l'autre sexe. La raison en est que dans nos relations avec l'enfant de notre propre sexe nous avons tendance à revivre certains des aspects les plus difficiles de notre propre relation avec celui de nos parents qui avait le même sexe que nous. Une mère aura donc tendance, quand elle gronde sa fille, à parler comme sa propre mère, tandis qu'un père se surprendra à reproduire dans ses interactions négatives avec son fils le comportement qu'avait son père vis-à-vis de lui.

Ce n'est là qu'un exemple de notre propension à projeter sur nos enfants nos conflits non résolus. Si nous profitons de l'occasion que nous offrent ces situations pour examiner ce qui nous amène à nous comporter de la sorte, nous pouvons enfin être capables de trouver une solution aux conflits non résolus de notre enfance. Cette ouverture à nos sentiments nous aidera également à comprendre que c'est exactement l'extrême importance que nous avons pour nos enfants et leur amour pour nous qui engendrent par moments leur hostilité. Nous saurons que leurs mouvements hostiles ne sont en fait que la contrepartie de leur affection. Comprenant cela, au lieu de nous énerver ou de nous mettre en colère, nous pourrons accepter les forces émotionnelles profondes qui animent notre enfant, tout en nous efforçant éventuellement de réduire son comportement agressif. Si nous nous rappelons combien nous trouvions nos parents injustes, nous pourrons éviter d'exagérer nos réactions chaque fois que notre enfant aura un comportement qui nous déplaît. Grâce à cet effort de réflexion, nos réactions d'agacement ne seront pas aggravées par tous les sentiments hostiles que nous avions refoulés dans notre inconscient. Si nous nous rendons compte qu'en dépit de toutes les tendances agressives que nous avions étant enfant nous sommes devenus des adultes non violents et respectueux de la loi, cela nous évitera de réprimer durement le comportement agressif de notre enfant parce que nous avons peur pour son avenir.

La répression du côté négatif des sentiments ambivalents d'un enfant à l'égard de ses parents peut, si elle est effectuée trop sévèrement, contrarier l'expression des sentiments positifs qui ne sont que l'autre face de cette ambivalence. J'ai connu beaucoup d'enfants qui n'ont pu s'attacher affectueusement à leurs parents qu'à partir du moment où ils n'ont plus éprouvé la compulsion de refouler tous les sentiments négatifs qui les dressaient contre eux.

Evidemment, si nous sommes capables de reconnaître, par l'introspection, que nos sentiments envers notre enfant ne sont pas, eux non plus, sans ambivalence, nous ne serons plus contraints de refouler les sentiments négatifs qui peuvent nous envahir de temps en temps. L'idée fausse que seul notre enfant, à cause de son immaturité et de son manque de contrôle, peut avoir envers nous des sentiments négatifs, cette idée peut entraîner de graves problèmes dans nos relations.

Comprendre les cauchemars

Ce que j'ai dit de l'origine de nos sentiments ambivalents à l'égard de nos parents est vrai pour toute la période de l'enfance. Nos expériences les plus précoces, et celles de notre enfant, sont pour la plupart inconscientes ; mais les stades ultérieurs du développement de l'enfant reproduisent certaines de nos expériences qui n'étaient pas nécessairement inconscientes ni refoulées, du moins aussi profondément. Ces souvenirs peuvent être réveillés plus facilement, encore que cela puisse exiger un effort considérable.

Il est difficile de nous rappeler dans tous leurs détails les cauchemars dont nous avons souffert. Et même si nos souvenirs sont assez précis, nous n'avons qu'une faible idée de ce qui a provoqué ces mauvais rêves, mis à part le fait patent que le petit enfant est terriblement angoissé par de nombreuses choses qui, pour lui, sont incompréhensibles. Peu de gens savent que la source principale des cauchemars des jeunes enfants est leur surmoi en cours de développement qui tente de les punir pour leurs tendances « inacceptables », voire même « coupables ». On peut compter parmi celles-ci les pulsions sexuelles, le désir de se révolter contre l'autorité ou d'éliminer un parent, un frère, une sœur. En tant qu'étape vers une conscience plus pleinement intégrée, le cauchemar joue un rôle important dans le développement de la personnalité de tout le monde ; il a rempli ce rôle dans notre évolution, comme il le fait maintenant pour celle de notre enfant.

Quand on sait tout cela, on comprend qu'il convient de traiter les cauchemars d'un enfant avec le plus grand soin et avec tout le respect que mérite une conscience en plein développement. Plus nous comprenons nos cauchemars (et il nous arrive d'en avoir dans notre vie d'adulte), mieux nous sommes équipés pour aider notre enfant à affronter les siens. Le fait que nous ayons presque tout oublié d'eux indique que nous avons refoulé les désirs et les peurs puériles qu'exprimaient ces rêves hallucinants. Derrière cette aliénation de certaines expériences de notre jeunesse se trouve le désir de ne pas savoir exactement ce qu'elles étaient ; peut-être aussi nos terreurs infantiles ont-elles laissé en nous des traces que nous n'avons pu effacer totalement. En est témoin l'angoisse irrépressible dont souffrent certains adultes quand, par exemple, ils se trouvent en présence d'animaux inoffensifs, tels que les couleuvres. Leur frayeur est souvent enracinée dans des cauchemars oubliés de leur enfance où des serpents monstrueux menaçaient de les dévorer.

Nous pouvons donc nous servir des cauchemars de notre enfant pour explorer sans cesse (comme le proposait T. S. Eliot) ce qu'il pouvait y avoir derrière les nôtres et les traces qu'ils ont laissées en nous. Nous pourrons alors, pour la première fois, connaître vraiment nos cauchemars et la signification qu'ils ont eue dans notre vie. Quel que soit le degré que nous atteindrons dans cette recherche, ce sera une bénédiction pour notre enfant et pour nous ; en effet, en nous comprenant nous-mêmes nous serons à même de l'aider à supporter ses cauchemars, et cela avec une profonde sympathie personnelle pour sa souffrance du moment et pour l'importance que ces mauvais rêves auront en ce qui concerne la formation de sa personnalité.

Contrairement à nos cauchemars, dont nous ne gardons qu'un très vague souvenir, les angoisses provoquées par nos premiers contacts avec l'école restent encore très vivantes chez beaucoup d'entre nous. Comme ces angoisses font partie de notre mémoire consciente — quoique, souvent, sous une forme fragmentaire —, nous éprouvons une compassion considérable pour la panique qui étreint notre enfant le premier jour où il va à l'école. Malheureusement, certains parents n'éprouvent pas la moindre compassion quand leur enfant, des années plus tard, souffre d'une phobie de l'école pour des raisons analogues. Et pourtant, c'est à ce moment-là qu'une compréhension fondée sur leur propre expérience aurait des effets salutaires.

On pourrait citer bien d'autres situations qui, comme celles-là, interviennent dans nos interactions avec nos enfants. Dans tous les cas, notre effort pour comprendre le rôle joué par des événements analogues dans notre propre développement détermine en nous des changements bénéfiques et nous permet de lire plus clairement en nous. Nous y gagnons une compréhension plus profonde de ce que certaines expériences ont signifié pour notre vie et dans nos relations avec nos parents ; de même, nous comprenons comment ces expériences forment notre attitude actuelle à l'égard de ce que notre enfant éprouve et exprime dans des circonstances analogues.

Cette compréhension nous permet de traiter avec empathie tout ce qui émeut notre enfant, ce qui donne presque toujours à nos relations plus de profondeur, plus de sens et aussi plus d'agrément.

L'enfant est très sensible aux raisons qu'ont ses parents de faire quelque chose avec lui ou pour lui. Pense-t-il qu'ils *doivent* le faire, ou qu'ils sont vraiment heureux de le faire ? Maman me lit-elle une histoire par devoir ou pour me faire plaisir ? Pense-t-elle que cette histoire me plaît tout particulièrement, ou que je désire simplement qu'elle me fasse la lecture, ou les deux ? De toute évidence, l'enfant aime par-dessus tout savoir que sa mère désire vivement lui faire plaisir.

Faire la lecture à l'enfant est une chose toute simple, et pourtant, ce que ressent l'enfant est radicalement différent de ce qu'éprouve le parent. Cependant, quand celui-ci réagit lui-même à l'histoire, les deux peuvent vraiment partager l'expérience. Peut-être le parent est-il ému par un récit qui réveille des souvenirs importants de son enfance. On m'a dit que certaines personnes, en lisant mon livre sur les contes de fées[1], avaient soudain compris pourquoi tel conte avait eu pour eux une importance particulière quand ils étaient enfants. Ce conte, à l'époque, les avait passionnés, leur avait procuré de l'anxiété ou du plaisir, ou les deux ; mais c'est seulement maintenant qu'ils peuvent comprendre pourquoi il en avait été ainsi, avec quels problèmes ou expériences le conte avait été relié, devenant ainsi pour eux quelque chose de tout particulièrement significatif.

Ces personnes, à l'époque de leur enfance, ne se lassaient pas d'entendre la même histoire, car — ils n'en savaient rien à l'époque, mais le comprennent maintenant — ils espéraient dans leur subconscient qu'elle transmettrait un message important au lecteur. Pour une petite fille, c'était *Le Robinson suisse* ; en brodant des fantasmes autour de cette histoire, elle arrivait à se consoler de la situation déplorable de sa famille. Le même livre prit également une très grande importance pour une autre fillette qui

---

1. Bruno Bettelheim, *Psychanalyse des contes de fées*, collection « Réponses », éd. Robert Laffont, 1976.

souffrait des absences répétées et prolongées de ses parents durant lesquelles on la confiait au soin d'une tante ; celle-ci prenait physiquement bien soin d'elle, mais l'enfant la haïssait, surtout parce qu'elle prenait la place de ses parents. Arrivée à l'âge adulte, et pas avant, elle comprit pourquoi elle avait tant importuné ses parents et sa tante pour qu'ils lui lisent à haute voix *Le Robinson suisse* : elle espérait qu'ils entendraient son message ; que les enfants ont besoin de la présence de leurs parents.

Dès que cette femme eut compris que le désir jamais assouvi d'entendre une certaine histoire pouvait, chez un enfant, venir de l'espoir que ses parents recevraient le message caché de cette histoire, les lectures qu'elle faisait à son enfant devinrent pour elle une expérience beaucoup plus riche. Se souvenant de sa déception quand elle avait constaté que ses parents restaient sourds à son propre message, elle devint très attentive aux contes préférés de son petit, par lesquels il voulait, sans le savoir vraiment, lui faire part de quelque chose qui avait pour lui une importance énorme. En même temps, elle savait que, grâce à ces lectures, elle avait obtenu une image plus positive de l'enfant qu'elle avait été, et d'elle-même en tant que personne.

Tout ce qui est dit ici de la lecture à haute voix est vrai, avec les variantes appropriées, de bien d'autres aspects de l'éducation des enfants. En comprenant mieux certaines expériences de son enfance, l'adulte peut s'assurer une façon toute nouvelle et importante de vivre avec son enfant. Quand ce changement se produit, le parent et l'enfant vivent tous les deux une expérience essentielle grâce à ce qu'ils font *ensemble.* Bien qu'ils se situent l'un et l'autre à un niveau distinct, les différences ont moins d'importance que le fait que chacun soit redevable à l'autre d'avoir gagné une nouvelle compréhension de soi et d'avoir donné l'occasion du progrès. Chacun des partenaires est à la fois dispensateur et bénéficiaire.

Bien des expériences de l'enfance sont devenues, par nécessité, profondément enfouies dans l'inconscient pendant le processus de développement de la personnalité adulte. Cette distanciation par rapport à l'enfance cesse d'être nécessaire quand la personnalité adulte est pleinement et solidement formée ; mais, alors, cette distanciation, pour la plupart des individus, est devenue partie intégrante de cette personnalité. Si elle est maintenue en permanence, elle nous prive d'expériences intimes qui, une fois qu'elles nous sont restituées, peuvent nous garder jeunes d'esprit et nous permettre aussi un contact plus étroit avec nos enfants.

12.
LES ENFANTS DOIVENT-ILS TOUT SAVOIR DU PASSÉ DE LEURS PARENTS ?

> « Ce passé triste et lointain,
> Et les batailles d'autrefois. »
> WORDSWORTH, *Le Moissonneur solitaire.*

Il est naturel que nos enfants s'intéressent à ce que nous avons vécu avant leur naissance, qu'ils aient envie de connaître les faits de notre enfance et de notre jeunesse. Et nous avons envie de leur parler de nous pour qu'ils se sentent davantage en contact avec nous et nous comprennent mieux en apprenant tout ce qui a fait de nous les personnes que nous sommes maintenant. Au niveau de la conscience, nos mobiles sont réciproques : nous voulons être mieux connus de nos enfants et ils veulent en savoir plus sur notre histoire. Si les choses en restent là, tout va bien ; mais des sentiments plus complexes interviennent fréquemment, et les conséquences peuvent alors être différentes de ce que l'on attendait.

A titre d'exemple, supposons que l'enfance du parent était très différente de celle de son enfant, ce qui est très souvent le cas. Le parent a fort envie que son enfant comprenne ce qui l'a formé, mais ce dernier, comme tout le monde, ne peut comprendre que ce qui est fondé sur sa propre expérience. Allons plus loin et supposons que le parent, pendant sa jeunesse, a souffert de privations, mais qu'il a été capable d'élever son enfant dans un confort relatif. Leurs entretiens peuvent alors avoir des résultats inattendus. Pour bien mettre en relief ce qui peut se passer, je prendrai un exemple que l'on peut considérer comme extrême : l'Holocauste. Je précise tout de suite que cet exemple ne fait qu'amplifier énormément ce qui peut arriver quand la vie de n'importe quel parent a été beaucoup plus difficile que celle de son enfant, du moins en ce qui concerne les circonstances extérieures.

Pour le survivant, l'Holocauste a nécessairement été l'événement le plus dramatique, le plus traumatisant de sa vie, avec de lourdes conséquences à long terme. L'enfant en sera conscient à un âge très précoce — bien avant de pouvoir comprendre l'histoire — parce que l'épreuve a profondément marqué son parent. Bien que curieux, il hésite à poser des questions, ayant conscience des sentiments puissants et pénibles qui entourent le thème.

Le parent, de son côté, peut être réticent, en partie parce que ses souvenirs sont pénibles ; en partie parce qu'il sait que l'enfant ne peut pas vraiment comprendre l'Holocauste ; mais surtout parce qu'il ne veut pas l'accabler avec l'idée que son parent a terriblement souffert ni avec le fait que la vie puisse avoir des aspects aussi effrayants. Si, dans l'intention de protéger son enfant, le parent ne lui parle pas de l'Holocauste — dont la signification n'a échappé à aucun descendant de survivant —, ce silence est interprété comme l'exclusion délibérée de la période la plus importante de la vie de son parent, autre cause d'inquiétude et d'étonnement. Il peut aussi croire que la réticence vient de ce que le parent le croit incapable de comprendre. Bien que ce soit assez vrai, l'enfant a l'impression ou bien d'être considéré comme un sot, ou bien comme indigne de recevoir de telles confidences.

Alors que le silence du parent à propos d'une tranche importante de sa vie est fondé sur le désir de protéger l'enfant, celui-ci le ressent comme le signe de son incapacité. Il peut alors, par représailles, et pour équilibrer la situation, cacher à ses parents des aspects importants de sa propre vie. Même s'il perçoit vaguement que son parent veut le protéger, le côté positif de cette intention ne suffit pas à annuler son sentiment négatif d'exclusion, d'aliénation et d'infériorité.

Les choses sont aussi — et peut-être même plus — compliquées quand un survivant *parle* à son enfant de l'Holocauste. Les souffrances extrêmes du parent ne manquent pas d'imposer à l'enfant l'idée que sa vie est beaucoup plus facile. Il peut en conclure qu'il ne doit à aucun prix donner à son parent, qui a déjà traversé tant d'épreuves, des raisons supplémentaires de souffrir. Il peut même se croire obligé de compenser le passé en ne procurant à ses parents que du plaisir... objectif louable, mais bien sûr impossible. Alors, chaque fois que l'enfant, au cours de sa croissance, a un comportement qui inquiète ou déçoit son parent, il se sent immédiatement coupable, ce qui a pour effet de détériorer la relation, surtout si l'enfant en veut à son parent, cause indirecte de son sentiment de culpabilité. Ici encore les efforts produits par un parent pour renforcer le lien qui l'unit à son enfant finissent par compromettre les bons sentiments qui existent entre eux !

Les problèmes de l'enfant sont aggravés si le parent lui parle de l'Holocauste à un moment où il a eu un comportement qui le met mal à l'aise et lui paraît douteux. Il peut alors penser que son parent a volontairement parlé de son passé douloureux pour l'obliger à se sentir coupable ou à manifester plus de respect pour la génération qui le précède. Finalement, l'enfant peut croire que ce « chantage émotionnel » lui a été infligé afin qu'il se conduise mieux et non pas parce que son parent voulait partager avec lui une période essentielle de son passé. Il peut alors regretter qu'on lui en ait parlé et éprouver des sentiments hostiles à l'égard de celui qui lui a fait des confidences.

Ces pensées, chez l'enfant, peuvent ne pas être dénuées de fondement. Sans en être conscient, le parent peut évoquer son passé pour inciter son enfant à se conduire mieux à son égard et lui faire mieux apprécier tout ce qu'il fait pour lui. Et il peut également arriver que le parent — ici encore sans en être conscient — soit jaloux de cet enfant dont le sort est tellement plus heureux que le sien ; cette situation réveille ses souvenirs et le pousse à raconter les épreuves du passé.

Alors que le parent est inconscient de ces sentiments et serait stupéfait d'apprendre leur existence souterraine, l'enfant peut réagir dans son subconscient à ce qu'il ressent et détester qu'on lui parle de ce passé. Il peut même croire que seul un acte horrible de sa part a pu décider son parent à lui raconter de pareilles atrocités.

Comme les enfants sont plus centrés sur eux-mêmes que ne le sont les adultes, ils ont naturellement tendance à penser qu'ils sont la cause de tout ce que font leurs parents : « Pourquoi, se disent-ils, a-t-il choisi ce moment précis pour me dire ça, et quelle est son intention ? » L'enfant peut conclure, sans doute à tort, que les paroles du parent ont été provoquées par son comportement et non pas simplement par son désir d'en savoir plus sur lui.

Les souffrances moins exceptionnelles que celles des camps de concentration laissent elles aussi des traces ; et si nous en gardons du ressentiment, ce qui est plus que probable, ce sentiment, à notre insu, imprégnera notre narration. Comme l'enfant est plus sensible aux processus inconscients et moins braqué sur la réalité objective, il éprouvera cette rancœur et réagira vivement, car cette émotion lui est familière alors que le passé lui est étranger. En raison de son égocentrisme, il pensera que nous sommes jaloux de lui parce qu'il jouit d'un sort meilleur que le nôtre. Autrement dit, il pensera que le ressentiment, dont il est très conscient, est dirigé contre lui ; et il ne lui restera plus qu'à détester ce qui est la cause de tout : ce passé que nous lui racontons.

Si, dans son subconscient ou son inconscient, le parent éprouve de l'amertume en voyant que son enfant n'apprécie pas les avantages dont il a été privé pendant sa propre enfance, l'enfant lui en voudra de se sentir coupable de bénéficier de ces avantages qu'il n'a pas sollicités. Il se demandera s'il n'eût pas mieux valu qu'il en fût privé, ce qui, du moins, ne l'aurait pas contraint à être reconnaissant. Pour la plupart des parents, il est très difficile de ne pas réagir, consciemment ou non, au fait que leur enfant jouit d'une meilleure vie qu'eux ; et ils comprennent difficilement qu'il est pratiquement impossible pour l'enfant d'apprécier des « avantages » au sujet desquels il n'avait pas le choix.

L'enfant à qui ses parents racontent les épreuves pénibles qu'ils ont endurées et surmontées aura probablement peur de ne pas être à leur hauteur dans les mêmes circonstances ; et il se sentira inférieur à eux, sinon inadéquat. Il aura donc tendance à se sentir battu bien avant d'avoir pu faire ses preuves et de se savoir capable ou non de se mesurer avec ses parents. Il est beaucoup plus concerné par ses sentiments du moment, qui l'affectent personnellement, que par ces faits lointains que lui racontent ses parents, tout un passé qui lui semble irréel et qu'il a du mal à imaginer.

J'ai rencontré des attitudes analogues en Israël[1] chez les pionniers de la première heure et les générations qui suivirent. Les jeunes n'hésitaient pas à dire qu'ils regrettaient que tous les hauts

---

1. Bruno Bettelheim, *Les Enfants du rêve*, collection « Réponses », éd. Robert Laffont, 1971.

faits concernant l'établissement des juifs et la création de l'Etat d'Israël eussent été réalisés par leurs parents ; ils avaient l'impression qu'il ne leur restait rien de grand à accomplir. Mais sous la surface, ils se demandaient avec inquiétude si, dans les mêmes circonstances, ils s'en tireraient aussi bien que les anciens. Tout en admirant ouvertement les prouesses de la génération précédente, au fond d'eux-mêmes ils souffraient de se sentir inférieurs à cause des histoires que leur racontaient leurs parents et qu'ils écoutaient avec une ambivalence considérable. Quelques-uns des très jeunes enfants se lançaient dans des fantasmes compensatoires ayant pour thèmes les exploits qu'ils réaliseraient quand ils seraient grands ; mais à mesure qu'ils mûrissaient et apprenaient à voir les choses avec plus de réalisme, ils perdaient leurs grandioses illusions. Etant donné les difficultés incroyables qu'avaient dû surmonter les pionniers, comment la jeune génération aurait-elle pu réagir autrement ?

Les jeunes Israéliens disaient volontiers : « Oh, nos parents et leurs grandes idées ! » exprimant ainsi à la fois une admiration envieuse et un rejet intime. Les parents, de leur côté, étaient profondément déçus de voir que leur récit des luttes du passé n'était pas accueilli avec plus d'enthousiasme. Ils ne se rendaient pas compte que l'ennui des jeunes auditeurs n'était pas dû à un manque d'intérêt mais à une défense contre l'anxiété et un sentiment d'infériorité. Leurs histoires du passé ont eu un effet opposé à celui qu'ils espéraient, et ils restaient avec l'impression décevante que leur vie ne pouvait vraiment pas être comprise de leurs enfants.

Mais le sentiment d'infériorité de l'enfant n'est pas ici le seul obstacle. Quand nous nous rappelons le passé, nous nous laissons facilement emporter par les émotions qu'il évoque. Nous sommes alors mal placés pour juger de l'effet que nos souvenirs pénibles peuvent produire sur notre enfant. Nous espérons non seulement qu'il sympathisera avec nos malheurs, mais aussi qu'il sera heureux de savoir que sa vie est plus heureuse que la nôtre. Peut-être le devrait-il... mais, de son point de vue, sa vie est tout à fait normale. N'ayant jamais rien connu d'autre, il l'accepte telle qu'elle est. Il peut admettre pour la forme qu'il ait plus de chance que ses parents, mais il est loin d'en être convaincu.

Quand un parent attend de son enfant qu'il comprenne

combien il a eu de chance, il suppose que ce dernier a réussi à voir objectivement sa propre vie et celle de son parent ; mais l'enfant ne connaît celle-ci que de seconde main. Une telle objectivité est hors de sa portée ; sans compter qu'il n'a pas une idée très précise de ce que l'adulte appelle une « vie privilégiée ». Il a sa propre définition de ce que peut être une « vie dure », et il s'agit souvent des désagréments imposés malgré lui par la classe sociale de ses parents : « Lave-toi les mains avant de te mettre à table... Brosse-toi les dents... Range ta chambre... » et mille autres impératifs qui sont de mise dans les classes moyennes. L'enfant n'a aucune idée de ce que serait sa vie s'il n'avait pas à subir ces normes. On peut même dire que, pour lui, l'idée de vivre dans un taudis où chacun n'en ferait qu'à sa tête aurait quelque chose de romantique !

Je citerai ici une histoire racontée par Freud : quand son père lui dit qu'il avait été insulté et humilié par une brute antisémite, le jeune Sigmund n'éprouva aucune compassion, mais seulement du mépris parce que son père ne s'était pas défendu. Il s'était senti supérieur à lui. Si telle a été la réaction du jeune Freud au moment où son père lui raconta un épisode pénible de sa vie, que pouvons-nous attendre de nos enfants ?

Faut-il conclure de tout ce qui précède que le fait de raconter son passé à son enfant, dans le but de resserrer le lien qui nous unit à lui, aura toujours un effet contraire ? Il n'en est rien, fort heureusement. Si nous lui racontons notre histoire avec les sentiments qui conviennent, au bon moment et dans un contexte adéquat, alors, oui, le lien peut être renforcé. Si j'ai insisté sur les problèmes possibles, c'est pour mettre en lumière un point essentiel : plus l'épisode raconté est chargé d'émotions, plus il convient d'être prudent, d'examiner nos propres sentiments et de s'interroger sur ceux, probables, de l'enfant. Toutes les situations chargées d'émotions ressemblent aux médecines puissantes : elles sont capables du pire et du meilleur.

« Etre prudent » signifie qu'il faut réfléchir avec soin aux effets que notre narration peut avoir sur l'enfant dont le cadre de référence est nécessairement limité. Si l'histoire est censée inspirer l'admiration, il y a risque que l'estime de l'enfant soit teintée de sentiments de jalousie et d'infériorité ; et si nous comprenons que ce que nous disons peut provoquer chez l'enfant de tels sentiments, nous modulerons notre présentation pour l'éviter. Par ailleurs, nous aurons moins envie de lui prouver que son sort est meilleur que le nôtre si nous nous rendons compte que ce serait en fait essayer de faire de lui notre obligé. Nous savons par expérience que tout en exprimant volontiers notre gratitude à ceux qui se sont efforcés d'améliorer notre sort, nous n'aimons pas du tout qu'on s'attende à notre reconnaissance, ce qui impliquerait une infériorité. Nous devons donc essayer de ne pas donner ce sentiment à notre enfant, et cela sera plus facile si nous considérons que, selon sa perspective, la plupart des privilèges sont donnés, et non choisis, et que ce qui est « avantage » pour nous ne l'est pas forcément pour lui.

Si je me suis servi de l'exemple des confidences relatives à notre passé difficile, c'est pour bien montrer comment une situation peut se retourner contre nous, même s'il n'y a ni désaccord ni conflit entre l'enfant et nous mais, au contraire, l'intention consciente de se comprendre mieux. Les parents, comme les enfants, ont trop souvent tendance à ne voir les choses qu'à travers des lunettes déformantes, c'est-à-dire selon leur propre cadre de référence. Comme l'enfant ne peut faire autrement, c'est aux parents d'apprécier la situation selon les deux perspectives. Cela exige, entre autres choses, que nous soyons honnêtes avec nous-mêmes quant aux sentiments que nous éprouvons pour notre enfant, et honnêtes vis-à-vis de lui et de nous-mêmes en ce qui concerne nos mobiles ; et que nous étudiions soigneusement ces mobiles afin d'être sûrs d'agir pour le plus grand bien de l'enfant.

Cet exemple montre également qu'ici, comme dans toutes les interactions parents-enfant, le plus important demeure le contexte fondamental où ont lieu ces interactions : la nature de la relation — les sentiments les plus profonds éprouvés par chacun à l'égard de l'autre ; la satisfaction éprouvée par chacun dans la relation ; la façon dont les problèmes sont résolus. Si le jeune Sigmund Freud avait eu avec son père une meilleure relation, il est certain qu'en entendant le récit de l'expérience humiliante il eût éprouvé de la sympathie pour son père et non pas du mépris.

Cela montre combien il est important de ne pas oublier qu'un enfant ne peut voir les choses que selon son propre cadre de référence, lequel est très différent du nôtre. Si nous restons conscients de cette simple réalité — bien que nos rapports avec notre enfant puissent être très complexes —, tout ira bien. Nous pourrons voir clairement notre enfant et son problème, et non pas à travers les lunettes déformantes de notre égotisme, de notre implication émotionnelle dans notre passé ou de notre anxiété pour l'avenir.

DEUXIÈME PARTIE

LE DÉVELOPPEMENT DE LA PERSONNALITÉ

13.

L'ÉLABORATION DE L'IDENTITÉ

> « Comme on lui demandait ce qui était le plus difficile pour un homme, le philosophe grec Thalès répondit : " Se connaître lui-même ". »

Tous les bébés, à leur naissance, possèdent les traces distinctives de leur future personnalité à l'état le plus élémentaire. Il faudra des années de vie et d'expérience pour que les premiers indices de la personnalité commencent à se dessiner ; et beaucoup d'autres années s'écouleront avant que le caractère ne soit pleinement et solidement développé — caractère qui résistera aux rigueurs de la vie et servira bien celui qui, après avoir supporté les épreuves et les tribulations, sera devenu maître de son destin.

La longue acquisition de l'identité implique des pièges dangereux, des faux départs et bien des détours. C'est un processus qui exige que l'on revienne souvent sur ses pas, et aussi un chemin parsemé de carrefours incertains. Au cours de ce voyage, dont le but est de gagner une identité solide, nous connaissons des doutes graves que nous essayons — surtout quand nous sommes jeunes et peu sûrs de nous — de cacher et de nier en affectant une grande assurance. S'il est difficile de devenir soi-même, il l'est encore plus de découvrir en quoi consiste ce « soi-même » et de connaître les éléments essentiels et les éléments accidentels de sa personnalité. On ne peut réaliser son identité que si on est capable de bien distinguer ces deux éléments.

Parce que nous avons tous des traits de caractère que nous n'aimons pas, que nous n'approuvons pas totalement ou sur lesquels nous avons des doutes, se connaître soi-même est une tâche difficile. La quête de notre identité nous expose à des détours pénibles et dangereux. Nous testons, sans toujours avoir conscience de le faire, puis nous devons réfléchir sur ce que ces tests nous ont révélé de nous.

Quelles que soient les circonstances particulières de la situation, quel que soit l'âge du garçon ou de la fille, l'empathie des parents à l'égard de la lutte difficile de l'enfant pour la conquête de sa personnalité, et leur sympathie pour ses efforts tendant à se découvrir, s'affirmer, et finalement se définir et se tester lui-même, sont d'une importance primordiale pour l'enfant. Il a besoin de leur sympathie, en tant que milieu émotionnel favorable : la construction d'une identité viable et solide qui lui permettra d'affronter la vie par des moyens authentiques. Bien que les actes de l'enfant puissent par moments être déconcertants, les parents doivent adopter une attitude intérieure d'acceptation vis-à-vis de cette quête d'identité ; mais l'expression extérieure de cette attitude doit varier selon les formes différentes que prend cette quête au cours du processus de maturation de l'enfant.

Plus l'enfant est jeune, plus cette attitude fondamentale doit se traduire par un comportement montrant sans ambiguïté que les parents désirent aider l'enfant à acquérir sa personnalité, par exemple en lui manifestant leur approbation et leur plaisir quand il franchit des étapes positives vers l'affirmation de soi. La participation active des parents est nécessaire parce que l'identité précoce de l'enfant se développe entièrement par rapport à eux ; son identité ne sera de nature positive que si elle est en harmonie avec les attitudes adoptées par les parents à son égard. Ce sera une identité fragmentée si ces attitudes sont en partie négatives.

Quand l'enfant se rend compte que ce qu'il est et ce qu'il fait procure du plaisir à ses parents, il est heureux et il se sent important parce que c'est *lui* que ses parents considèrent comme la source de leur plaisir. Ainsi, l'approbation parentale encourage l'enfant à former son identité ; elle lui permet de se sentir identifiable par lui-même, différent de tous les autres. Le passage important du sentiment que c'est *ce qu'il fait* qui procure du plaisir à l'idée que c'est *lui-même*, en tant qu'être distinct, qui est à l'origine de ce plaisir a lieu pendant les premières années de la vie. En termes plus techniques, le plaisir exprimé par les parents fournit à l'enfant l'expérience dont il a besoin pour développer son narcissisme, c'est-à-dire l'amour de soi, source permanente du désir de se construire la personnalité unique qui lui conviendra le mieux.

Paradoxalement, ce caractère unique commence à se développer quand l'enfant répète un comportement qui a fait plaisir à ses parents — et à lui-même par leur intermédiaire. Le plaisir procuré à l'enfant par l'approbation parentale est à l'origine du comportement répétitif des petits enfants. Il est donc très important que les parents manifestent leur contentement chaque fois que l'enfant a un comportement positif ; c'est à cette condition que ce comportement deviendra habituel.

Malheureusement, le processus qui vient d'être décrit en termes positifs peut aussi se produire sous une forme négative. Si l'enfant se rend compte qu'il reçoit surtout — ou, ce qui est plus grave, uniquement — des réactions de déplaisir de la part de ses parents, il réagit négativement non seulement à eux, mais aussi à lui-même, et cela pour se défendre ou se venger. Cela peut également devenir un comportement répétitif et habituel, une force motivante pour la formation de la personnalité de l'enfant : il veut donner du déplaisir à ces personnes importantes qui ne sont jamais contentes de lui, et, en même temps, il est profondément mécontent de lui-même.

Si les parents émettent de fréquents signaux de plaisir, et si tout se passe bien, l'enfant, dans une deuxième phase, commencera à donner un contenu plus spécifique à sa personnalité en s'identifiant partiellement à ses parents et en choisissant les traits de leur personnalité qu'il intégrera. D'autres traits sont pris aux autres enfants de la famille et à des personnes importantes faisant partie de l'environnement. Cette intégration commence par l'imitation — d'une façon appropriée à l'âge de l'enfant — d'un comportement qui devient ensuite habituel et qui, finalement, constituera une force motivante du moi.

Beaucoup de parents se désolent de voir leur enfant choisir des traits de leur personnalité qui ont produit sur lui une forte impression et qu'eux-mêmes désapprouvent. Cela vient surtout de ce que l'enfant est plus impressionné, et donc influencé, par les émotions qu'il sent chez ses parents que par leurs intentions conscientes. Par exemple, se rendant compte qu'il a eu tort de se mettre en colère, ou que sa réaction était irrationnelle, un parent peut s'empresser de se contrôler et de minimiser la faute de l'enfant. Ce dernier, réagissant au sentiment refoulé, et non aux raisons qu'avait le parent de le réprimer, intègre dans sa personnalité la colère et non pas le contrôle. La dépression d'un parent peut elle-même avoir une forte influence sur la personnalité de l'enfant bien qu'elle ne puisse être considérée comme une force active. En fait, l'enfant se rend compte que cette dépression donne à sa vie une direction négative puisque lui-même et ses actes ne déterminent aucune réaction positive de la part de ce parent. Il peut demeurer convaincu de l'énorme importance de ce qui a causé les sentiments du parent et rester indifférent aux mérites du refoulement. Le parent, lui, préférerait que l'enfant intègre dans sa personnalité le contrôle de ces émotions ; mais ce n'est pas possible, parce que l'enfant, à ce stade, est beaucoup plus impressionné par les émotions refoulées par le parent que par l'acte intellectuel de la répression et les raisons qui l'ont déterminée. Il peut arriver aussi que l'enfant, pour des motifs qui lui sont propres, ait besoin de réagir positivement à la colère et négativement à son contrôle.

La première forme de ce que sera plus tard l'identité d'une personne a été appelée pour de bonnes raisons le « moi-physique ». Ce moi-physique est la fondation sur laquelle seront construits tous les aspects spécifiques et plus élaborés de la personnalité. Tout le moi du bébé se limite à son corps, et c'est pourquoi les attitudes qu'il adopte vis-à-vis de son corps ont une grande influence.

De nombreuses expériences fortement ressenties par le petit enfant se combinent pour déterminer son attitude vis-à-vis de son corps et, par conséquent, pour former la base de sa personnalité. C'est pourquoi, par exemple, les modalités de l'allaitement sont très importantes, selon qu'il s'agit d'une expérience paisible et agréable, ou désagréable si la mère est pressée d'en avoir fini. Une quantité d'expériences sont à l'origine de l'idée que l'enfant se fait de lui-même, et ce développement s'accomplit par les interactions, quelles qu'elles soient, qui ont lieu entre ses parents et lui. Pendant l'allaitement, qui est une expérience primordiale, l'attitude des parents est déterminante. Si elle est positive, le petit enfant sentira bientôt qu'il a un corps qui fonctionne bien et dont les réactions sont pleinement acceptées. Si, au contraire, ses réactions sont accueillies par une attitude négative, le bébé aura une mauvaise opinion de son corps et le jugera imparfait.

Ces perceptions fondamentales seront renforcées par beaucoup d'autres expériences infantiles : la toilette et le bain, par exemple, la pose des langes, l'habillage et le déshabillage, la préparation au sommeil, le réveil. Tout dépendra de l'attitude des parents, s'ils aiment vraiment manipuler le corps du bébé dans ces circonstances, ou, au contraire, s'ils considèrent comme des corvées pénibles, voire répugnantes, certains des soins qui doivent être dispensés à l'enfant. Dans ce dernier cas, le bébé ne pourra pas avoir une bonne opinion de son corps et de ses fonctions, et en même temps de lui-même.

Dans toutes ces interactions, comme dans bien d'autres, ce qui importe, ce ne sont pas seulement les sentiments conscients de l'adulte, mais aussi ceux dont il est inconscient, parmi lesquels il faut inclure par priorité les sentiments qu'il refoule parce qu'il se sent obligé de satisfaire tous les besoins du bébé. Cette impression de contrainte l'empêche d'affronter ce que seraient ses vrais sentiments s'il se permettait d'en prendre conscience. Il peut, par exemple, trouver répugnantes les fèces du bébé à cause de quelque chose qui était en rapport avec son propre apprentissage de la propreté. Si tel est le cas, il aura beau essayer de nettoyer l'enfant avec une attitude positive, son dégoût intérieur — dont il peut être totalement inconscient parce qu'il l'a refoulé étant enfant — sera transmis au bébé. Evidemment, ce dernier reçoit ce genre de message au niveau du subconscient pour la bonne raison qu'à son âge les éléments du conscient, du subconscient et de l'inconscient sont à peine séparés les uns des autres et fonctionnent globalement. Le petit enfant répond néanmoins avec force aux réactions intérieures de l'adulte, bien que celles-ci puissent être exprimées par des expressions de son visage dont il est totalement inconscient, par la façon dont il raidit son corps, par sa hâte d'en finir, par sa manière de manipuler l'enfant, par le ton de sa voix plus que par ses paroles, et par bien d'autres signaux encore.

Il est beaucoup plus difficile de réagir à notre enfant un peu plus tard, quand il commence à marcher ; alors, il pique des rages au lieu de gazouiller comme il le faisait quand nous lui rendions son hochet (volontairement jeté hors de son berceau pour voir si, malgré ses doutes, il est capable d'agir en ce monde). Alors son comportement déraisonnable, son manque de contrôle et son désespoir nous jettent dans un tel désarroi que nous ne nous rendons pas compte que son comportement a essentiellement le même but que quand il jouait dans son berceau : il veut découvrir ce qu'il peut faire et quelles seront les conséquences de ses actes.

Par ses caprices rageurs, l'enfant exprime son désespoir de ne pas avoir un moi qui travaille pour lui. L'ennui est qu'à partir du moment où son désespoir l'a précipité dans une rage, plus rien n'existe que cette rage, même pas le souvenir de ce qui l'a provoquée : en général, le fait de ne pas pouvoir obtenir ce qu'il veut. Il a l'impression d'un effondrement total ; handicapé par sa colère, il a plus que jamais besoin des autres. La maturité des parents leur permet de savoir que l'enfant n'est *pas encore* capable de faire ce qu'il veut, mais l'enfant, qui ne vit que dans le présent, n'en sait rien. Il croit qu'il ne sera *jamais* capable de faire ce qu'il ne peut pas faire immédiatement, et c'est la raison de son désespoir profond et autodestructeur. Il est autodestructeur non seulement parce qu'il peut se blesser au point culminant de sa rage, mais parce que, quand il se laisse emporter par ses émotions, il ne peut avoir ce qu'il veut et, de plus, perd tout contrôle sur son propre corps.

Comme cet ensemble d'émotions est derrière la rage, le fait de tendre à l'enfant l'objet qu'il désire l'aidera au stade initial de sa détresse, avant que son désespoir n'ait effacé de son esprit ce qui avait provoqué sa frustration. Ensuite, le mieux serait de le distraire, par exemple en lui montrant un objet qu'il aime et en l'invitant à venir le chercher. Dès qu'il a pu faire un pas vers cet objet, sa rage est tombée, mais il peut rester pendant un moment malheureux d'avoir perdu son contrôle. La meilleure manière de lui prouver que son moi — qui à son âge est encore largement un moi-physique — n'a cessé d'exister consiste à lui donner l'occasion de vérifier qu'il peut bouger son corps à volonté et qu'il peut se procurer tout seul ce qu'il désire.

L'enfant parcourt une distance énorme pour se former une identité. Ses premiers efforts pour être un « moi » — quand il jette des objets hors du berceau afin de se prouver qu'il *peut faire des choses* — sont suivis par le stade des rages, provoquées par ses vains efforts tendant à se prouver qu'il *peut faire des choses pour lui-même*. Son désespoir et sa rage viennent de ce qu'il est obligé de constater que, contrairement à ses espoirs, son « moi » ne peut pas faire ce qu'il veut.

Quand je parle d'être ou d'avoir un moi, je me réfère aux

sentiments de l'enfant, parce qu'il n'a pas encore de compréhension conceptuelle de ce qu'implique le fait d'être une entité unique ou d'avoir une identité personnelle. L'enfant, à ce stade, sait qu'il a un « moi » quand il se sent séparé des autres, quand il se voit dans un miroir ou constate que c'est bien lui qui remue ses membres. Le fait d'avoir un moi dénote chez l'enfant un stade supérieur de conscience de soi où il peut décider quelque chose, et ensuite le faire, et cela sans savoir encore que tous ses désirs, ses actes, ses pensées et ses sentiments s'allient pour lui forger une identité propre.

Rassembler les morceaux

Les problèmes entourant la formation de l'identité sont bien connus et très discutés. Mais il n'est pas toujours facile d'appliquer à nos enfants ce que l'on sait d'eux; par exemple, quand étant parvenus à l'adolescence ils sont convaincus que l'essentiel de la vie consiste à suivre les modes stupides des jeunes de leur âge; ou quand ils mettent en question ou rejettent carrément notre façon d'être tout en comptant sur nous pour leur fournir tout ce qu'il faut pour vivre confortablement; ou quand, encore, ils contestent nos valeurs, alors que ce sont ces mêmes valeurs qui leur assurent l'impunité en nous empêchant de leur imposer notre volonté ou de les obliger à se conformer à nos désirs. Si le comportement de nos enfants, pendant la longue période où ils cherchent à se définir eux-mêmes, ne prenait pas des formes différentes à chaque stade de leur développement — et souvent d'un moment à l'autre —, nous pourrions plus facilement observer la continuité du processus qui les mène à la maturité. Mais ces brusques changements de caméléons nous empêchent de voir que leur comportement reflète la quête de leur moi et, plus tard, de leur identité personnelle unique.

Par exemple, ils peuvent « se donner des airs » pour faire croire qu'ils sont plus capables et plus mûrs qu'ils ne le sont en réalité; ils peuvent, par une attitude feinte, nous montrer qu'ils se moquent éperdument de notre désapprobation; mais quelques minutes ou même quelques secondes plus tard, ils pensent que nous serons enchantés de subvenir à leurs besoins, comme s'ils étaient encore des bébés. Il ne faut jamais oublier que notre enfant, à n'importe quel âge, a besoin d'affirmer son indépendance et son autonomie pour pouvoir accueillir avec plaisir notre assistance sans perdre son amour-propre.

Pour devenir vraiment soi-même, il faut connaître tour à tour la solitude et la vie active avec toutes ses vicissitudes. Malheureusement, tant que nous vivons avec nos enfants, nous ne savons pas exactement à quel moment ni dans quelles conditions ils ont besoin de solitude ou de rapports sociaux. Au moment où nous pensons qu'il serait dans leur intérêt de se recueillir, ils éprouvent le besoin de se lancer avec frénésie dans telle ou telle activité ; et quand nous estimons qu'ils ne devraient pas tant s'isoler, ils se sentent contraints, selon leurs propres raisons, de se replier sur eux-mêmes.

Et pourtant, leurs sautes d'humeur sont plus faciles à accepter que leur passage brutal d'un comportement positif à un comportement régressif ; plus faciles à admettre aussi que quand tout ce qu'ils ont gagné en maturité semble soudain perdu pour être remplacé par une attitude des plus puériles. Il est difficile de voir sans inquiétude notre enfant, d'ordinaire si adorable et si soigneux de sa personne, prendre soudain l'allure d'un rustaud ; de constater que le bon élève cesse brusquement de s'intéresser à son travail et passe son temps à rêvasser. Ces changements intempestifs indiquent généralement que sous la surface, sans que personne en ait conscience, certains des développements les plus importants de l'adolescent sont en train de se produire — développements qui absorbent toute l'énergie dont il est capable.

En termes psychanalytiques, pour que le passage à chaque stade supérieur du développement soit accompli avec succès, il faut nécessairement se remettre à travailler les problèmes antérieurs. A l'entrée de l'adolescence, par exemple, l'enfant, qui se sent déjà très à l'aise dans son corps, revit toutes ses anciennes insécurités et en rencontre beaucoup d'autres. La croissance rapide de l'adolescent pubère le rend inconfortable dans son corps, ce qui rend la résolution des anciens problèmes physiques plus difficile et, en même temps, plus pressante.

Les fixations orales qui semblaient avoir été résolues dans la petite enfance, les difficultés émotionnelles éprouvées pendant l'apprentissage de la propreté et de l'hygiène qui ont été surmontées à l'âge de l'école maternelle, ou même plus tôt, réapparaissent impérativement, soit sous leur ancienne forme, soit sous une nouvelle. L'adolescent débraillé est maintenant assez fort pour mettre en acte la résistance contre la propreté qu'il était obligé de refouler étant enfant. Ces sentiments sont réactivés par son besoin de se libérer de l'ancien refoulement pour qu'il ne le gêne plus au moment où il est en train de devenir un individu capable de s'autodéterminer. C'est pourquoi les vieux problèmes ont besoin d'être retravaillés à un niveau supérieur, de telle sorte qu'ils prendront une signification toute différente dans la formation du caractère. Si ces anciens problèmes réussissent à s'intégrer sur un plan nouveau et supérieur, ils enrichissent notre caractère ; mais si la personnalité en développement les laisse intacts, ils la fixent à l'ancien niveau immature. A moins qu'ils ne soient vraiment revécus et retravaillés, ils demeurent comme des blocs archaïques encastrés dans un moule plus avancé, des éléments étrangers et aliénants au sein de la nouvelle personnalité, et qui créent des fissures en elle, la rendent friable, prête à se briser en périodes de crise.

Ainsi, tout au long de la vie, mais surtout durant les périodes de croissance cruciales du développement du caractère, les anciennes expériences *doivent* être revécues et retravaillées. Mais il est difficile de se souvenir de tout cela quand notre adolescent, brusquement et sans raison apparente, pique une rage comme il le faisait étant bébé ; quand il devient aussi malpropre et désordonné qu'il l'était bien des années plus tôt ; quand il se goinfre stupidement ou refuse de manger — comme si le retour à ce comportement infantile était sa seule façon d'obtenir de nous ce qu'il veut ou de marquer son désaccord. Mais l'adolescent a maintenant besoin de résoudre ces anciens conflits sur une autre base et de leur donner un sens totalement différent dans l'élaboration de sa personnalité. Ce travail exige du temps et beaucoup d'énergie ; et cette énergie cesse d'être disponible pour les objectifs et le comportement qui, selon les parents, correspondent à l'âge de leur enfant. Pourtant, l'objectif le plus important consiste à surmonter les traumatismes, les fixations et les problèmes accablants du passé : les attitudes envers le corps et ses fonctions, la relation entre l'enfant et ses parents, les buts pour l'avenir et les nouvelles perspectives qui s'ouvrent à l'adolescent sur son moi.

Le plus difficile, pour les parents, en ce qui concerne ce processus de la découverte de soi à travers la régression et le progrès, est qu'il exige de leur part une acceptation intérieure de tous les instants et en même temps une grande variété — selon l'âge de l'enfant et la situation — de réponses apparentes.

Il est beaucoup moins difficile de comprendre et d'accepter que le petit enfant, quand il est ravi de jeter hors de son berceau son biberon ou son hochet, essaie de prendre conscience de son moi ; nous pouvons alors réagir comme il convient à son comportement. C'est tout autre chose de réagir correctement quand notre adolescent jette nos valeurs par la fenêtre, ou tout bonnement à notre tête en espérant, sans le savoir, que nous serons aussi disposés — et, ce qui est encore plus important, aussi heureux — de ramasser pour lui les morceaux, comme nous le faisions quand il s'amusait à casser ses biberons. Ainsi, à tout âge, pour que l'enfant se développe bien, ses parents doivent « ramasser les morceaux » ; mais ce que cela signifie spécifiquement varie avec l'âge et la maturité relative de l'enfant, ainsi qu'avec l'état de sa relation à ses parents.

Le respect commence avec le moi-physique

Comme toutes les étapes du développement du moi ont pour base le moi-physique, l'une des meilleures choses que les parents puissent faire pour leur petit enfant est de lui permettre d'avoir une attitude saine et positive envers son corps : ils doivent faire en sorte que le bébé se sente bien dans sa peau, et lui faire comprendre qu'ils aiment et apprécient son corps pour que l'enfant fasse de même. Ces attitudes — si le bébé, grâce à ses parents, peut les acquérir — constitueront une excellente protection contre les risques dangereux que peut prendre l'adolescent à l'égard de son bien-être physique, personnel et social. Si le corps de l'enfant — et, bien sûr, l'ensemble de sa personne — reçoit de ses parents une pleine approbation, celle-ci sera intégrée par l'enfant qui, alors, appréciera son corps et le respectera. Il désirera le garder intact et le protégera contre de multiples dangers : celui de risquer des prouesses périlleuses pour maîtriser le monde extérieur, celui de céder à certaines pressions internes en se laissant mourir de faim, comme dans l'anorexie, o ude manger excessivement, comme dans la boulimie, et celui, aussi, de s'adonner aux drogues ou aux excès sexuels.

Ce rôle était plus facilement assuré par les parents quand leur enfant, même s'il était gravement malade, était toujours soigné par eux à la maison. Et dans une société où la rareté régnait, le fait de procurer aux membres de la famille une nourriture saine et suffisante prouvait par lui-même que les parents prenaient grand soin du bien-être de leur enfant. Les attitudes qui, dans le passé, pouvaient être transmises par l'exemple doivent aujourd'hui être indiquées sous une forme psychologique beaucoup plus subtile. Mais le respect du corps et du moi est encore et toujours enraciné dans la perception qu'a l'enfant de la façon dont ses parents ont traité son corps et l'ensemble de sa personne.

Ainsi, en ce qui concerne le long et lent processus de la formation de l'identité — qui n'est pas atteinte avant l'adolescence —, les attitudes et les actes des parents peuvent aider énormément l'enfant ou, au contraire, le gêner. Pour que chacune des étapes successives du développement du moi, d'abord, puis d'une identité riche et solide, soit réussie et vraiment constructive, les parents doivent signifier clairement qu'ils approuvent ces progrès vers l'indépendance, faute de quoi chaque niveau, une fois atteint, peut rester branlant et constituer une assise fragile pour l'avenir.

Bien des problèmes, évidemment, se posent quand l'enfant expérimente ce qu'il peut faire par et pour lui-même dès qu'il commence à maîtriser son environnement. Le bébé qui apprend à marcher, et qui essaie d'explorer et de comprendre le monde, s'expose à toutes sortes d'ennuis. Ici, comme dans la plupart des situations imposées par l'éducation, il est pratiquement impossible d'approuver tout ce que fait l'enfant et d'éviter tous les interdits. Les réactions parentales ne peuvent pas être *toujours* positives ; les « ne fais pas ceci » doivent nécessairement s'ajouter aux « fais cela » ; mais ces derniers sont pour l'enfant aussi détestables que les premiers.

Ce qui est essentiel pour que l'enfant soit heureux d'être lui-même — et puisse développer son moi —, c'est, d'abord et surtout, que les approbations parentales compensent largement les désapprobations ; de plus, l'approbation doit s'accompagner de compliments explicites auxquels peuvent s'ajouter, quand il convient, de justes récompenses ; et les désapprobations doivent être exprimées d'une voix aussi douce que possible pour créer un minimum d'anxiété et de découragement.

Tout cela exige que les parents ne s'angoissent pas à propos de ce que fait l'enfant ; ou, si c'est impossible, que leurs sentiments négatifs soient proportionnés à la situation réelle. Malheureusement, les réactions parentales dépassent souvent les limites justifiées par la situation pour s'étendre à des inquiétudes concernant l'avenir de l'enfant ; et ce type d'angoisse peut traîner une sévérité abusive et un renforcement des inhibitions. C'est doublement regrettable, parce que l'enfant ne se sent concerné que par la situation présente et croit qu'il en est de même pour ses parents. Quand les soucis de ces derniers se limitent au problème du moment et ne sont pas aggravés par des considérations pessimistes pour l'avenir, il leur est beaucoup plus facile de penser à la conduite différente qu'ils proposeront à l'enfant. Il va sans dire que toute attitude négative face au comportement de l'enfant, ou à ses projets, ne doit pas être étendue à lui-même ni à son désir d'explorer activement le monde ; c'est uniquement en faisant cela, en effet, qu'il pourra développer son moi, son intelligence et sa faculté de former des jugements.

Quand le développement est contrarié

Si les parents, pour quelque raison, ne favorisent pas le développement du moi de l'enfant mais, au contraire, le contrarient, ce dernier peut alors renoncer à son moi naissant et se ménager une pseudo-sécurité en se mettant en état de symbiose avec sa mère — ou toute autre personne qui aurait pris sa place dans la réalité ou dans son imagination. Ou encore, estimant trop dangereuse la tâche de développer son propre moi, il peut se créer un pseudo-moi, ce qui déterminera plus tard une existence psychotique marquée par la dépersonnalisation. En de rares occasions, cela peut se produire, sans qu'il y ait faute directe des parents, à la suite d'un enchaînement de circonstances malheureuses.

J'en donnerai un exemple vécu : un petit garçon, qui savait depuis peu marcher à quatre pattes, tomba un jour d'une table sur un sol carrelé. Il en résulta de multiples fractures qui le condamnèrent à vivre pendant longtemps dans des plâtres sans pouvoir remuer spontanément les bras et les jambes. Quand les plâtres furent ôtés, il put enfin apprendre à marcher, en dépit de son anxiété et de son incertitude. Mais son développement intellectuel s'était également arrêté. Bien qu'il eût appris à parler pendant sa longue convalescence, il resta incapable d'exprimer des idées personnelles ; en raison de la gravité de son blocage, on le considéra, quand il eut sept ans, comme un faible d'esprit. Sans en être vraiment affecté, il manifestait plusieurs symptômes d'autisme, parmi lesquels l'absence du mot « je » dans son vocabulaire. Il fallut des années de thérapie pour supprimer ces symptômes, et plus d'années encore pour se rendre compte que, dans son esprit, ses plâtres, et la quasi-paralysie qui en résultait, étaient une punition pour avoir essayé de se déplacer, et comme un avertissement de ne pas chercher à être indépendant — c'est-à-dire à se constituer un moi.

Comme il arrive d'ordinaire, c'est une combinaison d'expériences intérieures et extérieures qui entraînent cet arrêt total du développement du moi. Les plâtres pénibles et paralysants en avaient été les prémices ; mais ce qui avait provoqué le drame de l'enfant, c'est que, chaque fois qu'il essayait de se déplacer après l'enlèvement des plâtres, sa mère se montrait incapable de se réjouir des efforts qu'il produisait pour apprendre à marcher ; en effet, elle redoutait avec angoisse une répétition de l'accident dont elle se croyait responsable parce qu'elle n'avait pas su empêcher son enfant de tomber. Ces sentiments se traduisaient pour l'enfant par l'omniprésence de dangers inconnus. Ce qu'il avait de plus sûr à faire, pensait-il, c'était de renoncer à toutes les initiatives, sur le plan physique comme sur le plan intellectuel, parce que ce n'était qu'en subordonnant son moi à celui de sa mère qu'il pouvait se sentir relativement en sécurité et accepté par elle.

Il savait par expérience — avant son accident — combien il est agréable de se déplacer à volonté, mais il savait aussi, maintenant, que sa mère, dont il avait dépendu totalement et exclusivement tant qu'il était dans le plâtre, éprouvait des sentiments d'angoisse et de culpabilité à chacun de ses déplacements. En conséquence, il ne bougeait que comme le lui disait sa mère, ou quand il était absolument sûr qu'elle l'approuverait. Mais, à cause de son angoisse, sa mère ne lui transmettait jamais un message clair indiquant son approbation. Il pouvait remuer ses membres, mais avec raideur, comme un automate dont tous les mouvements sont strictement contrôlés ; ses gestes ne semblaient pas dépendre de sa propre volonté et n'étaient jamais spontanés.

N'étant jamais sûr que le fait de déplacer son corps constituait un comportement acceptable, incapable de remuer librement, il ne pouvait pas se constituer un moi-physique fondé sur la capacité de décider quand et comment bouger, sentiment sur lequel reposera plus tard toute l'identité. L'angoisse maternelle, qui accompagnait chacun de ses mouvements, l'empêchait de jouir de sa motricité et lui interdisait toute spontanéité dans les actions de son moi-physique. Mais alors qu'on peut bouger sans spontanéité, on ne peut, sans elle, former une pensée originale ; sans la spontanéité, les pensées restent stéréotypées, conditionnées de l'extérieur, et ne peuvent rien exprimer du moi intérieur.

Il s'agit là, évidemment, d'un cas extrême ; les choses ne vont presque jamais aussi loin, même quand, à un moment crucial de la vie de l'enfant, une maladie ou tout autre événement pénible interrompt la formation de son moi-physique. Même dans ce cas, si l'anxiété de la mère et son sentiment de culpabilité avaient été moins intenses, et son plaisir de voir l'enfant retrouver sa mobilité plus grand et plus clairement exprimé, l'impact du traumatisme originel (les membres enfermés dans le plâtre) aurait été moins grave.

Une autre issue aurait pu également se présenter si l'attitude craintive avait été contrariée par une autre personne influente, et particulièrement le père ; n'ayant pas été là au moment de l'accident, il ne s'en serait pas senti responsable et aurait accueilli avec joie l'activité motrice retrouvée de son fils. De plus, un garçon a naturellement tendance à s'identifier à son père. Malheureusement, dans le cas cité, le père était rarement à la maison dans la journée, et il s'était peu à peu désintéressé de l'enfant pendant sa longue convalescence.

Nous avons là un autre exemple de l'importance, pour l'enfant, d'avoir ses deux parents en scène ; alors, quand la relation avec l'un d'eux est perturbée, l'enfant peut trouver une consolation dans les réactions différentes de l'autre et se servir d'elles pour compenser les effets des réactions négatives. Quand les deux parents sont là pour s'impliquer émotionnellement dans les menus faits de la vie quotidienne de leur enfant, leur engagement prend des formes différentes puisqu'ils sont des personnes distinctes ne réagissant pas de la même manière à un même événement. Et si l'un d'eux est angoissé ou déçu par l'enfant, ses sentiments négatifs seront amoindris par le réconfort que peut lui procurer l'autre.

L'histoire de ce petit garçon est exceptionnelle, mais j'ai connu d'autres cas où l'inhibition de la motricité pendant la petite enfance a compromis gravement l'élaboration d'un sentiment du moi. Notre histoire montre bien l'impact destructeur que peut avoir l'anxiété parentale — bien compréhensible dans certaines situations — quand les efforts du bambin pour découvrir ce qu'il peut faire pour lui-même sont contrariés, ou ne sont pas encouragés par le plaisir exprimé par ses parents. Seules ses explorations du monde environnant peuvent permettre au petit enfant de commencer à établir les rudiments d'un moi.

La « *révolte de l'adolescent* »

L'adolescent a besoin de ses parents pour maintenir ses valeurs, mais il n'aime pas qu'ils le poussent à les affirmer. La raison de cette apparente contradiction est que l'adolescent a besoin de se définir non seulement par rapport à ses parents et sur la base de leur approbation, mais aussi *contre* eux, par crainte que ses parents ne lui imposent une personnalité qu'il entend se construire lui-même. Pour être sûr qu'il est bien ce qu'il désire être, il essaie dans une certaine mesure d'être aussi ce que ses parents ne veulent pas qu'il soit ; il suppose que seule cette attitude peut lui assurer son indépendance. C'est ce désir ambivalent et souvent contradictoire qui rend la vie de l'adolescent si tourmentée et si difficile, et qui, d'autre part, pose tant de problèmes à son entourage, et surtout à ses parents.

Non seulement l'adolescent doit affronter ce grand conflit personnel et ses conflits avec ses parents, mais il a également besoin de se définir positivement et négativement par rapport au monde extérieur où il vient de se lancer. Si ses parents l'encouragent trop activement à vivre loin d'eux, au lieu de penser qu'ils désirent l'aider, il sera persuadé qu'ils s'efforcent de le pousser hors du nid.

Pour oser s'aventurer dans le monde extérieur, l'adolescent doit avoir le sentiment que le foyer de son enfance continue de lui appartenir inconditionnellement ; il est sur ce point semblable au petit enfant qui s'accroche au tablier de sa mère ou qui, plus tard, veut bien explorer le monde restreint qui l'entoure à condition de serrer contre lui son ours en peluche. Tandis qu'il essaie de se comporter en adulte dans le monde extérieur, l'adolescent doit avoir la certitude de disposer d'un lieu où il puisse se réfugier, à l'abri des tempêtes qu'il doit affronter hors de la maison.

En fait, les parents ne peuvent pas forcer un adolescent à être indépendant ; s'ils essaient de le faire, ils peuvent être sûrs d'obtenir l'effet contraire. L'adolescent doit accomplir tout seul chaque pas qui le conduit vers un moi distinct, et en même temps vers son identité ; s'il se sent influencé dans sa démarche, il aura le sentiment de se diriger vers une dépendance accrue.

C'est pourquoi, pendant la période des tumultes de l'adolescence, il est préférable que les parents *acceptent* le comportement bizarre, antagoniste et, de toute façon déplaisant de leur enfant, sans toutefois l'*approuver*. Ils doivent lui donner le loisir de vivre ses expériences sans prendre tous leurs aspects trop au sérieux, sans s'inquiéter et sans se mêler abusivement de ce qu'il fait. Alors, quand l'adolescent se rend compte que son comportement ne correspond pas vraiment à ses besoins ni à sa personnalité, il peut penser qu'en renonçant à ses attitudes antagonistes il n'obéit pas à une pression venue de ses parents mais à sa propre décision. Ce n'est qu'à cette condition qu'il renoncera définitivement à son comportement indésirable.

Durant cette période de l'adolescence, les parents feraient bien de ne pas imposer trop autoritairement leur façon de vivre et de ne pas céder devant l'agressivité de leur enfant. Le mieux est de maintenir fermement leurs valeurs et de continuer de vivre en accord avec elles sans insister sur leur nature supérieure et sans critiquer les valeurs auxquelles l'adolescent essaie de conformer sa vie. Ils doivent renforcer cette attitude par la conviction intime que leur adolescent est foncièrement bon, même s'il ne semble pas l'être pour le moment, et par l'espoir raisonnable — qui, pour devenir une réalité, ne doit pas être exprimé ouvertement — que leur constance finira par rendre leur manière de vivre plus attirante pour leur enfant.

Un jeune adolescent, au cours de cette période de grande confusion vis-à-vis de lui-même et du monde, désespéré de voir que ses parents étaient indifférents à ses efforts pour se trouver lui-même, s'écria un jour : « Pour savoir qu'on est quelqu'un, on doit avoir quelque chose contre quoi lutter ! » Il exprimait très bien le problème de son âge : quand on n'est pas encore capable de se sentir « quelqu'un » grâce à la force et à la solidité de sa personnalité, la meilleure façon de développer ce sentiment du moi est de se heurter à une force — les valeurs parentales — qui ne cède pas. Si les parents persistent à vouloir imposer ces valeurs, c'est qu'ils ne désirent pas que leur enfant adolescent développe à sa façon sa personnalité ; c'est aussi qu'ils doutent que leur enfant puisse parvenir à des valeurs qu'ils jugeraient satisfaisantes. Mais ce mur imaginaire des valeurs parentales ne doit pas céder aux poussées (ce qui laisserait l'enfant sans rien qui puisse lui donner le sentiment qu'il est lui-même, très différent des autres). Si les valeurs parentales s'effondraient, les décombres du mur retomberaient sur l'adolescent et mettraient en morceaux sa personnalité naissante.

Prendre des risques

Il est très difficile de savoir qui nous sommes sans nous être assurés au préalable de ce que nous pouvons faire de notre propre volonté et non pas en obéissant à des ordres venus de l'extérieur. Dès leur plus jeune âge, les enfants ont besoin de découvrir ce que leur corps peut accomplir dans le sens le plus large, et particulièrement pour eux-mêmes. Le désir et le besoin de nous prouver que notre corps fonctionne bien explique en partie le plaisir que nous éprouvons à pratiquer un sport ou des activités athlétiques et l'importance que nous attachons à notre aspect extérieur. Les activités sportives impliquent toujours des risques que l'enfant est obligé de prendre à mesure qu'il grandit en âge et en force.

Pendant l'adolescence, quand le principal problème de développement est de découvrir et d'affirmer sa personnalité, les jeunes ont besoin de tester leur corps parce que les résultats sont immédiatement visibles et mesurables. Il est beaucoup plus difficile pour un adolescent de fonder son amour-propre sur des qualités non physiques, et les résultats sont beaucoup plus ténus et douteux. Par exemple, il n'est pas du tout facile pour un enfant de croire, comme il le voudrait, qu'il est meilleur que ses camarades ou même que ses parents.

Les parents et les éducateurs ont tendance à croire que la réussite scolaire peut — et devrait — donner à l'adolescent le sentiment de sa valeur, de son mérite et, en même temps, renforcer son amour-propre. Cela est vrai, à un degré considérable, pour un enfant plus jeune, ou, plus tard, pour un adulte, mais c'est rarement le cas pour un adolescent. La raison en est que, pour devenir vraiment lui-même, il doit s'affranchir de la domination des adultes et des valeurs qu'ils tentent de lui imposer (ce qui, pour lui, est insupportable), alors que le jeune enfant peut tolérer cette domination, garantie de sa sécurité. Plus il sent que son amour-propre dépend ce que pensent de lui les adultes, moins il se sent une personne à part entière, et plus il a tendance à revenir à des attitudes infantiles dont il essaie désespérément de se libérer.

Pour se convaincre de la supériorité de leur corps et (par implication) de leur moi, les adolescents, qui, par ailleurs, sont incertains de leur valeur, peuvent être tentés de se lancer dans des activités dangereuses : conduite imprudente, escalade de parois abruptes, etc. Faute de trouver des manières plus positives d'affirmer leurs valeurs, ils peuvent s'engager dans la délinquance, ou même commettre des actes criminels. C'est leur façon de proclamer leur supériorité à une société dont ils méprisent les normes parce que, jugent-ils, elle les méprise eux-mêmes — ce qui peut être vrai dans une certaine mesure. Plusieurs jeunes délinquants m'ont dit : « Puisque je ne peux pas me distinguer en étant le meilleur, je le fais en étant le pire ! » Les meneurs des bandes de jeunes affirment qu'ils doivent se montrer beaucoup plus violents que les autres pour établir ou maintenir leur domination.

Le besoin de défier ses parents ou la société joue un rôle important dans la formation de la personnalité du jeune délinquant mais, en dernière analyse, l'élément déterminant est le manque d'amour-propre. La délinquance et/ou la drogue sont des efforts désespérés pour faire taire la voix intérieure qui dit au jeune qu'il n'est bon à rien, qu'il est un non-être ; et ces idées ont souvent leur origine dans des expériences précoces où l'enfant a eu le sentiment que son corps, et par conséquent lui-même, n'était pas apprécié.

14.

LE JEU : UN PONT VERS LA RÉALITÉ

> « L'homme n'est vraiment homme que quand il joue. »
> Friedrich von Schiller

« Le jeu devrait être considéré comme l'activité la plus sérieuse des enfants », écrivait Montaigne. Si nous voulons comprendre notre enfant, il nous faut comprendre ses jeux. C'est pourquoi dans ce chapitre, et ceux qui suivront, j'accorderai tant de place aux activités ludiques. La plupart des parents sont d'accord pour considérer que le jeu n'est pas seulement un passe-temps agréable, mais une affaire sérieuse et très importante. Ils sont heureux de procurer des jouets à leur enfant, de l'aider à s'en servir et de s'arranger pour qu'il puisse jouer avec d'autres enfants. Les activités de jeu changent à mesure que l'enfant progresse en compréhension et que son esprit se préoccupe peu à peu de problèmes différents. Par le jeu, il commence à comprendre ce qu'on peut faire et ne pas faire avec les objets. En jouant avec les autres, il apprend qu'il existe des règles que tous doivent respecter, et qu'il faut compter avec le hasard.

Ce que l'enfant apprend de plus important par le jeu, c'est peut-être que, lorsqu'il perd, le monde ne cesse pas d'exister. S'il perd une partie, il pourra gagner la suivante. Evidemment, pour qu'il puisse apprendre cela, ses parents doivent insister sur le plaisir du jeu, et lui faire comprendre que le fait de perdre ne prouve pas une infériorité personnelle, de même que le fait de gagner n'indique pas une supériorité. Les Britanniques, qui apprécient tant le *fair-play,* savent qu'il est facile pour le vainqueur de jouir de son triomphe ; et qu'accepter l'échec de bonne grâce n'est pas seulement méritoire, mais empêche le perdant de souffrir dans son amour-propre.

Freud estimait que le jeu permet à l'enfant de faire ses premiers progrès culturels et psychologiques et que c'est par le jeu qu'il s'exprime ; cela est vrai même pour le bébé dont le jeu se résume à sourire à sa mère quand elle lui sourit. Freud fait également remarquer combien les enfants savent exprimer leurs pensées et leurs sentiments par le jeu. Ils resteraient ignorants de certains de leurs sentiments, ou seraient dominés par eux, s'ils ne les mettaient pas en actes dans leurs jeux.

Des psychanalystes de l'enfance ont élargi les idées de Freud qui était conscient des multiples problèmes et émotions que les enfants expriment par le jeu : d'autres ont montré comment ils se servent du jeu pour maîtriser des difficultés psychologiques extrêmement complexes du passé et du présent. La « thérapie par le jeu » est devenue l'un des meilleurs moyens d'aider les jeunes enfants à surmonter leurs difficultés émotionnelles. Freud disait que le rêve est la « voie royale » qui mène à l'inconscient, et cela est vrai pour les adultes comme pour les enfants. Mais le jeu est la « voie royale » qui donne accès au monde intérieur conscient et inconscient de l'enfant. Si nous voulons comprendre ce monde et aider notre enfant à vivre avec lui, nous devons apprendre à suivre cette voie.

Grâce au jeu, nous pouvons comprendre comment notre enfant voit et construit son monde — ce qu'il voudrait être, ce que sont ses préoccupations, ses problèmes. Il exprime par le jeu ce qu'il aurait bien du mal à traduire par des mots. Aucun enfant ne joue spontanément dans le seul but de passer le temps, contrairement à ce que lui-même et les adultes qui l'observent peuvent penser. Ce qui se passe dans l'esprit de l'enfant détermine ses activités ludiques ; le jeu est son langage secret que nous devons respecter, même si nous ne le comprenons pas.

L'enfant le plus normal et le plus capable rencontre bien des difficultés qui lui semblent être autant de problèmes existentiels insurmontables. Mais en les exprimant à travers le jeu, et de la manière qu'il choisit, il devient capable d'affronter des problèmes très complexes, étape par étape. Il le fait en général par un processus symbolique qu'il a souvent bien du mal à comprendre lui-même, en réagissant à des pressions intérieures dont il est inconscient. Il en résulte des jeux que nous ne comprenons pas ou qui peuvent même nous sembler peu judicieux puisque nous ignorons leur but. C'est pourquoi, quand il n'y a aucun danger, il est préférable d'approuver le jeu de l'enfant et de ne pas intervenir. Malgré nos bonnes intentions, si nous essayons de l'aider dans sa lutte, nous risquons de l'empêcher de chercher et finalement de trouver la meilleure solution.

Une petite fille de quatre ans réagit à la grossesse de sa mère par une régression. Alors qu'elle avait bien appris à être propre, elle recommença à se mouiller, insista pour être nourrie au biberon, et se remit à marcher à quatre pattes. Tout cela inquiéta beaucoup sa mère qui avait compté sur la maturité relative de sa fille pour lui faciliter la tâche après la naissance de son deuxième enfant. Heureusement, elle ne tenta pas de faire obstacle aux régressions de sa fille.

Après quelques mois de ce comportement régressif, l'enfant le remplaça par des jeux de son âge. Elle jouait maintenant « à la maman ». Elle entoura de soins sa poupée plus sérieusement et d'une façon plus variée qu'auparavant. Après s'être identifiée, par sa régression, à l'enfant à naître, elle s'identifiait très nettement à sa mère. Quand vint la naissance de son petit frère, elle était déjà prête à s'adapter à sa nouvelle position dans la famille et, effectivement, elle accueillit le nouveau-né plus facilement que ne l'avait pensé sa mère.

Rétrospectivement, on peut voir que cette petite fille, en apprenant la grossesse de sa mère et l'arrivée prochaine d'un nouvel enfant, avait eu peur que le bébé ne la privât de ses gratifications infantiles ; aussi avait-elle essayé de se les procurer. Comme elle avait cessé depuis longtemps d'être un bébé, elle a dû penser que sa mère en voulait un autre. Aussi décida-t-elle — si on peut appeler « décision » une réaction inconsciente — de redevenir un petit enfant. Sa mère, alors, renoncerait peut-être à s'en procurer un autre...

Au bout d'un moment, la petite fille comprit que faire pipi au lit était beaucoup moins agréable qu'elle ne l'avait imaginé ; que manger une grande variété d'aliments était plus intéressant que boire au biberon ; et que marcher et courir étaient plus satisfaisants que se traîner par terre. Elle cessa donc de se conduire en bébé et décida de s'aligner sur sa mère en jouant à la poupée et aussi en imaginant qu'elle serait un jour une vraie maman. Le jeu a procuré à l'enfant et à sa mère une solution heureuse à une situation qui, autrement, aurait pu aboutir à une impasse difficile.

A quatre ans, cette petite fille était à un âge où elle pouvait agir comme un bébé, mais aussi comme sa mère, et croire qu'elle était vraiment l'un ou l'autre personnage. Les enfants plus âgés ne peuvent pas régresser aussi facilement ni aussi ouvertement ; ils ne peuvent pas non plus croire, même dans leurs jeux, qu'ils sont vraiment père ou mère. Certains d'entre eux, qui ne peuvent plus se permettre de faire semblant d'être ce qu'ils ne sont pas, trouvent une bonne solution : ils se font « acteurs » ou « montreurs de marionnettes » et peuvent ainsi mettre en actes certaines choses d'une manière qui protège leur maturité difficilement gagnée, tout en étant aussi puérils que nécessaire, ou plus mûrs qu'ils ne le sont en réalité. C'est ainsi que les enfants, si on les laisse jouer comme ils l'entendent, trouvent souvent des solutions aux problèmes qui les oppressent. Mais ils seront incapables de le faire si, pensant que nous savons mieux qu'eux les jeux qui leur conviennent, nous intervenons selon nos propres raisons dans les jeux qu'ils ont choisis à partir de raisons personnelles.

Ce ne sont pas seulement ces problèmes posés par la vie que les enfants essaient de résoudre par le jeu. Souvent, celui-ci ne représente qu'une partie de leurs efforts pour comprendre le monde. La petite fille qui s'occupe de sa poupée comme le fait sa mère avec elle, les petits enfants qui jouent à travailler comme le font leurs parents s'efforcent d'abord de les comprendre en tant que personnes, mais aussi par leurs occupations, en copiant leurs actions. De même, l'enfant qui joue à imiter son grand frère ou sa grande sœur essaie de les comprendre et, en même temps, de savoir ce que signifie le fait d'être un « grand ».

L'enfant, par ses jeux, peut bel et bien s'efforcer de se guérir ; quand il s'occupe de sa poupée ou d'un animal réel ou en peluche de la même façon qu'il voudrait être traité par ses parents, il tente par un moyen détourné de compenser ce qui lui manque. Malheureusement, les adultes ne comprennent pas en général la signification du jeu et n'hésitent pas à s'en mêler. Insensibles au sens profond d'un jeu qui leur paraît absurde, ils peuvent priver leur enfant de l'occasion de passer des heures à faire — leur semble-t-il — constamment la même chose. En réalité, il est très rare que les enfants, dans un même jeu, reproduisent exactement les mêmes gestes. Une observation attentive révèle d'infimes détails qui dénotent les diverses directions que prend le jeu quand on laisse l'enfant le mener à sa guise. Et quand il n'y a aucune variation, ce fait en lui-même délivre un message significatif. La répétition rigoureuse d'un même jeu montre que l'enfant lutte avec des problèmes qui ont pour lui une grande importance et que, tant qu'il ne sera pas capable, par son jeu, de trouver une solution, il continuera d'en chercher une.

Valeur du jeu

Il est évident que les enfants jouent avant tout pour s'amuser ; mais il faut noter ici que le plaisir de bien fonctionner est l'un des plus purs et des plus importants que puisse éprouver un individu. Chacun aime sentir que son corps est en bon état de marche. Pavlov parle à ce sujet de la « joie musculaire » et, avant lui, Harvey évoquait la « musique silencieuse du corps ». Les enfants, quand ils font travailler leur corps, ressentent une joie telle qu'ils ne peuvent s'empêcher de l'exprimer par des cris sans même savoir que c'est leur corps qui en est la cause. Les jeunes animaux eux-mêmes — et surtout les mammifères — exercent leur corps par le jeu. Bien que l'on ne sache pas exactement dans quelle mesure l'enfant, quand il joue, exerce non seulement son corps, mais aussi son esprit, il n'est pas douteux que pour tous les êtres humains, à tous les âges, les deux interviennent. Les psychologues parlent du plaisir inhérent au fonctionnement *(Funktionslust)* ; on peut dire que le plaisir que nous éprouvons en sentant que notre corps et notre esprit fonctionnent bien est à la base de tous les sentiments de bien-être. Le jeu partagé nous donne une autre grande satisfaction de la vie : celle de bien fonctionner avec autrui. C'est cette satisfaction qu'éprouve l'enfant quand il joue avec ses parents ; mais, à long terme, il ne peut l'éprouver que si son plaisir est justifié par celui de ses parents.

La plus grande importance du jeu est le plaisir immédiat que l'enfant en tire et qui se prolonge en joie de vivre. Mais le jeu a deux autres faces, comme le dieu Janus : l'une qui est orientée vers le passé, l'autre vers l'avenir. Il permet à l'enfant de venir à bout, sous une forme symbolique, des problèmes non résolus du passé, et d'affronter également d'une manière symbolique, ou directement, les conflits du moment. Il est également libre pour l'enfant l'outil essentiel qui le prépare pour les tâches à venir. Bien avant la découverte des implications psychologiques du jeu et de ses aspects inconscients, on savait qu'il était pour l'enfant une façon de se rendre prêt à affronter l'avenir. Cette fonction préparatoire peut être également observée chez les jeunes animaux qui, par leurs jeux, apprennent à chasser et à semer les poursuivants. Le rôle que remplit le jeu dans le développement des aptitudes cognitives et motrices a été étudié, entre autres, par Gros (le premier à le faire systématiquement) et Piaget[1] (à qui nous devons de mieux savoir ce que l'enfant apprend par le jeu sur le plan intellectuel).

Beaucoup d'enfants qui ont peu d'occasions de jouer, seuls ou avec des partenaires, souffrent de graves arrêts ou régressions intellectuels. Sans exercices, leur pensée risque de rester superficielle et sous-développée. De même, le progrès du langage est favorisé si les parents, en jouant avec leur enfant, ont avec lui des entretiens prolongés. En jouant avec le langage, le jeune enfant explore ce que l'on peut faire avec lui ; pour cette raison, le plaisir qu'il éprouve à utiliser les mots d'une façon créative peut être réduit si ses parents tentent trop tôt de l'obliger à s'exprimer correctement. (Les professeurs d'enfants issus de milieux culturellement pauvres ont constaté que leur développement intellectuel était stimulé quand ils les poussaient à écrire des poèmes ; ce faisant, les enfants pouvaient jouer avec le langage et l'utiliser à leur manière d'une façon créative. Cette pratique rendait les enfants plus optimistes, directement quant à ce qu'ils pouvaient faire avec des mots, indirectement quant à ce qu'ils pouvaient faire dans le monde.)

Le jeu est également très important parce que, sans que l'enfant en ait conscience, il développe chez lui des qualités indispensables au progrès intellectuel, telles que la persévérance,

---

1. Jean-Claude Bringuier, *Conversations libres avec Jean Piaget,* collection « Réponses », éd. Robert Laffont, 1976.

condition première de la réussite scolaire. C'est par le jeu que l'enfant commence à comprendre qu'il ne doit pas désespérer s'il ne réussit pas à poser du premier coup un cube en équilibre sur un autre. Il apprend à ne pas renoncer au premier signe d'échec et à ne pas recourir à une tâche moins difficile. Il n'apprendra pas à être persévérant si ses parents ne s'intéressent qu'à ses succès mais, au contraire, s'ils le complimentent pour ses efforts tenaces.

L'enfant est très sensible à nos sentiments intimes. Il ne se laisse pas facilement payer de mots. Nos louanges resteront sans effet si, tout au fond de nous-mêmes, nous sommes déçus par sa maladresse et le temps qu'il met à atteindre son but. Nous ne devons pas en outre lui imposer nos propres buts, que ce soit par la pensée ou par nos actes. Bateson et d'autres chercheurs ont montré combien il est destructeur pour l'enfant de recevoir des signaux contradictoires de la part de ses parents. En présence d'un message exprimé verbalement et d'un autre, contraire, transmis par des signes subliminaux (dont l'adulte est le plus souvent inconscient), l'enfant est profondément troublé, car ce qu'on lui dit est à l'opposé de ce qu'il sent être la vérité. Cela l'empêchera de persister face aux difficultés aussi sûrement que pourraient le faire des critiques pour chaque échec ou des louanges pour ses seuls succès. Les ambitions compréhensibles des parents pour leur enfant et leur désir de le voir réussir peuvent donc l'empêcher d'apprendre la persévérance.

Ici, comme dans d'autres situations, la conviction que leur enfant sera finalement quelqu'un de très bien, même s'il y faut du temps, protégera les parents contre le besoin de le pousser à réussir, ou contre la tendance à être déçus quand il subit un échec, de même que contre l'envie de décerner de fausses louanges. L'enfant sait très bien si ses efforts, même suivis d'échecs, sont louables ou non ; et si ses parents lui décernent des compliments qu'il sait immérités, il comprend qu'ils ont une pauvre opinion de lui puisqu'ils le croient incapable de mieux faire. La confiance intime des parents à l'égard de leur enfant peut faire des miracles, et en particulier lever tous les doutes que l'enfant peut éprouver vis-à-vis de lui-même. Il peut alors s'acharner à réussir sans éprouver des sentiments, destructeurs, de défaite.

Beaucoup d'adolescents — et d'adultes — renoncent à persévérer quand une tâche leur paraît difficile ; comme la réussite leur échappe, ils ont l'impression d'être des bons à rien, sentiment commun à toutes les personnes qui manquent de persévérance. En réalité, ils font seulement semblant de renoncer ; s'ils sont incapables de s'accrocher à des tâches difficiles, c'est avant tout parce que les jeux de leur petite enfance étaient déficients. Ou bien, parce que leurs parents ne s'intéressaient qu'à leurs succès, ils n'ont pas eu assez d'occasions d'apprendre que la réussite nécessite des efforts soutenus ; ou bien encore, les parents trouvaient ridicules les objectifs de leur enfant, par comparaison avec ceux qu'ils nourrissaient pour lui. Ces attitudes, même si elles ne sont pas exprimées ouvertement, n'échappent pas à l'enfant.

On raconte qu'Einstein, à trois ans, était encore incapable de parler. Il préférait communiquer — si les adultes étaient réceptifs — par des jeux de construction et des puzzles. On peut supposer que, même à cet âge, ses pensées étaient d'une nature qui leur interdisait d'être rendues compréhensibles par le langage d'un enfant de trois ans. Plus tard, par deux fois, il dit ce qu'il pensait de la valeur des jeux combinatoires (tels que les puzzles) pour le développement de l'esprit. « L'homme, écrivit-il, cherche à se former, d'une manière qui lui convienne, une image simplifiée et lucide du monde, et cela pour maîtriser le monde appartenant à son expérience, en s'efforçant de le remplacer dans une certaine mesure par cette image. » Einstein semble vouloir dire que les enfants surmontent l'expérience défaitiste de vivre dans un monde qu'ils ne peuvent maîtriser en créant un monde qu'ils *peuvent* comprendre, et qu'ils le font d'une manière spécifiquement *adaptée à eux*.

Einstein écrivit par ailleurs : « Sur le plan psychologique, ce jeu combinatoire semble être la condition essentielle de la pensée productive ; avant lui il n'existe aucun contact avec la construction logique des mots et des autres signes qui peuvent être communiqués à autrui. » Il est donc clair que par des jeux tels que les puzzles et les jeux de construction l'enfant peut prendre l'habitude et connaître le plaisir de s'engager dans la « pensée constructive ». En jouant, il apprend à élaborer des constructions logiques à un âge où il est incapable de le faire avec des mots.

Les efforts répétés qui, après une série d'échecs, conduisent finalement l'enfant au succès lui montrent non seulement la nécessité de la persévérance, mais lui apprennent aussi à faire confiance à sa capacité de réussir. C'est cette confiance qui, une fois acquise, lui permet de persister dans une tâche jusqu'à ce qu'elle soit maîtrisée. Par ce processus, l'enfant acquiert et améliore ses facultés de pensée et de manipulation, de même que des habitudes de persévérance, de patience et d'application qui l'aideront plus tard à aborder avec succès des enseignements plus complexes. Aucun programme de télévision ne peut développer cette attitude de ténacité face aux obstacles et convaincre l'enfant qu'il est capable — dans un puzzle par exemple — de créer un ensemble cohérent à partir d'éléments apparemment étrangers les uns aux autres.

Un enfant prodige peut, comme Einstein, se créer sans aide, à partir de pièces disparates, une « image lucide du monde » et élaborer des « constructions logiques »; mais un enfant moyen peut aussi le faire si des adultes lui montrent comment jouer comme il faut, c'est-à-dire si on lui permet d'apprendre comment il peut construire quelque chose avec des cubes ou assembler les pièces d'un puzzle. Si l'enfant et l'adulte prennent plaisir à faire ces choses ensemble, l'enfant assemblera bientôt ses propres constructions qui, pour lui, seront une image lucide du monde. Mais pour qu'elles soient pleinement significatives, ces constructions doivent être de sa propre invention; le rôle des parents doit se borner à lui donner des idées et à l'initier au jeu. C'est pourquoi il est préférable de se contenter de lui fournir les pièces et de l'aider s'il le demande.

L'enfant doit disposer de tout son temps pour se concentrer sur son jeu, et il doit être encouragé à le mener à sa guise. Si nous le poussons trop à réussir ce qu'il est en train de faire, il sera découragé de voir qu'il n'a pas pu le faire plus vite et tout seul. Si nous essayons de diriger la construction, il en résultera — au mieux — un compromis entre son « image simplifiée et lucide du monde » et l'image adulte du monde, beaucoup trop complexe pour qu'il puisse la comprendre, même si nous tentons de la « simplifier ». C'est pourquoi il est important, quand nous jouons avec un enfant, de faire preuve de patience et de le laisser agir tout seul; et notre approbation ainsi que le plaisir que nous éprouvons à le voir jouer sont essentiels pour sa motivation.

Certains parents (ordinairement pour des raisons dont ils ne sont pas conscients) ne sont pas satisfaits de la façon dont leur enfant joue. Ils lui disent donc comment il devrait se servir de son jouet, et, s'il continue de suivre sa fantaisie, ils le « corrigent » et veulent qu'il utilise le jouet en accord avec sa destination, ou de la manière qu'ils estiment la meilleure. S'ils insistent dans ce sens, l'enfant risque de se désintéresser du jouet — et dans une certaine mesure du jeu en général — parce que l'activité est devenue celle de ses parents et non plus la sienne.

Comme si cela ne suffisait pas, il peut y avoir de graves conséquences pour l'avenir. Il est plus que probable que de tels parents continueront de régenter les activités de l'enfant en étant motivés par la même tendance qui leur interdisait de prendre plaisir au jeu de l'enfant tel qu'il le pratiquait à sa façon. Mais, maintenant, tout se passe à un niveau intellectuel plus complexe. Les parents peuvent essayer d'améliorer le travail scolaire que l'enfant accomplit à la maison en lui suggérant des idées beaucoup trop compliquées et qui, de toute façon, ne sont pas les siennes. En conséquence, il peut renoncer à élaborer ses propres idées qui lui semblent bien pâles par comparaison avec celles de ses parents. Ce qu'il désirait, en parlant de son travail avec ses parents, c'était un encouragement qui lui aurait montré que ses idées étaient valables et non pas la démonstration qu'elles ne valaient pas grand-chose. Les parents de cette sorte seraient très étonnés d'apprendre que leurs efforts pour aider l'enfant étaient la cause même de son manque d'intérêt pour les leçons et les devoirs, ou même de son refus de travailler à la maison.

Einstein, dans ses remarques sur l'importance du jeu dans la formation de la faculté d'élaboration des constructions logiques et de la création de sa propre image du monde, pensait peut-être également à ce que nécessite ce processus : l'enfant, tout autant que l'adulte, a besoin de ce que les Allemands appellent *Spielraum*. Ce *Spielraum* n'est pas avant tout une « salle de jeu » (c'est bien l'une des significations du mot), mais son premier sens, ici, est que l'enfant doit avoir de l'« espace », non seulement pour remuer les coudes, mais aussi son esprit ; il doit pouvoir « jouer avec les idées ». Cette dernière expression indique à juste titre que l'esprit créatif joue avec les idées comme l'enfant avec ses jouets, et cela est généralement reconnu. Ce qui l'est moins, c'est que, quand l'enfant joue avec des jouets, il explore et se forme des idées bien qu'il soit encore incapable de les exprimer verbalement. De même que l'adulte créatif a besoin de jouer avec les idées, l'enfant, pour former ses idées, a besoin de jouets — et de disposer du loisir et de l'espace qui lui permettent de jouer avec eux comme il l'aime, et non pas seulement de la façon jugée correcte par les adultes.

Quand l'enfant joue aux « grandes personnes »

Les jouets ont toujours représenté les inventions et reflété les symboles du progrès technologique de la société. Aujourd'hui, les voitures, les camions, les avions, les vaisseaux de l'espace remplissent dans les jeux des enfants le même rôle que le faisait le chariot dans l'Inde ou la Grèce anciennes. La popularité des jeux de construction, des fusées planétaires, des talkies-walkies, des supersoniques, etc., prouve l'intérêt porté par l'enfant aux objets fabriqués dans le monde des adultes. Il est très important pour l'enfant que ses parents partagent la joie qu'il éprouve à jouer avec de tels jouets. Cette joie, pour l'enfant, vient avant tout de ses fantasmes où il se voit un grand pilote, un grand musicien ou peintre, un explorateur, un inventeur, un danseur ou un chauffeur de poids lourd ; tandis que l'enthousiasme des parents tend plutôt à se fonder sur leurs propres projections concernant l'avenir de leur enfant.

Beaucoup de parents, malheureusement, sont incapables de se réjouir spontanément des fantasmes « professionnels » de leur enfant parce qu'ils se sont déjà fait une opinion sur l'avenir qui lui conviendra le mieux. Dans ce cas, l'identification à l'enfant peut être nuisible si elle restreint sa liberté de choix. Cela vient en partie de ce que le parent désire atteindre, par l'intermédiaire de son enfant, ses projets avortés, et en partie du fait qu'il est incapable de concevoir que l'enfant puisse désirer autre chose que ce que lui, le parent, considère comme le plus souhaitable.

Beaucoup d'enfants dont les parents appartiennent à la classe moyenne sont, sur ce point, très désavantagés si on les compare à ceux issus de la classe populaire. Quand un pompier regarde son enfant jouer avec une motopompe en réduction, quand un menuisier observe son fils en train de clouer quelques planches, l'adulte est heureux de voir que son enfant cherche à l'imiter, même s'il espère qu'il le surpassera. L'espoir d'un meilleur avenir pour son enfant n'empêche pas le père d'être satisfait de voir qu'il ne méprise pas son travail. Il peut en résulter entre les deux un lien affectif très particulier. Il en est de même, par exemple, pour la fille d'un médecin, qui joue à soigner sa poupée, ou le fils d'un physicien, qui fait des expériences.

Les choses étaient sans doute plus simples à l'époque où l'enfant suivait automatiquement les traces du parent (ce qui signifiait, pour les filles, qu'elles seraient des ménagères). Ses jeux étaient fondés sur l'observation du parent et consistaient à imiter son travail; l'enfant se préparait ainsi à l'exécuter lui-même un jour. Quand le moment était venu d'aider son parent dans son métier, il lui était facile d'être efficace dans des tâches auxquelles ses jeux l'avaient préparé. On en a conclu que le but principal du jeu était d'apprendre à l'enfant ses futurs rôles, mais cette interprétation est par trop étroite; elle ignore certaines des si nombreuses significations du jeu, bien qu'elle soit une dimension importante.

Maintenant, la fonction du jeu a glissé de la préparation à des rôles adultes précis à celle, plus générale, de la condition adulte. Comme autrefois, le jeu aide encore à développer les capacités cognitives, les aptitudes sociales et physiques et la manipulation des outils. Le jeu prépare encore aux carrières futures mais sans isoler et définir celle que suivra l'enfant devenu adulte. Tout en jouant avec des animaux ou des poupées, des camions ou des avions, des panoplies de médecin ou d'infirmière ou des jeux de construction, il fantasme sur ces activités, essaie de se mettre dans la peau d'un facteur ou d'un médecin, d'un inventeur ou d'un cosmonaute en expérimentant par l'imagination ces rôles adultes. Cela est particulièrement important de nos jours quand la multiplicité des carrières possibles rend le choix difficile. Ayant mentalement exploré ces possibilités « pour voir », l'enfant sera mieux à même de se décider judicieusement.

Mais tout cela ne peut bien fonctionner que si les parents n'interviennent pas trop. Ils peuvent être tentés de déconsidérer aux yeux de leur enfant tel ou tel métier qui ne les enchante pas. Si, par contre, ils surévaluent certains choix qui leur plaisent beaucoup, ce n'est pas mieux. Dans les deux cas, c'est une erreur de réagir aux expériences de l'enfant comme s'il s'agissait d'un choix définitif. La mère qui décide que sa fille sera vétérinaire parce qu'elle aime les animaux ne lui rend guère service. Elle ne facilite pas non plus les choses en étant convaincue que sa fille ne peut être heureuse que si elle se fait ménagère, patineuse artistique ou avocate. Tous les enfants ont besoin que leurs parents les encouragent dans l'idée qu'ils se préparent à une bonne vie, quand ils se consacrent avec amour à leur hamster, ou quand, soudain lassés de leur animal favori, ils ne rêvent plus que d'être informaticien ou champion de tennis...

Fantasme et jeu

Par ses fantasmes et ses jeux fondés sur eux, l'enfant peut commencer à compenser dans une certaine mesure les pressions qu'il subit dans la vie et celles qui viennent de son inconscient. Grâce à ses fantasmes, il se familiarise avec ses désirs-réalités et certaines de ses envies asociales. Quand il met en actes ses fantasmes agressifs en jouant à la petite guerre, ou qu'il satisfait ses désirs de grandeur en s'imaginant superman ou empereur, il ne cherche pas seulement à satisfaire indirectement des rêves irréalistes, mais aussi à compenser, en commandant aux autres, les sentiments d'infériorité qu'il éprouve en étant soumis largement au contrôle des adultes et particulièrement de ses parents.

C'est ici qu'apparaît une différence importante entre le fantasme et le jeu. L'enfant, dans ses rêves, peut être un despote au pouvoir illimité. Mais dès qu'il met en jeu son fantasme, il apprend bien vite que dans la réalité du jeu il y a forcément des limites. Par exemple, s'il édicte une loi, il sera contraint de la respecter — ses camarades y veilleront. Si le roi « pour rire » est trop capricieux, le jeu se désintégrera, et Sa Majesté aura un pénible réveil. Il comprendra rapidement que l'empereur le plus puissant que l'on puisse imaginer ne peut garder son trône que s'il jouit du bon vouloir de ses sujets, qu'il ne peut « regner » sur ses camarades que s'il sait leur rendre le jeu agréable. Aucune de ces restrictions ne s'applique à ses fantasmes débridés.

Quand je parle des fantasmes de l'enfant, je pense non seulement au tout jeune enfant, mais aussi à ceux qui sont beaucoup plus âgés. Les biographies des personnes créatives du passé abondent en récits des longues heures qu'ils ont passées au bord d'une rivière à ruminer leurs pensées, à errer dans les bois avec leur chien fidèle ou à se laisser aller à leurs rêves. Mais qui, de nos jours, a le loisir et l'opportunité de le faire ? Si un jeune s'y risquait, ses parents ne manqueraient pas de se tourmenter à le voir passer son temps d'une façon aussi peu constructive : « Pourquoi consacre-t-il à ses rêveries les heures qu'il devrait employer aux affaires sérieuses de la vie ? » Et pourtant, le développement de la vie intérieure, y compris les fantasmes et les rêves éveillés font partie des choses les plus constructives que puisse faire un individu en pleine croissance.

Les journées des enfants de la classe moyenne sont remplies d'activités programmées — réunions de scouts, leçons de musique ou de danse, sports — qui ne leur laissent guère de temps pour être simplement eux-mêmes. Ils sont perpétuellement distraits de la recherche de leur identité, obligés de cultiver leurs talents et leur personnalité de la manière qui a été jugée préférable par les responsables de ces différentes activités. Parmi ces dernières, il faut inclure l'école qui commence à un âge jugé autrefois trop précoce pour la scolarisation. La télévision offre aujourd'hui aux enfants des fantasmes préfabriqués ; mais ce qui la rend encore plus préjudiciable, c'est que les jeunes, n'ayant pas eu le loisir de développer une vie riche en fantasmes personnels, doivent compter sur les médias pour satisfaire un besoin qu'ils ne peuvent combler eux-mêmes parce qu'ils n'ont pas eu l'occasion de sonder leurs pulsions en rêvant à un monde de leur création. Les conditions de la vie moderne et les attitudes parentales privent nos enfants des longues heures et des journées de loisir où ils pourraient élaborer leurs propres pensées, élément essentiel du développement de la créativité.

Goethe, à propos d'un autre grand poète, Le Tasse, et se référant en même temps à lui-même, disait que rien n'est plus favorable à l'épanouissement du talent que la solitude. Il voulait nous apprendre que l'imagination poétique ne peut créer qu'après de longues heures de rêverie et de concentration sur la vie intérieure.

Quand l'enfant, de nos jours, semble perdu dans ses rêves, beaucoup de parents, pourtant très conscients de leurs responsabilités, lui conseillent de passer son temps d'une façon plus utile et lui indiquent ce qu'il doit faire. Ce n'est pas à recommander ; d'une part, les parents montrent qu'ils ne tiennent pas compte de l'importance, pour l'enfant, de modeler sa vie intérieure en vue de devenir un individu authentique, ce qui exige une quantité énorme d'énergie, bien que le travail soit invisible ; d'autre part, ils donnent au jeune le sentiment qu'il a tort de laisser libre cours à son imagination.

Faute d'avoir eu l'occasion de se créer un jardin secret très riche, l'enfant comptera de plus en plus sur ses parents pour organiser ses loisirs ou se tournera tout simplement vers la télévision.

Evidemment, il est beaucoup plus facile de laisser aux autres le soin d'organiser son emploi du temps, que ce soit de bon ou de mauvais gré, que de grandir en suivant le processus lent et difficile qui consiste à prendre soi-même l'initiative d'organiser sa vie, avec toutes les épreuves et les erreurs que cela comporte. Pour acquérir l'esprit d'initiative, il faut à l'enfant beaucoup de courage et de détermination, et, en général, il ne le fait que s'il y est contraint. Autrement, il se repose entièrement sur les autres et, en fin de compte, il se trouve mécontent de lui-même et de ses parents.

Sans aucun doute, le fait d'abandonner l'enfant à sa propre initiative n'est pas sans danger, et il n'est pas bon de l'encourager à le faire. Dans ce cas, les actions de l'enfant peuvent sembler dues à sa propre initiative, mais il sait qu'il n'en est rien et qu'il fait ce que ses parents attendent de lui. Par conséquent, les parents doivent savoir que ces dangers existent lorsqu'ils voient leur enfant prendre des initiatives dans certains aspects importants de la vie courante ; ils doivent alors s'efforcer de minimiser les conséquences fâcheuses qui peuvent en résulter. Lorsque l'enfant a pu développer son esprit d'initiative quand il était encore tout petit, ces dangers sont relativement bénins et les parents peuvent facilement remédier à leurs conséquences sans gravité. D'autre part, il arrive souvent qu'un adolescent prenne brusquement sa vie en main d'une façon défensive et agressive. Cela vient en général de ce qu'il a été empêché de prendre des initiatives pendant son enfance, et il risque alors de commettre de graves erreurs et de côtoyer des dangers encore plus graves.

Si on leur donne l'opportunité de tisser leurs propres pensées, la plupart des enfants ne tardent pas à se servir des jeux fondés sur le fantasme pour mettre de l'ordre dans leur monde intérieur incohérent ou pour se libérer de ses contraintes désagréables. Ils peuvent ainsi apprendre à mieux affronter la réalité. Tous les enfants tentent de s'évader dans un monde fantastique quand la réalité les dépasse, mais seuls ceux qui sont gravement perturbés sur le plan émotionnel essaient de s'y réfugier de façon permanente. Pour les enfants normaux, le jeu fondé sur le fantasme permet de séparer la vie imaginative de la vie réelle et d'apprendre à maîtriser les deux.

Plus que toute autre chose, le jeu fondé sur le fantasme — comme opposé au pur fantasme — établit un pont entre le monde inconscient et la réalité extérieure. Grâce au jeu, le fantasme est modifié dans la mesure où les limites de la réalité deviennent visibles grâce à l'activité ludique. La réalité, en même temps, est enrichie, humanisée et personnalisée en se mêlant aux éléments inconscients issus des profondeurs de notre vie intérieure. Dans les fantasmes, dans les rêves, dans l'inconscient, tout est possible. Rien n'impose une suite logique, rien ne peut contredire quoi que ce soit. Cependant, si l'inconscient ne subit pas l'influence de la réalité, il demeure asocial et incohérent. D'autre part, la réalité, quand elle reste à l'abri de l'imagination, est dure, froide, émotionnellement insatisfaisante, même si elle semble convenir à nos besoins. Si nous voulons avoir une vie satisfaisante, il est certain que nos mondes intérieur et extérieur doivent être harmonieusement intégrés.

De nombreux individus, de nos jours, souffrent de ce que, dans leur vie, les mondes du fantasme et de la réalité, qui, pour notre plus grand bien-être, devraient s'interpénétrer, demeurent séparés. Dans l'ancien temps, quand les mythes, la religion et un très grand nombre de croyances magiques constituaient une partie importante de la vie (comme elles le sont encore dans de vastes contrées du monde actuel), ce clivage n'existait pas à un degré aussi débilitant.

Nos enfants ne sont pas moins capables d'imagination que ne l'étaient ceux des générations précédentes. Le problème, aujourd'hui, est que les fantasmes personnels manquent d'espace pour se développer et sont continuellement imposés par les produits d'imagination impersonnels des mass media. A cause de cela, les fantasmes et les spéculations vraiment personnels de nos enfants ont cessé d'animer leur vie « réelle ». En outre, l'importance accordée par notre société à l'esprit pratique et à la réalité empêche nos enfants, à la maison comme à l'école, de se livrer à des jeux inventés par eux-mêmes. Et même si on les encourage à cette activité, on leur demande en général d'en parler bien avant qu'elle soit assez mûre pour être exprimée. Quand un enfant parle de ses fantasmes, les adultes sont souvent trop empressés de l'influencer en lui posant des questions ou en manifestant leur approbation ou leur contentement, ce qui élimine le besoin qu'a l'enfant d'y voir clair par lui-même. De toute façon, le fantasme avorte avant d'avoir pu porter ses fruits. Beaucoup d'enfants, à la longue, sont déçus par leurs rêves, non pas en raison du manque d'intérêt des adultes, mais au contraire parce qu'ils s'y intéressent trop et trop tôt. En essayant d'aider l'enfant à améliorer ses fantasmes, les adultes donnent à l'enfant le sentiment qu'ils ne lui appartiennent plus.

Il est malheureusement devenu à la mode, dans certains cercles, de qualifier de « créatives » presque toutes les activités spontanées de l'enfant. Cette acceptation aveugle du fantasme en tant que réalité empêche la formation d'un pont entre les deux mondes. L'enfant teste les limites imposées par la réalité en mettant en jeu ses désirs imaginaires. Par exemple, s'il est furieux contre quelqu'un, il s'imagine lui coupant la tête. Cela n'a aucune importance dans le fantasme... quelques secondes plus tard, la tête peut être recollée. Mais dans la réalité, évidemment, tout est différent.

Un conte populaire narre l'histoire d'une femme à qui une fée avait offert trois souhaits, et qui avait gâché le premier en demandant des saucisses. Son mari, rendu furieux par ce vœu stupide, dit sans réfléchir : « Je voudrais que ces saucisses prennent la place de ton nez ! » Ce deuxième vœu est aussitôt réalisé, et le mari comprend que le dernier souhait doit être prononcé avec beaucoup de prudence. Il ne reste plus aux époux qu'à le gaspiller en demandant à la fée d'ôter les saucisses du visage de la femme. C'est ainsi que le couple apprend ce qui arrive quand le fantasme est mis à l'épreuve de la réalité !

L'enfant apprend cette même leçon quand, ne se contentant pas d'imaginer qu'il coupe une tête, il décapite son ours en peluche. Il soumet alors son fantasme aux limites de la réalité et comprend vite qu'une tête ne peut pas facilement être restituée à son corps. Après une telle expérience, son rêve de vengeance se modifie lentement. Il se dit : « Pour le moment, je veux faire quelque chose de radical, mais je sais que je ne le ferai pas vraiment parce que j'ai appris qu'il en résulterait des conséquences irréversibles. » Les désirs de l'inconscient sont ainsi tempérés par l'impact des limites de la réalité telles qu'elles ont été expérimentées par le jeu. Les idées extrêmes adoptées par certains jeunes, leur certitude qu'elles peuvent être réalisées à brève échéance, montrent bien qu'ils n'ont pas eu beaucoup d'occasions, dans leur enfance, d'apprendre par le jeu à respecter les limites imposées par la réalité à la réalisation des fantasmes.

Intégrer les mondes intérieur et extérieur

Pour un grand nombre d'expériences humaines, il existe une période optimale où elles peuvent profiter au maximum au développement de l'individu. Si elles ne sont pas vécues à ce moment-là, elles peuvent n'avoir jamais une influence aussi positive sur la formation de la personnalité. L'âge du jeu est le moment idéal pour construire le pont entre le monde de l'inconscient et le monde réel. Plus tard, si les deux mondes sont restés trop longtemps séparés, il peut être impossible de les intégrer — ou du moins d'une façon satisfaisante. C'est pourquoi certaines personnes, faute d'avoir accompli cette intégration, s'évadent dans le monde imaginaire procuré par la drogue, tandis que d'autres, pour essayer de la réussir, produisent des efforts intellectuels ardus, par exemple par la psychanalyse. Si ces efforts restent sans effet, c'est la vie elle-même qui peut être ressentie comme profondément insatisfaisante.

Le jeu imaginatif a cette extrême importance parce qu'il fournit à l'enfant la première occasion d'intégrer les mondes intérieur et extérieur. Grâce à lui, également, l'enfant construit un pont qui lui permet de passer de la signification symbolique des objets à la recherche active de leurs propriétés et de leurs fonctions réelles. Par exemple, quand un enfant construit une tour avec ses cubes, puis la démolit volontairement, cela ne veut pas seulement dire qu'après avoir agi d'une manière « constructive » ses pulsions destructrices ont pris le dessus et se sont exprimées. Son comportement a une signification beaucoup plus profonde : dans la partie constructive du jeu, il a dû s'incliner devant les limites imposées à son imagination par la réalité ; tout en affirmant sa domination sur les cubes en les soumettant à son projet, il devait tenir compte de la nature de ses matériaux, de la gravité et des lois de l'équilibre. Révolté par ces restrictions, il détruit la tour — moins pour donner libre cours à ses tendances destructrices que pour réaffirmer sa domination sur un monde qui ne se laisse pas faire.

Par le jeu, l'enfant apprend qu'il peut être le maître suprême — mais seulement d'un monde incohérent. S'il veut affirmer un minimum de maîtrise sur un monde structuré et organisé, il doit dépasser son désir « infantile » de maîtrise totale et parvenir à un compromis entre ce désir et la dure réalité. A force de construire et de démolir ses tours, il apprend que le désir de dominer totalement le monde ne peut aboutir qu'au chaos.

Finalement, ce compromis devient si évident que l'enfant l'accepte comme l'ordre normal des choses, d'abord à contrecœur, puis de bon gré. Ce n'est que par ces expériences qu'il apprend à calmer ses exigences intérieures à la lumière de ce qui est réalisable dans l'univers où il vit. Le jeu est le processus par lequel il se familiarise avec deux groupes de réalités — intérieure et extérieure — et commence à s'accorder avec les exigences des deux et à apprendre également comment il convient de les satisfaire à son propre bénéfice et à celui d'autrui.

15.

COMPRENDRE L'IMPORTANCE DU JEU

« Ne devrions-nous pas chercher déjà chez l'enfant les premières traces de l'activité poétique ? Peut-être pourrions-nous dire : chaque enfant, dans son jeu, se conduit en poète en créant son propre monde ; ou pour exprimer cela plus correctement : en transposant les éléments formant son monde dans un nouvel ordre qui lui plaît et lui convient mieux. »

FREUD, *Le Poète et le Fantasme*.

La plupart des parents désirent élever convenablement leur enfant et font tout ce qu'ils peuvent pour favoriser les talents et les attitudes qui, croient-ils, l'amèneront à être satisfait de lui-même et à réussir. Dans certains domaines, leurs efforts viennent tout naturellement, sans aucune difficulté particulière. De nombreux parents, par exemple, trouvent facile d'intéresser leur enfant à la lecture, à la musique, au sport sans rien changer à leur façon habituelle de vivre et en continuant de faire ce qui leur plaît le plus. Ils communiquent leur goût pour ces activités par des attitudes spontanées et le plus souvent inconscientes. Mais, étant adultes, il est très rare qu'ils s'amusent avec des jouets en ayant ces mêmes attitudes ; la plupart des activités ludiques de l'enfant ne sont donc pas encouragées automatiquement par une prédilection naturelle de ses parents.

Les attitudes intérieures des parents ont toujours une forte influence sur leur enfant. Il en résulte que leurs sentiments concernant le jeu, l'importance qu'ils lui accordent, ou leur total manque d'intérêt, n'échappent jamais à leur enfant. Si, au lieu de simplement respecter ou tolérer le jeu, ils s'y intéressent personnellement et sincèrement, l'enfant y gagnera une base solide sur laquelle il pourra développer sa relation au jeu et, plus tard, au monde. Tout cela peut être facilement compris, mais beaucoup de parents, tout en comblant leur enfant de jouets, omettent de participer activement à ses occupations ludiques.

Les adultes disent souvent d'une activité qui ne mérite pas leur intérêt : « C'est un jeu d'enfant. » L'expression indique bien le gouffre qui sépare le monde des adultes de celui des enfants et dénonce aussi un certain mépris des adultes à l'égard du jeu.

Il n'en a pas toujours été ainsi. La séparation des deux mondes est un phénomène qui est intervenu récemment dans l'histoire de l'humanité. Jusqu'au XVIIIe siècle, et plus récemment dans de vastes régions du monde, les enfants et les adultes jouaient aux mêmes jeux, et souvent ensemble.

Jeux d'enfants et jeux de grands

Le français, comme la plupart des langues, n'a qu'un mot, « jeu », pour désigner les activités ludiques[1]. Il y a pourtant de grandes différences entre les « jeux » des petits enfants et ceux des « grands » (adultes, adolescents et grands enfants). Les *jeux d'enfants* sont caractérisés par l'absence de toute règle, à l'exception de celles qui sont fixées par l'enfant lui-même, et qu'il peut modifier à volonté, à moins qu'il ne soit compulsif ; par le libre exercice de l'imagination ; par l'absence de tout but autre que l'activité elle-même. Les *jeux de grands,* eux, généralement compétitifs, sont caractérisés par des règles acceptées par tous les joueurs et le plus souvent imposées de l'extérieur ; par l'obligation d'utiliser le matériel de l'activité de la façon qui a été prévue et sans la moindre fantaisie ; et souvent par un objectif qui vient s'ajouter à l'activité elle-même, par exemple un gage, un enjeu ou le gain de la partie. Les enfants comprennent très vite que leurs jeux sont pour eux l'occasion d'un plaisir sans pareil alors que les jeux des grands

---

1. La langue anglaise a deux termes qui, pour être interchangeables, n'en ont pas moins deux acceptions différentes : *play* s'applique aux activités naturelles des petits enfants, et *game* aux activités ludiques des plus grands. (*N.d.T.*)

peuvent leur procurer des tensions pénibles. Un enfant de quatre ans, par exemple, en présence d'une règle du jeu qui ne lui était pas familière, demandait : « On joue pour rire, ou pour gagner ? » Son comportement dépendait de la réponse qui lui était faite.

Les jeux d'adultes, avec leurs structures précises et leur aspect compétitif, sont naturellement plus proches de notre façon habituelle de passer le temps, et nous comprenons rapidement leur signification et leur importance. Si nous pouvions vivre avec autant d'émotion les jeux que nous partageons avec nos petits enfants, nous serions spontanément conscients de l'importance du jeu, qui établit un pont émotionnel entre les deux groupes d'âge.

Les relations, à bien des égards, étaient probablement plus faciles, plus significatives et plus agréables à la fois pour les adultes et les enfants quand ils jouaient aux mêmes jeux, même si leurs conceptions de ces jeux n'étaient pas identiques. Par exemple, le même jeu pouvait signifier pour l'enfant une exploration ou une reconstruction de son monde, et pour l'adulte un simple divertissement. Le plus important, pour tout le monde, était que grands et petits prenaient très au sérieux ce que le fait de jouer représentait pour eux et qu'ils étaient les uns et les autres convaincus que le jeu enrichissait la vie de chacun. Cette expérience commune créait entre parents et enfants un lien particulier.

Aujourd'hui, très peu de jeux sont partagés avec un plaisir égal par les petits et les grands. Les enfants, le plus souvent, sont considérés comme des intrus quand les grands sont obligés d'admettre leur présence, voire leur participation. Pendant mon enfance, à Vienne, les choses étaient souvent différentes. Les jeux de cartes étaient pour les adultes l'activité de loisir la plus populaire (ils étaient, par exemple, le délassement favori de Freud pendant ses années de travail). Mon père occupait ses rares moments de loisir à jouer aux cartes avec des parents et des amis. Je pouvais les regarder pendant des heures, et comme je n'intervenais jamais, ils m'acceptaient volontiers. Ma présence ne changeait rien à leur façon de jouer ni à leur comportement habituel. Les enjeux étaient insignifiants mais, quand mon père gagnait, il me donnait la moitié de son gain. Ces petits bénéfices augmentaient l'intérêt que j'accordais aux parties et me rendaient encore plus attentif. Il était très important pour moi de voir le sérieux avec lequel ces adultes pratiquaient un jeu auquel je jouais moi-même avec mes petits amis et de constater qu'ils y prenaient autant de plaisir que moi. Evidemment, quand nous jouions ensemble, mes jeunes partenaires et moi, nous copions plus ou moins volontairement le comportement des grands ; nous faisions les mêmes plaisanteries rituelles et avions les mêmes manies. C'est en jouant au même jeu de cartes que j'ai compris spontanément l'importance qu'il avait pour mon père ; et lui, de son côté, comprenait avec empathie ce que signifiait pour moi le fait de jouer avec mes amis.

Tout naturellement, quand l'occasion se présentait, par exemple par un jour de vacances pluvieux, mon père jouait aux cartes avec nous, ses enfants, et le plus souvent au jeu qu'il pratiquait avec ses amis. C'était bien le même jeu, mais l'expérience était totalement différente. Le rôle et l'attitude de mon père étaient alors ceux d'un parent qui prend plaisir à ce qu'il fait à cause de la joie qu'il procure ainsi à son enfant. Autrement, quand je le voyais jouer avec ses amis, il était tout aussi sérieux que je l'étais quand je jouais avec *mes* amis. C'est à partir de cette expérience que j'ai compris que, quand un parent et son enfant prennent un égal plaisir à jouer ensemble, cela forme entre eux un lien vraiment *sui generis*.

Les vertus de colin-maillard

Il n'y a pas tellement longtemps, les adultes comprenaient instinctivement le jeu des enfants et s'y livraient eux-mêmes avec plaisir. Il n'y a pas plus d'un siècle, le jeu de colin-maillard, et d'autres jeux semblables, constituait un divertissement très apprécié à tous les âges. Ce jeu était cité comme tel, il y a six cents ans, dans le *Roman d'Alexandre*. Shakespeare en parle dans *Hamlet*, Goldsmith dans *Le Vicaire de Wakefield*, et Dickens dans *Les Aventures de M. Pickwick*. Il est mentionné par Rabelais et dans le *Pentaméron* comme étant joué à la cour royale.

Le plaisir procuré par ce jeu vient en partie de ce qu'il permet de s'aventurer en toute sécurité dans l'obscurité. Dans certaines variantes du jeu, les participants devaient garder le silence et rester à la même place, et le joueur aux yeux bandés devait identifier l'un d'eux en le touchant. Dans d'autres variantes, les joueurs pouvaient se déplacer pour que l'« aveugle » ne puisse plus être sûr de l'endroit où ils se trouvaient, mais ils pouvaient lui fournir des indications par des cris. Quelles que soient ces variantes, la plupart des adultes, aujourd'hui, s'estimeraient déshonorés de devoir participer à un jeu aussi puéril et aussi stupide.

Mais ce jeu et les autres qui lui ressemblent, sont-ils vraiment « stupides » ? Peut-être, ne les pratiquant plus, avons-nous perdu la compréhension spontanée de leur signification profonde. Nous ne pouvons comprendre de nombreuses formes de jeu qu'en y participant d'une manière empathique. Si nous ne savions pas par expérience personnelle de participant ou de spectateur en quoi consiste le football, par exemple, le fait de donner des coups de pied dans un ballon sur une pelouse nous semblerait une activité futile et stupide. Il en va de même pour les dés, le plus ancien des jeux, encore pratiqué avec plaisir partout dans le monde par les petits et les grands. Ces jeux ne peuvent avoir pour nous un sens qu'à partir du moment où nous commençons à les pratiquer.

De même, si nous ne participons pas de tout cœur aux jeux de nos enfants, si nous nous contentons de les voir de l'extérieur, ils nous paraîtront futiles et stupides. En réalité, des jeux comme colin-maillard sont en relation avec des expériences très importantes, et c'est pourquoi les enfants comme les adultes y ont joué avec tant de plaisir au cours des siècles.

Au niveau le plus élémentaire, ces jeux constituent une tentative de se déplacer sans voir et permettent aux joueurs de savoir dans quelle mesure ils peuvent compter sur leur sens de l'orientation. Dans le jeu de colin-maillard, le joueur qui a un bandeau sur les yeux cherche son chemin d'objet en objet et se trouve momentanément perdu quand il se déplace entre eux dans l'espace vide. Nous vivons la même expérience quand nous devons nous déplacer à tâtons, la nuit, dans l'obscurité de notre chambre. La peur du noir est la plus ancienne des terreurs éprouvées par l'homme, et elle était certainement beaucoup plus intense au cours des siècles où la lumière artificielle n'était pas facilement disponible. Même maintenant, les enfants sont terrifiés à l'idée qu'ils pourraient se « perdre » dans le noir. Des jeux comme colin-maillard reproduisent cette expérience d'une manière plaisante et permettent à l'enfant de sentir qu'il peut dominer l'angoisse de l'obscurité. La gaieté qui éclate quand le joueur aux yeux bandés reconnaît au toucher un autre joueur exprime bien le soulagement de l'enfant angoissé quand, dans l'obscurité de la nuit, il se retrouve finalement en contact avec ses parents. Le jeu lui apprend qu'il peut compter sur lui-même pour en être capable.

Les adultes ont l'impression d'avoir maîtrisé cette peur ; la plupart du temps, il leur suffit de tourner un bouton pour échapper à l'obscurité. C'est sans doute pour cela que les adultes ont cessé de s'intéresser à colin-maillard et d'être en empathie avec le jeune enfant qui, lui, est toujours en proie à ses frayeurs nocturnes et à la peur de l'obscurité, et qui, pour ces raisons, tire un grand bénéfice de ce jeu.

Quand l'enfant joue avec un bandeau sur les yeux, il peut aussi mettre à l'épreuve les bonnes intentions d'autrui ; il doit être sûr que les autres participants ne profiteront pas abusivement de ce qu'il ne peut pas voir ce qu'ils font. Le jeu le rassure donc sur son environnement, lui pose une question et lui fournit la réponse sur un point essentiel dont dépendra son sentiment de sécurité vis-à-vis du monde : doit-il être sans cesse sur ses gardes, en état d'alerte, ou peut-il croire avec certitude que les choses resteront essentiellement immuables et prévisibles ?

L'un des éléments essentiels de ce type de jeu est que les objets doivent rester en place alors que les personnes peuvent se déplacer. Cette règle a ses raisons et donne à l'enfant une leçon importante : dans une large mesure, la sécurité, dans le monde physique, dépend de la permanence des objets. Nous pouvons trouver notre chemin parce que les objets — portes, escaliers, tables et chaises pour les petits, rues, maisons, montagnes et arbres pour les grands — sont des jalons sur lesquels on peut compter. D'autre part, les individus n'ont pas une place fixe, et la sécurité, en ce qui les concerne, ne vient pas aussi facilement. Quelle autre expérience que ce jeu pourrait enseigner cette leçon aussi directement, aussi simplement et de façon aussi convaincante ?

L'enfant apprend aussi à dominer son angoisse originelle : la peur de l'abandon et de l'obscurité. Pendant une longue période, le petit enfant veut que sa mère soit tout le temps près de lui. Seule sa présence physique, comme si elle était un objet, peut le rassurer. A la longue, un sentiment de sécurité fondé sur la fiabilité des soins suffira au bébé.

De même, la peur de se perdre, d'être désorienté est la cause d'une autre angoisse fondamentale du jeune enfant. Dans un jeu comme colin-maillard, l'enfant est bel et bien désorienté, mais loin d'être une expérience destructrice, il lui donne le plaisir de constater que l'ordre se rétablit dès que le bandeau est enlevé.

Ces jeux aident l'enfant à affronter des problèmes importants liés à l'apprentissage du monde. En fait, il a déjà rencontré ces problèmes dans un cadre plus primitif avant de les aborder dans le contexte d'une activité ludique organisée. Presque tous les enfants, par exemple, essaient tôt ou tard de marcher dans une pièce les yeux fermés pour s'assurer qu'ils connaissent bien la place des choses. Cette expérience a des variantes illimitées. Dans l'une d'elles, l'enfant ferme les yeux et demande à un adulte de marcher à côté de lui en lui donnant la main. La question posée par l'enfant est celle-ci : « Est-ce que je peux compter sur toi pour voir à ma place, ou dois-je être tout le temps sur mes gardes ? » Parfois, l'enfant ferme les yeux, mais à un certain moment il les entrouvre et regarde à travers ses cils. Maintenant, il se demande : « Dois-je être sans arrêt sur mes gardes, ou puis-je relâcher mon attention et compter sur mon instinct pour savoir à quel moment précis je dois de nouveau faire attention ? »

Dans une autre version de cette même expérience, l'enfant se déplace au hasard dans une pièce les yeux fermés, et les adultes doivent le prévenir quand il est sur le point de rencontrer un obstacle. Ici, la question est : « Suis-je assez bien protégé pour me risquer à explorer l'inconnu, c'est-à-dire ce que je ne peux pas voir ? » Le plaisir de l'enfant, quand il constate que nous l'avertissons toujours à temps, montre combien il a besoin d'être rassuré. Il en vient à comprendre : « Même quand je ne vois pas le danger, mes parents, comme des anges gardiens, veillent sur moi. » J'ai connu un enfant qui, souffrant de frayeurs nocturnes qui perturbaient son sommeil, a vaincu son angoisse en jouant le plus souvent possible à colin-maillard. Chaque jour, il vérifiait à tout bout de champ si ses parents veillaient sur sa sécurité quand il ne pouvait pas voir lui-même les dangers. Comme ils ne manquaient jamais de le rassurer sur ce point important, il put retrouver un sommeil paisible.

Les jeux destructeurs ne sont-ils pas en réalité constructifs ?

Quand les parents entrent spontanément en résonance avec la signification très particulière que le jeu a pour leur enfant, celui-ci et leur relation en tirent un grand bénéfice, même si les adultes ne jouent pas souvent avec lui. L'enfant a surtout besoin de leur implication émotionnelle quant à l'importance de son jeu, et c'est à cette condition qu'il peut être pour lui pleinement significatif. Quand il leur demande avec insistance de jouer avec lui, c'est dans le but de savoir si son occupation est aussi importante pour eux que pour lui. S'il reçoit ce message émotionnel — si, consciemment ou inconsciemment, nous nous intéressons à son jeu et le respectons et si, par là, nous apaisons ses doutes —, l'enfant aura moins besoin de notre participation active pour être vraiment convaincu que nous croyons sincèrement à l'importance de son activité.

Un exemple célèbre de la littérature du milieu du xvIII^e siècle illustre le fait que les adultes n'ont pas besoin de participer directement aux jeux des enfants pour renforcer leur importance du moment qu'ils les approuvent et les respectent. Il s'agit du souvenir le plus ancien de Goethe, et qu'il jugea si important qu'il le plaça au début de son autobiographie. « Par un bel après-midi, écrit-il, alors que tout était tranquille à la maison, j'essayais en vain de m'intéresser au matériel de cuisine en miniature que l'on venait de m'offrir, quand j'eus soudain l'idée de jeter un petit pot par la fenêtre. Je pris un grand plaisir à l'entendre se briser sur le trottoir. Les frères Ochsenstein, témoins de ma joie, applaudirent gaiement en criant : " Bravo ! Continue ! " » et le petit Goethe continua, d'abord en jetant tous ses petits ustensiles en terre cuite, puis la vaisselle de sa mère.

Freud, dans son article « Un souvenir d'enfance à propos de " poésie et vérité " », estime que Goethe mettait symboliquement en acte sa rage contre sa petite sœur et son désir de voir l'usurpatrice détestée expulsée de la maison. Je suis plutôt d'accord, mais je pense que cette anecdote peut nous en apprendre beaucoup plus long sur le jeu en général.

Goethe commence par nous dire que son jeu avec ses poteries ne le menait nulle part, ce qui montre que cette première tentative ne soulageait en rien les pressions intérieures qu'il devait affronter à l'époque. Son jeu ne prit un sens que quand il eut l'idée de jeter un pot par la fenêtre. Nous avons là un exemple typique de la façon dont les enfants commencent par jouer sans but, sans bien savoir pourquoi ils s'occupent de tel objet plutôt que de tel autre. Cet exemple nous montre aussi que les objets les plus ordinaires de la vie quotidienne peuvent aider l'enfant à mettre en acte — et souvent à résoudre — certains de ses problèmes les plus profonds et les plus pressants, pourvu qu'il puisse utiliser ces objets de la façon qui lui semble la meilleure, quelle que soit leur destination prévue. Et il nous montre enfin que l'enfant, si on lui en laisse le loisir, peut transformer un jeu qui lui paraît d'abord insipide en quelque chose de très positif. Comme Goethe dans cet exemple, chaque fois que l'enfant a un problème à résoudre, il ne sait pas à l'avance comment il s'y prendra pour en venir à bout par le jeu. Consciemment, il n'a pas de plan. S'il en avait un, son jeu profiterait à ses besoins conscients et n'aurait aucun effet sur les pulsions inconscientes. Et comme ces besoins inconscients sont inconnus de lui, ils le sont également de ses parents. Ces derniers ne peuvent donc pas prévoir pour l'enfant un jeu qui lui serait profitable.

Ce n'est qu'au moment où le premier objet s'est brisé sur le trottoir que le petit Goethe a pu soudain penser : « C'est bien à ça que je voulais jouer ! » Sa joie intense venait de ce qu'il s'était brusquement rendu compte que son geste correspondait bien à ses besoins et pouvait soulager la pression des sentiments qui menaçaient d'étouffer sa vie émotionnelle en le libérant de son découragement rageur. Si quelqu'un avait essayé de lui expliquer tout cela, il n'y aurait rien compris, malgré son intelligence qui allait faire de lui l'un des hommes les plus brillants de tous les temps. A d'autres moments et dans d'autres contextes, il aurait pu comprendre qu'il était furieux contre cette sœur qui, croyait-il, l'avait remplacé, et qu'il désirait se débarrasser de l'intruse. (Beaucoup d'enfants disent à leurs parents qu'ils feraient mieux de remettre le nouveau-né là où ils l'ont trouvé.) Il aurait donc été très étonné si les sources inconscientes de son jeu avaient été portées à son attention consciente. Qui pis est, cette révélation eût détruit d'un coup tout ce qu'il avait essayé d'atteindre par son jeu. Il aurait probablement éclaté en sanglots en niant tout ce qu'on venait de lui dire. En fin de compte, il aurait presque certainement refoulé ses sentiments inconscients beaucoup plus profondément ; ils seraient alors devenus totalement inaccessibles au soulagement procuré par une expression symbolique et auraient compromis gravement l'avenir de son développement émotionnel.

Si l'on suit l'analyse freudienne de cette anecdote, on peut supposer que la première motivation du jeu de Goethe était l'expulsion symbolique de sa sœur. Mais comme la plupart des phénomènes psychologiques importants ont de multiples origines, on peut également penser que le fait de jeter ses jouets (comme ils lui appartenaient, ils étaient symboliquement lui-même) représentait son sentiment d'avoir été expulsé de sa maison par la nouvelle venue, et signifiait que sa sécurité avait été mise en morceaux comme l'avaient été ses poteries.

L'approbation manifestée par les frères Ochsenstein — citoyens éminents de la ville natale de Goethe et amis très estimés de sa tout aussi éminente famille) — peut avoir poussé l'enfant à aller plus loin en jetant par la fenêtre la vaisselle de sa mère. C'était une façon de la punir symboliquement d'être la cause de sa détresse et de se soulager de sa colère contre elle. L'attitude encourageante et amusée de ces voisins importants lui montrait qu'il pouvait encore être très apprécié et que sa peur d'être repoussé n'était pas aussi justifiée qu'il le craignait. Il avait trouvé une audience en dehors de ses parents et cela le convainquait que sa façon de traiter sa profonde détresse lui permettait de résoudre symboliquement le problème qui le perturbait si gravement. Libéré en grande partie de ce qui l'oppressait, il pouvait partager la joie de ses voisins et repartir du bon pied. Telle fut la première des nombreuses expériences qui montrèrent à Goethe qu'il avait en lui ce qu'il fallait pour affronter les circonstances les plus difficiles et les plus pénibles de la vie ; cette confiance en soi justifiée est pour beaucoup dans sa grandeur. Heureusement pour lui, ces adultes l'avaient soutenu au moment où il en avait le plus besoin.

Comme l'écrivait Goethe, « mes voisins continuèrent de me signifier leur approbation, et j'étais ravi de les avoir amusés ». Ces adultes — et c'est un trait caractéristique de l'époque — étaient beaucoup plus enclins à tolérer les méfaits d'un enfant que nous ne le sommes aujourd'hui. Ce sont leur compréhension et leur approbation, plus que leur participation directe, qui ont permis au petit Goethe de maîtriser par un jeu symbolique une expérience trop lourde pour être affrontée plus directement. Leur attitude lui a permis de passer d'un cri de détresse : « Je suis repoussé par mes parents ! » à cette pensée rassurante : « Ce que je fais est approuvé ! » Quand la vaisselle de sa mère vola en éclats, le jeune Goethe a pu réagir ainsi aux applaudissements de ses voisins : « Je peux punir ma mère de m'avoir donné une rivale ; en détruisant ses assiettes, je la rends incapable de la nourrir. Malgré ce que je fais, et peut-être à cause de cela, des adultes importants sont de mon côté. » Tel est exactement le réconfort dont l'enfant avait besoin à ce moment critique de sa vie.

Comme la plupart des jeux symboliques inventés par les enfants, l'acte de Goethe, comme je l'indiquais plus haut, possédait une signification à différents niveaux, tous importants et pressants, alors que le matériel de jeu créé par d'autres s'adapte rarement aussi bien aux exigences toujours changeantes du moment. Le jeu de Goethe exprimait son sentiment d'avoir été évincé, son désir de voir sa sœur expulsée à son tour, et son envie de punir sa mère en jetant sa vaisselle par la fenêtre. Mais à un autre niveau encore, il voulait sans doute supprimer *toutes* les assiettes pour qu'elles ne puissent plus servir à le nourrir lui-même. Le nouveau-né étant au sein, le jeu exprimait le désir de Goethe de revenir à un stade antérieur de nutrition dont jouissait maintenant sa rivale en exclusivité, ce qui était une raison supplémentaire de l'envier.

Aujourd'hui, les parents seraient pour la plupart effrayés par un comportement aussi « destructeur ». Ils ont peur que, à moins de mettre un terme à son comportement et de le sanctionner, leur petit garçon ne devienne incontrôlable, peut-être même destructeur et violent. Comme nous le savons, c'était exactement le contraire dans le cas de Goethe. Heureusement pour lui, ses parents étaient si convaincus qu'il deviendrait quelqu'un de très bien qu'une telle idée ne leur vint pas à l'esprit. Pas plus qu'à celui des voisins, d'ailleurs, sinon ils n'auraient pas encouragé le jeu de l'enfant. Et Goethe, ayant été capable de régler radicalement son problème à sa façon, et avec l'approbation de ses voisins, pouvait par son acte éliminer à un certain degré sa colère, symboliquement et dans la réalité, à un moment où elle était à son point culminant.

Les voisins et la famille encourageaient le comportement « destructeur » de Goethe parce qu'ils sentaient et comprenaient à un certain degré sa signification. Ils évoquaient d'ailleurs l'incident avec plaisir. A la fin de son récit, Goethe écrivait : « Pour nous consoler de toute cette vaisselle cassée, nous eûmes du moins une histoire drôle à raconter qui amusa tout particulièrement jusqu'à leur mort les voisins qui m'avaient encouragé. »

Comme pour souligner l'importance de l'empathie des adultes à l'égard du jeu des enfants, qui seule lui permet d'atteindre toute son efficacité, Goethe fait suivre cette histoire d'une description où on le voit jouant avec sa petite sœur aux pieds de leur grand-mère ou, quand elle était malade, à son chevet ou même assis sur son lit. Il dit aussi à quel point il était important pour eux de voir combien la chère vieille dame se réjouissait toujours de les voir jouer et les encourageait d'une manière douce et affectueuse.

L'aventure de Goethe a-t-elle quelque chance de se reproduire de nos jours ? Les parents se disent certainement très désireux d'aider leur enfant à sortir de ses crises émotionnelles les plus graves, mais s'ils se trouvaient brusquement dans la même situation que les parents de Goethe, il y a de fortes chances pour qu'ils pensent surtout à la vaisselle cassée et, ensuite, redoutent les terribles conséquences qu'un tel comportement pourrait avoir s'il n'était pas amendé.

L'histoire de Goethe nous montre que l'on savait, autrefois, que les enfants ont besoin de « libérer leur système » de certaines choses et que le jeu spontané est la meilleure façon d'y parvenir. Aujourd'hui, la même chose est généralement acceptée de la part des adultes ; mais quand les enfants essaient de le faire et se mettent en colère, ils sont corrigés par ces mêmes adultes. Notons que cette colère vient le plus souvent de ce que l'enfant se sent frustré parce qu'il ne peut arranger les choses à sa façon.

De nos jours, ces éclats destructeurs sont interrompus dès le moment où ils commencent à se manifester et sans que les parents essaient de comprendre les motivations de l'enfant. Incapables de mettre en acte leurs intentions inconscientes, sanctionnés pour leurs actions, nos enfants apprennent à refouler les sentiments qui sont à l'origine de leurs pulsions destructrices et oublient l'incident. Mais les sentiments hostiles ne disparaissent pas ; ou bien ils trouvent un exutoire plus détourné — et alors leur signification ne peut être facilement comprise et l'action est si éloignée de sa cause qu'elle ne procure aucun soulagement —, ou bien la colère est refoulée et continue de travailler à pleine force dans l'inconscient. Dans les cas de rivalité fraternelle, que Goethe « abréagissait » en brisant la vaisselle, le refoulement peut se traduire par une animosité permanente à l'égard du frère ou de la sœur, et cela parce que la haine puérile n'a pas pu être éliminée par une réaction de colère. Dans le cas de Goethe, c'est tout le contraire qui a eu lieu : s'étant libéré de sa colère contre le nouveau-né par un acte énorme et inoubliable, il a pu établir une excellente relation avec l'enfant, d'autant plus facilement que sa réaction rageuse avait été accueillie positivement. Il est facile de dominer sa colère quand son expression a des conséquences favorables ; il est impossible de le faire si on a été contraint de la refouler.

Le fait de s'être senti compris à un moment très difficile de son existence a renforcé la conviction de Goethe que, même dans les pires situations, la vie peut offrir des compensations. L'incident est devenu un souvenir partagé qui a resserré le lien entre les adultes et l'enfant. S'il se produisait aujourd'hui, ou bien il serait oublié, ou bien il serait refoulé. Son évocation ne pourrait que réveiller des souvenirs désagréables. Ou bien encore, on ne verrait en lui qu'une occasion où l'enfant s'est conduit stupidement et d'une manière destructrice, ce qui nuirait à son amour-propre. S'il évoquait aussi pour l'enfant l'attitude négative de ses parents, ce souvenir ranimerait ses sentiments de colère et de rejet, et cela affaiblirait certainement sa relation à eux.

J'ai connu beaucoup d'enfants et d'adultes qui souffraient profondément du fait que leurs parents considéraient leurs jeux ou d'autres activités comme stupides. Faute de mieux, ils continuaient d'accepter le jugement de leurs parents tout en éprouvant un ressentiment considérable. En conséquence, ils étaient persuadés d'être plutôt — ou même tout à fait — stupides. La plupart de ces adultes se souvenaient avec honte de ces actions puériles qu'ils continuaient de juger stupides, alors que d'autres en tiraient orgueil : « Fallait-il que je sois bête ! » Ces derniers essayaient de compenser par un sentiment de supériorité les sentiments profonds d'infériorité que l'opinion de leurs parents leur avait inculqué.

Dès que ces adultes avaient pu analyser plus profondément la signification du comportement jugé stupide par leurs parents, ils commençaient à prendre conscience de la réalité. Ils se rendaient alors compte avec un immense soulagement que ce qu'ils avaient fait était loin d'être stupide. Mais cela ne suffisait pas à les affranchir du sentiment d'infériorité provoqué par l'attitude dépréciative de leurs parents. Finalement, ils se rappelaient combien ils avaient été en colère, combien ils avaient souffert, non seulement parce que leurs parents les avaient mal compris, mais surtout parce que leur incompréhension reflétait nettement la pauvre opinion qu'ils avaient d'eux.

Nous devons partir du principe que, quoi que fasse l'enfant, aussi bizarres, aussi stupides que ses actes puissent paraître, il a d'excellentes raisons d'agir comme il le fait. Nous pouvons, à partir de là, chercher la signification de son comportement ; et moins nous le comprenons, plus nous devons nous appliquer sérieusement à cette recherche. Cette attitude positive ne peut qu'être bénéfique pour l'enfant et améliorer la relation parents-enfant. Par contre, si les adultes traitent comme des gamineries ces actions puériles significatives, ou s'ils contrent ou punissent l'enfant, nous ne devrions pas être étonnés de constater que les adolescents élevés de cette manière estiment que tous les plus de trente ans sont des individus idiots.

Combien nous avons tous perdu — les enfants comme les adultes —, depuis l'époque de Goethe, par ce changement radical d'attitude à l'égard du jeu !

16.
LE JEU COMME MOYEN DE RÉSOUDRE LES PROBLÈMES

> « Ces pulsions méprisables
> Qu'autrefois nous n'avons pas repoussées
> Et qui, maintenant, semblent être la seule œuvre de notre vie
> A tel point que tout le reste nous paraît négligeable. »
>
> Robert BROWNING.

Du temps où parents et enfants jouaient aux mêmes jeux, ils comprenaient les uns et les autres, d'une façon pratiquement automatique, que le jeu avait pour but d'amuser et d'être significatif. Cela reste vrai pour le plus primitif, le plus ancien et donc le plus important des jeux, celui du bébé... et malheur au petit enfant qui ne peut pas jouer !

Quand le bébé jette son hochet hors de son berceau et que sa mère le lui rend, celle-ci ne se rend pas compte que son enfant, par sa trouvaille, essaie de répondre à quelques questions essentielles : « Puis-je avoir une influence sur mon environnement objectif sans en subir des conséquences redoutables ?... Puis-je affirmer ma volonté et manipuler les objets sans en souffrir ?... Puis-je me débarrasser de quelque chose qui m'ennuie ?... Puis-je renoncer momentanément à mes biens sans risquer de les perdre à jamais ? »

La réponse de la mère à toutes ces questions sera affirmative si elle montre à son enfant qu'elle approuve avec joie son nouveau jeu et garantit sa répétition en rendant le hochet. Mais sa réponse sera négative si elle manifeste son impatience ou son mécontentement, et lui donne ainsi le sentiment qu'il a tort de manipuler les objets ; et si elle refuse de lui rendre son jouet, elle lui apprend que la manipulation des objets aboutit à une perte à la fois objective (le hochet a disparu) et subjective (l'effort de l'enfant ne procure pas de satisfaction interpersonnelle mais une frustration).

Ce que cherche à savoir l'enfant par ce jeu est si important qu'il a besoin de le répéter pour être sûr de la réponse. Sans en avoir conscience, il cherche avant tout à répondre à l'une des questions philosophiques les plus profondes de l'homme : existe-t-il une chose qui est *moi* ? Comment puis-je être sûr d'exister ? Puis-je être assuré de la régularité, de la constance et de la prévisibilité de mon monde et de ma personne ? Quelles sont les intentions du monde à mon égard ? L'enfant cherche des réponses à toutes ces questions, et les trouve en partie en comprenant progressivement son monde grâce à son jeu et grâce aussi à la réaction des autres à son jeu et à lui-même.

Il a déjà exploré ces questions en fermant les yeux, en tournant la tête, et en découvrant qu'il peut rendre les choses invisibles. Ces gestes lui ont probablement donné une première indication de la différence fondamentale entre le moi et le non-moi : quand il fermait les yeux ou détournait la tête, il restait le même, mais ce qui se trouvait dans son champ de vision avait disparu et n'était donc pas permanent alors que lui l'était. Ces gestes du nouveau-né sont donc les premiers pas vers la séparation du moi et du non-moi et vers la formation psychologique de la personnalité.

Le bébé apprend de la même manière qu'en tournant la tête il peut faire disparaître quelque chose de désagréable dont il veut nier l'existence. Plus tard, quand il commencera à parler, le concept du NON sera formé à partir de cette réaction. Et c'est peut-être de là que vient, dans notre culture, l'usage de secouer latéralement la tête pour exprimer le « non ».

Sous sa forme la plus primitive, le jeu de « coucou » consiste à couvrir et découvrir les yeux de l'enfant pour faire disparaître et apparaître alternativement une personne située dans son champ de vision. La joie de l'enfant vient de ce que l'autre joueur, après avoir été momentanément invisible, n'a pas disparu. Le jeu de cache-cache en est une version plus évoluée. En découvrant que non seulement il peut faire disparaître quelqu'un en fermant les yeux ou en tournant la tête, mais également que l'autre peut disparaître à volonté, l'enfant connaît l'un des plus grands désappointements de ses premiers mois qu'il doit s'efforcer de maîtriser par différentes expériences ludiques.

Freud parle d'un petit enfant qui poussait un jouet sous un lit, l'en retirait, et répétait inlassablement ce manège, cherchant par là à se convaincre que les choses qui disparaissent ne sont pas nécessairement perdues à jamais et peuvent être récupérées par un effort personnel. L'anxiété particulière de cet enfant avait été provoquée par l'absence de sa mère. Son jeu le rassurait en lui montrant que, comme son jouet, sa mère pouvait s'en aller et revenir près de lui, et que ses absences n'étaient donc pas pour lui aussi catastrophiques qu'il le craignait. Il apprenait aussi qu'il pouvait maîtriser pleinement des événements provoqués par lui-même et qu'il y a une différence entre ces événements causés par lui et ceux qui échappent à son influence directe. Etant capable d'effectuer les premiers, les autres peuvent lui paraître moins pénibles. Bien d'autres activités ludiques inventées par l'enfant peuvent avoir la même fonction d'exploration et de réconfort.

Les jeux que la mère joue avec son bébé sont d'un autre ordre. Ils servent à l'enfant de première introduction à sa culture et au processus de la communication. Quand la mère joue à « coucou » ou à « où est mon bébé ? », il vient un moment où l'enfant commence à comprendre la nature réciproque du jeu et s'y joint de lui-même. Ravi de voir que sa maman joue avec *lui*, parce qu'elle est heureuse d'être avec *lui*, et qu'elle désire qu'il rentre dans le jeu, il le fait. C'est ainsi que débute le processus de communication par lequel il découvre l'autre — sa mère — et en même temps lui-même. Cette découverte est à la base de nos interactions conscientes, quoique sous la forme la plus rudimentaire ; elle est aussi la base essentielle sur laquelle reposera toute la communication ultérieure qui nécessite la notion qu'une personne peut interagir avec une autre personne d'une façon significative. L'interaction commence avec l'allaitement, mais ce qui se passe là est largement inconscient. Dans le jeu de « coucou », et d'autres interactions mère-enfant similaires, la réciprocité devient une expérience consciente. La joie qui éclate sur le visage de l'enfant et ses cris ajoutent au plaisir de la mère et l'incitent à continuer le jeu avec encore plus d'ardeur. L'enfant comprend qu'il est la cause de tout cela et qu'il a communiqué quelque chose à sa mère, quelque chose à quoi elle a réagi de la façon qu'il souhaitait.

L'importance de ce jeu pour l'élaboration du moi m'a été démontrée par une petite fille autistique de huit ans. Comme il arrive souvent, la pathologie très grave de son cas a permis d'observer comme à la loupe un phénomène qui se manifeste également dans un comportement normal. Cette fillette avait été pratiquement muette toute sa vie. Elle repoussait radicalement tous les efforts entrepris pour l'atteindre physiquement ou verbalement ; et elle ne réagissait à aucun des aspects de son environnement. Si quelqu'un la touchait, elle reculait, terrifiée et furieuse.

Pendant plus d'un an, nous respectâmes soigneusement son désir d'être seule, tout en essayant de lui assurer des soins tendres et aimants ; puis elle atténua son isolement total et permit de temps en temps des approches sans toutefois réagir à celles-ci d'une façon notable. Finalement, elle répondit à une seule de nos tentatives d'approche : un jeu très simple qui tenait à la fois des jeux de « coucou » et de « où est mon bébé ? », où je la « cherchais » activement et manifestais ma joie quand je la « trouvais ». Puis un jour elle se cacha derrière un rideau et l'écarta pour jeter un coup d'œil, imitant ce que j'avais fait si souvent en jouant à la trouver. Après avoir joué à ce jeu pendant un certain temps, elle me permit de la prendre dans mes bras. En même temps, j'exprimais avec plus d'enthousiasme qu'avant ma joie de l'avoir découverte — et mon plaisir était en effet énorme et sincère, d'autant plus que, pour la première fois, elle avait accepté cette étreinte spontanément, sans le moindre mouvement de recul. Nous continuâmes le jeu, et elle ne refusa jamais mon étreinte ; un jour, tandis que je la tenais ainsi, avec beaucoup de douceur, elle prononça soudain une phrase complète, la première de sa vie, pour me dire ce qu'elle attendait de moi...

Cette petite Américaine, qui avait été conduite à Vienne pour un traitement psychanalytique, vivait avec nous, quand eut lieu cet événement, depuis un an et demi. Etant donné son mutisme total, il nous avait semblé inutile de parler avec elle, ou en sa présence, en anglais. Depuis son arrivée à Vienne elle n'avait donc entendu que de l'allemand. Pourtant, elle prononça sa première phrase dans un anglais parfait : « Bruno, donnez-moi le squelette de George Washington. » Le drame de sa vie venait du fait que son père était totalement inconnu, non seulement d'elle, mais aussi, par un enchaînement de circonstances étranges, de sa mère. A cause de cela, la mère, qui n'avait connu sa grossesse qu'au quatrième mois, essaya en vain de se faire avorter. Après la naissance de l'enfant, elle lui en voulut d'exister, persuadée qu'elle allait gâcher sa vie. Ce n'est qu'à la cinquième année de la petite fille, devenue entre-temps profondément autistique, que la mère, accablée de remords, avait essayé de faire tout son possible pour sa fille. Les meilleurs spécialistes américains consultés par elle ayant jugé son cas désespéré, elle vint finalement à Vienne où Anna Freud lui dit que la seule chance de l'enfant consistait à vivre dans un environnement psychanalytiquement organisé, celui que nous créâmes pour elle. On ne sait pas très bien comment elle a pu connaître suffisamment son histoire pour savoir que son problème était dû au fait qu'elle ne s'était pas connu de père. Toujours est-il que sa phrase signifiait qu'elle avait besoin d'un père ; étant américaine, elle ne pouvait espérer que du père de la nation une solution à son problème. Comme le père inconnu était le « squelette dans le placard » de sa vie, c'est le squelette qu'elle m'avait demandé.

Il est important de noter qu'en me disant ce qu'elle attendait de moi, non seulement elle parlait pour la première fois de sa vie, mais elle le faisait en formulant une phrase complète, s'adressait à moi par mon nom et se référait à elle-même en se servant du pronom « moi ». Ce dernier détail est remarquable en ceci que les enfants autistiques, même après avoir appris à parler, n'utilisent pas les pronoms personnels. Par la suite, la fillette ne cessa jamais de parler, mais pendant un bon moment, elle ne le fit que de loin en loin.

Cette enfant, qui jusqu'alors avait refusé tout contact avec le monde, avait acquis les rudiments d'un moi en jouant à « coucou », ce qui lui avait permis d'identifier l'« autre », à qui elle avait communiqué un message ayant pour elle une énorme importance. C'est grâce à ces jeux où je la « cherchais » qu'elle avait compris que c'était « elle » qui se cachait, que c'était « elle » que l'on cherchait et trouvait. En jouant à ces jeux, elle était devenue capable de se trouver et au même moment de découvrir le monde des « autres ». Par le jeu, elle avait rejoint le monde, et elle avait pu espérer obtenir ce qui lui manquait désespérément.

Ces jeux très simples ont encore d'autres fonctions importantes. Ils apprennent à l'enfant que, même si sa mère et lui se perdent de vue, l'interruption du contact visuel ne signifie pas que leur contact émotionnel soit également rompu. Quand sa mère s'affaire à le chercher et manifeste une grande joie quand elle le trouve, l'enfant comprend que « loin des yeux » ne signifie pas du tout « loin du cœur » et de l'esprit et qu'au contraire, en perdant de vue son bébé, elle désire plus que jamais sa présence. Fort de cette constatation, il apprend qu'il ne doit pas nécessairement s'accrocher tout le temps à sa mère. Il peut en toute sécurité cesser momentanément de la voir.

De même que le jeu de « coucou » enseigne à l'enfant qu'il ne sera ni perdu ni oublié, d'autres angoisses sont atténuées par des jeux qui lui démontrent l'intégrité et l'importance de son corps. Ce sont, par exemple, tous les jeux qui consistent à énumérer les doigts de l'enfant en racontant une histoire. Ces jeux fournissent à l'enfant la preuve que son corps est en bon état ; rien ne manque, rien ne passe inaperçu. Et surtout, ils lui affirment que les différentes parties de son corps sont importantes pour ses parents au niveau émotionnel.

Les jeux où l'enfant prend une part plus active — « cache-cache », par exemple — lui permettent également d'apaiser ses angoisses relatives à l'abandon, et, en outre, d'augmenter sa maîtrise sur lui-même et le monde. Le jeu de cache-cache est l'un des plus anciens et des plus répandus de l'humanité. Comme les autres joueurs s'efforcent de le chercher, celui qui se cache en déduit que, tout en étant invisible, il n'est pas oublié ; et qu'il est important pour tous qu'il soit découvert parce que le jeu — et, dans le sens transposé, la vie — ne peut pas continuer sans lui. Telle est la dignité et le réconfort qu'un jeu « tout simple » peut conférer à ses participants.

Dans une forme plus évoluée de ce jeu, l'enfant doit essayer de revenir à la « base » avant d'être découvert. Il apprend ainsi qu'il peut se permettre de s'aventurer tout seul dans le monde, en risquant de s'exposer à ses dangers (les poursuivants et les cachettes plus ou moins étranges et inquiétantes) et revenir sain et sauf à la sécurité permanente de la base, qui représente ici la maison. Il peut mettre à l'épreuve son habileté, sa chance, son audace et sa confiance en soi. S'il est attrapé, le jeu lui assure un lot de consolation : il n'est pas éliminé et il pourra, dans la prochaine partie, jouer le rôle actif et passionnant du poursuivant.

Accroître la maîtrise

Par le jeu, plus que par n'importe quelle autre activité, l'enfant acquiert la maîtrise du monde extérieur. En construisant un mur de cubes, il apprend à manipuler ses objets. Il gagne la maîtrise de son corps en courant et en sautant. Il affronte des problèmes psychologiques en revivant par le jeu les difficultés qu'il a rencontrées dans la réalité — quand, par exemple, il inflige à son ours en peluche un traitement pénible subi par lui-même. Et il apprend les relations sociales en commençant à comprendre qu'il doit s'adapter aux autres s'il veut vraiment continuer un jeu agréable.

Beaucoup d'expériences de la vie quotidienne qui semblent banales aux adultes sont accablantes pour l'enfant. L'adulte a appris à les connaître, à les accepter et à les anticiper. Il n'en est rien pour l'enfant. La plupart des expériences sont pour lui totalement nouvelles et inattendues. A mesure qu'il grandit, les épreuves du passé le préparent à celles qu'il rencontre dans le présent, ce qui rend celui-ci plus prévisible, plus supportable, mais aussi moins passionnant. C'est pourquoi l'enfant répète inlassablement en jouant telle expérience qui lui a fait une impression accablante. En reproduisant la situation, il essaie de se familiariser avec elle, apprend à la supporter et acquiert la maîtrise résultant du fait qu'il exerce un contrôle actif au lieu d'être un sujet passif sur lequel les autres peuvent manifester leur pouvoir.

L'enfant peut être bouleversé par des événements excitants ou menaçants, mais aussi par des expériences qui semblent neutres ou positives aux adultes. Je donnerai pour exemple une visite au zoo. L'observation des animaux est intéressante et agréable pour l'adulte comme pour l'enfant, mais elle amène ce dernier à se poser certaines questions : quelles sont les similitudes et les différences entre l'animal et l'homme ? Qu'est-ce qui, chez l'homme, est de nature animale et spécifiquement humain ? Pour l'enfant qui, de bien des façons, se sent beaucoup plus près des animaux que ne le sont les adultes, ce sont là des problèmes préoccupants et passionnants. Quand l'enfant a l'occasion de jouer avec des petits d'animaux, il est encouragé à penser à ces problèmes extrêmement importants : quelles sont les différences essentielles entre les adultes et les enfants ? Sur quels points sont-ils semblables ou différents ? Bien sûr, il ne formule pas ces questions et ne les analyse pas conscicmment, délibérément, ni à fond. S'il le pouvait, il parviendrait vite à des réponses et il n'aurait pas besoin de reproduire l'expérience. Etant donné son âge et sa façon de penser, il s'interroge sur ces problèmes élément par élément, au hasard, et ses observations stimulent sa réflexion. Mais ce sont ces questions, et d'autres similaires, qui, sans qu'il soit capable de les exprimer, le préoccupent et le poussent à aller plus loin dans ses observations sans bien savoir ce qui peut en résulter. Ces questions ne lui permettent pas non plus de parvenir à des réponses nettes et précises ; mais ce n'est pas parce qu'on est incapable de résoudre un problème qu'il faut s'abstenir de tout effort. L'enfant, et c'est inévitable, ne peut pas éviter la lutte, bien qu'il soit rarement capable d'obtenir la solution.

Souvent, ce n'est pas la complexité de l'événement qui perturbe tellement l'enfant, mais plutôt ses implications. L'expérience peut être déroutante, mais beaucoup moins que les ramifications et ce sont ces dernières qu'il essaie de maîtriser par d'innombrables répétitions, à la fois dans la réalité, par des visites fréquentes au zoo, et par le jeu, en revivant l'expérience à la maison avec ses animaux-jouets. En s'amusant avec eux, l'enfant a l'opportunité de réfléchir à ces problèmes en toute sécurité. Il a aussi le plaisir de pouvoir dominer et manipuler sous leur forme inoffensive des animaux qui lui font peur dans la réalité. Son ours en peluche le protège et menace ses ennemis comme l'ours réel l'a menacé. Le fauve du zoo représente un vrai danger, mais avec son petit ours, l'enfant peut faire ce qu'il veut. Il peut donc contrôler le pouvoir de l'animal.

Grâce au jeu, qui ne doit pas se conformer à la réalité dans tous ses détails, une expérience complexe peut être divisée en fragments plus facilement abordables qui peuvent être revécus, et par conséquent compris, sans anxiété inutile. De cette façon, morceau par morceau, l'enfant peut assimiler un événement qu'il ne pouvait maîtriser d'un seul coup. Si l'expérience était mauvaise, elle peut être neutralisée par le jeu ; si elle était de celles qui donnent à l'enfant l'impression désagréable d'être dominé, il peut en faire quelque chose qu'il contrôle.

Exemple : l'enfant peut poser des cubes ou d'autres petits

objets dans un camion ou une boîte, en vider aussitôt le contenu et recommencer inlassablement le même manège.

L'un des problèmes qu'il peut affronter sous cette forme symbolique est celui de la défécation. « Comment se fait-il que la nourriture que je mets dans mon corps en ressorte ? Cela veut-il dire que, tous les jours, je perds à jamais une partie de moi ? » Quand il remplit de cubes son camion pour ensuite le déverser, il constate que, contrairement à son angoisse, rien n'est perdu de façon permanente par ce processus. Le camion est tout indiqué pour ce jeu parce qu'il se déplace facilement, comme le fait l'enfant ; et il transporte dans son « corps » les petits cubes qui peuvent être déversés, de même que l'enfant transporte la nourriture dans son corps pour ensuite aller déverser le contenu de son ventre dans les toilettes.

Ce jeu est également important parce que, pendant l'apprentissage de la propreté, et plus tard quand ses parents lui rappellent qu'il doit aller aux toilettes, l'enfant a le sentiment d'être un objet passif qui ne peut agir que sur l'ordre de ses parents. Dans son jeu, au contraire, il est pleinement responsable, *il* décide du moment où quelque chose doit être mis dans le camion et du moment où il faut l'enlever. Ce n'est qu'un exemple des nombreuses activités où, par le jeu, il s'efforce de compenser les innombrables situations frustrantes — et nuisibles à son autodétermination — où il se sent régi et manipulé par ses parents. Il ne peut se procurer ces compensations que par des jeux choisis librement par lui-même, et non par d'autres choisis ou dirigés par des adultes où il se sentirait de nouveau manipulé.

Ce jeu doit être répété très souvent avant que l'enfant soit capable d'affronter sous une forme symbolique un problème qui l'a perturbé et qui, dans certains cas, peut même occuper son esprit d'une façon quasi exclusive (ici la question de savoir s'il perd ou non une partie précieuse de son corps chaque fois qu'il défèque). Il n'est pas du tout conscient d'essayer de résoudre un problème ; tout ce qu'il sait, c'est que son jeu est très important et doit avoir un sens. Si on tentait de lui expliquer la fonction utile de son activité, il ne tarderait pas à renoncer à son jeu. Toute explication détruit la nature symbolique du jeu ; l'enfant n'est plus en mesure de continuer sa lutte contre un problème qui continuera donc de tourmenter son inconscient pendant longtemps.

Résumons-nous. Le jeu est une activité au contenu symbolique utilisée par les enfants pour résoudre au niveau de l'inconscient des problèmes qui leur échappent dans la réalité ; ils acquièrent par le jeu un sentiment de contrôle de soi qu'ils sont loin de vraiment posséder. Ils ne savent qu'une chose : s'ils jouent, c'est simplement parce que c'est amusant. Ils ne sont pas conscients de leur *besoin* de jouer — besoin qui a son origine dans la pression exercée par les problèmes non résolus. Ils ne savent pas non plus que leur plaisir de jouer vient d'un profond bien-être résultant du sentiment qu'ils sont capables de maîtriser les choses, alors que le reste de leur vie est manipulé par leurs parents ou d'autres adultes. Ce plaisir est particulièrement aigu lorsque le jeu permet à l'enfant de maîtriser une activité qui représente symboliquement une situation réelle où il souffre beaucoup d'être contrôlé.

Maîtriser des situations pénibles

Il importe que l'enfant soit à même de conquérir la réalité grâce au jeu. Plus importante encore pour son développement est la liberté de transformer une situation dans laquelle il joue un rôle passif en un événement dont il est l'instigateur et le maître actif. Pour se sentir bien dans sa peau, et davantage encore pour se respecter lui-même, tout individu doit avoir la conviction qu'il est, dans une certaine mesure, maître de son destin. C'est encore plus vrai pour l'enfant que pour l'adulte ; en effet, toutes les décisions qui ont pour lui de l'importance sont prises par ses parents. Cette conviction est la condition préalable du développement, chez l'enfant, de la certitude qu'il a sa place dans le monde et qu'il peut dans une certaine mesure y adapter sa vie. Dans la réalité, le jeune enfant est incapable d'autodétermination ; mais par le jeu, il peut accroître en lui ce pouvoir. Et comme, pour lui, la frontière entre le fantasme et la réalité n'est pas nettement tracée, le jeu travaille en sa faveur et renforce ses capacités et sa compréhension. Ce qui serait une fuite débilitante dans le monde du fantasme chez l'adulte est en vérité une expérience roborative pour l'enfant qui a atteint l'âge idéal pour conquérir la maîtrise par le jeu et le fantasme.

Comme l'enfant, très souvent, ne peut pas vraiment savoir ce qu'on va faire de lui, il redoute certaines situations qui ne sont pourtant pas particulièrement pénibles. C'est là un cas typique où l'enfant peut faire la paix avec l'expérience grâce au jeu. Après une séance chez le dentiste, par exemple, il peut jouer à soigner les dents d'un petit camarade. Si aucun « patient » n'est disponible, son ours en peluche fera l'affaire. Les nombreuses heures qu'un enfant peut consacrer à ce jeu montrent bien tout le temps qu'il lui aurait fallu, dans le fauteuil du dentiste, pour vraiment comprendre ce qu'on lui faisait — et pourquoi — et pour affronter convenablement toutes les émotions soulevées par l'expérience. De même que, pour comprendre certains événements qui vont trop vite, nous les observons au ralenti, de même l'enfant apprend à comprendre et à analyser, en les rejouant pendant de longues heures, des événements qui dépassaient sa compréhension.

Les enfants plus grands, disposant d'un bagage plus important d'expériences analogues, peuvent plus ou moins maîtriser l'événement par anticipation. Un enfant de dix ans, par exemple, a suffisamment d'expérience directe ou de seconde main pour comprendre sa mère qui lui explique ce qui se passera quand on lui arrachera une dent, et il commencera à assimiler l'incident avant qu'il n'ait lieu. Cela dépasse les capacités d'un très jeune enfant qui ne peut atteindre une certaine maîtrise que par le jeu. Il est par exemple impossible de préparer un petit enfant à son hospitalisation. Même s'il comprend les mots de l'explication, ils n'ont pour lui aucune réalité concrète parce qu'il n'a aucune référence sérieuse lui permettant d'imaginer ce que peut être un hôpital. Quand l'événement survient, il est accablant pour l'enfant qui doit alors, par la suite, le maîtriser par des répétitions de jeux, d'abord dans les détails, puis dans la totalité de l'expérience.

La plupart des parents font tout leur possible pour préparer leur enfant à ce genre d'expérience traumatisante. Malheureusement, cette préparation verbale a pour seul effet d'apaiser leur propre angoisse. Mieux vaudrait, pour l'enfant, que ses parents *jouent* avec lui à l'hôpital. Cela ne lui permettra pas de maîtriser pleinement l'événement, mais certains détails, du moins, le surprendront moins et lui paraîtront moins alarmants.

Après l'hospitalisation, l'enfant a besoin d'éliminer son angoisse par le jeu en reprenant une à une ses épreuves. Puis, peu à peu, il pourra la maîtriser globalement. Il peut commencer par donner à son ours une série interminable de piqûres à tel point que ses parents penseront à tort qu'il ne se souvient que de cela. Mais, lentement, après avoir maîtrisé cet aspect, il aura assez de confiance en lui pour passer à un autre. Il jouera alors à l'infirmière, détail par détail, jusqu'à ce que les événements soient débarrassés de leurs connotations angoissantes. Et, finalement, il aura cette impression : « Je peux tout comprendre. Je sais à quoi ça sert. » En infligeant activement à ses jouets les traitements subis par lui en tant que sujet passif, il commence à comprendre qu'il ne sera pas forcément toujours une victime impuissante, mais qu'il peut faire aux autres ce qu'on lui a fait. Ainsi, grâce au jeu, la souffrance passive de l'enfant peut se tranformer en maîtrise active.

Les événements traumatisants peuvent tout particulièrement être maîtrisés par le jeu. Le petit enfant, par exemple, ne peut pas concevoir que la chirurgie soit indispensable pour sauvegarder sa santé ou sa vie. Il est terriblement menaçant pour lui d'envisager que sa vie puisse être réellement en danger, ou même que sa jambe sera pendant longtemps immobilisée par un plâtre pour que, plus tard, il puisse bien remarcher. Le fait qu'un enfant traverse sans incident dramatique une telle expérience ne prouve pas qu'il l'a acceptée, et surtout pas en tant que condition inévitable de son bien-être. Dans cette situation, il ne peut pas se permettre une attitude d'acceptation, parce que cela impliquerait que l'événement peut se reproduire — pensée trop effrayante pour qu'elle puisse être envisagée. Il lui est beaucoup plus facile d'accepter que la même chose soit nécessaire aux autres, ou à ses jouets, puisqu'ils ne comportent pas la même incidence personnelle. Un enfant peut faire « comme si » son chien en peluche s'était fait mal à la patte ; à moins que la patte ne soit d'abord enveloppée de bandages, la pauvre petite chose ne sera jamais plus capable de courir vite... Ou bien il peut jouer à traiter son petit ours : s'il ne lui soigne pas les dents, il ne pourra plus mordre dans une pomme bien dure et devra se contenter de bouillies et de bananes... Grâce à ces jeux, l'enfant affronte ses propres traumatismes et dissipe lentement la lourde anxiété qui gêne la compréhension de l'expérience. Dès que l'enfant a compris que son ours et son singe avaient vraiment besoin d'une intervention médicale, et qu'elle leur était bénéfique, il se persuade facilement qu'il en est de même pour lui. Mais il doit d'abord être rassuré par ses parents. Ce n'est qu'à cette condition qu'il pourra ensuite rassurer son jouet et le soigner.

La primauté du jeu

Plus l'enfant jouira de la richesse d'invention du jeu sous toutes ses formes, plus il se développera solidement. Quand viendra le temps des jeux de grands, de la classe et du sport, ses premières activités ludiques lui auront déjà fourni une base solide. C'est pourquoi les enfants qui n'ont guère eu l'occasion de jouer, seuls ou avec leurs parents, ont de graves difficultés scolaires. Les parents ne doivent donc pas attendre que leur enfant ait atteint un stade plus évolué pour partager avec lui des activités ludiques. Il serait alors beaucoup trop tard. Le jeu est nécessaire à tous les âges. Le plaisir de jouer aux jeux de grands est fondé sur les premières activités ludiques.

L'enfant maîtrisera plus facilement l'expérience de l'école si, par exemple, il s'amuse à jouer à la « petite classe ». Dès son entrée à l'école maternelle, il peut aligner devant lui sa « ménagerie » et lui faire la leçon. Il peut aussi « enseigner » ses frères et sœurs d'âge préscolaire. Il joue le rôle de la maîtresse, ce qui la rend plus acceptable et compréhensible en tant que personne et en tant que pédagogue et responsable de la discipline. Il pourra plus facilement supporter la relation maître-élève et retirera ainsi un meilleur profit de sa vie scolaire.

S'il joue à la petite classe avec ses parents, ce sera encore plus bénéfique. Ils sont des « élèves » idéaux parce qu'ils prouvent à l'enfant que les adultes eux-mêmes peuvent accepter de se soumettre passivement à l'enseignement sans perdre la face. Mais à défaut de ses parents, il vaut mieux que l'enfant fasse la classe à ses animaux en peluche plutôt qu'à ses frères et sœurs plus jeunes que lui. Si ces derniers se révèlent de très mauvais élèves, s'ils n'apprennent rien, l'enfant qui joue la maîtresse aura un sentiment d'échec ; et s'ils refusent son comportement autoritaire ou impatient, il aura du mal à maîtriser par le jeu ce qu'il vit dans la réalité.

Ici encore, les parents doivent éviter de se conduire en éducateurs conscients. Ils peuvent avoir envie, par exemple, d'aider l'enfant à apprendre la table de multiplication — travail difficile entre tous. « Combien font six fois sept ? » Si l'enfant ne donne pas la bonne réponse, il éprouve un sentiment d'échec.

L'expérience vécue par l'enfant serait toute différente si les rôles étaient renversés. Lorsque l'enfant pose la question, la possibilité d'un sentiment d'échec est écartée ; et après avoir donné plusieurs fois la bonne réponse, le parent peut, étant sûr qu'elle est bien gravée dans la tête de l'enfant, donner une réponse fausse que ce dernier, ravi, s'empressera de corriger.

Ce jeu donne à l'enfant la place du meneur ; grâce à cela, il apprend d'une manière beaucoup plus active ; il n'est plus le fournisseur passif des réponses justes, et le fait de poser des questions est en outre un jeu agréable. Evidemment, le jeu peut quand même être inversé, à condition que le parent ne pose que des problèmes parfaitement assimilés par l'enfant qui, ainsi, ne risquera pas de souffrir dans son amour-propre. J'ajouterai que, avant de la poser, l'enfant doit se concentrer sur sa question et s'assurer qu'il connaît la bonne réponse... c'est beaucoup mieux que d'apprendre mécaniquement la table de multiplication !

Du bon usage du jeu rituel

La presque totalité des activités humaines peuvent être détournées de leur véritable nature pour se mettre au service d'une pathologie défensive ou d'un comportement compulsif. Nous savons que les enfants très névrosés ont recours aux jeux rituels pour se sentir protégés des terribles dangers qui les menacent. Mais il serait faux d'en conclure que telle est la fonction rationnelle et universelle du jeu rituel.

Par exemple, nous nous souvenons tous des rites que nous respections pendant les promenades de notre enfance. Nous marchions tout au bord du trottoir, nous ne posions les pieds que sur certaines dalles, nous rasions de très près les murs sans les toucher ; ou nous devions marcher exclusivement sur les interstices du pavage, ou au contraire les éviter à tout prix. Les variantes sont innombrables... Ces jeux millénaires et universels ont survécu aux empires, aux systèmes sociaux et aux religions. Malgré cela, les jeux rituels spontanés de l'enfance ont été très peu étudiés, et il semble que l'on comprenne très mal leur véritable signification.

La psychanalyse tend à les expliquer comme des efforts compulsifs destinés à réduire l'anxiété, mais cette interprétation — quoique pertinente dans certains cas — ne tient pas compte de l'importance de ce jeu pour les jeunes enfants. Les rites observés par l'enfant quand il marche constituent un phénomène normal et universel, malgré la possibilité d'une élaboration névrotique. Ils semblent simples à première vue mais ont certains aspects remarquables. L'un d'eux est leur apparition constante à un certain âge, sans pression sociale, sans le moindre encouragement des adultes. Tout aussi intéressant est le fait que la plupart des enfants, à un moment précis, renoncent spontanément à ce type de jeu, à l'exception notable des enfants pathologiquement compulsifs qui sont destinés pour la plupart à avoir un comportement obsessionnel à l'âge adulte.

Il est préférable de voir dans ces rites une tentative et une preuve de maîtrise de soi. L'enfant apprend qu'il a un certain contrôle sinon sur le monde extérieur, du moins sur ses actions dans le cadre de ce monde. Les rites de ce genre sont totalement et spontanément inventés par l'enfant. Certains détails peuvent être copiés sur d'autres enfants ou peuvent changer d'un moment à l'autre au gré du marcheur. Ce qui est immuable, c'est que les règles sont décidées par l'enfant et que celui-ci est convaincu qu'en les respectant il obtiendra un résultat « magique ».

Cette dimension « magique » du jeu se situe dans le sentiment éprouvé par l'enfant qu'il est subitement devenu son propre maître, malgré son très jeune âge et toutes les restrictions que lui impose le monde des adultes. Il définit lui-même sa tâche et l'exécute sans l'aide de personne. Quoi de plus magique que d'inventer un jeu tout simple, incompréhensible pour tout le monde, et capable de transformer une vie d'esclavage en une vie de liberté ? C'est un secret merveilleux, d'autant plus passionnant que personne d'autre ne peut le deviner, en particulier les adultes.

Dans la vie réelle de l'enfant, ces activités n'ont rien de « puéril » et sont au contraire les plus mûres de toutes pour cette raison : elles lui permettent d'être maître de son destin. Le sentiment de puissance que l'enfant tire de cette maîtrise de soi acquise par son jeu le persuade aussi qu'il est le maître, d'une certaine façon, de ses propres maîtres, ces adultes qui ne savent même pas ce qu'il est en train de faire. C'est de là que vient cette chanson enfantine anglaise : « Si tu marches sur une fente, tu casses le dos de ta mère ! » Ce qui donne magiquement à l'enfant le pouvoir sur lui-même lui confère en même temps le pouvoir sur ses parents.

17.

JEU ET RÉALITÉ : UN ÉQUILIBRE PRÉCAIRE

> « De tous les êtres humains, ce sont les enfants qui sont les plus imaginatifs. Ils se livrent sans réserve à toutes les illusions. »
>
> T. B. Macaulay, *Milton*

Le jeu est très important pour le développement de l'enfant ; mais les parents avisés n'essaieront pas de mettre au point un programme de jeu soigneusement organisé comme ils le feraient pour un régime alimentaire bien équilibré. Ce qui compte par-dessus tout dans le jeu, c'est la spontanéité et l'autonomie de l'enfant. J'insiste sur ce point parce que la mauvaise interprétation de la signification inconsciente du jeu et le mauvais usage de certaines idées découlant de la psychothérapie infantile par le jeu ont empêché les adultes de prendre le jeu au sérieux, comme il doit l'être si on veut comprendre l'enfant à son niveau.

L'enfant, par exemple, au cours d'un traitement psychologique, peut être invité par le thérapeute, toujours présent, à tirer sur une silhouette avec son pistolet à capsules, et cela pour le débarrasser de son agressivité ou pour découvrir son origine. Si un parent, dans le cadre d'un jeu normal, encourageait son enfant à tirer sur lui ou sur quelqu'un d'autre, il commettrait une grave erreur : il indiquerait à l'enfant qu'il ne prend pas son jeu au sérieux. S'il le prenait au sérieux, au lieu de déranger par son intervention le déroulement du jeu prévu par l'enfant, il se garderait bien de le pousser à manifester d'une façon aussi patente son agressivité contre autrui.

Une autre erreur consiste à considérer que le jeu de l'enfant n'est pas « réel ». En vérité, sur bien des plans, il l'est, et nous devons le respecter comme tel. C'est pourquoi il ne faut pas encourager l'enfant à tirer sur quelqu'un. Mais cette mise en garde ne vise que l'*encouragement,* et nous pouvons très bien donner à un enfant un pistolet à capsules pour qu'il s'en serve comme il l'entend, pour sa protection ou pour des jeux agressifs ; mais c'est lui, et lui seul, qui doit décider du moment, de l'endroit où il s'en servira, et de la façon dont il le fera. Le fait de lui donner le jouet implique que nous lui permettons de l'utiliser comme il le désire ; il implique aussi, et c'est plus important, que nous avons confiance en lui et pensons qu'il utilisera son jouet d'une façon appropriée, et même sagement, selon sa propre perspective.

Soit dit en passant, cela est vrai pour tous les jouets que nous lui offrons. Nous devons admettre qu'il pourra s'en servir à sa guise ; il ne faut jamais lui donner un jouet avec l'idée qu'il jouera obligatoirement avec nous, ou comme l'a prévu le fabricant. Cette attitude non seulement élimine du jeu toute spontanéité, ce qui serait déjà assez grave, mais elle aboutit à exercer un contrôle sur quelque chose qui devrait permettre à l'enfant d'affirmer sa liberté, d'être responsable de lui-même et d'échapper avec soulagement, tant que dure le jeu, à la domination des adultes.

Les enfants ont besoin de se libérer de leur agressivité, au moins grâce aux jeux symboliques, et c'est la moindre des choses qu'ils puissent le faire avec les jouets que nous leur donnons et qui conviennent à ce type de jeu. Si nous poussons l'enfant à jouer d'une manière agressive, nous exerçons sur l'activité un contrôle plus ou moins discret, ce qui, au lieu de le soulager, augmentera son sentiment de frustration, ou son agressivité et en même temps son besoin de la décharger. D'autre part, si son jeu agressif est dirigé contre ses parents — le plus souvent parce qu'il a envie de voir leur réaction — et s'ils ne réagissent pas d'une façon adéquate, ils lui montrent nettement qu'ils ne prennent pas vraiment au sérieux ni son jeu ni lui-même. Si, par contre, ils approchent le jeu en commençant par l'intellectualiser (« laissons-le exprimer son agression ») tout en essayant de le rendre inoffensif (« tu viens de " tirer " sur moi, mais ça ne veut rien dire »), ce comportement détruit tout le sérieux que le jeu a pour l'enfant.

Quand l'enfant « tire » sur ses parents, doivent-ils lui rendre la pareille ? Certainement pas. Les réactions agressives des adultes — que ce soit dans le jeu ou dans la réalité — ne se sont jamais révélées favorables à l'enfant. Toujours est-il qu'il attend une réaction de leur part. Cette réaction, bien sûr, ne doit pas tenir compte du geste, mais de l'intention de l'enfant. L'attitude des parents doit alors être commandée par l'idée qu'ils se font sur le moment des mobiles de l'enfant. Faut-il l'admirer pour son assurance ? Feindre de s'effondrer comme si on était vraiment touché ? Manifester de l'angoisse... ou demander à l'enfant comment il se débrouillera tout seul une fois ses parents disparus ? Cette dernière réaction est certainement l'une des plus efficaces : elle convainc l'enfant que le fait de tirer et de tuer nuit à son bien-être beaucoup plus que ne pourrait le faire un discours théorique sur les méfaits de la violence ou de la guerre.

L'enfant vit dans le présent immédiat et dans l'étroite limite de son expérience directe. Les guerres, même celles dont il voit des images à la télévision, sont très lointaines et n'ont avec lui aucune relation qu'il puisse comprendre. Si nous parvenions quand même à le rendre conscient des tragiques conséquences de la guerre, il en résulterait d'abord pour lui un sentiment accablant d'impuissance. Après tout, en dépit de son âge tendre, il est assez intelligent pour savoir qu'il ne peut avoir aucune influence sur ce qui se passe au loin dans le monde. Mais tirer sur ses parents, c'est quelque chose qu'il peut maîtriser. Presque tous les enfants savent qu'ils peuvent se mettre en colère contre leurs parents ; ils voudraient bien être débarrassés d'eux sur le moment mais ne désirent pas les perdre pour toujours. Ils savent combien ils sont besoin de leurs soins et de leur protection et combien ils souffriraient si leurs parents se retournaient contre eux pour se venger ou s'ils disparaissaient pour toujours.

C'est à la maison que l'enfant apprend ce qu'est l'agressivité. Il comprendra qu'il est très mal de tirer sur les gens et de les tuer si le parent qui vient de lui servir de cible lui demande : « Et maintenant, qui fera chauffer ton lait, qui ira t'acheter des glaces ? » Ce genre de question convaincra l'enfant de la nécessité de maîtriser son agressivité dans son propre intérêt plus sûrement que ne le ferait une description abstraite des horreurs de la guerre.

Quand les enfants jouent entre eux à la petite guerre, la contre-agression est une réaction appropriée à leur âge qui leur fait peu de mal et sans doute beaucoup de bien. L'enfant, en « tirant » sur ses camarades, décharge une partie de son agressivité, mais il accumule aussi beaucoup d'anxiété quand les autres tirent sur lui. Il ne tarde pas à comprendre que, dans la mêlée générale, tout le monde est perdant puisque les tireurs sont aussi des cibles. Mais cette importante leçon ne sert à rien si les parents, pour se montrer « gentils », laissent leur enfant les cribler de balles « pour rire » sans réagir d'une manière judicieuse.

Certains parents réagissent avec excès à ce type de jeu ; ils sont en général inspirés beaucoup plus par leurs propres idées sur l'agressivité que par le souci d'aider l'enfant à maîtriser la sienne en jouant ainsi. C'est également vrai pour d'autres genres d'anxiétés, d'ordre sexuel, par exemple, que de nombreux enfants tentent de calmer par des jeux agressifs. Si on interdit ces jeux, on bloque la soupape de sécurité nécessaire qu'ils procurent.

Certains parents, parce qu'ils ont en horreur la guerre et la violence, interdisent tous les jouets inspirés par le matériel d'armement. Leur pacifisme est très compréhensible, mais en prohibant ces jeux ils n'agissent pas pour le bien de leur enfant mais uniquement à partir de leurs préoccupations d'adultes. Certains d'entre eux ont même peur que ces jeux ne fassent de leur enfant un futur criminel, mais cette façon de penser est très dangereuse sur bien des points.

De même que le fait de jouer avec des cubes ou des camions n'indique pas que l'enfant sera un jour architecte ou chauffeur de poids lourd, de même ses jeux avec des armes-jouets ne laissent rien prévoir de ce qu'il fera plus tard. Ensuite, si, comme on peut raisonnablement l'espérer, ces jeux donnent à l'enfant l'impression qu'il peut se protéger et lui permettent de se décharger de ses tendances agressives, celles-ci ne pourront pas s'accumuler dans l'inconscient et, plus tard, ne chercheront pas à s'exprimer de façon dangereuse. Cette prohibition, en outre, rend l'enfant frustré et furieux parce qu'il voit que ces jouets — par ailleurs vantés par les médias — sont permis à ses petits camarades.

Enfin, l'attitude la plus pernicieuse par ses conséquences est la peur parentale que l'enfant ne devienne un violent, ou même un assassin. Cette idée est beaucoup plus nuisible au bien-être émotionnel de l'enfant que ne peuvent l'être les pistolets à amorces et les mitraillettes en matière plastique. C'est surtout vrai en raison de l'importance pour l'enfant de l'opinion que ses parents ont de lui. Après tout, c'est à travers ses parents que l'enfant se fait une idée de lui-même. S'ils le croient capable de mal tourner au point de devenir un criminel, cette opinion terriblement négative le rendra furieux contre eux et la société, et il sera plus enclin à mettre en acte sa colère, non plus d'une façon symbolique, par le jeu, mais dans la réalité à partir du moment où il aura échappé à l'autorité parentale. Il sait qu'il a fort envie de jouer avec un pistolet à amorces, et si ses parents pensent que cela fera de lui un tueur, l'image qu'il se fait de lui-même, pour le présent et pour l'avenir, est en grand danger d'être gravement déformée. Comme le montre l'exemple de Goethe, le besoin qu'a l'enfant de décharger son agressivité n'a pas grand-chose à voir avec la guerre ni même avec les violences de la rue, mais plutôt avec des événements qui ont lieu à la maison, tels que la rivalité fraternelle ou la rage contre un parent. Si on interdit à l'enfant les jeux qui peuvent servir de débouchés à son agressivité, celle-ci continuera de couver en lui.

Les filles, dans le cadre de la famille, sont aussi exposées que les garçons à toutes sortes de frustrations (rivalité fraternelle, colère contre les parents) et devraient donc pouvoir, elles aussi, décharger leur agressivité par des jeux symboliques qui font intervenir des armes. Cela, en outre, les empêcherait de se sentir frustrées de se voir interdire des activités auxquelles leurs frères semblent prendre tant de plaisir.

Le désir de l'enfant de jouer avec des armes est souvent motivé par le besoin de se protéger symboliquement. Si ses parents l'en empêchent, il se trouve privé d'un moyen de se rassurer par ceux-là même qui sont ses protecteurs naturels.

Il me semble nécessaire de souligner ici qu'il n'y a aucune raison d'imposer n'importe quelle activité ludique aux enfants ni de les encourager, par exemple, à se servir de jouets guerriers. C'est à eux, et à eux seuls, garçons et filles, de décider du moment où ils ont envie de jouer à tel ou tel jeu agressif. Mais quand ils choisissent ce type de jeu, nous devons l'accepter pour ce qu'il est : une activité qui, à ce moment précis, est très importante pour eux et qui n'engage en rien leur avenir. Comme toujours, ce qui importe le plus pour le présent et le futur de l'enfant, c'est la conviction profonde de ses parents qu'il est quelqu'un de très bien et qu'il le restera en grandissant. Cela l'aidera plus que toute autre chose à se sentir si bien dans sa peau qu'il n'éprouvera guère le besoin d'agir agressivement contre autrui.

Comment le jeu peut préparer l'avenir

Plus l'enfant explore sérieusement *toutes* les possibilités qui s'offrent à lui, plus ses parents encouragent *tous* ses efforts, et plus il sera capable, plus tard, de décider de la carrière qui lui convient le mieux. Beaucoup d'enfants limitent spontanément leurs jeux à un seul domaine, ou à quelques domaines voisins, et cela pendant des mois ou même des années. Le choix définitif d'une profession peut en découler ; et s'il en est ainsi, les souvenirs des jeux de l'enfance peuvent ajouter du piment aux activités professionnelles. Mais, le plus souvent, l'entêtement de l'enfant à jouer à un certain jeu vient de ce qu'il a besoin de travailler un problème psychologique ; et quand ce dernier, finalement, est résolu, l'enfant peut passer à une autre activité. Plus tard, quand il entamera une carrière que ses jeux d'enfants ne laissaient pas prévoir, il n'éprouvera aucun regret parce qu'il aura fait son plein des autres activités.

Il est souvent difficile d'imaginer, et impossible de prédire, si la concentration d'un enfant sur un certain type de jeu peut le préparer pour l'avenir. Un exemple : une fille s'entourait depuis l'enfance d'une quantité d'animaux en peluche. Elle passait ses journées à jouer avec eux, à l'exclusion de toute autre activité ludique, à tel point que, quand elle entra à l'école, elle ne s'intéressa à rien... pas même à ce qu'on lui apprenait sur les animaux.

Quand vint l'adolescence, elle conserva soigneusement ses jouets en peluche, mais son intérêt se déplaça : elle se passionna pour les vrais animaux. Elle consacrait tout son temps libre, et même des heures qu'elle aurait dû passer à l'école ou à aider sa mère à la maison, à traîner dans une clinique pour animaux où elle devint bientôt une assistante appréciée. Elle nettoyait les cages et se livrait à d'autres corvées qu'elle n'aurait jamais acceptées chez elle ; elle jouait avec les animaux et les soignait parfaitement.

Comme elle et ses parents le prévoyaient, elle entra dans une école vétérinaire. Mais quand elle fut sur le point de terminer ses études, elle les abandonna brusquement et revint à ses vieilles habitudes : elle vivait en compagnie des bêtes, s'occupait beaucoup d'elles, un peu au hasard, mais toujours soucieuse de leur bien-être.

Quand elle eut trente ans, elle cessa soudain d'être fascinée par les animaux et de se consacrer à eux. Ils avaient fait leur temps... et rempli leur mission. Elle prépara et obtint un diplôme d'assistante sociale et, désormais, se dévoua aux malades. C'est alors qu'elle comprit que sa passion pour les animaux avait été un déplacement : elle ne s'était jamais crue capable de soigner des êtres humains, mais avec les animaux, et après bien des années, elle était venue à bout de son anxiété.

Il est rarement aussi évident que les jeux de l'enfant et les préoccupations de l'adolescent ne sont qu'une préparation à une profession d'adulte. Cependant, dans la vie de nombreuses personnes qui ont eu la chance de pouvoir organiser leur existence, le jeu de l'enfance a contribué pour beaucoup à établir les fondations de ce qui, plus tard, aurait pour elles le plus d'intérêt.

Ce qui compte, quand l'enfant est petit, c'est le plaisir qu'il peut retirer du jeu — non pas en tant que préparation à ses futurs rôles, mais pour ce qu'il signifie sur le moment. Si une activité adaptée à son âge lui procure une grande satisfaction, on peut être certain que, plus tard, il continuera d'aimer ce qu'il fait. Mais pour cela, il faut que ses parents lui confirment l'importance de ses activités ludiques, et ne le découragent pas par une attitude critique qui, le plus souvent, est davantage en rapport avec leur inquiétude sur l'avenir qu'avec ce qu'il est en train de faire sous leurs yeux.

Tous les parents soucieux du bien-être de leur enfant pensent à son avenir, s'efforcent de le préparer et désirent l'aider à atteindre ses objectifs. Mais, de nos jours, beaucoup d'entre eux vont au-delà de cette sollicitude tout à fait normale en lui ajoutant de l'anxiété. Que cette anxiété soit exprimée ouvertement ou gardée secrète, l'enfant en a conscience, et il peut en venir à douter gravement de lui-même ; ce sentiment risque de s'implanter si solidement dans son esprit qu'aucun succès ultérieur ne pourra le déraciner. L'enfant ne peut avoir confiance en lui-même que si ses parents approuvent, dès sa petite enfance, ce qu'il fait. Ce n'est qu'à cette condition qu'il aura conscience de sa valeur personnelle et se sentira en sécurité face à lui-même et à son avenir.

Les jouets en tant que symboles

Seuls les parents, dans certains cas, peuvent intervenir efficacement dans les jeux de l'enfant, et c'est particulièrement vrai pour les jeux qui semblent être en rapport avec son avenir. Le jeu est ancré dans le présent, mais il permet aussi de tenter de résoudre les problèmes du passé, et il est souvent orienté vers l'avenir. C'est ainsi que la petite fille, en jouant avec sa poupée, anticipe une maternité possible et peut mieux affronter les pressions émotionnelles du moment. Si elle est jalouse de son petit frère qui accapare les soins maternels, sa poupée lui permet d'exprimer et de maîtriser ses sentiments ambivalents ; elle élimine une bonne partie de leur aspect négatif en malmenant la poupée, qui représente son rival. De cette façon symbolique, elle peut punir son frère des tourments jaloux qu'elle subit et dont il est la cause innocente. Elle peut aussi satisfaire les éléments positifs de son ambivalence en entourant de sollicitude sa poupée, comme le fait la mère avec l'autre enfant, et se libérer ainsi de son sentiment de culpabilité tout en s'identifiant à sa mère. En outre, elle s'identifie à sa poupée et peut donc, par son intermédiaire, bénéficier des attentions que sa mère prodigue au petit frère. Ces jeux sont donc, de mille manières, intimement liés à la relation que la petite fille entretient avec sa mère.

Il est fort regrettable que les garçons aient rarement l'occasion de jouer à la poupée et soient encore plus rarement incités à le faire. La plupart des parents estiment que les poupées ne sont pas faites pour les garçons, ce qui empêche ces derniers de traiter de cette manière symbolique, si efficace, les problèmes posés par la vie familiale, et en particulier celui de la rivalité fraternelle. Si les parents pouvaient voir avec quelle ardeur les garçons se servent d'une poupée et de sa maison dans le cadre d'un traitement psychanalytique destiné à résoudre leurs problèmes familiaux et à les libérer de l'angoisse qu'ils entraînent, ils n'hésiteraient pas à reconnaître que les poupées conviennent aux deux sexes. Par exemple, les garçons, avec autant d'enthousiasme que les filles, quand ils jouent avec une maison de poupée, sortent de la maison le personnage représentant leur frère ou leur sœur ; mettent la figurine symbolisant un parent sur le toit ou l'enferment dans la cave ; installent sur les toilettes le personnage qui les représente eux-mêmes ou lui font salir la maison. De mille façons, ils visualisent et mettent en actes les problèmes familiaux qui les préoccupent, et se rendent capables de mieux les affronter.

Certains parents, et surtout les pères, pensent que le jeu de poupée est contraire à la virilité, ce qui est absolument faux. Une bonne partie des expériences passées du garçon — et il en est de même pour les filles —, telles que l'alimentation, les bains, l'apprentissage de la propreté, peuvent être maîtrisées très efficacement en jouant à la poupée ou avec l'ameublement de la maison de poupée — la baignoire et les toilettes, par exemple. Et quand un petit garçon entoure de soins une poupée, il se prépare certainement à sa future vie de père.

Les parents seraient également rassurés de voir comment s'y prend le garçon qui joue à la poupée. A moins d'avoir déjà opté pour la féminité en raison d'une névrose, il a une attitude très différente de celle des filles. Son approche est nettement très masculine : plus agressive, plus manipulative.

Les jouets considérés comme typiquement masculins, tout en donnant à l'enfant l'occasion de régler des problèmes du moment et d'anticiper l'avenir, sont beaucoup moins adaptés que les poupées au traitement des difficultés du passé. Si les parents ne voyaient aucun inconvénient à ce que leur fils joue à la poupée, ils lui fourniraient une occasion inestimable d'enrichir sa vie ludique. Mais il ne suffit pas qu'ils s'abstiennent de s'opposer à ce jeu ; pour qu'il profite vraiment à leur fils, les deux parents doivent lui montrer qu'ils estiment tout à fait normal qu'un garçon ait les mêmes jeux qu'une fille.

Quand une mère voit avec plaisir sa fille jouer à la poupée, l'encourage à le faire ou participe au jeu, elle se sent impliquée à différents niveaux. Elle peut revivre certains aspects des jeux de son enfance et se souvenir de l'attendrissement de sa propre mère quand celle-ci la voyait jouer à la poupée, tout en étant consciente maintenant de cette même émotion qu'elle éprouve devant sa fille. Cette dernière est sensible à cette émotion ressentie consciemment et inconsciemment par sa mère et se sent intimement plus près d'elle.

L'identification parentale

Bien d'autres aspects des jeux de leur enfant peuvent toucher profondément les parents, par les souvenirs et les sentiments qu'ils raniment, particulièrement quand l'activité de leur enfant leur rappelle qu'ils ont joué avec le même jouet et qu'ils se sont amusés de la même façon. Plus l'enfant grandit, plus ses jeux font écho non seulement à des expériences vécues par ses parents pendant leur enfance, mais aussi à ses passe-temps actuels. Par exemple, l'adolescent qui joue sérieusement une partie d'échecs vit une expérience très semblable à celle de son père ou de sa mère quand ils se livrent à la même activité. Quand ils partagent avec empathie les joies et les peines éprouvées par leur enfant sur les terrains de sport ou à l'école, les parents revivent ce qu'ils ont connu dans les mêmes circonstances ; cela est vrai quelques années plus tard, quand l'adolescent passe par toutes les émotions de son premier amour. Mais l'adolescent est trop distinctement lui-même pour que ses parents puissent s'identifier à lui comme ils pouvaient le faire quelques années plus tôt.

C'est seulement pendant les premiers stades de la formation de la personnalité, c'est-à-dire à l'âge où la petite fille joue le plus intensément avec sa poupée, que la mère peut imaginer que sa fille est comme elle quand elle avait le même âge, et que l'enfant évoluera vers la maternité en évitant les pièges et les dangers qu'elle-même, la mère, n'aura peut-être pas pu esquiver. Les parents savent que leur enfant aura plus que probablement une vie différente de la leur, et que ce n'est que pendant sa petite enfance qu'ils peuvent pleinement s'identifier à lui et revivre par ses jeux leur propre enfance.

Cette identification positive par les jeux était certainement plus facile quand les activités des garçons et des filles répétaient celles de leurs parents. Par exemple, le fait de jouer avec un cheval à bascule — jeu très ancien, comme la poupée — avait une signification totalement différente à l'époque où les chevaux étaient le mode principal de transport et de traction, sans parler de leur rôle dans les guerres. L'enfant, sur son cheval, imitait, à son échelle, une activité adulte importante et ses parents savaient que son jeu le préparait à cette activité. Aujourd'hui, l'équitation n'est plus qu'un sport de loisir, ce qui lui ôte toute signification vraiment sérieuse. Les parents acceptent le fait qu'il est très peu probable que leur enfant suivra leurs traces.

Quand l'enfant est plus grand, les choses sont quelque peu différentes. Quand ils voient leur enfant manipuler un mini-ordinateur ou jouer d'un instrument de musique, les parents peuvent agréablement fantasmer sur son avenir. Mais pour la plupart des parents, ce sont les bons résultats scolaires de l'enfant qui préfigurent sa future réussite. C'est pour cette raison (sans se rendre compte vraiment de leurs motivations) qu'ils poussent leur enfant à acquérir des connaissances scolaires beaucoup trop tôt, dès la maternelle, et même avant! Ils pensent lui faciliter ainsi ses débuts dans les grandes classes... mais comme pour tout, dans la vie, il y a un temps pour chaque chose. Si nous poussons un petit enfant à travailler intellectuellement, il est presque certain que nous obtiendrons le contraire de ce que nous espérions. Pour la plupart des enfants, il ne convient pas de leur apprendre à lire et à calculer avant six ou sept ans. Leur intellect peut être stimulé beaucoup plus tôt, mais cela ne peut être bénéfique que si c'est fait d'une manière appropriée à leur âge.

En poussant leur enfant à apprendre, les parents anticipent sur ses succès scolaires futurs; le plaisir qu'ils tirent de ces idées efface les inquiétudes qu'ils pourraient avoir. Le plus ennuyeux est que les efforts demandés à l'enfant sont prématurés et, par conséquent, inefficaces. Certes, la plupart des petits enfants peuvent apprendre à lire, à écrire, à compter, à effectuer des calculs très simples, mais ces activités n'ont pour eux aucune signification intrinsèque, à part le fait qu'elles font plaisir à leurs parents. Il en résultera probablement que ces mêmes activités continueront d'être dénuées de sens. Et pourtant, seule la signification intrinsèque motivera l'enfant à s'appliquer au type d'enseignement qu'il recevra à l'école primaire et au lycée. Quand l'enfant est poussé trop précocement à travailler intellectuellement, il ne le fait que pour plaire à ses parents. Plus tard, quand il entrera en conflit avec eux, il sera tenté de les faire souffrir par des échecs scolaires. Mieux vaut donc attendre que son intellect soit suffisamment développé. Alors, ce qu'il apprendra aura pour lui une signification intrinsèque considérable.

Les parents qui veulent inculquer prématurément à leur enfant des notions de discipline scolaire tentent de le faire sous forme de jeux, mais ce n'est pas du tout un jeu pour l'enfant dont le seul plaisir est de voir que ses parents s'occupent de lui. Ils s'identifient inconsciemment à leur enfant à tel point qu'ils ne peuvent pas imaginer que ce qui leur fait plaisir — par exemple les progrès de l'enfant — pourrait avoir un effet tout différent sur ce dernier. Ce même phénomène explique pourquoi d'autres parents poussent leur enfant à réaliser des prouesses sportives. La joie sincère qu'ils éprouvent les empêche de comprendre que l'enfant, tout en étant heureux de faire plaisir à ses parents, subit une tension trop forte, se fatigue et s'angoisse à l'idée d'un échec possible. Il doit alors faire face à ce dilemme : il en veut à ses parents de lui imposer une telle pression, mais son désir de leur faire plaisir est si intense qu'il ne peut pas se permettre de leur faire connaître ses véritables sentiments.

Les parents qui ne croient pas que le plaisir de leur enfant ne puisse pas être égal au leur risquent de lui poser de sérieux problèmes. Les enfants aiment être lancés en l'air et rattrapés au vol... jusqu'à un certain point. Il faut que ce soit fait avec modération et beaucoup de prudence, et pas trop longtemps. Dans ces conditions, le jeu indique à l'enfant qu'il peut sans danger perdre momentanément contact avec ses parents et qu'ils sont capables de retourner une situation qui pourrait devenir dangereuse. Mais certains parents se laissent emporter par *leur* plaisir et sont incapables d'imaginer que ce jeu, si amusant pour eux, puisse déplaire à leur enfant et même l'effrayer. En effet, il n'est pas rare que l'enfant, après avoir beaucoup ri, se mette à pleurer.

Passons maintenant à un jeu du même genre où un parent lutte ou boxe avec son enfant. Le premier croit fermement que l'autre s'amuse autant que lui. Mais le plaisir de l'enfant se mêle à un sentiment d'impuissance, de faiblesse et à la peur de voir l'adulte abuser de sa force et de sa domination. Ici encore, ce qui est au début une expérience amusante devient insupportable pour l'enfant accablé par un sentiment d'infériorité. Le parent sait qu'il n'abusera pas de sa force et croit que l'enfant pense de même. Mais ce n'est pas le cas. Tout ce que sait l'enfant, c'est qu'on lui en demande trop !

C'est pourquoi, pour le plus grand bien de tous, il est préférable que les parents ne participent qu'à des jeux que leur enfant a lui-même choisis.

Les parents qui s'investissent positivement dans les jeux de leur enfant lui donnent le sentiment rassurant que plus tard, quand il sera grand, il sera capable d'affronter avec succès les tâches de la vie d'adulte. Cette confiance naît au moment où l'enfant sent qu'il joue bien et que la satisfaction de ses parents y est pour beaucoup.

Il n'y a pas tellement longtemps, quand une petite fille jouait à la poupée ou à la maîtresse de maison, elle était très proche des activités qui emplissaient la vie de sa mère et de ce que ses parents attendaient d'elle pour l'avenir. Aujourd'hui, étant donné que la majorité des femmes des pays développés travaillent hors de chez elles, cela a cessé d'être vrai ; et c'est encore moins vrai pour les garçons qui jouent avec des soldats, des camions ou des trains miniatures.

Dans leurs jeux typiquement masculins, les garçons manipulent habilement des jouets qui représentent des objets (voitures, avions) et le font agressivement, alors que les filles jouent plutôt avec des jouets qui représentent des personnes (poupées). Les garçons risquent donc de se perdre dans les abstractions et de se relier au monde d'une façon agressive. Mais c'est loin d'être inéluctable. Les petits garçons, pour la plupart, se comportent avec autant de tendresse que leur sœur quand ils habillent et déshabillent leur ours en peluche, le baignent et le mettent au lit. Et si les parents se montrent affectueux, même quand leur fils joue d'une manière agressive, leur attitude aimante déterminera chez l'enfant une réaction semblable.

Je crois donc que ces caractéristiques ne sont pas totalement ni même principalement reliées au sexe de l'enfant, mais qu'il s'agit fondamentalement d'une question de conditionnement culturel. Par imitation de sa mère, le jeu de la petite fille est beaucoup plus orienté vers le souci d'autrui, et ce sont les interactions personnelles qui déterminent la nature d'une grande partie de notre réalité quotidienne. De plus, en raison des conditions de la vie moderne, la petite fille a beaucoup plus d'occasions d'observer sa mère dans ses activités de maman et de ménagère — même si elle ne le fait qu'en rentrant de son travail — que n'en a le petit garçon d'observer son père dans ses activités professionnelles et d'y participer. Le fait d'aider son père aux corvées domestiques du week-end ou d'aller avec lui à la pêche ne peut se comparer en intensité et en importance avec le fait d'observer sa mère tous les jours, ou au moins tous les soirs, et de la seconder. En l'absence de la mère, la petite fille peut éventuellement avoir sous les yeux le travail de la femme de ménage ou de l'aide ménagère. En recréant par le jeu ce que fait sa mère et en l'aidant dans la réalité, la fille bénéficie d'une série d'expériences qui lui permettent de s'enraciner solidement dans la réalité quotidienne de la femme et de se préparer à affronter ses exigences.

Plus l'enfant envisage le travail de ses parents comme quelque chose de significatif à un niveau compréhensible pour lui — de préférence d'après son propre vécu —, plus il imitera par ses jeux ce qu'il estime être des aspects importants de la vie de ses parents. Les enfants savent par expérience combien est important le travail de certains adultes, tels que les enseignants, les médecins, les infirmières. Ceux dont les parents ont d'autres métiers que ceux-là joueront quand même au docteur et à l'infirmière, en partie parce que cela leur donne l'occasion de découvrir le corps du « malade », en partie à cause de l'importance que ces professions ont pour eux quand ils sont malades. Tous les enfants aiment ces jeux, mais si l'un des parents ou les deux exercent ce type de profession, le jeu sera encore plus important pour les parents comme pour les enfants parce qu'il facilitera leur identification mutuelle.

Il faut souhaiter que l'évolution de la société et les progrès technologiques — je pense surtout aux ordinateurs — permettront aux parents de travailler davantage à la maison. Alors leur travail, que la plupart des enfants connaissent par ouï-dire, deviendra pour eux plus réel; en même temps, la vie des parents et celle des enfants deviendront dans leur totalité une réalité pour les uns et pour les autres. Grâce à cela, espérons-le, les parents pourront mieux comprendre et accepter le fait que le monde ludique de leur enfant est aussi réel et aussi important pour lui que l'est pour eux le monde du travail, et qu'il faut donc lui accorder la même dignité.

18.

LES PARENTS ET LE JEU : DEUX POIDS, DEUX MESURES

> « Les enfants commencent par aimer leurs parents ; après un certain temps, ils les jugent ; ils ne leur pardonnent que rarement, pour ne pas dire jamais. »
>
> Oscar WILDE,
> *Une femme sans importance.*

Les parents sont certainement heureux de voir leur enfant jouer. Mais sont-ils aussi heureux de participer à leurs jeux ? Si le jeu de l'enfant est agréable au parent parce qu'il lui permet avant tout de continuer ses activités d'adulte sans se reprocher de négliger son enfant, celui-ci ne tarde pas à s'en rendre compte. Il apprend vite que le jeu lui-même n'a guère d'importance pour ses parents et que l'essentiel est de ne pas être dans leurs jambes. Résultat : il se sent diminué, tire moins de plaisir de son jeu et ce dernier est moins apte à développer son intelligence et sa personnalité.

Ce que pensent vraiment les parents des jeux de leur enfant est indiqué beaucoup plus par leur comportement que par leurs paroles. Le fait est qu'ils manifestent beaucoup d'inconstance. Parfois, tout va bien : les parents ne font rien de particulièrement important, l'enfant leur demande de jouer avec lui, et ils acceptent, du moins pour un moment. Mais si les parents sont accaparés par un travail qui demande de l'attention, ils répondent généralement : « Pas maintenant, je suis très occupé. » S'ils sont de bonne humeur, ils peuvent accompagner leur refus d'une excuse ou d'une promesse... pas toujours tenue. Les parents ont tendance à penser que, si l'enfant ne revient pas à la charge, c'est qu'il a résolu son problème ou qu'il l'a oublié. Mais quand on dit à l'enfant : « Dans quelques minutes », il a l'impression qu'on l'envoie promener, et il n'a pas du tout envie d'essuyer une nouvelle rebuffade en répétant sa demande.

Devant cette attitude, l'enfant pense souvent que ses activités ont rarement autant d'importance pour ses parents que les leurs. Il n'y a pas de mal à cela : si les deux parties sont très occupées, pourquoi les parents laisseraient-ils tout tomber pour rejoindre leur enfant ?

La situation est différente, bien sûr, s'il y a un cas d'urgence ; les parents volent alors automatiquement au secours de leur enfant. Cette réaction est très importante pour que l'enfant se sente en sécurité, et les parents doivent répondre ainsi, même s'ils pensent que la situation est moins critique que ne le juge l'enfant ; celui-ci renforce son sentiment de sécurité, et sa relation à ses parents y gagne beaucoup.

Mais que se passe-t-il quand, l'enfant étant engagé dans un jeu passionnant, ses parents l'appellent pour sortir avec lui, pour accueillir un visiteur ou pour se mettre à table ? Sa réponse sera sans doute semblable à celle que nous donnerions dans une situation analogue : « Pas maintenant. Je suis occupé. » Les parents respecteront-ils cette réponse comme ils espèrent que l'enfant honorera la leur ? Ou insisteront-ils : « Viens ici tout de suite » ? Dans ce cas, ils réussissent une fois de plus à convaincre l'enfant qu'ils ne prennent pas au sérieux ses activités, en particulier quand elles gênent leurs projets.

Bien que ce ne soit pas un critère idéal, beaucoup de personnes jugent leur valeur et celle des autres en se fondant sur ce qu'ils font. Si l'activité est estimée importante, la personne l'est aussi. Cette appréciation est injuste et ne tient pas compte de bien des choses : un individu doit être jugé sur la base du type d'être humain qu'il est et non pas en raison de sa profession ou de son statut social. Mais comme la plupart des adultes évaluent autrui et eux-mêmes de cette façon, comment pourrait-on espérer que les enfants se comportent autrement ? C'est peut-être une manière immature de juger une personne, mais l'enfant *est* immature ; il n'a pas encore développé une idée claire de « ce que je suis » comme distincte de « ce que je fais »... et il n'est pas sûr du tout de la valeur de ce qu'il fait. Si ses activités sont jugées sans importance, il a souvent l'impression d'être apprécié personnellement de la même façon. Par conséquent, l'attitude parentale à l'égard du jeu de l'enfant influencera fortement les sentiments qu'il éprouvera plus tard sur sa capacité d'être important et de faire des choses valables.

Si les parents prenaient vraiment les jeux de leur enfant aussi sérieusement que leurs propres occupations, ils détesteraient les interrompre, de même qu'ils détestent être dérangés dans leur travail. C'est une simple question de logique et de justice ; et quand ils respectent ainsi le jeu de leur enfant, ils lui font sentir qu'il s'agit bien d'une activité très importante dans le cadre de la vie familiale.

Tout cela ne veut pas dire que les parents prennent toujours le jeu à la légère. Après tout, ils tiennent à ce que leur enfant s'amuse ; ils lui achètent des jouets, le conduisent aux terrains de jeux. Malheureusement, la plupart d'entre eux s'intéressent d'une façon très sélective à certains aspects seulement du jeu de leur enfant, et il s'agit presque toujours d'activités qui ne l'attirent qu'à un âge plus avancé. Mais les attitudes fondamentales se forment très tôt, et l'enfant devenu plus grand peut déjà souffrir des conséquences du fait que ses jeux précoces ont été pris à la légère. Par exemple, quand un père joueur d'échecs et son enfant sont au milieu d'une partie intéressante au moment où la mère leur demande de venir à table, aucun des deux joueurs ne répond avec empressement. Le père, qui participe pleinement au jeu parce qu'il est personnellement intéressé, comprend parfaitement combien il est important, mais son attitude sera totalement différente s'il n'est impliqué dans le jeu qu'en tant que parent et non en tant que partenaire actif. Dans le premier cas, il dira à l'enfant d'interrompre son jeu et d'obéir à sa mère ; dans le second, il se mettra du côté de son enfant et fera patienter la mère. L'enfant est conscient de cette différence et se décourage en voyant que ses parents prennent rarement son jeu au sérieux, et surtout quand ils s'y intéressent personnellement sans tenir compte de sa préférence.

Un engagement partagé

Ce que cherche à acquérir l'enfant par ses jeux de désorientation (comme « colin-maillard », dont il a été question plus haut) a cessé d'être important pour les adultes qui ont depuis longtemps maîtrisé ce type de confusion. Ils ne peuvent donc pas éprouver eux-mêmes la profonde satisfaction que leur enfant tire de ces jeux qui l'aident à résoudre des problèmes existentiels. Mais si les parents comprennent vraiment ce que ces jeux représentent pour lui, ils peuvent alors participer indirectement à son plaisir, et respecter son besoin de résoudre les problèmes qui le tourmentent, tels que la permanence des objets et les intentions d'autrui ; et ces énigmes de l'âge ludique ne se limitent pas à la prime enfance.

Encourager l'enfant à jouer est une très bonne chose, mais il n'est pas bon que les parents le fassent par devoir. Jouer parce qu'il le faut, ce n'est pas la même chose que s'investir sincèrement dans le jeu de l'enfant et en comprendre l'importance. Cette confusion sur l'intention des parents est précisément ce qui gâche en grande partie le jeu de l'enfant. Beaucoup d'adultes, parents ou enseignants, ont tendance à jouer avec les enfants pour des raisons extérieures au jeu, par exemple pour les distraire, les éduquer, les guider ou pour établir un diagnostic. Mais ce n'est pas ce que désire l'enfant. Si le jeu en lui-même n'est pas l'élément principal de l'activité, il perd beaucoup de sa signification pour l'enfant, et la participation de l'adulte devient déplaisante ; l'enfant sent très bien que l'adulte cache ses véritables intentions et « fait semblant » de participer de tout cœur au jeu.

L'utilisation des jouets éducatifs, si chers au cœur de la plupart des parents, peut nous servir d'exemple. Ces jouets n'ont rien de répréhensible *si* les parents pensent avant tout au plaisir de l'enfant. Leur usage devient douteux quand les parents insistent sur la leçon que l'enfant est supposé en tirer. Et ces jouets deviennent véritablement redoutables quand l'enfant n'a pas le droit de s'en servir comme il en a envie et doit se soumettre à la volonté de ses parents, du maître ou du fabricant.

Il est surprenant de voir ce qu'un petit enfant peut apprendre en jouant par exemple avec le cylindre en carton des rouleaux de papier hygiénique avec des boîtes vides. Autrefois, quand le fil à coudre était enroulé sur des bobines en bois, les jeunes enfants se servaient de ces bobines pour faire des assemblages, et ils en tiraient autant de plaisir et de leçons qu'aujourd'hui avec des jeux de construction très sophistiqués. A vrai dire, les bobines leur apportaient quelque chose de plus, car ils savaient qu'elles jouaient un rôle important dans les travaux de couture de leur mère. Ces objets avaient de la valeur pour l'enfant et son parent, alors que les cubes ne sont importants que pour l'enfant.

Certains parents, qui consacrent leurs loisirs à des travaux manuels, façonnent des jouets pour leur enfant et répètent ainsi ce que leurs parents ou grands-parents faisaient par nécessité. Ce faisant, ils s'investissent émotionnellement dans le jouet créé de leurs propres mains. Ils éprouvent un énorme plaisir non seulement en le fabriquant mais aussi en imaginant comment leur enfant en tirera parti.

D'autres parents font participer l'enfant à la production des jouets. Il les aide, par exemple, à recueillir des chutes de bois, à choisir la forme qu'ils leur donneront. Ils poncent ensemble le jouet, le peignent, le vernissent, et d'autres enfants peuvent être invités à se joindre à eux. A partir de là, ces jouets en bois ont un sens très particulier pour l'enfant et son parent. Aucun objet acheté dans le commerce ne peut se comparer en importance avec ces exemples visibles et tangibles de l'investissement de l'enfant et du parent dans un jouet.

Ce qui compte, ici, c'est ce qui est vécu en commun. L'investissement émotionnel crée un lien qui peut compenser le fait que les deux parties ne sont pas motivées de la même manière par le jouet.

Quand les parents deviennent des éducateurs conscients

Par ailleurs, cet investissement commun dans le jeu peut très bien fonctionner pendant un certain temps pour ensuite se détériorer à cause du comportement de l'adulte, comme le montre l'histoire suivante. Un père collectionnait avec passion les timbres-poste. Son petit garçon était fort intrigué par la concentration avec laquelle il manipulait ses timbres, et le père, remarquant l'intérêt de l'enfant, l'encouragea à commencer une petite collection. Pendant que l'adulte travaillait à son bureau avec ses timbres, l'enfant, à ses pieds, jouait sur le sol avec les siens ; il élaborait des fantasmes autour d'eux, convaincu que ce qu'il faisait était aussi important que ce que faisait son père. Il était heureux d'être et d'agir comme lui, et cela constitua la partie heureuse du souvenir qu'il garda toute sa vie de cette période.

Mais, au bout d'un certain temps, le père voulut que son enfant prenne au sérieux ce qui n'était jusqu'alors qu'un jeu très amusant et apprenne les secrets et la science des collections de timbres. Ce fut un choc et une déception terribles pour le petit garçon qui croyait fermement que ce qu'il faisait jusqu'alors était très sérieux. Il lui était désormais interdit de fantasmer en arrangeant ses timbres à sa façon, et il devait les classer d'une manière systématique, comme son père. Ce qui avait été un lien solide entre le père et le fils devint rapidement une source de conflits. En exigeant de son enfant une manipulation « correcte » de ses timbres, le père en demandait beaucoup trop à sa jeune patience et lui supposait un savoir qu'il était loin de posséder.

Tant que le garçon tissait librement ses rêves éveillés et que le père se concentrait sur ses timbres, ils pouvaient l'un et l'autre tirer un grand plaisir de leurs activités parallèles. Mais quand le père voulut que son enfant se conduise en adulte, leur relation changea du tout au tout. L'enfant pensait avec raison qu'il ne pourrait jamais satisfaire les exigences de son père, et ce dernier était désolé de voir que son fils était incapable de commencer dans les règles une « vraie » collection de timbres. Des dizaines d'années plus tard, le fils était encore très triste quand il pensait qu'une activité commune, source d'un lien profond et durable entre lui et son père, avait abouti à une mésentente et à une grave déception.

Bien des parents, comme le père de cette histoire, répondent aux questions de leur enfant par une abondance de détails techniques destinés en principe à développer son intelligence et ses connaissances, au lieu de l'aider à trouver une compréhension et un savoir-faire adaptés à son âge. L'enfant désire certainement acquérir des compétences, mais il ne peut le faire qu'à son heure, petit à petit et à sa façon. Sinon, l'insistance parentale ne peut qu'aigrir l'intérêt qu'il portait spontanément à une activité agréable.

Le vrai drame — qui se répète dans la vie de l'enfant beaucoup plus souvent que ne le pensent les parents — vient de ce que les intentions du père de notre histoire étaient bonnes : il voulait que le fait de collectionner les timbres devienne quelque chose que son fils et lui pouvaient partager. Le garçon, lui aussi, était motivé par le désir d'avoir une occupation qui l'attacherait plus intimement à son père ; mais quand ce dernier lui donna l'impression que ce qu'il faisait n'avait aucune valeur, il fut profondément déçu de ne pas pouvoir être à la hauteur de ce que son père attendait de lui.

Ils continuèrent de s'occuper ensemble des timbres, mais pendant un temps très court. Le père se sentait frustré parce que ses efforts avaient pour seul résultat de détériorer leurs relations ; le fils était encore plus frustré parce qu'il était privé de ce qui avait été le plus grand plaisir de sa vie.

Des années plus tard, après la mort de son père, le fils réussit mieux que lui dans sa profession. Mais il devait encore lutter contre un sentiment d'infériorité qui ne pouvait venir, il en était certain, que de cette expérience destructrice de son enfance. Jamais, depuis, il n'avait pu avoir confiance en lui-même quand il pensait avoir bien agi. Dans ses souvenirs se mêlaient le regret du paradis perdu à cause de l'attitude autoritaire de son père et son ressentiment d'avoir été brusquement critiqué et minimisé.

Nous aimerions tous croire que nos enfants, plus tard, se rappelleront que nous nous sommes efforcés de leur apprendre à bien faire les choses. C'est d'ailleurs cet espoir qui incite les parents à se comporter en éducateurs conscients, comme le faisait le père de notre exemple. Mais étant donné le sentiment d'insécurité qu'éprouvent tous les enfants, il est malheureusement probable que la souffrance provoquée par la critique parentale laissera des traces beaucoup plus profondes et durables que les efforts consciencieux des parents tendant à apprendre à leur enfant à « faire les choses comme il faut ».

Ce qui s'est passé à propos d'une collection de timbres peut se produire dans un grand nombre de situations différentes, par exemple quand un père prend en main l'entraînement de son fils dans le cadre d'une équipe de minimes. L'enfant y perdra certainement quelque chose : le plaisir de jouer. Paradoxalement, les bonnes intentions du père ne peuvent que compromettre le développement harmonieux de son enfant. Cette mésentente entre parents et enfant, qui commence à l'occasion des activités ludiques, peut aboutir plus tard à ce que l'on a appelé le « conflit des générations ». Et ce conflit peut se produire avec des parents qui sont convaincus d'avoir évité un clivage entre eux et leur enfant en lui apprenant ce qu'il voulait apprendre... et il est certain qu'il désire apprendre, mais à son propre rythme. L'enfant, dans ses fantasmes, veut faire exactement la même chose que ses parents, mais ces fantasmes sont très loin de la réalité. L'enfant ne peut pas comprendre cela, mais les parents le devraient.

Il y a toujours eu, et il y aura toujours, des situations de jeu où les adultes ne peuvent partager pleinement le plaisir que l'enfant tire de l'activité elle-même. Il est évident que les parents ne peuvent pas éprouver le même plaisir que leur bambin quand il fait tomber des centaines de fois une bille dans son biberon ou qu'il parcourt la maison en tirant son camion, comme s'il s'agissait d'une activité extrêmement importante — ce qu'elle est effectivement à ses yeux. Dans ces situations, seuls notre appréciation de cette importance et le plaisir que nous procure la joie de l'enfant peuvent combler le fossé qui nous sépare de lui.

D'une certaine façon, toutefois, il n'y a guère de différence entre les jeux inlassablement répétitifs d'un enfant et l'obstination de l'adulte qui lance et relance sa ligne dans l'eau et dont le comportement (pour les non-initiés) peut sembler stupide et monotone. En quoi la pêche au lancer — activité par ailleurs passionnante pour l'amateur — diffère-t-elle des jeux répétitifs de l'enfant ? L'adulte cherche certainement à acquérir la meilleure technique possible et à approfondir sa connaissance de l'art de la pêche. Mais l'enfant, à son niveau, cherche lui aussi à améliorer sa technique ; et, pour lui, le fait de tirer ou de pousser son camion de telle ou telle manière est aussi passionnant que, pour l'adulte, les différentes façons de lancer sa ligne.

Peut-être devrions-nous avoir en tête cette analogie quand nous observons un jeu qui nous semble monotone. Nous pourrions alors penser à l'importance qu'ont pour les adultes certains comportements répétitifs... à propos desquels nous parlons « sport » de préférence à « jeu ». Quand nous voyons jouer notre enfant, nous devons pour le moins nous réjouir de son plaisir, de son intelligence, de sa persévérance, ou de son charme. Cette attitude positive augmentera le plaisir de l'enfant, ravi de voir que nous approuvons son jeu et ses efforts. Malgré les différences de leurs pensées, l'enfant et ses parents auront ainsi une expérience émotionnelle commune qui, bien entretenue par de nombreuses expériences, durera toute leur vie.

Jouer ensemble

Malgré tout ce qui vient d'être dit, il est évident que les parents ne peuvent pas être en permanence en empathie directe avec les activités ludiques de leur enfant. Mais si les parents comprennent et acceptent qu'il existe des divergences entre l'enfant et eux, ils peuvent certainement prendre conscience des besoins, des anticipations et des désirs qu'il exprime par le jeu. Et plus les parents s'impliquent émotionnellement dans le jeu, plus le jeu bénéficie à l'enfant et à leur relation.

Presque toutes les mères se souviennent avec plaisir des fantasmes qu'elles mettaient en actes avec leur poupée : combien elles pouvaient être tour à tour très tendres avec elle ou se mettre en colère et la rudoyer. La mère qui est dans ce cas offrira à sa fille des poupées et de quoi les habiller, mais combien d'heures passera-t-elle à jouer à la poupée avec son enfant ? Les mères, de nos jours, se croient trop occupées pour pouvoir perdre leur temps à jouer. Ce faisant, elles se refusent des expériences qui, si elles s'y intégraient vraiment, leur sembleraient vite plus importantes que ce qu'elles auraient pu imaginer. Par exemple, la mère qui prendrait le temps de jouer avec sa fille serait à coup sûr fascinée par les histoires qu'elle invente autour de sa poupée, et elle aurait peut-être l'occasion de découvrir ou de redécouvrir des aspects de sa propre enfance. La comparaison de ses fantasmes d'enfant et de ceux de sa fille lui apprendrait beaucoup de choses sur celle-ci. Il est très regrettable que tant de mères aient oublié si totalement la joie immense qu'elles éprouvaient quand leur propre maman acceptait de jouer avec elles, et leur sentiment d'abandon quand elle refusait.

Nous avons ici un aspect très important du jeu, et qui est souvent négligé : le rapport de l'enfant à son jeu devient très différent s'il peut partager son activité avec un adulte capable de se souvenir de ce qu'il éprouvait avec le même jeu pendant son enfance. La plupart des enfants ont de multiples occasions de jouer seuls, ou avec d'autres enfants, soit spontanément, soit d'une façon organisée à l'école maternelle ou sur les terrains de jeu. Malheureusement, à la maison, la télévision prend la place du jeu. Les parents, même ceux qui se posent des problèmes à propos de la télévision, oublient de se demander pourquoi leur enfant semble fasciné par elle. La raison de cette fascination est très simple : c'est le désir de l'enfant d'échapper à la solitude et d'être en contact avec des personnages imaginaires quand les personnes réelles ne sont pas disponibles. A moins que ses rapports avec ses parents soient gravement perturbés, ou qu'il ait de grandes difficultés à se relier à autrui, n'importe quel enfant préférerait avoir des interactions avec des êtres en chair et en os, et dans un cadre réel, plutôt qu'avec les images qui bougent sur le petit écran. Les jeux solitaires vers lesquels les parents poussent souvent leur enfant pour le détourner de la télévision ne peuvent pas satisfaire ce besoin.

Quand les gens qui ont grandi avant que la télévision ne s'installe dans tous les foyers reviennent en arrière par la pensée, ils se rendent compte qu'ils étaient capables de combler leurs moments de liberté avec des jeux et se demandent pourquoi les enfants, aujourd'hui, semblent incapables de le faire et se tournent vers la télévision ; mais ils oublient en général de se demander ce qu'ils auraient fait si la télévision avait existé chez eux. Selon toute probabilité, faute de pouvoir avoir des échanges avec des personnes réelles, ils auraient abandonné leurs poupées et leurs soldats de plomb pour regarder le petit écran.

Maintenant que les enfants entrent de très bonne heure à l'école maternelle où ils ne manquent pas d'occasions de jouer, pourquoi ne compensent-ils pas par ces jeux ceux qu'ils ne partagent pas avec leurs parents ? La réponse est évidente : parce que ces autres camarades de jeux ne sont pas leurs parents ! Rien de ce que peut dire ou faire n'importe quelle personne ne peut se comparer en importance, pour l'enfant, à ce que disent et font ses parents. Le jeune enfant ne peut pas s'empêcher de chercher l'approbation parentale qui est pour lui le meilleur moyen de renforcer son amour-propre. Par contre, rien ne le désespère autant que leur indifférence ou leurs critiques systématiques. Plus l'enfant est jeune, plus c'est vrai. Par conséquent, pour que les jeux de l'enfant lui semblent vraiment importants et intéressants, il faut que ses parents y participent d'une manière ou d'une autre. Sans cela, les jeux ne sont que momeries sans grande importance, des activités que la maîtresse de l'école maternelle ou la baby-sitter partagent parce que c'est leur métier et que, pendant ce temps-là, l'enfant est tranquille.

Mais l'enfant n'aime pas « être tranquille ». Il a le besoin et le désir de faire des choses qui ont pour lui de l'importance. Il est par exemple toujours passionnant pour un jeune enfant d'inventorier le contenu d'un sac, surtout s'il s'agit de celui de sa mère. Tous les secrets d'adulte sont fascinants, et encore plus ceux des parents. Ce que font les autres, ce qu'ils ont, comment ils organisent leur vie, tout cela devient intéressant pour l'enfant quand il commence à comparer ce qui se passe chez lui et chez autrui. Mais, avant tout, il veut découvrir les « secrets » de sa maison.

L'enfant raisonne ainsi : « Le sac de maman doit être terriblement important. Quand elle se promène, elle le serre contre elle pour ne pas le perdre ! » Cette curiosité infantile peut nous faire plaisir pour deux raisons : d'abord parce qu'elle nous montre avec quelle avidité notre enfant désire apprendre beaucoup de choses, et ensuite parce que nous sommes heureux de voir qu'il s'intéresse à nous et à ce que nous possédons. Mais nous pouvons aussi aller plus loin et comprendre la signification inconsciente et souvent symbolique que cette recherche a pour l'enfant. Ce dernier est sans aucun doute inconscient de ce qui motive ses investigations, mais nous pouvons deviner ce qui se cache derrière ce désir intense et naturel de fouiller le sac de maman et les tiroirs du bureau de papa. La recherche psychanalytique a montré que ces investigations, particulièrement en ce qui concerne le sac maternel, sont liées à la curiosité sexuelle de l'enfant. Mais il ne s'agit évidemment pas ici de la curiosité sexuelle telle que la conçoivent les adultes. C'est ainsi que les armes-jouets, et surtout les pistolets à eau, sont souvent en relation avec les efforts de l'enfant pour comprendre la fonction des organes génitaux masculins. Et cela, non pas dans les termes des connaissances sexuelles de l'adulte, mais au niveau de ce que les petits garçons et les petites filles savent du pénis : qu'il sert à la miction. Comme cela intéresse autant les secondes que les premiers, les jouets qui projettent de l'eau intéressent énormément les deux sexes. De même, la fascination exercée par le sac maternel sur les garçons et les filles est inconsciemment reliée à ce qui peut être caché à l'intérieur du vagin et aux secrets qu'on peut y découvrir. Les enfants, en général, comprennent plus ou moins clairement que c'est là qu'ils ont été trouvés... et s'interrogent sur ce qui peut encore y être caché. Je répète que l'organe sexuel n'est pas considéré du point de vue de l'adulte mais de celui de l'enfant.

Tous les enfants s'intéressent à ces organes... ne serait-ce que parce qu'ils se présentent sous deux formes différentes. C'est ce qu'ils essaient d'explorer ; c'est sur cela qu'ils veulent être informés, et non pas sur ce que font les adultes quand ils se livrent à des activités sexuelles.

Si nous approuvons tacitement ces curiosités de notre enfant, ainsi que sa passion pour les pistolets à eau, nous lui permettons implicitement de se sentir en sécurité en ce qui concerne la curiosité sexuelle correspondant à son âge. Nous lui indiquons qu'elle est parfaitement légitime. Mais si nous lui reprochons ce type de comportement, si nous lui arrachons des mains le sac ou le pistolet à eau, nous le poussons à refouler sa « sexualité » naissante, et cela à un âge où il a le plus besoin d'exercer librement sa curiosité. « Si j'agis mal en explorant le sac de maman, comment pourrais-je penser que j'ai raison d'essayer de comprendre la fonction de son vagin ? » Ces réactions inhibitrices auront des conséquences funestes, même si les parents prennent la peine de dire à leur enfant que le sexe est « normal », « agréable » ou utilisent tout autre qualificatif avec l'espoir de prévenir de futurs complexes sexuels. Dire à l'enfant que son comportement sexuel sera plus tard agréable et approuvé ne sert pas à grand-chose si on l'amène à se sentir coupable à propos de ses explorations sexuelles symboliques du présent. L'interdiction, pour lui, signifie seulement qu'il a tort d'essayer de comprendre le sexe ou de maîtriser les problèmes sexuels au niveau du jeu. Mais si nous adoptons une attitude positive, le jeune enfant, qui n'a que des notions très vagues sur le sexe, parviendra peu à peu à une compréhension plus complète. En lui donnant très tôt le sentiment que le sexe est quelque chose de « très bien », nous lui offrons la possibilité d'éprouver ce même sentiment à chaque étape de son développement sexuel.

19.

S'AFFIRMER PAR LES AFFRONTEMENTS

> « Et maintenant, nous allons voir qui est le plus fort : moi, ou moi ! »
>
> Holopherne, dans la pièce de Nestroy,
> *Judith et Holopherne.*

L'enfant se familiarise avec les objets et leurs propriétés en jouant avec eux ; il peut ainsi les maîtriser et les juger acceptables. C'est pourquoi il est très important que le bébé puisse jouer avec ses aliments, et c'est pourquoi, aussi, il veut donner à manger à la personne qui le nourrit. Les aliments peuvent alors devenir véritablement *ses* aliments. Plus il les pétrit, plus il a confiance en eux et plus ils sont agréables à avaler. Quand il donne à manger à sa mère, il se prouve qu'il n'est pas seulement le destinataire passif de la nourriture, mais aussi son dispensateur actif. Tout cela rend ses repas beaucoup plus agréables.

« Qui nourrit qui » est le premier affrontement que connaisse l'enfant, et il est fondé sur les sentiments les plus tendres, les plus heureux. Le bébé qui a des sentiments négatifs sur sa nourriture et sur la personne qui la lui dispense (au début il ne parvient pas à séparer les deux) refusera d'être nourri et luttera contre ceux qui essaient de le faire manger ; et de plus il n'aura pas envie de nourrir les autres.

C'est autour de la première relation du petit enfant — c'est-à-dire la personne maternante — et autour de sa toute première expérience, qui est d'être nourri, que se produit l'affrontement le plus positif, ou le plus négatif qui peut aller jusqu'au refus de manger. Le premier est désirable et bénéfique, le second est destructeur mais ils représentent tous les deux un effort vers l'affirmation du moi. Si l'enfant ne sort pas vaincu de ces épreuves, elles peuvent toutes les deux former son amour-propre. Mais s'il en sort vaincu, l'expérience aura des conséquences désastreuses pour son amour-propre et sa capacité de se relier aux autres.

Quand l'amour-propre résulte d'affrontements où les deux partenaires ont une relation positive, il n'y a pas de perdant. Si l'enfant, parce qu'il aime être nourri, a envie de procurer à sa mère la même expérience, là encore il n'y a pas de perdant. Ces affrontements n'ont que des implications heureuses et forment la base de bonnes relations. Par contre, il est très difficile de développer l'amour-propre quand on doit lutter contre une expérience indésirable, ce qui est le cas du petit enfant qui recrache les aliments qui lui sont donnés d'une manière jugée par lui inacceptable ou agressive. L'enfant, en s'affirmant de cette façon négative, y gagnera sans doute en amour-propre, mais il aura par la suite tendance à le maintenir et à le renforcer non pas en entretenant avec autrui de bonnes relations mais d'une manière solitaire.

L'amour-propre du petit enfant se développe également quand il se rend compte qu'il peut manipuler les objets, faire d'eux ce qu'il veut, et qu'il peut commander à son corps, par exemple quand il apprend à marcher à quatre pattes ; mais ce qui est fondamental pour son amour-propre, c'est l'approbation, l'admiration et l'amour des personnes qui ont pour lui le plus d'importance. Plus tard, grâce au jeu, il maîtrisera mieux les objets et comprendra mieux ce qu'il peut en faire. Puis, selon les occasions et ses goûts du moment, il fera alterner les jeux solitaires et d'autres, plus évolués, qui lui permettront d'affronter d'autres enfants et des adultes. C'est en jouant à ces derniers qu'il pourra se prouver et prouver aux autres ce qu'il est capable de faire intellectuellement et physiquement. Par ses victoires, il s'attirera de l'admiration — c'est du moins ce qu'il espère —, ce qui aura pour effet d'augmenter son amour-propre.

Le *Webster's Dictionary* donne du « jeu de grand » (*game*) la définition suivante : « Tout jeu ou sport impliquant une compétition physique ou mentale et obéissant à des règles particulières » ; et pour bien montrer qu'il s'agit de deux types de compétitions très différentes, le dictionnaire cite comme exemples le football et les échecs. La compétition est donc l'essence de ces jeux dont le but est le gain de la partie. Il n'est pas étonnant que l'enfant tente d'atteindre et de prouver sa compétence par des jeux de compétition, puisque les deux mots viennent du même mot latin, *competere,* qui signifie « lutter contre quelqu'un pour obtenir quelque chose ». Ce qui est moins évident, c'est que, très souvent, dans les jeux, l'élément le plus important de la compétition se situe chez l'individu lui-même, entre différents aspects de sa personnalité. Quand on cherche à atteindre par le jeu une maîtrise sur soi-même — et un renforcement de l'amour-propre —, cet objectif se cache derrière la compétition où interviennent l'autre ou les autres.

Considérons, par exemple, les premiers jeux compétitifs auxquels s'adonnent les jeunes enfants. Ils se regardent dans les yeux en se tenant par le menton, et le premier qui rit est le perdant ; ou bien ils jouent à celui qui retiendra le plus longtemps son souffle ; ou encore ils se serrent la main pour voir qui, sans broncher, résistera le plus longtemps à la douleur. Apparemment, il semble que le but de ces affrontements est de l'emporter sur l'autre ; mais à un niveau plus important, le joueur cherche avant tout à se mettre à l'épreuve, à découvrir et à se prouver les limites de son endurance, à contrôler ses réactions émotionnelles involontaires. La maîtrise qu'il acquiert sur lui-même et le renforcement de l'amour-propre qui l'accompagne sont beaucoup plus importants que le fait de prouver sa supériorité sur son adversaire.

Définir sa personnalité

Il y a une énorme différence entre obéir aux ordres d'autrui et se contrôler soi-même. L'apprentissage de la propreté — parce qu'il est une expérience socialisante fondamentale — illustre fort bien ce point de vue. Tout se passe comme si l'enfant devenait propre parce que ses parents le veulent... mais dans la réalité les choses ne se passent pas de cette manière. Si l'enfant refuse d'être propre, tous les efforts de ses parents ne serviront à rien. L'apprentissage de la toilette, en tant que résultat d'un pacte passé entre l'enfant et ses parents : « J'obéis, et vous m'aimerez », me paraît très problématique. Certains enfants qui cèdent à la pression parentale présentent par la suite des symptômes névrotiques.

L'apprentissage de la toilette le plus réussi est la conséquence d'un pacte que l'enfant passe avec lui-même : « Je me contrôlerai pour que mes parents m'aiment mieux et pour être fier de moi. » Cette attitude est la seule qui soit vraiment efficace. La demande « fais-le pour maman », tout en étant un point de départ nécessaire, aboutira à un échec du développement de la personnalité si elle n'amène pas l'enfant à se dire : « Je veux être propre », et à être ensuite très content de lui quand il pourra constater : « J'y suis arrivé tout seul ! » Par conséquent, Piaget a certainement raison de dire que le pacte avec soi-même dérive des autres, de leurs désirs, et du désir de leur plaire, mais je pense que ce n'est qu'un point de départ.

La psychanalyse tend à considérer que le développement de la personnalité vient de la relation continue de l'enfant à la personne maternante, et c'est certainement vrai. Ce qui l'est beaucoup moins, c'est la notion facile que l'enfant se socialise avant tout pour faire plaisir à sa mère. Pour qu'il soit normal, le développement humain exige l'intégration de deux expériences : d'abord se faire plaisir à soi-même, et *ensuite,* également, faire plaisir à autrui. Cela peut être observé dans le comportement du bébé. Il bave, fait des bulles de salive, tire la langue pour se faire plaisir et découvrir ce qu'il peut faire avec sa bouche. La mère est heureuse de voir son enfant s'amuser ainsi et réagit à ses gazouillements en émettant devant lui des bruits semblables, et le jeu solitaire du bébé se transforme en une activité réciproque où chacun des partenaires déclenche une réaction de la part de l'autre. Dans ce sens, cette activité reflète la dynamique de la plupart des jeux de grands. Mais ici — et également quand l'enfant donne à manger à sa mère — personne ne perd ; ou plutôt les deux gagnent. Tandis que la mère et l'enfant continuent le jeu, ce dernier est de plus en plus convaincu que donner et recevoir du plaisir sont deux choses intimement liées et non pas deux aspects distincts de la vie.

S'affronter soi-même

Les jeux où l'enfant joue avec lui-même en s'imposant des règles très strictes et en leur obéissant le préparent à bien jouer avec autrui. La comparaison psychologique de ces jeux inventés par l'enfant avec ceux dont les règles sont déterminées de l'extérieur indique un processus en deux étapes du développement de la personnalité. Le moi se forme dans un isolement relatif, alors que le caractère, ou la personnalité sociale, ne peut se développer que par des interactions avec autrui... L'enfant qui, obéissant à une règle fixée par lui-même, réussit à ne pas rire devant un partenaire qui le regarde dans les yeux renforce son amour-propre et se sent capable de se maîtriser. L'obéissance aux règles préétablies d'un jeu organisé permet à l'individu de devenir un être humain social. Goethe résume très joliment ces deux étapes nécessaires à l'acquisition d'une humanité totale : « Le talent s'épanouit mieux dans la solitude ; le caractère se forme surtout dans les tourmentes du monde » *(Es bildet ein Talent sich in der Stille, und ein Charakter in dem Sturm der Welt).*

Le but tacite de la plupart des jeux de grands — surtout ceux qui impliquent un contact physique — est d'apprendre à se contrôler et à manifester son agressivité. Tous les sports de contact exigent que l'agressivité ne dépasse pas des limites fixées par la règle du jeu, bien qu'elle soit excitée par la compétition inhérente au jeu et l'attitude combative de l'adversaire. Ce dernier doit lui aussi se limiter à ce qui est autorisé par la règle, faute de quoi ses actes sont ressentis comme des menaces contre le corps et l'amour-propre de l'autre. Tout cela accroît les tendances agressives et rend le contrôle de soi à la fois plus difficile et plus nécessaire.

Beaucoup de jeux peuvent être joués par une ou plusieurs personnes, mais dans les deux cas il y a toujours compétition avec soi-même et une remise en cause de l'amour-propre. Quand on lance une balle contre un mur pour la rattraper, quand on s'entraîne seul à réussir des paniers de basket-ball, que ce soit pour le plaisir ou pour acquérir de l'habileté, on peut éprouver des sentiments très agressifs lorsque les choses ne se passent pas comme on le voudrait. Les enfants comprennent vite qu'ils accumulent les fautes s'ils ne contrôlent pas cette agressivité. C'est certainement vrai, par exemple, pour le saut à la corde, le Yo-Yo, le golf qui ont pour but de montrer aux autres et à soi-même ce qu'on est capable de faire. Il existe aussi beaucoup de jeux actifs où les contacts physiques sont prohibés et qui, pourtant, sont très compétitifs, tels que le tennis et le basket-ball, et d'autres, comme le football et la lutte où l'engagement physique est autorisé et qui sont tout aussi compétitifs. Ces jeux, où il s'agit de triompher de l'adversaire, sont très souvent pratiqués pour s'affirmer personnellement et pour impressionner les autres dont l'admiration et l'approbation renforcent l'amour-propre.

Signification de la victoire

Dans la tradition de l'amour courtois, le chevalier participait aux tournois pour prouver sa virilité à sa dame et conquérir ses faveurs. Il voulait en même temps prouver sa virilité aux autres et à lui-même. Son intention de battre son adversaire ne venait qu'en deuxième lieu. De même, aujourd'hui, le trophée remporté dans une compétition a surtout le mérite d'attirer l'attention des autres et, ainsi, de renforcer l'amour-propre du vainqueur. Alors que, dans la chaleur de l'action, on désire battre l'adversaire, ce dernier devient par comparaison beaucoup moins important une fois que la victoire a été obtenue, à moins qu'une inimitié personnelle ne soit intervenue. Le gain de la partie est ressenti par l'enfant comme une victoire sur lui-même et comme un cadeau qu'il offre à ses parents et à tous ceux dont l'estime a pour lui de l'importance. Les jeux de grands donnent donc aux enfants l'occasion de prouver leur valeur en se montrant supérieurs aux autres.

La recherche psychanalytique a nettement établi que la rivalité qui anime l'enfant dans le jeu est la projection de sa rivalité pour l'amour de ses parents ou des adultes qui prennent leur place. La compétition scolaire, surtout dans les premières années, n'a pas pour but les bonnes notes pour elles-mêmes, mais l'approbation du maître en raison du surcroît d'amour-propre qu'elle procure. Les condisciples ne sont là que pour servir de paravent à l'objet réel de la compétition.

Il existe dans toutes les foires des stands où l'on peut exercer son habileté ou risquer sa chance. Dans les premiers, on lutte contre soi-même pour faire valoir une certaine aptitude. (D'autres jeux combinent l'adresse avec l'expression d'une agressivité contrôlée, par exemple ceux où il s'agit d'abattre ou de détruire une cible avec une balle.) Mais les jeux de hasard attirent particulièrement les enfants parce qu'ils ne sont pas sûrs d'être aimés ou favorisés par le destin, celui-ci n'étant qu'une autre projection des parents.

Et c'est pourquoi il est si important pour les enfants que le distributeur auquel ils confient une pièce de monnaie leur retourne quelque chose de merveilleux. L'objet ainsi gagné peut sembler négligeable aux parents, mais pour l'enfant il a l'immense avantage de démontrer que la chance est de son côté.

Les flippers, et les jeux vidéo qui les remplacent de plus en plus, doivent leur succès à un mélange d'adresse et de chance. Le gain d'une partie est considéré inconsciemment par le joueur comme la preuve que le destin l'a favorisé, idée qui augmente considérablement le sentiment de confiance en soi qu'il cherche à se procurer. Il n'est donc pas étonnant que ces jeux soient pratiqués intensément par des personnes qui ne sont pas sûres d'elles-mêmes ; je pense surtout aux adolescents qui essaient de compenser leur sentiment d'infériorité et d'apaiser leurs doutes en faisant la preuve de leur adresse et de leur chance.

Un jeu royal : les échecs

Les échecs, au premier chapitre, ont servi de métaphore pour les relations humaines. Je voudrais souligner ici que le plus intellectuel, le plus complexe, le plus perfectionné de tous les jeux, dans lequel le hasard est totalement banni, est essentiellement un jeu de stratégie. Aux échecs, l'esprit combatif, sans lequel le succès est impossible, doit être sublimé au plus haut point ; autrement, il empêche le joueur d'atteindre le haut niveau de concentration et d'organisation qui est sans cesse nécessaire.

Quand un de ses parents joue aux échecs, le jeune enfant imitera ce qu'il voit. La complexité du jeu est encore très au-delà de sa compétence, mais il s'amusera à manipuler les pièces, à les placer ici ou là sur l'échiquier selon ce qui lui inspirent ses fantasmes sur le roi, la reine ou les cavaliers. Plus tard, il pourra apprendre à jouer selon les règles. Mais s'il continue à se laisser aller à ses fantasmes — s'il s'interroge sur le statut marital du roi et de la reine ou sur la condition du pion dans le royaume de l'échiquier... condition qui est très proche de la sienne au sein de la famille —, il sera incapable de se concentrer suffisamment pour bien jouer. Cela lui apprend que, pour réussir dans un cadre donné, il faut tenir compte des exigences de ce cadre.

Quand l'enfant apprend vraiment à jouer aux échecs, son partenaire et lui doivent déplacer les pièces comme l'exigent les règles et la stratégie. On peut observer ici les deux modalités du jeu. Le petit enfant, par ses jeux, tente seulement d'être intérieurement en harmonie avec lui-même ; avec les jeux de grands, il s'efforce de se mettre en harmonie avec les exigences du jeu et avec ce que lui commande la stratégie de son adversaire... Dans le premier cas, il établit un ordre interne ; dans le second, il accepte l'ordre externe et y travaille pour atteindre son but.

Les échecs sont sans doute l'exemple le plus remarquable et le plus connu des purs jeux d'esprit. Un très grand joueur, Richard Reti, est allé jusqu'à dire que ce jeu symbolise la victoire de l'esprit sur la matière parce qu'il est souvent nécessaire de sacrifier des pièces (de renoncer à la matière) pour pouvoir exécuter une succession de mouvements menant à la victoire. Cela nous montre que, tout au moins pour Reti, les associations liées aux échecs aboutissent à une vue plus affinée du monde.

Ce qui est beaucoup plus important, c'est ce que les échecs, comme beaucoup d'autres jeux, à l'exclusion des jeux d'enfants, peuvent faire pour le développement de la personnalité de l'enfant. Les échecs comprennent un élément important de compétition et d'agressivité, mais en raison de leur organisation et de leurs règles, ils contraignent le joueur à ne pas céder directement à ses tendances agressives et à les sublimer à un très haut degré en les soumettant à l'ingéniosité, à l'application et à la patience. Le joueur apprend non seulement à maîtriser son agressivité, mais à la mettre au service d'une activité socialement approuvée.

Quiconque a connu le plaisir procuré par une bonne partie d'échecs sait que ce plaisir est dû dans une large mesure à la sublimation du désir de battre l'adversaire. Le plaisir de bien jouer — c'est-à-dire en sublimant — n'est même pas amoindri par la perte de la partie, pourvu qu'elle ait été intéressante. Pour que le jeu soit plus passionnant pour les deux joueurs, les règles prévoient que le plus faible puisse bénéficier d'un handicap d'une ou de plusieurs pièces. Le plus fort peut alors jouer sans être certain de gagner, et le plus faible sait que son handicap lui donne des chances de l'emporter.

Les qualités que les échecs permettent de développer au plus haut point sont communes à tous les jeux ; ce sont elles qui rendent les jeux si importants pour la formation de la personnalité de l'enfant. Ils lui apprennent à maîtriser ses pulsions en lui permettant de décharger symboliquement ses émotions agressives ou négatives tout en encourageant et récompensant cette sublimation. Mais chaque jeu a aussi ses propres significations psychologique et symbolique.

Bien que les échecs fassent appel à un très haut niveau de rationalité, ils seraient beaucoup moins fascinants s'ils n'étaient pas riches de significations symboliques qui exercent leur influence sur l'inconscient des joueurs.

Les hypothèses concernant les significations psychologiques des échecs ne manquent pas. Certains pensent que ce jeu permet l'exploration symbolique des conflits œdipiens ou familiaux. Dans ce sens, il faut remarquer que la pièce la plus faible, le pion, qui symbolise l'enfant dans le cadre de la famille, peut prendre comme toutes les autres n'importe quelle pièce, mais qu'il est seul à pouvoir « aller à dame » pour se transformer en une pièce plus importante. De même que le pion peut se faire dame ou tour, en atteignant son but, de même l'enfant attend le jour où il arrivera à destination et deviendra à part entière aussi puissant que ses parents et les autres adultes.

Le roi et la reine peuvent représenter symboliquement le père et la mère, mais ce n'est qu'au XVe siècle, en Italie, où se développait le culte de la Vierge Marie, que la pièce la plus puissante fut baptisée « reine » ; jusque-là, elle était appelée « vizir » — le premier ministre du sultan et qui avait en réalité plus de pouvoir que lui. Les autres pièces, par exemple le fou ou la tour, peuvent aussi représenter des adultes importants qui, tout en ayant une position forte dans la famille et en relation avec l'enfant, n'en sont pas moins subordonnés aux parents.

Cependant, toutes ces connotations psychologiques assez évidentes des pièces paraissent sans importance à côté de l'essence du jeu d'échecs : le joueur doit comprendre ses règles et la variété infinie des mouvements d'attaque et de défense. Chaque pièce a une façon de se déplacer qui lui est propre, et le joueur doit tenir compte des avantages et des inconvénients de tous ces mouvements spécifiques. Le jeu apprend symboliquement que chacun doit connaître et utiliser ses talents particuliers et sa place dans la société pour profiter pleinement de toutes les occasions qui se présentent, et cela en tenant compte de la complexité du jeu... c'est-à-dire de la vie. Il faut être capable de deviner les intentions offensives de l'adversaire, de même que dans la vie nous devons réfléchir aux réactions que détermineront nos propres mouvements, attitude essentielle si nous voulons vivre d'une manière satisfaisante avec les autres.

20.

LE JEU ET L'INCONSCIENT

> « Il ne peut y avoir de délassement sans plaisir, et cela ne dépend pas toujours de la raison, mais le plus souvent de l'imagination. Nous devons donc permettre aux enfants non seulement de se divertir, mais de le faire à leur façon. »
>
> John Locke.

Le jeu, sous toutes ses formes et à tous les âges, correspond à une grande variété de besoins. Plus l'enfant est jeune, moins il en sait sur sa vie intérieure. Il est inconscient de ses besoins les plus complexes, même s'ils s'expriment par des activités auxquelles il se livre ouvertement. A mesure qu'il développe son autonomie, ses besoins sont de moins en moins nombreux à être satisfaits grâce à d'autres personnes, et l'enfant cherche de moins en moins à les satisfaire en grande partie par les fantasmes. Il commence à conformer ses désirs à la réalité. Cela exige que la satisfaction de ses besoins soit modifiée dans les termes de la réalité, c'est-à-dire d'une manière visible et tangible. L'enfant peut alors prendre conscience, du moins dans une certaine mesure, de la nature d'un besoin particulier et de ce qui est nécessaire à sa satisfaction.

C'est ainsi que s'entame un processus qui, en fin de compte, déterminera le succès ou l'échec d'une vie : il s'agit de savoir si (et dans quelle mesure) nous pouvons modifier et sublimer nos pressions intérieures de façon à les soulager, et satisfaire nos besoins dans la réalité, et cela non seulement dans le présent, mais à plus long terme. Plus nous sommes capables d'acquérir un avantage durable, plus le principe de plaisir est remplacé par le principe de réalité. Dans la mesure où cela est possible, nous pouvons alors mobiliser les forces de l'inconscient pour les mettre utilement au service de la réalité et renforcer en même temps notre faculté de maîtriser la vie. Les jeux aident l'enfant à acquérir cette faculté et lui ajoutent une dimension sociale.

L'enfant, en jouant, cherche à soulager ses pressions intérieures, à se procurer du plaisir et à éviter le déplaisir; et s'il ne peut pas le faire dans la réalité, il essaiera d'obtenir le même résultat par l'imagination. A mesure qu'il mûrit, ses activités sont de plus en plus nombreuses à se transformer en compromis entre ce qu'exigent ses désirs et ses besoins et ce qu'offre la réalité, c'est-à-dire ce qu'elle permet et rend possible; et il s'agit de plus en plus non seulement de la réalité physique, mais aussi de la réalité sociale. En bref, avant de pouvoir faire son chemin dans le monde, l'enfant doit apprendre à affronter la réalité sous tous ses aspects. Le jeu lui permet d'acquérir cette capacité, étape par étape, et cela d'une manière agréable qui non seulement l'encourage à poursuivre cet apprentissage, mais le rend psychologiquement possible. En effet, le plaisir de jouer rend supportables les frustrations qui accompagnent inévitablement le jeu, parmi lesquelles se trouve le désagrément de perdre.

Comme je le disais plus haut, l'enfant, grâce au jeu, met à l'épreuve sa capacité de satisfaire ses besoins dans la réalité; mais si la réalité ne s'y prête pas, ou si elle demande trop de soumission, l'enfant cesse de jouer et revient à ses fantasmes. A vrai dire, les satisfactions imaginaires rendent un peu plus supportables les frustrations imposées par la réalité. On peut pourtant distinguer deux éventualités très différentes : ou bien l'enfant s'enfonce dans ses fantasmes et n'apprend rien, ou bien il les met en actes jusqu'à un certain point dans la réalité, comme il le fait par exemple en jouant avec une poupée ou en se servant d'une maison de poupée. Dans le premier cas, il ne tient aucun compte de la réalité ; dans le second, il apprend à utiliser certains éléments de la réalité pour faire travailler son imagination. Plus son jeu progresse, plus les éléments de la réalité dont il se sert pour atteindre son but s'adaptent à celui-ci — et c'est ce que nous devons tous apprendre dans la vie si nous voulons atteindre nos objectifs d'une manière réaliste. Mais rien de tout cela ne peut s'apprendre si l'enfant se replie sur ses fantasmes solitaires sans les exprimer par le jeu. Ce repli sur soi, et l'isolement dangereux qu'il risque de provoquer, est impossible dans les jeux de grands en raison de leur contexte social. Un exemple aidera à comprendre comment fonctionne ce processus.

Chaque fois que les circonstances de la vie d'un enfant, dans le cadre de la vie quotidienne de la famille, le rendent malheureux (et c'est souvent le cas étant donné les conditions actuelles de la vie), il essaie de compenser par des fantasmes d'une existence très différente où on n'exigerait rien de lui et où tous ses désirs seraient satisfaits. Cette vie imaginaire se situe nécessairement dans un foyer familial puisque l'enfant ne peut rien imaginer d'autre et que c'est uniquement dans ce cadre que ses désirs et ses besoins peuvent être satisfaits. Et dans la maison de ses rêves, il peut aussi mettre en actes ses colères lorsqu'il se sent frustré. Au stade suivant, le fantasme ne suffit plus. L'enfant désire matérialiser ce monde imaginaire dont il est le maître absolu. Une boîte de carton, quelques cubes suffisent à évoquer cette maison. Tandis que l'enfant sait de mieux en mieux manipuler les objets, il dispose les cubes d'une façon de plus en plus élaborée, il y met des poupées et des meubles-jouets, si bien que la structure ainsi créée ressemble de plus en plus à une vraie maison. Des activités complexes de la vie quotidienne sont transposées dans ce cadre ludique : l'enfant organise des « parties » pour ses poupées et ses animaux en peluche, et des repas réels ou imaginaires sont servis dans une vaisselle à l'échelle de ce petit monde. L'enfant apprend à se servir de ce que la réalité lui offre sous forme de jouets et il en dispose de plus en plus judicieusement.

Mais tout cela n'est qu'un jeu où l'enfant peut modifier les choses à tout moment : la poupée représente la maman, puis un frère, puis l'enfant lui-même, etc. Tout change quand ce même désir d'une maison et d'une vie idéales est exprimé par un jeu de grands, c'est-à-dire joué avec des partenaires. Il ne suffit pas alors qu'un cube soit un lit, puis un poêle, et finalement une voiture. L'enfant et ses amis rassembleront des matériaux qui leur permettront de construire une cabane, avec une vraie table, de vraies chaises ; ou bien ils se ménageront une cachette dans un coin de la maison, loin des parents et de leur réalité, par exemple au grenier ou à la cave. Là, ensemble, ils mettront en acte une façon de vivre bien à eux, dans une « maison » bien à eux. De plus, cette maison secrète devra être prévue et arrangée pour plaire à tous les participants. Chacun doit donc tenir compte des idées et des désirs des autres ; autrement, le jeu cesse d'être attrayant. Si tout se passe bien, d'autres éléments de la réalité viendront compléter cette maison « pour rire ». Les enfants ne se contenteront plus d'organiser des parties pour leurs poupées et leurs animaux en peluche, avec des aliments en carton-pâte et des verres vides. Ils iront visiter le réfrigérateur des parents et mangeront des sandwiches et des gâteaux, boiront de vraies boissons et jouiront de leur demeure privée qui ressemble de plus en plus à celle de la réalité. Les années passant, ils finiront par organiser de vraies parties pour leurs amis. Par ce long processus, l'enfant apprend à suivre les « règles » du jeu social, à savoir lesquels de ses camarades sont compatibles avec les autres, et pourquoi ils le sont ou ne le sont pas. Il apprend aussi certains rites sociaux : il doit téléphoner à temps à ses amis, ou leur écrire, pour les inviter ; acheter ce qu'il faut pour le goûter et le préparer, après avoir peut-être économisé de l'argent ; dresser la table, prévoir des jeux… autrement dit il doit se comporter en hôte, et le faire de son mieux… et même tout nettoyer quand la fête est finie.

Bien d'autres activités permettent à l'enfant cette progression du fantasme au respect de la réalité ; du jeu d'enfants de plus en plus complexe et de plus en plus orienté vers la réalité à des jeux de grands exigeant la participation des autres. L'enfant franchit ainsi des étapes importantes vers sa socialisation et intègre des aspects essentiels de son héritage culturel. Les échecs, par exemple, sont une forme sublimée du combat, et le Monopoly une copie beaucoup moins sublimée de certaines entreprises capitalistes. D'autres jeux, comme les « cow-boys et les Indiens », imitent des événements historiques, d'autres évoquent les grands voyages, les découvertes, etc.

Dans ses jeux spontanés, quand l'enfant fait rouler un cylindre de carton, il redécouvre la roue ; s'il ne redécouvre pas la loi de la pesanteur en jouant avec ses cubes, il sera condamné à voir s'écrouler immédiatement toutes ses constructions. Quand il joue avec ses camions, il les charge, les vide, recréant ainsi d'importantes opérations du transport des marchandises. Ainsi, en développant ses jeux, il reproduit les grandes acquisitions culturelles de l'homme. La même chose est vraie quand il apprend à lire et à écrire — à coup sûr la plus importante de toutes ces acquisitions ; elle n'avait pas au départ un but utilitaire et ne devrait pas non plus en avoir dans la vie de l'enfant.

Dimensions magiques

L'enfant qui, en jouant à des jeux de plus en plus complexes, a appris à contrôler dans une certaine mesure les tendances largement chaotiques de son inconscient et à mobiliser son énergie à des fins conscientes et orientées vers la réalité, se trouvera à l'aise quand il abordera la lecture, qui nécessite les mêmes aptitudes. S'il n'a pas appris, s'il n'a pas développé cette technique en jouant, il ne sera pas capable de l'appliquer à l'apprentissage de la lecture qui lui semblera alors une entreprise sèche et peu satisfaisante dont il se détournera, la jugeant très désagréable, sinon impossible. Qu'il s'agisse de jeux ou de travail scolaire, la réussite exige que l'inconscient soit prêt et disposé à consacrer son énergie à l'activité. Cela est particulièrement important au début et aux premiers stades des efforts intellectuels, avant qu'ils aient fait la preuve de leurs mérites, mais c'est également vrai pour tous les stades ultérieurs. Quels que soient les mérites « réels » d'une activité intellectuelle, pour qu'elle soit pleinement appréciée elle doit offrir en supplément des satisfactions agréables et désirables, y compris, surtout, celles qui relèvent de l'imaginaire et même de la magie, qui font appel à notre inconscient et qui satisfont certains des besoins qui ont en lui leur origine.

Les adultes ne se rendent en général pas compte que l'apprentissage de la lecture, qui, pour eux, n'est qu'une affaire rationnelle, ne peut être bien maîtrisé que si l'enfant, dès le début, et pour un temps assez long, trouve dans la lecture à la fois une satisfaction de ses fantasmes — comme dans ses jeux — et une magie très puissante. L'enfant qui aime entendre des histoires qui excitent et satisfont ses fantasmes aimera aussi apprendre à les lire quand personne ne sera là pour lui faire la lecture. Mais s'il n'a jamais connu le plaisir d'entendre un adulte lui lire une histoire, il ne sera pas certain d'avoir envie d'apprendre à lire et ne sera guère disposé à produire les efforts nécessaires.

Pour que l'enfant ait vraiment envie d'apprendre à lire, il faut encore qu'il voie que ses parents s'intéressent aux livres et qu'il ait envie de les imiter. Si la lecture est importante pour les parents, elle le sera pour leurs enfants, mis à part le cas cité plus haut, et très rare, de ceux qui refusent de travailler pour se venger de leurs parents. Les enfants, dans la plupart des cas, désirent comprendre les aspects importants de la vie de leurs parents et les partager avec eux. Privé d'une image parentale positive des avantages de la lecture, l'enfant risque de ne pas s'y intéresser.

De prime abord, la lecture et l'écriture semblent relever de la pure magie, à l'exclusion de toute utilité pratique. C'est aussi vrai pour le jeune enfant que ce le fut pour l'humanité. A l'origine, la lecture et l'écriture servaient des fins religieuses et magiques. Nous savons, par exemple, qu'Homère avait entendu parler de l'écriture, bien qu'à l'époque où il composa son poème épique, *L'Iliade*, la Grèce ne possédât pas de langue écrite. Il ne lui était pas venu à l'esprit que l'écriture, dont il connaissait vaguement l'existence, pouvait servir à des fins utilitaires. Il parle des signes que l'on grave sur les tablettes et que l'on peut ensuite déchiffrer, mais, pour lui, il s'agit essentiellement d'un acte magique. L'écriture, pensait-il, servait à transmettre un pouvoir secret, et non pas seulement des informations. A l'époque d'Homère, bien sûr, la tradition orale et les efforts prodigieux de mémoire qu'elle exigeait rendaient l'alphabétisation pratiquement inutile ; mais il est certain que les sociétés d'avant l'écriture attribuaient au mot écrit le pouvoir magique qui est impliqué dans ces paroles de la Bible : « Au commencement était le Verbe, et le Verbe était en Dieu, et le Verbe était Dieu. »

Pendant des siècles, le mot écrit est resté un secret conférant des privilèges particuliers aux rares initiés. En est témoin le long débat tendant à savoir si l'homme du commun pouvait être autorisé à lire les Saintes Ecritures ; en est témoin, aussi, le fait que, quand l'alphabétisation se généralisa, les enfants apprirent à lire dans la Bible.

Fort heureusement, pour beaucoup d'enfants, les premiers livres qui leur sont lus — où il n'est plus question de la vie éternelle et du salut — contiennent assez d'événements magiques pour les convaincre qu'en apprenant à lire ils apprendront aussi beaucoup de choses sur le surnaturel. Les histoires qui font appel à l'imagination procurent à l'enfant des satisfactions qui lui prouvent la valeur et les mérites de la lecture.

Elle est lointaine, l'époque où l'apprentissage de la lecture était directement lié au surnaturel et à la magie, aux dangers du péché et à l'espoir du salut. C'est pourquoi, de nos jours, tant d'enfants, par ailleurs normalement intelligents, ont le plus grand mal à apprendre à lire. Même s'ils y parviennent, la lecture reste pour eux émotionnellement vide et dénuée d'intérêt. C'est aussi pourquoi trop d'enfants ne se tournent pas d'eux-mêmes vers la lecture. Si cette dernière n'attire pas l'enfant pendant ses années de formation, elle ne le fera sans doute jamais, même s'il a conscience de sa valeur pratique. D'autre part, lorsque l'enfant a pu apprendre à bien lire sur une base solide et très attrayante, il peut, en s'appuyant sur son expérience, se convaincre facilement des mérites réels de la lecture autres que ceux qu'il a déjà connus et qui s'adressaient surtout à son imagination. Mais si la lecture est privée trop vite et trop radicalement de sa signification magique, elle ne peut être solidement intégrée.

Mais l'enfant ne sera pas réellement touché par la magie de la lecture si ses parents n'accordent pas une grande valeur à la « chose écrite ». La lecture peut alors former entre l'enfant et eux un lien supplémentaire. Je suis sûr que l'alphabétisation des juifs a été grandement favorisée par la coutume qui voulait que l'enfant, le premier jour où il franchissait le seuil d'une *yeshiva* (école talmudique), le fît dans les bras de son père. Ce rite indiquait symboliquement à l'enfant que son futur travail scolaire ne l'obligerait pas à renoncer à sa vie intime avec ses parents ni aux satisfactions primitives qu'ils lui procuraient.

Tout irait mieux pour les enfants si leurs parents — et leurs maîtres — leur faisaient nettement comprendre par leurs actes et leurs attitudes que l'entrée à l'école ne signifie pas qu'ils doivent abandonner leur comportement puéril et être privés de satisfactions enfantines, et que leur travail scolaire ne supprimera pas leur chance de pouvoir jouer à satiété. Ces craintes sont à l'origine de nombreux échecs scolaires précoces ; l'enfant croit qu'en refusant d'apprendre il s'évite de perdre les plaisirs de sa petite enfance. Pour cette raison, il n'est pas bon d'essayer de motiver l'enfant en lui disant qu'il est désormais trop grand pour faire ceci ou cela. Il aime s'entendre dire qu'il est « grand », mais si on le force à payer trop cher ce progrès, il aura tendance à régresser. Les parents doivent au contraire faire comprendre à leur enfant qu'il a maintenant un double avantage : il peut se comporter en « grand » sans pour cela renoncer aux satisfactions les plus primitives.

Évidemment, il ne suffit pas de le dire. Les parents doivent encore prouver par leur comportement que l'enfant peut continuer de jouir des plaisirs les plus archaïques, même s'il est maintenant capable de réussir à un niveau plus élevé. Ces types de comportements plus infantiles pourront alors disparaître progressivement, sauf aux moments de stress où ils apporteront tout l'apaisement désiré.

Apprendre en jouant

Après cette digression sur la lecture, qui montre que l'enfant ne peut bien apprendre que s'il soulage en même temps ses tensions et satisfait ses besoins inconscients en accord avec les exigences de la réalité, allons plus loin et voyons ce qui peut être appris par le jeu. Il n'y a pas de limites à ce sujet, de même qu'il n'y en a pas pour les jeux inventés par les enfants ni pour ceux qui sont transmis de génération en génération, le plus souvent modifiés au cours des âges. Le grain de sagesse psychologique que l'on trouve dans les jeux traditionnels les plus simples peut être illustré par le jeu : « Maman, est-ce que je peux... ? » où la « mère » dit à l'« enfant » jusqu'où il peut avancer, et à quelle vitesse, tandis que l'« enfant » essaie de tricher dès que la « mère » a le dos tourné. Il est impossible de mesurer combien ce jeu évite de vraies tricheries avec la vraie mère ; il rend acceptable l'obéissance dans la réalité parce que, au cours de la partie, on a le droit de se rebeller et qu'on en est même récompensé.

Ce jeu ritualise aussi l'idée commune à tous les enfants que la mère ne veut pas qu'ils avancent aussi vite qu'ils le voudraient. D'autre part, l'enfant qui tient le rôle de la mère éprouve personnellement ce que ressent sa propre mère quand il fait des choses interdites derrière son dos. Mais malgré toute cette « désobéissance », le jeu, à aucun moment, n'enlève à la mère l'importance émotionnelle primordiale qu'elle a pour l'enfant. Le but du jeu est d'aller jusqu'à elle — jusqu'à l'enfant qui la représente — le plus vite possible ; elle est l'ultime objectif, le centre de la vie de l'enfant. Si nous sommes très attentifs, tous les jeux de groupe, comme celui-ci, révèlent des significations psychologiques très profondes.

Dans le feu de l'action, les enfants apprennent facilement à s'adapter aux différents rôles prévus par le jeu ; ils ont autant de plaisir à tenir celui de meneur qu'à s'intégrer ensuite au groupe formé par tous les autres joueurs. Ils apprennent à attendre leur tour quand le jeu l'exige et à prendre l'initiative quand l'occasion se présente. Et surtout, ils apprennent quelque chose qui échappe à tant d'enfants dans notre société : l'importance d'être bon perdant. Les enfants deviennent vite capables d'accepter une défaite sans se sentir anéantis par elle parce qu'ils se rendent compte que dans le jeu, comme plus tard dans la vie, on ne peut pas toujours être le plus fort. Mais, pour cela, il faut que leur participation au jeu soit spontanée et libre de toute contrainte.

Il ne sert à rien de dire à l'enfant qu'il doit être « bon joueur ». Personne n'adopte une certaine attitude pour la seule raison qu'on lui *dit* qu'elle est souhaitable. L'enfant ne peut intégrer ces attitudes qu'en participant à des situations qui les rendent indispensables et qui lui prouvent leur avantage.

Par exemple, il est facile à un enfant d'apprendre à accepter la défaite par un jeu où le perdant devient immédiatement et automatiquement le meneur de jeu. C'est le cas de tous les jeux de « chat » où l'enfant qui est « attrapé » devient aussitôt le joueur puissant qui seul a le droit de pourchasser les autres. En une seconde, la peur d'être pris cède la place au sentiment exaltant d'être celui qui est redouté de tous les autres joueurs. Et si on n'est pas pris, on a du moins la satisfaction d'avoir été plus malin ou plus habile que le chasseur.

Faire patiemment la queue est une autre leçon, très difficile, que doivent apprendre les enfants. Dans beaucoup de jeux, les « prisonniers » se mettent les uns derrière les autres et attendent leur tour d'être libérés. L'enfant peut être patient parce qu'il sait qu'il faut obéir à la règle du jeu et qu'il sera bientôt le premier de la file. Comparez ces jeux au concept de l'attente patiente que l'enfant est censé apprendre à l'école. Attendre son tour parce que, si on ne le fait pas, le jeu deviendra impossible, ce n'est pas du tout la même chose que de se mettre en rang pour entrer en classe quand la récréation est finie. Beaucoup d'enfants prennent en grippe, le plus souvent en silence, les sermons qu'on leur dispense abondamment sur la coopération et la responsabilité sociale. Ils détestent l'ardeur moralisante de leurs parents et de leurs maîtres. Il ne sert à rien de dire à un enfant que ces vertus sont désirables, car il sait très bien qu'il serait beaucoup plus heureux s'il pouvait tout simplement suivre ses tendances égotistes. Mais s'il essaie de le faire en plein milieu d'une partie, le jeu se désorganise aussitôt, et l'enfant est alors bien obligé d'apprendre à se contrôler.

L'aptitude à se concentrer sur ce que l'on fait et à se maîtriser conditionne le travail scolaire et universitaire, puis le travail professionnel. Sans ces aptitudes, on ne peut coopérer, s'appliquer à une tâche, attendre des résultats ni tenter un nouvel essai si on n'a pas réussi du premier coup. Elles diffèrent d'un individu à l'autre et sont difficiles à acquérir, mais elles peuvent être obtenues d'une manière agréable et même passionnante par le jeu.

Dans pratiquement tous les jeux de groupe actifs, l'enfant apprend à faire attention à ce que font les autres joueurs. Dans la plupart des jeux de grands, il apprend à se contrôler, et surtout à maîtriser son agressivité et à supporter l'agressivité limitée de ses adversaires.

Dans de nombreux jeux, et pas seulement dans les jeux stratégiques, la victoire en elle-même est moins importante que le fait de gagner loyalement. Les règles, qu'il s'agisse des jeux d'échiquier ou des jeux de terrain, sont conçues pour favoriser cette sublimation.

Apprendre les règles du jeu

Piaget souligne combien il est important pour la socialisation de l'enfant qu'il apprenne la règle du jeu ; en effet, pour l'apprendre il doit être capable de se maîtriser et surtout, pour atteindre son but, de contrôler la plupart de ses tendances agressives. Ce n'est qu'à cette condition qu'il peut prendre plaisir aux interactions continuelles qui animent tous les jeux où interviennent des partenaires qui sont aussi des adversaires. Ainsi, de bien des façons, la maîtrise d'objet acquise par l'enfant en jouant seul à la balle peut s'étendre peu à peu à la maîtrise de soi et surtout à la maîtrise de ses tendances agressives quand il se livre à la même activité sur un terrain de football ou de basket-ball. La transition est progressive, du jeu d'enfant (caractérisé par la spontanéité, l'imagination et des passages brusques de la réalité à la fiction) au jeu de grands qui exige beaucoup plus de contrôle de soi pour attendre son tour et se conformer aux règles, même si, en leur obéissant, on s'achemine vers une défaite.

On n'apprend pas du jour au lendemain à obéir aux règles et à contrôler ses tendances égoïstes et agressives ; ça ne peut être que le résultat d'une longue évolution. Quand il commence à jouer à des jeux de grands, l'enfant tente de se comporter comme il le faisait dans ses jeux antérieurs : il modifie les règles à sa convenance... et alors la partie s'arrête. Il comprend peu à peu que les règles sont immuables ; il les traite comme s'il s'agissait de lois datant de temps immémoriaux qui ne peuvent être transgressées quelles que soient les circonstances ; désobéir aux règles est considéré comme un délit extrêmement grave. Ce n'est qu'à partir du moment où l'enfant a appris ainsi à obéir aux règles et à vaincre ses tendances agressives et égoïstes qu'il peut accepter et comprendre le fait que les règles sont suivies non pas pour des raisons abstraites, mais parce qu'elles seules peuvent permettre au jeu d'évoluer dans de bonnes conditions. L'enfant peut alors se rendre compte — et c'est souvent très tard, au début de l'adolescence ou même très au-delà — que les règles sont l'objet d'un consensus nécessité par le jeu lui-même et qu'elles peuvent être modifiées à condition que tous les participants soient d'accord. La démocratie, fondée sur un consensus librement négocié, qui ne lie les contractants qu'après avoir été formulé et volontairement accepté, n'est intervenue que très tardivement dans l'évolution humaine, même dans le jeu.

C'est pour cette raison que Piaget affirmait que le fait d'apprendre à jouer selon les règles est l'une des étapes les plus importantes pour la socialisation de l'enfant. Quand les enfants ont la liberté de jouer comme ils l'entendent sans être supervisés par les adultes, les discussions sur le choix d'un jeu et sur les règles qu'ils suivront prennent en général la plus grande partie du temps dont ils disposent, et il ne leur en reste que très peu pour jouer... après avoir longuement hésité sur le rôle qui reviendra à chacun des participants. Et c'est ainsi que les choses doivent se passer pour que les jeux de groupe puissent parvenir à socialiser les enfants. Ce n'est qu'en réfléchissant à loisir sur les avantages et les inconvénients de tous les jeux possibles et sur les règles qui seront appliquées, tout en tenant compte des conditions particulières du moment — effectif du groupe, état et dimensions du terrain —, que les enfants pourront juger de ce qui convient et de ce qui ne convient pas, soupeser les arguments, apprendre l'importance primordiale du consensus et les meilleurs moyens de l'atteindre. Apprendre tout cela est infiniment plus important pour le développement de l'enfant, en tant qu'être humain social, que tout le savoir-faire qu'il peut acquérir en pratiquant le jeu lui-même.

Quand les adultes interviennent pour choisir le jeu et l'organiser, ils privent l'enfant du progrès personnel qu'il pourrait réaliser grâce à ces préliminaires enrichissants ; ils ne comprennent pas en général que, tant que durent les discussions, tous les enfants sont égaux devant la décision à prendre et qu'ils aiment se savoir capables de participer à une ambiance dominée par le consentement mutuel. Ce faisant, ils coopèrent pleinement et renforcent l'esprit de camaraderie. Parce qu'ils sont des amis qui partagent beaucoup de choses, ils se sentent en sécurité dans le groupe et se savent acceptés.

Tout change à partir du moment où le jeu commence. Alors les amis, tout disposés à coopérer, deviennent des rivaux qui ont le sentiment de devoir se montrer supérieurs à ceux qui, quelques secondes plus tôt, étaient encore leurs égaux. Ils cessent d'être détendus et de se sentir en sécurité. Non seulement ils sont résolus à battre l'adversaire, mais ils n'hésitent pas à critiquer sévèrement les membres de leur propre équipe qui semblent ne pas livrer le meilleur d'eux-mêmes. L'ambiance est à l'opposé de ce qui caractérisait la période préliminaire.

Les vainqueurs laissent éclater leur joie — parfois avec excès — au moment de la victoire, mais ils savent aussi que les vaincus leur en veulent d'avoir gagné et encore plus de s'en vanter ; ainsi, le sentiment de sécurité que leur avait apporté la victoire est gâché par l'idée qu'ils se sont aliéné ceux qui, peu de temps auparavant, étaient leurs amis. Les enfants savent très bien tout cela, et c'est pourquoi, si on les laisse faire, ils aiment consacrer le maximum de temps à l'organisation du jeu ; ils aiment que la période de coopération soit plus longue que celle de la compétition.

Tant que la partie n'a pas commencé, chacun peut s'imaginer victorieux, mais dès le coup d'envoi, ce n'est plus possible. Si les adultes interrompent ces plaisirs préalables et exigent que tel jeu commence immédiatement et selon *leurs* règles, ils ne parviennent qu'à élever au paroxysme les émotions compétitives des enfants. Alors, ils font volte-face et veulent que ces enfants, qu'ils viennent d'exhorter à jouer pour gagner, acceptent l'idée qu'il ne s'agit que d'un jeu qui ne doit pas démoraliser les perdants ni donner aux vainqueurs un sentiment de supériorité. Il arrive souvent que ces adultes soient eux-mêmes incapables, malgré toute leur expérience, d'accepter d'une humeur égale un échec sans se sentir blessés dans leur amour-propre. Cela ne les empêche pas d'attendre des enfants plus de maturité qu'ils n'en ont eux-mêmes.

Les parents doivent décider de ce qui est le plus important : que leurs enfants se mettent rapidement à jouer selon les règles des adultes, ou qu'ils travaillent à devenir, en organisant leurs jeux, des êtres humains, réfléchis et autodéterminés, même s'ils doivent consacrer une grande partie de leur temps à ce processus difficile. Nous avons tous besoin de savoir par expérience que nous pouvons déterminer notre emploi du temps et choisir les règles qui fixeront notre comportement ; nous avons aussi besoin de savoir que ces décisions sont des affaires sérieuses qui demandent beaucoup de réflexion et de tâtonnements. La combinaison de tous ces éléments crée le véritable amour-propre. Seul l'esclave est contraint d'obéir à des règles qui lui sont imposées sans qu'il lui soit possible de les mettre en question.

Evidemment, il est plus simple d'attendre que l'on nous dise ce que nous devons faire et d'obéir aux ordres que de lutter avec soi-même avant de prendre une décision. L'obéissance évite la peine de réfléchir aux alternatives possibles, de chercher un consensus avec d'autres êtres humains et de mettre à l'épreuve de la réalité les règles décidées à partir de théories. L'enfant qui joue comme le lui disent les adultes pourra améliorer son habileté dans tel ou tel jeu, mais il n'apprendra pas à bien coopérer avec ses compagnons d'âge ni à se choisir des règles de conduite en accord avec autrui ; le jeu peut être très bien appris, mais l'enfant ne se socialisera pas en le pratiquant.

La mission socialisante du jeu

Contrairement aux craintes des adultes — prétexte dont se servent beaucoup de parents pour superviser et régenter les jeux de leurs enfants —, même les jeux agressifs de l'enfance remplissent des fonctions socialisantes extrêmement importantes. Cela est vrai quand les enfants sont livrés à eux-mêmes, auquel cas il est très rare que les jeux dégénèrent.

Iona et Peter Opie, à qui nous devons une étude remarquable sur les jeux des enfants britanniques de notre époque, qu'ils soient livrés à eux-mêmes ou supervisés par les adultes, écrivent :

> Quand les enfants sont rassemblés sur les terrains de jeu, là où les éducateurs, les psychologues et les sociologues viennent les observer, leur jeu est très nettement plus agressif que quand ils jouent dans la rue... A l'école, ils jouent à la balle au chasseur, à des duels qui consistent à se taper sur les doigts avec violence, où le plaisir, sinon le but du jeu, consiste à dominer l'adversaire et à lui faire très mal... Ce type de comportement ne serait pas toléré par les enfants qui jouent dans la rue.

Quand les Opie demandaient aux enfants à quoi ils jouaient sur les espaces de jeu surveillés par des adultes, ils répondaient souvent : « On passe son temps à embêter les autres. »

Quand l'initiative est enlevée aux enfants et que les adultes leur disent à quoi ils doivent jouer, et comment, le jeu devient à la fois plus méchant et moins satisfaisant. Lorsque les enfants, qui jusqu'alors s'amusaient spontanément à jouer au football dans la rue ou sur les terrains vagues, furent enrégimentés dans des équipes de « poussins » et des minimes, ce qui était pour eux un grand plaisir devint une activité sérieuse, astreignante. Le plaisir du jeu fut remplacé par la volonté de gagner en compétition.

On ne devrait pas oublier que l'une des fonctions du jeu, en ce qui concerne le bien-être de l'enfant, est de lui donner une chance de régler les problèmes non résolus du passé, de supporter les tensions du présent et d'expérimenter différents rôles et différentes formes de l'interaction sociale pour déterminer ceux et celles qui lui conviennent. Toutes ces fonctions sont compromises quand les adultes appliquent autoritairement leurs normes de « sérieux » aux activités de l'enfant ; nous en avons vu les effets néfastes avec l'histoire de la collection de timbres où le père et l'enfant prenaient tous les deux au sérieux leur collection mais selon une perspective différente.

En obligeant les enfants à jouer « convenablement », et pour gagner, les adultes, animés par leur passion du sport, annihilent tout ce que le jeu a d'important pour l'enfant. La différence apparaît très clairement quand on observe un groupe d'enfants jouant spontanément à un jeu de balle. La partie paraît très décousue, et il est certain qu'elle l'est. Les enfants utilisent le jeu pour satisfaire leurs besoins individuels et ceux du groupe. On observe de fréquentes interruptions pendant lesquelles se règlent des querelles, s'engagent des discussions, ont lieu des changements de règles et des actes étonnants de compassion (« il faut donner aux petits des chances supplémentaires »), tous actes qui n'ont rien à voir avec le code du jeu des adultes. Si ces derniers veulent voir un match de football joué selon les règles, ils peuvent toujours se tourner vers leur écran de télévision. Avant d'imposer leurs idées d'ordre aux jeux de leur enfant, ils feraient bien de réfléchir à ce qu'ils font, aux conséquences possibles et à tout ce dont ils le privent.

C'est pourquoi la plupart des enfants aiment jouer dans la rue plutôt que sur un terrain supervisé par des adultes. Et cela ne date pas d'hier. Si nous remontons aux temps bibliques, nous lisons dans le *Livre de Zacharie* que « la Cité de Dieu sera remplie de jeunes garçons et de jeunes filles jouant dans le rues ». Le prophète ne pouvait pas trouver de meilleure image pour évoquer la liberté et la joie qui régneraient dans la Cité de Dieu. Nous n'avons pas de témoignages directs sur la façon dont jouaient les enfants dans les rues de la Jérusalem biblique, mais nous en avons sur les cités médiévales.

Citons de nouveau Iona et Peter Opie :

> En 1332, il fut jugé nécessaire d'interdire aux enfants de jouer dans l'enceinte du palais de Westminster pendant les sessions du Parlement. En 1385, l'évêque de Londres fut contraint de prononcer un sermon contre les jeux de balle sur le parvis de

la cathédrale Saint-Paul... En 1447, dans le Devonshire, l'évêque d'Exeter se plaignit des « jeunes » qui, « même pendant les services divins, jouaient à des jeux de balle dans le cloître, si bien que les murs dudit cloître furent maculés et les vitraux brisés ».

Ainsi, bien que certaines restrictions fussent jugées nécessaires, il ne vint pas à l'esprit des adultes de cette époque de refuser aux enfants le droit de jouer dans la rue et de s'y amuser à leur façon.

Comment se fait-il que la rue ou un terrain vague soient plus attrayants qu'une cour de récréation ? C'est que là les enfants peuvent créer leur propre environnement, ce qui est pour eux très important étant donné qu'ils passent tout le reste de la journée dans un cadre voulu par les adultes. Dans ce sens, le bombardement de Londres pendant la Deuxième Guerre mondiale fut une bénédiction pour toute une génération d'enfants. Dix ans après la signature de la paix, en 1955, un enfant écrivait : « Il y a beaucoup de zones qui ont été bombardées par Hitler, et les plus grandes ont des tas de ruines qui sont formidables pour jouer à cache-cache et à la petite guerre. » Et un autre : « Nous avons vraiment un bon parc, on y trouve encore des endroits sauvages. »

Quand les enfants peuvent tout organiser à leur convenance, leurs jeux leur apprennent le contrôle de soi. Au XVIIe siècle, John Locke écrivait déjà : « Il ne peut y avoir de délassement sans plaisir, et cela ne dépend pas toujours de la raison, mais le plus souvent de l'imagination. Nous devons donc permettre aux enfants non seulement de se divertir, mais de le faire à leur façon. »

Quel bonheur pour nos enfants si nous, les adultes, suivions le conseil de ce grand philosophe !

Mobiles inconscients

Le jeune coureur qui se chronomètre ou essaie d'augmenter sa distance a conscience de se maintenir par là en bonne forme et en bonne santé ; dans son subconscient, il tente de se prouver à lui-même ce dont il est capable, et inconsciemment de montrer sa valeur à ses parents ou à quiconque a pris leur place dans son inconscient. Ce n'est pas un hasard si les premières compétitions athlétiques de grande importance étaient de grandes fêtes religieuses ou se trouvaient étroitement liées à elles. Les jeux Olympiques, à leur début, dans la Grèce classique, n'étaient pas destinés à encourager l'exercice physique ni à célébrer les prouesses des athlètes. Ils étaient avant tout une cérémonie religieuse en l'honneur des dieux olympiens qui prêtaient leur nom à la compétition. L'athlète se soumettait aux rigueurs des jeux en sachant que sa participation servait des fins religieuses, magiques. Les dieux s'intéressaient particulièrement à l'homme qui gagnait loyalement ou plutôt, d'après les *Odes* de Pindare, ils désignaient les athlètes qu'ils jugeaient dignes d'intérêt en leur permettant de gagner. Dans les deux cas, la couronne de laurier du vainqueur était le symbole de quelque chose qui se situait bien au-dessus d'une victoire dans une épreuve d'athlétisme.

Bien que les sports soient depuis longtemps laïcisés, ils n'ont pas perdu leur dimension « magique », qui est de servir des besoins inconscients inexprimés. C'est pourquoi les jeux Olympiques modernes se rattachent délibérément aux jeux religieux de l'ancienne Grèce où les dieux, en choisissant les vainqueurs, indiquaient le peuple et la cité qu'ils favorisaient entre tous. Aujourd'hui, le contexte politique a bien changé, mais l'ensemble de la tradition antique a été étendu aux nations. Les athlètes de nos Jeux s'affrontent non seulement à titre individuel, mais aussi comme représentants de leurs pays respectifs. A chaque victoire, on hisse le drapeau du pays du vainqueur comme pour proclamer la supériorité de ce pays sur les autres. Il s'agit évidemment d'une supériorité symbolique, mais cela montre bien que nous n'avons pas tellement évolué sur ce point depuis l'Antiquité : pour nos contemporains, toute victoire dans ces compétitions a une signification qui va bien au-delà de ce qui se passe dans la réalité du stade et prouve que telle nation est supérieure à toutes les autres et plus favorisée qu'elles pour une raison ou une autre. Toutes les compétitions internationales ont, semble-t-il, cette signification, comme le montrent les championnats du monde des échecs qui sont considérés en général comme ayant une portée politique.

Etant donné que les adultes accordent une haute signification symbolique aux victoires remportées dans ces jeux de compétition, comment pourrait-il en être autrement pour les enfants qui sont beaucoup plus disposés que les adultes à voir des significations et des implications magiques un peu partout ? L'étude psychanalytique de la signification des compétitions sportives a montré que, dans la plupart des cas, les individus se servent d'elles pour extérioriser des conflits intérieurs. En projetant ces conflits, ils n'ont plus besoin de les refouler ou de se sentir déchirés par eux, qu'ils soient participants ou simplement spectateurs. Le danger qui menace de l'intérieur — le conflit — est déplacé vers le monde extérieur par l'intermédiaire de la compétition ; l'anxiété névrotique est transformée en anxiété consciente à propos de l'issue de la compétition et elle peut être ainsi plus facilement acceptée et vécue.

Nous avons affaire ici à des conflits inconscients, comme le montre le degré de tension et d'excitation provoqué par les événements sportifs aussi bien chez les participants que chez les spectateurs, et leur engagement personnel intense dans ce qui est supposé n'être qu'un jeu. En est témoin, par exemple, la fièvre des spectateurs qui pourtant ne voient pas toujours très bien ce qui se passe sur le terrain en raison de l'immensité des tribunes. En sont témoins, également, la fierté de certaines personnes, qui par ailleurs ne s'intéressent pas du tout au sport, chaque fois qu'une équipe locale ou nationale remporte une victoire, la fureur et l'abattement des supporters si « leur » équipe perd, la violence qui se déchaîne parfois à la fin d'un match très contesté. Et que dire des millions d'individus qui passent une grande partie de leur week-end à regarder des événements sportifs à la télévision ? Cette passion montre bien, elle aussi, que ces compétitions mettent en jeu l'inconscient et ne sont pas seulement destinées à prouver la supériorité de l'une des deux équipes.

L'enfant qui joue à cache-cache essaie de répondre à des questions très importantes, par exemple : que risque-t-il s'il quitte la maison, et, s'il le fait, retrouvera-t-il la sécurité du foyer familial ? L'adolescent doit affronter un problème analogue, qui est de se libérer de la domination parentale et de prouver sa valeur et ses chances de réussite dans le monde extérieur. Pour se libérer de ses parents, il doit souvent attaquer ce que sa maison représente, tandis que, pour réussir dans le monde, il a encore besoin de la sécurité offerte par le foyer familial. Il se trouve donc dans un état de profonde ambivalence en ce qui concerne ses parents et sa maison. L'adolescent ne joue plus à cache-cache — ou très rarement —, mais il aime pratiquer les jeux de ballon. Au football, par exemple, le but du jeu est de défendre sa « maison » et d'attaquer celle de l'adversaire. Un seul joueur — le gardien de but — reste dans cette maison, et jouit de certains privilèges. Comme il doit défendre directement la maison, on peut dire qu'il symbolise le père, ou les parents. Tous les autres joueurs, attaquants et défenseurs, doivent rester hors de la maison. Les équipes sont comme deux groupes de frères — leur nombre est limité à peu près au nombre d'enfants que l'on peut avoir — qui ne résident plus à la maison familiale. Comme les adolescents dans la vie réelle, ils attaquent la maison et le père (de l'autre équipe) et, en même temps, ils défendent les leurs. Le jeu permet donc à l'adolescent à la fois d'attaquer et de défendre une maison et un père symboliques... ce qu'il désire souvent faire dans la réalité.

Les joueurs qui gagnent la partie sont approuvés par le public et applaudis, ce qui montre bien aux joueurs qu'ils ont eu raison de décharger leur agressivité dans les limites permises. La victoire renforce leur amour-propre, et les adolescents ont beaucoup plus besoin de cet encouragement que les autres groupes d'âge. Il paraît douteux que la bataille de Waterloo ait été gagnée sur les terrains de sport d'Eton et de Cambridge, mais il y a de bonnes raisons de penser que l'éternelle bataille livrée par les adolescents en tout temps et en tout lieu est symboliquement mise en acte sur toutes sortes de terrains de jeu.

Que nous soyons joueur ou spectateur, nous attachons à notre équipe bien des significations psychologiques ou symboliques qui sont à l'origine de l'intérêt que le jeu a pour nous. Par exemple, on constate qu'un grand nombre d'athlètes de haut niveau cessent brusquement de s'intéresser à la compétition tout en continuant d'aimer leur sport. Quand ces cas sont étudiés psychanalytiquement, un modèle intéressant se dégage. L'athlète semble avoir amplement souscrit à la croyance magique que la victoire lui prouverait quelque chose sur lui-même et lui prédirait ce qui lui arriverait dans l'avenir (mais pas dans les termes des conséquences réelles d'une victoire ou d'une défaite). En perdant cette croyance, il perd en même temps la motivation puissante qui le poussait à s'exposer aux rigueurs et aux dangers de la compétition. L'une des plus communes de ces croyances magiques est celle qui concerne l'indestructibilité du corps, le désir de croire en elle et de la prouver en la mettant à l'épreuve d'exploits à haut risque. Dès que ces motivations irrationnelles ont disparu, ni les acclamations du public ni les avantages financiers ne peuvent décider l'athlète à rester dans la compétition.

Les jeux de hasard

Nous attribuons inconsciemment aux jeux de hasard le pouvoir de nous dire si nous serons ou non favorisés par le destin et par les dieux — ces remplaçants incomparables des parents. La passion maladive des jeux d'argent vient en général des efforts du joueur pour forcer la chance afin de confirmer sa propre valeur. D'autre part, celui qui continue de jouer après une longue série de pertes s'inflige une sorte d'autopunition ; il sent inconsciemment qu'il n'est pas digne d'avoir de la chance et qu'il mérite de perdre parce qu'il est coupable de quelque chose. Certains joueurs pensent que le fait de gagner leur prouvera qu'une faute du passé leur a été pardonnée et qu'ils sont revenus à leur ancien statut de favori de la chance. Certains d'entre eux comptent même sur ces artifices magiques pour améliorer leur sort dans la vie réelle. Ces excès ne changent rien au fait que dans ces jeux le pouvoir de l'inconscient est mis au service de certaines nécessités imposées par la réalité quand, par exemple, le joueur supporte les probabilités aux cartes, aux dés ou à la roulette.

Quand un enfant se soumet à la règle d'un jeu, il ne le fait pas seulement pour gagner la partie. De toute évidence, les adultes eux-mêmes ne s'engageraient pas avec autant de fougue s'il ne s'agissait que de gagner. Un élément inconscient est toujours impliqué. C'est pour cette raison que nous pouvons affronter un adversaire comme s'il s'agissait d'une question de vie ou de mort... quelque chose que nous ne pouvons faire que si nous croyons à un certain niveau qu'il en est ainsi.

Pour l'enfant (et même quand il est déjà bien engagé dans l'adolescence), gagner signifie qu'il a été admis parmi les élus. Par exemple, l'enfant qui joue au solitaire obéit strictement à la règle du jeu et pas seulement parce qu'il veut gagner une partie, ou pour tuer le temps, ou encore pour apprendre à bien se concentrer ; le plus souvent, il joue parce qu'il veut croire que, par magie, la réussite sera le gage qu'il réussira un examen, qu'il gagnera une amitié désirée ou qu'un désir secret deviendra réalité. Mais cette idée exige qu'il ne triche pas, parce qu'alors une victoire ne signifierait rien.

L'enfant apprend ainsi à mettre ses sources d'énergie inconscientes et irrationnelles au service d'entreprises imposées par la réalité. Le jeu peut lui apprendre une chose très importante : que l'on peut utiliser les tensions et les désirs inconscients pour se donner la force d'affronter des tâches réelles. Mais ce n'est pas tout. Les « jeux de grands » apprennent à l'enfant à canaliser les forces irrationnelles de son inconscient vers des activités réelles et aussi à maîtriser ces forces pour atteindre son but (« je ne peux pas me permettre de tricher au solitaire parce qu'alors le jeu ne pourrait absolument rien prédire »). C'est pourquoi ces jeux constituent une étape importante, sinon indispensable, vers la socialisation ; la société, en effet, exige de ses membres qu'ils utilisent leurs forces inconscientes à des fins réalistes et qu'en même temps ils soient capables d'exercer un contrôle raisonnable sur eux-mêmes. Une fois que l'enfant a acquis la faculté de mettre son inconscient au service des exigences de la réalité, il peut employer ses forces à d'autres tâches. Ayant appris à utiliser et à dominer l'énergie de son inconscient, il peut devenir son propre maître, et cela grâce au jeu.

21.

AU-DELÀ DE LA VICTOIRE
ET DE LA DÉFAITE

« L'homme est un animal qui joue. »
Charles LAMB,
L'opinion de Mrs. Battle sur le whist.

Pendant des années, l'enfant ne sait pas très bien comment se comporter à l'égard des jeux de grands. Nous avons vu qu'il essaie d'abord de modifier les règles à son avantage ; puis il croit qu'une autorité l'oblige à obéir à la règle du jeu ; finalement, il comprend que les joueurs ont intérêt à se plier délibérément aux règles.

Quand tout se passe bien, l'enfant n'a aucune difficulté à respecter les exigences du jeu. Mais quand les choses deviennent pour lui psychologiquement trop déconcertantes, ou trop frustrantes, il lui arrive de revenir à une façon de jouer correspondant aux jeux d'enfants. Tout en continuant de comprendre très bien les règles qui régissent le jeu — et en exigeant même des autres joueurs qu'ils les respectent —, il peut être lui-même incapable de leur obéir et affirmer qu'elles ne s'appliquent pas à lui. Un jeune enfant, par exemple, peut savoir parfaitement ce qu'il faut faire pour jouer aux dames. Tout va bien jusqu'au moment où il comprend — ou croit — qu'il va perdre. Il déclare alors brusquement : « On recommence la partie ! » Si son partenaire est d'accord et que la deuxième partie s'annonce en faveur de l'enfant, la partie continuera. Mais si, pour la deuxième fois, il estime que les choses tournent mal pour lui, il pourra redemander un nouveau départ, et ainsi de suite. Devant cette attitude décevante, un adulte se dira que l'enfant devrait apprendre à terminer une partie, même s'il est sur le point de perdre. Mais si l'adulte est capable d'être patient et accepte de reprendre les parties, l'enfant finira par apprendre à mieux jouer.

Mais s'il demande à l'enfant de continuer de jouer alors qu'il est en train de perdre, il en demandera trop à un contrôle de soi encore très faible. Si l'enfant pouvait exprimer sa situation, il dirait : « Je ne peux pas supporter de perdre. Si tu insistes pour que je continue la partie, je renoncerai aux jeux de grands et reviendrai à mes jeux de petits, où je ne peux pas être battu ! »

Le comportement de l'enfant n'est pas difficile à comprendre. Se sentant momentanément vaincu par les réalités complexes et pénibles du jeu — il est en train de perdre, et son amour-propre extrêmement fragile risque d'en souffrir, et c'est quelque chose qu'il doit éviter à tout prix —, il retourne à un niveau de jeu où les règles ne sont plus de rigueur. Si son partenaire est comme lui un enfant, celui-ci lui répliquera sans doute : « Tu as fini de jouer comme un bébé ? » parce qu'il comprend intuitivement (sans l'approuver) l'attitude de son compagnon. Il saura sans doute, par expérience personnelle, qu'il s'agit d'une régression à un stade plus précoce de développement, et cela parce que le stade supérieur s'est révélé trop pénible. Ou bien, comprenant que les dames sont devenues trop difficiles, il proposera : « Jouons à autre chose ! »

Mais si le partenaire est un adulte, cette compréhension intuitive peut être absente. Certains parents sont malheureusement trop pressés de voir leur enfant se comporter d'une façon mûre avant l'heure. Ils sont alors désolés de constater que leur enfant revient à une façon de jouer infantile. S'ils insistent pour qu'il se conduise en adulte à un moment où il se sent terriblement menacé, ils ne pourront qu'aggraver son sentiment d'échec. Ils devraient se rendre compte qu'un enfant peut être contraint par des pulsions incontrôlables de ne tenir aucun compte des règles du jeu, et même de les modifier d'un moment à l'autre, et que, s'il le fait, c'est pour des raisons contraignantes.

Ici encore, nous devons nous rappeler que l'enfant ne joue pas seulement pour le plaisir, ou pour se distraire d'affaires plus sérieuses. Pour lui, le jeu est le plus souvent une activité sur laquelle reposent, selon le résultat, son amour-propre et le sentiment de sa compétence. Nous avons vu dans différents contextes combien le jeu est important pour l'enfant et nous avons souligné que le monde des jeux est de bien des façons son monde réel. Pour exprimer cela en termes adultes, disons que jouer est la vraie réalité de l'enfant ; cela élève le jeu bien au-delà des limites de ce qu'il signifie pour les adultes. Le fait de perdre, pour l'enfant, contrairement à ce qui se passe pour les adultes, ne fait pas simplement partie du jeu ; c'est quelque chose qui fait douter l'enfant de sa compétence et qui, en mettant en question sa valeur et son intégrité en tant que personne, met son existence même en danger ; et cela doit être évité à tout prix. Il ne faut pas que, soudain, il soit incapable de séparer la réalité du jeu de celle de sa vie.

C'est pourquoi l'enfant qui connaît les règles du jeu, et qui veut que son partenaire les suive tant qu'il espère gagner, est le même enfant qui n'hésite pas à envoyer promener les règles dès qu'il pense perdre. Ce comportement déroute souvent les adultes : s'il est capable de bien jouer en respectant les règles quand il gagne, pourquoi ne le fait-il pas quand il perd ? Pour l'adulte, il s'agit dans les deux cas d'une situation impliquée par le jeu ; mais pour l'enfant, les deux sont une réalité. Quand il gagne, il est transporté de joie et admet que « ce n'est qu'un jeu ». Quand il perd, il se sent détruit et réagit en conséquence ; sa maturité naissante se désintègre, comme elle le fait pour beaucoup d'adultes se trouvant dans une situation désespérée.

Le plus déroutant, c'est que, de temps en temps, l'enfant est parfaitement capable de terminer une partie tout en sachant qu'il est en train de perdre. Les adultes imaginent qu'il est donc capable de terminer toutes ses parties et essaient de l'y obliger ; mais ils oublient qu'il leur arrive souvent d'agir de la même façon dans la vie réelle. Ils sont capables d'accepter un échec avec une sérénité relative quand ils se sentent tout à fait en sécurité dans les secteurs importants de leur vie réelle ; à d'autres moments, l'échec les désintègre momentanément, les déprime et les empêche de faire ce qu'ils ont à faire. Leur réaction dépend de leur état d'esprit du moment ; s'ils se sentent forts, s'ils ont confiance en eux-mêmes et en autrui, ils supporteront facilement la défaite. Cela est vrai dans les conditions de la vie réelle pour la plupart des adultes. Le jeu étant vécu par l'enfant comme une expérience de la vie réelle, il se comporte en conséquence : quand il se sent fort et relativement en sécurité, il peut accepter d'être battu sans se désintégrer ; autrement, il en est incapable. Et nous ne devons pas augmenter son désarroi en lui reprochant sévèrement d'être mauvais joueur.

Retraites stratégiques : l'enfant a besoin de gagner

Certains enfants — et la plupart d'entre eux à certains stades de leur vie — ne peuvent absolument pas supporter de perdre. Ils trichent donc pour gagner. Dans ce cas, on aurait tort de les obliger à suivre la règle du jeu ; ils pourraient alors bouder tous les jeux, se sentir découragés et profondément mécontents d'eux-mêmes. Si, au lieu de leur reprocher leur tricherie, nous l'acceptons en silence et leur permettons ainsi de gagner, le jeu leur plaira et ils continueront d'y jouer. Tandis qu'il continue de jouer — et de tricher —, l'enfant devient de plus en plus expérimenté, et il triche de moins en moins, et moins effrontément. C'est pourquoi il est très important que les parents jouent à ces jeux avec leur enfant ; d'autres joueurs seront sans doute moins disposés à le laisser tricher sans, tout au moins, le lui faire remarquer. Maintenant, l'enfant joue assez bien pour qu'une défaite ne soit plus ressentie comme une catastrophe qui lui donnerait envie de renoncer une fois pour toutes à jouer. Mais il faut aux parents beaucoup de temps et de patience pour que l'enfant puisse se sentir assez bon joueur pour ne pas être anéanti quand il perd.

Pour peu qu'ils soient observateurs, le comportement de l'enfant, quand il essaie de tricher, fera comprendre aux parents l'intensité de sa peur de perdre et toute la profondeur de son anxiété. Aux échecs, par exemple, il peut même imaginer que toutes ses pièces sont des dames. Si des fantaisies de cette sorte sont acceptées avec bonne humeur, l'enfant reprend confiance et peut une fois de plus jouer selon la règle. Autrement, il finira par se désintéresser des jeux et être frustré d'une occasion d'atteindre un plus haut degré de socialisation.

Les expressions du visage d'un enfant qui se concentre sur une partie révèlent son état pyschologique. Tant qu'il croit pouvoir gagner, il est totalement absorbé par le jeu, indifférent à ce qui se passe autour de lui. Il est « tout ego », orienté uniquement vers son objectif, et il réagit intelligemment aux mouvements de son partenaire. Mais tout peut changer en une seconde quand il a peur de perdre. Son visage se crispe, sa voix a des intonations inégales ; il ne peut plus se concentrer sur la partie et veut éviter la défaite à n'importe quel prix. La règle du jeu qu'il respectait jusqu'alors n'existe plus pour lui. La réalité recule devant sa colère et sa frustration. Son moi, qui contrôlait très bien la situation, perd sa fragile intégrité.

Si l'enfant peut alors se laisser aller à ses sentiments, c'est-à-dire s'il peut passer sa colère sur cette partie qui menace de l'anéantir, la situation peut se rétablir aussi vite qu'elle s'est détériorée, et le moi peut à nouveau exercer son contrôle. Si son éclat est accepté comme légitime par son partenaire et que celui-ci lui dit : « Cette partie ne compte pas, faisons-en une autre », l'enfant peut alors retrouver toute sa concentration, jouer plus habilement et même accepter tranquillement de légères frustrations. Par la répétition de ces expériences, il peut apprendre une leçon très importante : qu'il lui est possible de se reprendre après avoir momentanément perdu son contrôle et avoir cédé à des pressions instinctuelles.

D'autres situations de jeu peuvent également provoquer chez l'enfant de fortes tensions émotionnelles et rendre impossible le contrôle par le moi. Quand, au cours d'une partie, il est durement frappé par le ballon, sa colère ou son anxiété peuvent le pousser à croire qu'il s'agit d'une attaque délibérée de la part du partenaire qui a envoyé vers lui le ballon. Furieux, il peut alors contre-attaquer et se comporter comme si les règles n'existaient plus, et peut même régresser à un stade de développement où il croyait que les objets sont capables d'intentions et qu'ils peuvent volontairement faire mal. Le ballon n'est plus un instrument du jeu, mais un projectile malveillant.

Nous ne pouvons accepter les coups comme faisant partie du jeu que si nous admettons que tout se passe dans une situation dont les règles ne sont pas les mêmes que celles qui s'appliquent au reste de la vie. Pour être capable de reconnaître ce genre de situation et d'accepter qu'elle diffère de la vie réelle, il faut déjà posséder un niveau relativement élevé de maturité. Quand l'enfant est accablé par les émotions, il ne peut plus conserver ce qu'il a gagné en maturité et, pour lui, la situation « comme si » s'effondre. Alors le fait d'être frappé par la balle devient le résultat d'une agression dirigée contre sa personne et contre laquelle il doit se défendre. Il réagit comme nous le ferions nous-mêmes si nous étions délibérément insultés et attaqués.

Mais si nous ne reprochons pas à l'enfant d'avoir réagi comme la victime d'une attaque intentionnée et si nous lui disons que nous comprenons très bien son sentiment d'avoir été injustement agressé — parce qu'il était là simplement pour jouer et s'est retrouvé dans une situation qui lui semblait le mettre en danger —, notre appui l'aidera à retrouver sa confiance et, en général, il ne tardera pas à se remettre à jouer. Par contre, si nous le grondons, nous augmenterons son sentiment d'insécurité, et il se peut qu'il soit alors incapable de reprendre la partie ou même qu'il se détourne du jeu en général.

En adoptant une attitude positive, nous donnons à l'enfant le sentiment que, dans sa détresse, il a trouvé un ami plein de compassion qui voit la situation de la même façon que lui ; ce sentiment, plus que toute autre chose, l'aidera à se sentir de nouveau en sécurité. Comme nous avons fait un effort pour voir les choses avec ses yeux, il peut maintenant essayer de les voir avec les nôtres. Il nous écoutera quand nous lui expliquerons que ce qui lui est arrivé n'est que pure malchance, et il pourra revenir à la situation « comme si » du jeu. Il apprendra ainsi peu à peu à admettre comme tel ce genre de situation, ce qui lui permettra de franchir une étape vers un niveau plus élevé de compréhension et de maturité.

La part du hasard

Certains enfants, quelle que soit la nature du jeu, sont incapables d'affronter les exigences de la réalité symbolisées par les règles du jeu ; ils trichent ou s'arrêtent de jouer parce qu'ils ne peuvent pas perdre sans souffrir d'une façon intolérable dans leur amour-propre. Ils ne peuvent être contents d'eux-mêmes que s'ils s'imaginent omnipotents. Cela vient en général du fait qu'ils ne peuvent envisager que deux possibilités : ou bien ils peuvent tout contrôler, ou bien ils sont totalement impuissants.

On peut observer les mêmes mécanismes dans l'attitude d'un enfant vis-à-vis du travail scolaire, soit qu'il prétende posséder des connaissances qu'il n'a pas, soit que, persuadé de ne pas pouvoir réussir, il résiste avec angoisse à tout enseignement. Pour lui, tricher est un compromis entre son besoin émotionnel d'omnipotence et sa prise de conscience croissante des limites imposées par la réalité.

Les jeux de hasard sont les premiers à donner à l'enfant l'occasion d'apprendre les « règles du jeu ». Grâce à eux, il peut battre des adversaires plus forts et plus habiles que lui. Et pourtant, alors que le pur hasard désigne le vainqueur, l'enfant doit quand même obéir aux règles. Au jeu de l'oie, par exemple, il ne peut pas franchir plus de cases que ne le permet le coup des dés. S'il tombe sur une case à pénalité qui le fait reculer, il est obligé d'obéir. Le jeune enfant, évidemment, refusera de temps en temps de se plier à la règle et voudra tenter d'améliorer sa chance en trichant, en jetant les dés deux fois au lieu d'une, ou en comptant les cases à son avantage.

Dans les jeux de hasard, même le très jeune enfant peut battre régulièrement des adversaires plus âgés que lui, y compris ses parents. Il peut ainsi apprendre à respecter les règles, et il lui sera ensuite plus facile de les suivre dans des jeux où le hasard tient moins de place et où il se trouve à son désavantage.

Beaucoup d'enfants refusent pendant longtemps de se mettre à l'épreuve de la réalité et ne veulent jouer qu'aux jeux de hasard. Le fait de compter sur la chance est une façon très primitive de considérer la marche du monde et réduit toute activité à une affaire de destin. Mais l'enfant, peu à peu, comprend que l'adresse et le savoir ont une influence sur les jeux qui combinent l'habileté et le « pur » hasard. Il est alors encouragé à en apprendre davantage et à sublimer ses pulsions primitives.

De nos jours, certains des problèmes les plus complexes des sciences humaine et physique sont résolus par l'analyse statistique. Parce que le fait de comparer la probabilité d'un événement avec ce qui se passe en réalité nous aide à comprendre les phénomènes, tout ce que le jeune enfant apprend de la probabilité statistique par les jeux de hasard est extrêmement important. Dans de vastes domaines de la vie, le succès ou l'échec dépendent totalement de la faculté d'avoir ou non une notion réaliste des règles de probabilité, et, sur ce point, les jeux de hasard peuvent apprendre beaucoup de choses aux enfants, surtout s'ils se passionnent pour ces jeux.

Les jeux très structurés qui mélangent le hasard et l'habileté donnent l'occasion d'une lutte ouverte dans un cadre rassurant où la cordialité et la compétition font bon ménage. Plus le jeu repose sur l'habileté, plus les règles, et non le hasard, contrôlent les conditions de la rivalité et plus il est probable que le « meilleur » gagne. Mais l'élément de chance, toujours présent, réduit la tension due à la lutte et permet au jeu de continuer paisiblement.

Le vainqueur, tout en se félicitant de son habileté, peut prendre un air modeste pour dire au vaincu : « Oh, j'ai simplement eu plus de chance que toi ! » Il peut, de cette façon, battre son ami sans courir le risque de l'aliéner. Le perdant, lui, peut se consoler en accusant la malchance, ce qui lui évite d'en vouloir à son adversaire. L'enfant, dans ces circonstances, ne se sentira pas indûment coupable ou incapable s'il lui arrive de perdre la partie. Quand il atteint, en jouant à ces jeux de grands, ce stade d'adaptation à la réalité, il peut être bouleversé par l'idée que son adversaire l'a laissé gagner ou par le fait qu'il s'est lui-même comporté en mauvais joueur après avoir gagné ou perdu la partie. Ces deux attitudes amènent l'enfant à nier la valeur du jeu; la première en lui suggérant que la partie n'était pas sérieuse, la deuxième en impliquant qu'elle n'était pas amicale.

Le Monopoly, qui reproduit des opérations financières, peut illustrer ce que l'enfant peut apprendre en jouant à des jeux de grands. Le néophyte peut conserver anxieusement tout son argent et se garder de l'investir dans l'achat d'immeubles. Mais il comprend vite que cette façon de procéder ne le mène à rien et qu'il peut être sûr de perdre s'il se laisse manœuvrer par son angoisse. D'autre part, les investissements irréfléchis ne sont pas non plus une solution, et l'enfant finit par comprendre qu'ils le mèneront rapidement à la banqueroute.

De cette façon, les jeux de grands (par opposition à ceux de pure imagination) obligent l'enfant, s'il désire gagner, à refouler son anxiété et ses illusions et à chercher un compromis viable entre les pressions de ses désirs conscients et inconscients et les exigences de la réalité. Se soumettre aux règles du jeu est analogue à chercher dans le monde réel à satisfaire ses désirs dans les limites permises par la société. Aucune stratégie ne peut garantir un succès permanent parce que notre chance et nos adversaires varient, mais l'enfant apprend à améliorer sa chance.

Le symbolisme de la victoire

Les enfants se sentent souvent obligés de renoncer à progresser pour des raisons très particulières. Une petite fille, qui jouait très bien aux échecs, battait régulièrement sa mère — qui, pourtant, faisait tout son possible pour gagner — et se réjouissait de ses victoires. Puis elle tomba subitement malade. Un jour, pour la distraire, sa mère fit avec elle une partie d'échecs, comme elles l'avaient fait si souvent dans le passé. Mais cette fois, la fillette commit des erreurs qui semblaient voulues et, malgré cela, elle gagna la partie. Au lieu de se réjouir comme avant de sa victoire, elle éclata en sanglots et se mit à reprocher à sa mère de l'avoir laissée gagner.

La pauvre mère, qui pourtant avait joué de son mieux, en fut abasourdie. Pourquoi sa fille, qui avait toujours aimé gagner, était-elle soudain déprimée par sa victoire et si en colère contre elle ? Dans ce cas, la petite fille était effrayée par sa maladie et se servait du jeu d'échecs non pas pour se distraire ou pour prouver sa compétence, mais pour chercher une preuve de la *compétence de sa mère*. Effrayée par sa maladie, elle avait profondément besoin de savoir que son destin était entre les mains d'une personne qui était plus capable qu'elle-même et plus avertie. Comme tous les enfants, elle voulait savoir que son destin était entre les mains d'une personne en qui elle pouvait avoir confiance. Elle voulait que sa mère soit gagnante dans la bataille livrée contre la maladie comme elle l'avait été aux échecs... mais comme sa mère avait perdu la partie et s'était donc révélée moins compétente qu'elle, la fillette, en gagnant, détruisait l'objectif qu'elle s'était fixé pour cette partie-là. Elle se savait capable de battre facilement sa mère dans des conditions normales, mais, pour le moment, elle avait besoin d'être rassurée à un niveau magique sur le pouvoir supérieur de sa mère. Ce réconfort lui fut refusé, malgré ses efforts pour mal jouer, d'où sa réaction suivant sa victoire ; elle était en colère contre sa mère qui ne s'était pas montrée forte, capable de gagner à un moment où elle, sa fille, se sentait perdante face à la maladie. La mère, heureusement, comprit assez vite ce qui se passait et put soulager l'angoisse de l'enfant.

Cette histoire, tout comme celle de l'enfant qui ne pouvait pas supporter de perdre aux dames, montre bien que dans certaines conditions de jeu l'enfant a besoin de gagner, et dans d'autres, beaucoup plus rares, de perdre. Ces deux exemples montrent pourquoi on aurait tort de donner aux parents des directives sur ce qu'ils devraient faire quand ils jouent à ces jeux de grands avec leurs enfants. Ce qui est bon dans une situation peut être mauvais dans une autre, ou dans la même d'un jour à l'autre. Il convient de rester sensible à cela et de se laisser guider par ce qui se passe sur le moment. Les parents qui sont très bien accordés à leur enfant ne sont pas eux-mêmes toujours capables de connaître à l'avance la meilleure ligne de conduite. Mais ils peuvent faire confiance à l'enfant qui ne tardera pas à leur faire comprendre ce dont il a besoin ; et moins ils l'obligeront à agir de la façon qu'ils jugent correcte, plus ses indications seront claires. Mieux vaut laisser l'enfant agir à sa guise. C'est par son comportement qu'il livrera son message.

22.

VERS LA CIVILISATION

> « Le but de toute civilisation est de faire de l'homme, bête de proie, un animal dompté et civilisé. »
> NIETZSCHE.

Les théories du développement de la personnalité s'accordent pour estimer que l'enfant, grâce au jeu, sous toutes ses formes, passe de stades inférieurs de développement à des stades supérieurs (bien que les explications sur le pourquoi et le comment puissent varier d'une théorie à l'autre). L'enfant rencontrera tôt ou tard dans sa vie de graves difficultés si, pendant sa croissance, on ne lui donne pas l'occasion de maîtriser *chacun* des stades importants du développement qui, dans leur totalité, constituent la pleine maturité de l'homme. Ces stades, de bien des façons, peuvent être comparés à ceux que la race humaine a connus avant d'atteindre son état actuel.

Les psychologues qui ont étudié le rôle des jeux dans le développement humain ont abouti à deux théories. Karl Groos, dans l'esprit du rationalisme qui prévalait au début du siècle, pense que les jeux préparent l'enfant à ses futures activités. Jean Piaget, dans la même ligne, voit dans le jeu diverses étapes menant au développement cognitif, des plus bas aux plus hauts niveaux de compréhension et de capacité intellectuelle. Freud, sans étudier systématiquement le jeu, était très impressionné par l'importance de l'héritage archaïque que nous avons en nous. Il s'est souvent dit convaincu que l'ontogénie reproduit la phylogenèse, c'est-à-dire que l'individu, à bien des égards, récapitule le développement de l'espèce. Aussi, plutôt que de voir dans les activités ludiques une préparation de l'avenir, il les considérait comme la preuve de ce que nous devons au passé.

Les rages du petit enfant, sa façon d'exprimer sa colère et ses frustrations en jetant les objets par terre ne sont pas tellement différentes de ce que nous pouvons imaginer du comportement de l'homme primitif. Bertrand Russell note : « Il est biologiquement naturel que les enfants vivent en imagination ce qu'ont vécu leurs lointains ancêtres sauvages. »

Les processus des développements biologique, intellectuel, social et émotionnel ne nous permettent jamais de sauter des étapes importantes. Chaque stade de la maturation individuelle doit avoir lieu en son temps ; si elle intervient trop tôt ou trop tard, ou si elle avorte en chemin, il en résultera une inadaptation. C'est pourquoi, par exemple, certains adolescents, qu'ils soient hippies ou révolutionnaires, essaient de vivre pendant un certain temps une « vie de sauvage » s'ils n'ont pas eu suffisamment l'occasion de le faire pendant leur enfance. Ils tentent de secouer le joug de leurs parents qui les ont élevés sans penser qu'ils devaient, au moment voulu, dépasser l'« état sauvage » par le jeu pour ensuite le transcender. Mais l'adolescent ne peut pas franchir tardivement ces étapes comme il aurait pu le faire pendant son enfance, parce qu'il vit maintenant dans le monde de la réalité à un degré qu'il n'atteignait pas étant petit. Pour mettre en actes et tenter de maîtriser ses tensions intérieures, il doit alors s'inspirer des événements réels de son temps en prenant le parti des idéologies extrémistes qui, souvent, défendent de bonnes causes pour des raisons qui n'ont rien à voir avec ces causes. Les problèmes intérieurs qu'ils essaient de résoudre ainsi sont révélés par sa façon « sauvage » d'embrasser telle idéologie, bien que cette façon soit à l'extrême opposé de la cause en question.

L'une des étapes majeures du progrès humain fut la domestication des animaux. Nous ne devrions donc pas nous étonner de voir les enfants répéter cette expérience en « domestiquant » un chien ou un chat et en faisant de lui un fidèle compagnon. D'autres enfants, plus grands, aiment s'occuper des chevaux et les monter. Si c'était possible, ils se lieraient d'amitié avec des animaux encore plus gros. Plus la bête est volumineuse, plus elle est sauvage, et plus l'enfant désire la dompter et faire d'elle un compagnon. Une grande partie de la littérature enfantine (et un bon nombre de contes et de fables destinés aux adultes) sont inconsciemment fondés sur ce fait.

Les anthropologues nous disent que l'homme a fait un bond prodigieux vers la civilisation quand il s'est établi dans un territoire précis après l'avoir jalonné. On peut observer des échos de ce processus chez les enfants qui veulent à tout prix qu'un certain territoire — cachette, chambre, cour, leur secteur de rue, de quartier, de ville — n'appartienne qu'à eux et ne puisse être envahi par des tiers qu'avec leur permission. Si on les provoque, ils feront corps pour défendre leur « sanctuaire ». Les très jeunes enfants jouent eux-mêmes à ces jeux territoriaux ; la marelle en est un exemple typique. Les hommes primitifs se groupaient et apprenaient à communiquer et à coopérer dans le but d'avoir une vie plus efficace et plus agréable ; les enfants forment des bandes pour des raisons équivalentes.

Certains historiens nous disent que la principale occupation des habitants de la cité grecque consistait à guerroyer et que toute l'organisation sociale et politique tendait vers ce but. Le mythe homérique nous raconte que les Grecs ont découvert leur identité en tant que peuple en s'unissant pour entreprendre la guerre de Troie ; et c'est ce mythe qui se trouve à la base de leur civilisation. Les cités-Etats ont atteint leur apogée quand elles se sont unies temporairement pour défendre leurs territoires contre l'envahisseur perse. Nous pouvons observer un développement parallèle quand des gangs rivaux de jeunes concluent une alliance momentanée pour se défendre contre un ennemi commun. Mais on peut pousser plus loin la comparaison. Il ne faut pas oublier que des progrès politiques et techniques considérables, y compris la formation d'une langue unique (en Italie, par exemple) et des réalisations technologiques telles que la fission et la fusion atomiques, ont été dus à la guerre ou sont en relation avec elle.

Comme je suis profondément convaincu qu'il est grand temps de nous affranchir de notre archaïque héritage de guerre, je crois qu'en tant que race (nous ne faisons guère de progrès sur ce point) et aussi en tant qu'individus nous devrions extirper du plus profond de nous-mêmes tous ces vestiges primitifs. C'est exactement ce que les jeux de guerre peuvent réaliser pour les enfants. Chaque chose en son temps ; il n'est ni raisonnable ni opportun de faire la guerre quand on est adulte. L'enfance est le moment de la vie où nous devrions être capables de mettre en actes ce vieil héritage, de nous en débarrasser une fois pour toutes, et de ne le faire que par des actes symboliques ; dans leurs jeux guerriers, en effet, les enfants se déchargent de leur agressivité, de leurs anxiétés et de leur sentiment d'insécurité d'une manière qui ne cause de dommages sérieux à personne.

En mettant en actes ses tendances agressives, l'enfant acquiert un code moral ; en même temps, il passe de l'envie d'établir sa domination à tout prix, en « tirant » dans toutes les directions, à une bataille des bons contre les méchants en suivant des règles bien organisées. Ce progrès lui permet peu à peu de dominer, d'éduquer et de sublimer ses tendances incohérentes et destructrices jusqu'au moment où, les ayant domptées, il peut consacrer son énergie à des buts sociaux. C'est un progamme que les enfants inventent et réinventent spontanément si on leur en donne l'occasion.

Jeux de stratégie

Les jeux de stratégie sont très différents du jeu de la petite guerre dont nous venons de parler. Ils permettent à une grande variété de sentiments de s'exprimer, du besoin oppressant de s'affirmer à la décharge émotionnelle de la frustration et de l'hostilité. Dans les formes les plus primitives des jeux de guerre, l'enfant s'imagine être un guerrier puissant capable de gagner toutes les batailles ; la réalité ne joue pratiquement aucun rôle dans ces fantasmes. Puis il se met à jouer avec d'autres enfants aux cow-boys et aux Indiens, et alors certains éléments historiques interviennent, et les participants respectent certains aspects réels de la conquête de l'Ouest. Mais le jeu peut encore, à ce stade, dégénérer en mêlée générale.

En jouant simplement avec des soldats de plomb, l'enfant peut se distancer de son agressivité. Il ne se bat plus lui-même, et ses conflits intérieurs peuvent trouver dans les événements historiques une expression symbolique. Il devient un grand général et, à partir de là, peut s'identifier plus particulièrement à un héros réel. Il peut reproduire de grandes batailles et disposer ses soldats de plomb plus ou moins en accord avec l'histoire, au lieu de se laisser aller simplement à ses fantasmes. Ces jeux plus compliqués font intervenir de nombreux facteurs comme, par exemple, les conditions topographiques d'une bataille. L'enfant apprend aussi à évaluer une situation donnée du point de vue de chacun des adversaires et en tenant compte de leurs forces et de leurs faiblesses relatives. Les considérations rationnelles commencent à prendre le pas sur les fantasmes agressifs. Le fait de mettre en place une formation de bataille complexe avec des soldats de plomb demande de la patience et de la constance ; ces qualités, que le jeune enfant a du mal à dominer, sont certainement indispensables pour faire son chemin dans la vie.

Les personnes qui ont visité le château de Blenheim[1] ont pu y voir les scènes de bataille très élaborées que le jeune Winston Churchill a mises en scène avec ses soldats de plomb. On comprend devant ce spectacle comment un grand chef d'Etat s'est préparé sans le savoir à ses tâches futures et comment ses loisirs puérils ont préparé ses réalisations d'adulte. Churchill, par ces jeux, commençait à acquérir cette persévérance et ce souci des détails qui l'ont soutenu, lui et la nation britannique, aux heures les plus dramatiques de la Seconde Guerre mondiale.

Grâce aux jeux de stratégie, le désir infantile d'être une personne puissante et de n'en faire qu'à sa tête commence à se transformer par l'identification du moi et du surmoi à un personnage historique — Washington, Napoléon, Nelson, etc. L'enfant peut étudier la vie de son héros favori et essayer de lui ressembler. L'étude de l'histoire enrichit ses jeux de stratégie. Il ne se bat plus pour essayer de s'imposer personnellement, pour décharger son agressivité ou pour compenser les défaites qu'il a subies dans la vie réelle. Le jeu devient une bataille qui a un but : par exemple, pour les jeunes Américains, gagner la guerre d'Indépendance contre les troupes anglaises. Dans certains jeux que l'on peut trouver dans le commerce, et qui n'ont aucun lien avec des événements historiques, chaque joueur peut conclure ou rompre des accords selon ce qu'il pense être son intérêt. L'habileté, la capacité de planifier et de

---

[1]. La localité de Blenheim (Höchstädt pour les Français) a été le site d'une bataille de la guerre de Succession d'Espagne où, en 1704, l'armée anglo-autrichienne, sous les ordres de Marlborough (ancêtre de Churchill), a battu les forces franco-bavaroises. *(N.d.T.)*

prévoir peuvent modifier des résultats qui n'étaient commandés auparavant que par le hasard.

Dans certains jeux conçus pour reproduire des batailles réelles, l'identification du joueur à un général le pousse à revivre en imagination certains épisodes d'une vraie guerre. La connaissance de l'histoire et de la stratégie renforce d'une façon réaliste le sentiment de compétence de l'enfant. L'identification à de grands personnages historiques satisfait les besoins du moi et du surmoi. L'enfant, de cette façon, entame un processus qui le rendra plus humain, et que Freud jugeait essentiel : le *moi* prendra de plus en plus la place du *ça*. Quand le jeu de stratégie peut évoluer à partir de ses débuts chaotiques et agressifs vers une activité de plus en plus complexe, les éléments du *ça* continuent de fournir l'énergie motivante, mais les actions sont de plus en plus contrôlées par le *moi* dès que les soldats évoluent en formations complexes en obéissant à un plan soigneusement étudié.

Les jeux de stratégie, en outre, comme tous les jeux de l'enfance, possèdent d'autres dimensions importantes. Ils aident l'enfant à affronter et à résoudre les problèmes émotionnels et de croissance du moment, mais il y a plus que cela. Un jeu ayant pour thème la guerre civile, par exemple, peut servir d'introduction à certaines approches difficiles pour l'enfant. La guerre de Sécession, qui opposait des frères aux frères, mène tout droit aux problèmes de rivalité fraternelle ; mais ce même jeu peut être une représentation imaginaire d'autres dissensions familiales, telles que les scènes qui opposent le père et la mère, ou les parents et les enfants.

La guerre de Sécession, évidemment, avait pour enjeu l'esclavage qu'elle a réussi à supprimer. Comme l'enfant, dont la vie est contrôlée par ses parents, se sent plus ou moins esclave, n'importe quelle guerre de libération représente pour lui son désir de s'affranchir du contrôle parental. Les victoires et les revers sont pour lui le reflet de ses progrès et de ses reculs dans sa lutte pour l'autodétermination, tandis que le résultat final de la guerre de Sécession — l'affranchissement pour les Américains noirs — semble lui promettre la victoire. Tant d'idées et d'identifications sont permises par ces jeux de stratégie qu'il est tout naturel que la plupart des enfants se passionnent pour eux.

Bien des parents pacifistes ne veulent pas que leurs enfants jouent avec des soldats de plomb ; il n'est donc pas inutile de citer ce que George Orwell, un homme résolument opposé à la violence, a écrit à ce sujet : « Le socialiste qui surprend son enfant à jouer avec des soldats de plomb se révolte presque toujours ; mais il serait incapable de leur trouver un substitut ; des pacifistes de plomb ne feraient certainement pas l'affaire. » C'est assez évident. Les enfants jouent spontanément au docteur ou à l'infirmière mais, au grand regret de certains parents, ils ne jouent jamais au pacifiste. Le pacifisme est un concept élaboré par les adultes. Quand on pense au jeu sous toutes ses formes, il faut se rappeler que les motivations profondes de l'enfant sont ses conflits intérieurs qui exigent d'être exprimés et résolus. Des jouets représentant des pacifistes, à supposer qu'ils puissent exister, seraient bien incapables de remplir cette fonction.

Revenons maintenant au jeu de la petite guerre dont certains parents, par ailleurs très responsables, ne veulent pas entendre parler alors qu'ils n'ont aucune prévention contre les jeux de société reproduisant des batailles célèbres. Ceux qui condamnent les jeux où interviennent des sabres ou des fusils en bois en les accusant d'être violents et irrationnels ne tiennent pas compte de la dualité de notre nature à la fois humaine et animale, et de la distance qui les séparent. Il est hors de doute qu'il demeure en nous un élément animal très important — et avec lui de la violence — et il arrive que ces forces irrationnelles apparaissent dans les jeux des enfants, ce qui ne manque pas d'inquiéter les parents. Mais, le plus souvent, c'est en réalité le sens de l'humanité, en plein développement chez l'enfant, qui motive ce qui semble être pour des parents non informés de la pure « brutalité ». Les enfants ont de tout temps joué à des jeux guerriers où ils se battaient contre l'ennemi historique du moment. Les classiques nous apprennent qu'au Ve siècle avant J.-C. les enfants étudiaient *L'Iliade*. Il y a fort à parier qu'ils revivaient la guerre de Troie dans leurs jeux, comme je le faisais étant enfant avec mes camarades. C'est par ces jeux de guerre avec des glaives, des boucliers et des casques en bois ou en carton-pâte que ce que nous apprenions en classe est devenu pour nous réalité. Achille et Hector devenaient vivants, ainsi qu'Ulysse dont nous reproduisions les épreuves et les tribulations. Les poèmes d'Homère faisaient réellement partie de notre existence. En revivant dans nos jeux la guerre des Sept contre Thèbes, nous pouvions beaucoup mieux apprécier, comprendre et même aimer la tragédie grecque et plus généralement l'art et la culture antiques. A notre âge, rien de tout cela n'aurait eu de substance si nous ne l'avions pas vécu par le jeu.

Les enfants, au Moyen Age, jouaient certainement à être des croisés et des infidèles, comme les enfants d'aujourd'hui jouent au gendarme et au voleur. On dit que la reine Elisabeth Ire a voulu savoir un jour si les garçons de son pays jouaient à la guerre des Anglais contre les Ecossais. Dès que le mur de Berlin s'est élevé, les petits Allemands se mirent à se mitrailler de part et d'autre d'un petit mur. Le dénominateur commun de tous ces jeux guerriers est qu'ils mettent invariablement en scène le conflit du bien et du mal dans des termes et des images qu'un enfant peut facilement saisir.

Les bons contre les méchants

Dans les jeux tels que « les gendarmes et les voleurs », l'enfant prend connaissance des identités morales ; ils lui permettent de visualiser ses fantasmes, et il leur donne corps en en étant le gendarme ou le voleur. En jouant ces rôles, il peut se rapprocher de la réalité des deux personnages et de ce qu'ils peuvent ressentir. Il est évident que la lecture et la télévision ne pourraient pas lui rendre le même service. Un rôle purement passif, réceptif, ne peut pas remplacer des rencontres actives avec la réalité vécue.

Les jeux mettant en scène le conflit du bien et du mal ne favorisent guère l'adaptation sociale de l'enfant à la réalité et à la morale si les conditions dans lesquelles il grandit ne lui permettent pas de percevoir clairement que les « flics » sont du côté du bien. Cela peut se produire dans les taudis où les individus qui ridiculisent la police ne sont pas forcément considérés comme bons, mais tout au moins comme plus malins que les « flics ». Si telles sont les conditions de sa réalité, l'enfant aura du mal à se constituer une identité morale claire. Mais cet enfant aura lui-même plus de chances de réussir dans la vie si l'identité qu'il choisit finalement est celle qui soutient l'ordre moral. Mais quels que soient les « bons », l'enfant doit en fin de compte intégrer leur identité.

En termes de psychanalyse, ces conflits entre « le bien et le mal » représentent la lutte entre les tendances asociales du *ça* et celles, diamétralement opposées, du *surmoi*. Ces luttes — mises en actes par deux groupes d'enfants se faisant la guerre, ou par un ou plusieurs enfants manipulant des soldats de plomb — permettent une décharge de l'agressivité, réellement ou symboliquement. Dès que la colère ou la violence sont apaisées, les forces du surmoi prennent le dessus pour contrôler ou contrebalancer celles du *ça*. Le *moi* est alors capable de remplir son rôle.

En observant l'évolution des jeux agressifs de notre enfant, nous pouvons distinguer une progression du jeu libre, qui autorise l'expression et la satisfaction directes du *ça* vers une forme de jeu plus structurée dont le but est une intégration à un plus haut niveau — la domination du bien sur le mal — en même temps qu'une décharge de l'agressivité. « On les a battus ! »... les Grecs exterminent les méchants Troyens, les chevaliers détruisent les infidèles, les gendarmes coincent les voleurs, les cow-boys écrasent les sauvages Indiens.

Comme nous sommes des adultes avertis, nous savons que la culture troyenne était peut-être supérieure à celle des Grecs de l'âge du bronze, et que la cause des Indiens était au moins aussi juste que celle des cow-boys. Mais notre objectivité résulte d'une longue lutte intellectuelle et morale, d'un lent processus permettant aux émotions d'être nettoyées, tempérées, affinées. L'enfant ne peut pas atteindre facilement cette objectivité parce qu'il est dominé pendant ses premières années non pas par son intellect, mais par ses émotions. Il *veut* croire que c'est le bien qui triomphe, et il a *besoin* de le croire pour son propre bien-être, afin de pouvoir, plus tard, rester orienté vers le bien...

Quand l'enfant, par ses jeux, a fermement établi dans son esprit la suprématie du bien, de telle sorte que le résultat de la bataille n'est plus en question, il peut se tourner vers d'autres aspects humanitaires du jeu de guerre originel. Il ne s'agit plus simplement de défendre la cause de l'ordre contre le chaos, de faire triompher le bien, mais de sublimer les émotions violentes.

Alors, le problème n'est plus de savoir si le chevalier l'emportera sur l'infidèle (bien sûr qu'il le fera !) mais s'il sera capable de le faire avec élégance, selon le code de la chevalerie. Le but du jeu n'est plus seulement de savoir qui est le plus fort — le *ça* ou le *surmoi*, le *moi* primitif ou le *moi* socialisé —, mais de savoir si le *moi* peut assurer la victoire du *surmoi* d'une façon qui renforce l'amour-propre. Non seulement le bien doit triompher du mal, mais il doit le faire d'une manière prouvant la valeur d'une humanité supérieure. Le chevalier errant tue le dragon, mais il le fait pour délivrer la jeune captive. Le bien a prévalu, mais dans un but précis : pour obtenir en même temps une satisfaction érotique (le *ça*). Ainsi, *le moi* et le *surmoi* s'unissent pour promettre au *ça* une gratification s'il obéit à leurs ordres. Le fait de servir le bien est renforcé par la force motivante d'un objectif supérieur.

Lorsque l'enfant met en acte cette façon de comprendre, il commence à apprécier une leçon qui ne peut pas lui être inculquée d'une façon convaincante si elle est purement didactique : qu'il ne suffit pas de combattre le mal, mais qu'il faut le faire au nom d'une cause supérieure et dans un esprit chevaleresque — c'est-à-dire en respectant les règles du jeu dont la plus haute, maintenant, est d'agir vertueusement. Cette attitude renforcera l'amour-propre qui, lui-même, aidera puissamment l'enfant à intégrer plus pleinement le *ça,* le *moi* et le *surmoi,* c'est-à-dire à devenir plus civilisé.

TROISIÈME PARTIE

FAMILLE, ENFANT, COMMUNAUTÉ

23.

IDÉAL ET RÉALITÉ

> « Aucune famille ne peut accrocher cet écriteau à la porte de sa maison : "Ici, nous n'avons aucun problème". »
>
> Proverbe chinois.

Quelle que soit la définition légale de la famille, l'usage commun convient, avec le dictionnaire Webster, qu'elle est une « unité sociale formée par les parents et les enfants qu'ils élèvent ». Si un mari et sa femme n'ont pas d'enfant, ils sont un couple marié mais ne constituent pas vraiment une famille. Comme chaque membre de la famille a en lui un héritage génétique différent et immuable, et comme chaque personne a une histoire différente, malgré de nombreuses expériences communes, l'unité sociale constituée par chaque famille se compose d'éléments très différents. Contrairement à l'opinion de Tolstoï, toutes les familles heureuses ne se ressemblent pas. C'est cette diversité qui rend difficile le fonctionnement de cette unité sociale. Le sort de la famille dépend en grande partie de la faculté qu'ont les parents de s'adapter d'une manière sensible aux caractéristiques de leurs enfants, à leur personnalité et leur vécu différents. Par exemple, il importe beaucoup à l'enfant que ses parents acceptent qu'il soit moins intelligent ou en moins bonne santé qu'un autre. S'ils l'acceptent, ils modifieront leur comportement en conséquence. La famille heureuse est celle dont chaque membre, selon son âge et son degré de maturité, agit en tenant compte de la nature unique de chacun des individus qui la composent.

La famille, dans les termes de la psychologie, est formée par les interactions de tous ses membres, de leurs sentiments réciproques et de la façon dont ceux-ci sont intégrés à la vie quotidienne. Etant donné que les livres traitant de l'éducation (comme celui-ci, par exemple) s'adressent aux parents et non aux enfants, les auteurs insistent sur les idées, les réactions et les sentiments qu'ont les parents vis-à-vis de leurs enfants ; et cela les amène souvent à négliger l'impact important que les enfants — surtout les premiers — ont sur le développement de leurs parents, et cet impact s'étend à la fois à leur rôle de parents et à leur situation d'individus mariés. Parce que la famille est une unité sociale, chacun de ses membres a une influence sur tous les autres.

L'arrivée du premier enfant est un grand tournant de la vie des parents, même s'ils sont très conscients de leurs nouvelles responsabilités. Le changement est souvent beaucoup plus important qu'ils ne le prévoyaient. Certains parents très modernes essaient d'abord de continuer de vivre comme avant, mais ils ne tardent pas à comprendre combien leur vie est modifiée. Les nouvelles dispositions qu'ils sont contraints de prendre reflètent des changements internes plus importants, des modifications profondes et durables de l'opinion que les nouveaux parents ont d'eux-mêmes et des objectifs qu'ils se proposaient dans la vie. Ainsi, dès le début, l'enfant exerce une influence significative et formative sur ses parents, et par conséquent sur l'ensemble de la famille. Au début, il le fait d'une manière passive, par le seul fait de sa naissance et de sa présence, mais il ne tarde pas à le faire également par ses actes et par ses réactions au comportement que ses parents adoptent vis-à-vis de lui.

Dès l'arrivée de l'enfant, ses parents prennent toutes les décisions concernant la vie familiale, soit consciemment, soit en suivant les pulsions de leur inconscient. Leur pensée, particulièrement en ce qui concerne la vie de la famille, est fortement influencée par les sentiments éprouvés pour leur enfant et pour eux-mêmes en tant que parents. Les idées et les sentiments qu'ils connaissaient avant l'arrivée de l'enfant étaient en général fondés sur des fantasmes aussi bien heureux que lourds d'anxiété. Il est très rare qu'un événement tel que la naissance d'un premier enfant soit conforme aux fantasmes qui ont été brodés autour de lui avant son arrivée. Ces fantasmes ont leur origine dans la propre enfance des parents et n'ont donc pas grand-chose à voir avec la réalité du moment, et beaucoup avec ce que les parents attendaient, pendant leur enfance, de la part de leurs parents. Comme le fait d'avoir un bébé et de s'occuper de lui réveille des souvenirs d'expériences et de sentiments infantiles depuis longtemps enfouis dans l'inconscient, les parents sont donc obligés de les affronter de nouveau et d'une façon très différente — aussi différente que les fantasmes le sont de la réalité. Beaucoup d'individus, avant d'avoir un enfant, rêvent de la vie merveilleuse qu'ils auront quand il sera là, du bonheur parfait qu'ils connaîtront ensemble et que rien, jamais, ne pourra altérer. Même s'ils doutaient que ce rêve pût devenir réalité, ce doute ne réduirait en rien leur désir de voir les choses se passer ainsi.

La réalité ne tarde pas à démentir ces illusions, sans toutefois réussir à les éradiquer totalement. Quand les parents se rendent compte par force qu'ils ne sont pas tellement différents de leurs propres parents et qu'ils ne valent pas mieux qu'eux en tant que parents — malgré leur désir et leurs bonnes intentions —, ils sont en général profondément bouleversés et déchirés entre le désir de se montrer à la hauteur de leurs fantasmes idéalistes et la réalité de leur comportement de parents... les deux étant souvent très différents.

La situation n'est pas facilitée par le fait que des espoirs et des valeurs contradictoires coexistent pacifiquement dans ces fantasmes. Tel fut le cas d'une femme brillante, professeur de psychologie infantile, qui, d'aussi loin que pouvaient remonter ses souvenirs, avait été convaincue qu'elle serait une mère merveilleuse, à tel point que son enfant s'en rendrait immédiatement compte et, pour cela, l'aimerait éternellement. Elle était en même temps certaine, sans doute depuis le début de son adolescence, que son enfant aurait une personnalité unique et très forte, et beaucoup de volonté.

Tous ces rêves de parfait bonheur familial s'étaient ravivés pendant sa première grossesse. Quand elle prit dans ses bras sa petite fille qui venait de naître pour lui offrir tendrement le sein, elle était persuadée que l'enfant serait ravie de se blottir contre elle et de se mettre à téter. A sa grande déception, le bébé commença à gigoter comme si, se sentant dans une position inconfortable, il voulait s'arracher à ses bras. La réaction spontanée de cette mère fut de regarder son enfant avec étonnement et de se dire : « Ce n'est pas du tout ce que j'avais prévu ! »

Heureusement pour elle et pour son enfant, elle ne tarda pas à réfléchir sérieusement à la situation. « J'ai toujours, se dit-elle, eu envie d'avoir un enfant qui posséderait la volonté d'agir à sa guise et qui serait un être unique ; et voilà que, dès sa naissance, quand mon bébé me prouve qu'il est bien cet enfant-là et qu'il sait très bien ce qu'il veut, je me retrouve profondément déçue ! » Après avoir pris à son compte ce paradoxe, elle put accepter avec plaisir l'idée que sa fille deviendrait une personne à part entière, quelqu'un qui ne se conformerait pas totalement aux désirs de sa mère, surtout quand ces désirs seraient incompatibles avec les siens. Cette mère permit sagement à son désir d'avoir une fille indépendante de l'emporter sur son fantasme d'un parfait bonheur maternel et infantile. En fait, l'enfant devint une personne très différente de sa mère, pour le plus grand bonheur de l'une et de l'autre. Personnellement et professionnellement, cette femme trouva sa première expérience de mère si caractéristique, si amusante et si instructive qu'elle ne manqua jamais de la citer à ses élèves.

De même, beaucoup de mères, surtout la première fois qu'elles voient leur enfant, sont stupéfaites de constater qu'il n'est pas la fidèle réplique d'elles-mêmes, qu'il est dès la naissance un individu totalement différent, pour ainsi dire un étranger. La plupart des mères ne tardent pas à être heureuses de voir que leur bébé est en bonne santé et bien formé. Malheureusement, beaucoup d'autres sont déçues de devoir s'avouer qu'il ne correspond pas à leur idée de la perfection enfantine ; cette déception de la première heure peut jeter une ombre durable sur la relation mère-enfant.

Chaque enfant est accueilli en ce monde par une grande diversité de sentiments, parfois très complexes, de la part de ses parents. Ceux de sa mère peuvent être particulièrement décisifs. Dans le conte de *La Belle au bois dormant*, des fées, ravies d'avoir été invitées au baptême de la petite princesse, lui accordent par magie la beauté, le bonheur et tout ce que la vie peut lui apporter de mieux. Mais une méchante fée assiste également au baptême ; furieuse de n'avoir pas été invitée, elle jette un sort à l'enfant : elle ne survivra pas à ses premières années. Dans toutes les versions de ce conte, les personnages qui décident de l'avenir de la petite princesse sont des femmes ; ce fait symbolise la sagesse de nos ancêtres qui estimaient que le destin de l'enfant est en grande partie déterminé par des figures maternelles — c'est-à-dire par sa propre mère.

Ce que raconte *La Belle au Bois Dormant*, sous une forme symbolique, à la façon des contes de fées, n'est que trop vrai. Chaque enfant est accueilli en ce monde par des esprits du mal et des esprits du bien. Malheureusement, certains enfants sont hantés dès la naissance par ces esprits du mal, mais ceux du bien — l'amour et les soins tendres des parents heureux d'avoir un enfant — l'emportent presque toujours. Les parents sont très conscients de ces esprits du bien sans savoir comment ils sont venus les habiter, mais ils sont de toute façon capables de combler leur enfant de toutes les bonnes choses que la vie peut offrir. Les deux formes d'esprits viennent du passé des parents. Mais certains parents refoulent toute connaissance de l'existence de l'esprit du mal, ce qui les empêche de l'affronter et de le neutraliser pour que l'enfant n'ait pas à souffrir de son impact destructeur.

Ces « esprits », qui sont les résidus de la propre enfance des parents, déterminent, en raison de l'influence parentale sur l'enfant, ce que sera la vie de ce dernier. Quand le parent a eu une enfance malheureuse, s'il en est conscient, et s'il est capable de faire face aux sentiments que cette enfance a fait naître en lui, il fera tout son possible pour épargner à son enfant un destin similaire et assurer son bonheur. D'autre part, le parent qui a eu une enfance heureuse et qui s'en souvient avec plaisir parviendra beaucoup plus facilement que les autres à assurer à son enfant une enfance analogue. Toutefois, dans les deux cas, tout ira bien.

Les choses peuvent facilement tourner mal quand les parents sont totalement inconscients non pas de leur enfance malheureuse, dont ils peuvent se souvenir, et même en détail, mais des sentiments et des réactions que cette vie a provoqués. Ce qu'ils ont profondément refoulé, au point d'en être absolument inconscients, ce sont les sentiments de colère et de rejet de leur propre enfance. Ce sont ces sentiments qui constituent en eux l'« esprit du mal » qui est destructeur parce qu'il gâte leurs relations avec leur enfant. Ces sentiments négatifs restent gravés dans leur inconscient et, agissant comme des démons, les contraignent à faire des choses qu'ils ne feraient jamais s'ils pouvaient prendre conscience de leurs sentiments. Même quand un de ces parents désire tendre les bras à son enfant, quelque chose l'en empêche, et le mouvement, qui voulait être positif, devient négatif, sans qu'il sache pourquoi. Les rages et les découragements depuis longtemps refoulés de son enfance lui interdisent de créer entre lui et son enfant une relation positive, et cela parce que ces anciens sentiments refoulés viennent s'interposer à son insu, ou sans qu'il soit capable de les maîtriser. Il voudrait être un bon parent mais ne le peut pas, et il en est terriblement frustré. L'enfant est souvent accusé d'être la cause de cette frustration, ce qui, bien sûr, n'arrange rien.

Quand ce même parent réussit à se rappeler et à revivre en esprit ces souffrances refoulées de l'enfance, il peut presque toujours neutraliser ces fantômes du passé et commencer à avoir de bonnes relations avec son enfant ; celles-ci, en fin de compte, l'aident à dominer les lambeaux néfastes de son enfance destructrice qui, alors, ne peuvent plus exercer une influence négative sur sa relation à l'enfant.

Prenons par exemple le cas d'une mère qui se rappelle combien elle était malheureuse de ne pas avoir de jouets ni de compagnons de jeux, et combien elle en voulait à ses parents d'avoir créé cette situation et de ne jamais jouer avec elle ; il est plus que probable que cette mère sera heureuse de voir son bébé s'amuser avec ses jouets et qu'elle aimera jouer elle-même avec son enfant. Ce sera en même temps pour elle une façon de compenser à un degré considérable les souffrances de son enfance. Les souvenirs des frustrations et des sentiments qui les accompagnaient peuvent ainsi devenir de bonnes fées (esprit du bien) qui veillent sur le bonheur de l'enfant.

On trouve un fort contraste entre cette mère et celle qui se souvient d'avoir souffert de frustrations dans son enfance, mais d'une manière distante, comme s'il s'agissait d'un fait évident, qui va de soi, parce qu'elle a refoulé ses sentiments pénibles. Cette mère craint inconsciemment que les jeux de son enfant ne réveillent ces sentiments qui jailliraient alors à la surface, suivis peut-être de conséquences désastreuses. Pour maintenir le refoulement, ou bien elle s'arrange pour que son enfant ne soit pas trop heureux et ne la rende pas jalouse, ou bien elle s'éloigne émotionnellement de son enfant pour que ce qu'il fait n'ait pas sur elle un impact trop fort, capable de détruire le refoulement. Ce n'est donc pas le fantôme *oublié* de l'enfance malheureuse qui devient la source de l'esprit du mal, cause de l'atmosphère sombre que cette mère crée autour de son enfant. En réalité, ignorant ce qu'avaient été les véritables sentiments de son enfance, elle doit éviter pour des raisons totalement inconscientes de faire face aux sentiments heureux de son enfant qui, autrement, réveilleraient en elle des émotions qu'elle serait incapable de supporter. Elle s'abstient donc de tout contact intime.

Dans les cas relativement rares où il a été possible de mettre une telle mère en présence des sentiments négatifs de son enfance, tout se passait comme si la malédiction qui la coupait de tout sentiment était exorcisée, et elle était alors capable de partager le bonheur de son enfant et, dans une certaine mesure, de compenser son propre malheur en tant que fait, mais aussi en tant que sentiment. Tant qu'elle était indifférente à la réalité émotionnelle de son enfance, elle était contrainte de rester également indifférente à son enfant. Heureux sont l'enfant et le parent lorsque ce dernier peut exhumer les mauvais fantômes de son passé et les chasser afin de pouvoir donner à son enfant les premières années heureuses qu'il désirait ardemment et qui lui avaient été refusées.

D'innombrables expériences éducatives réveillent en nous, d'une façon inattendue, des vestiges du vécu de notre propre enfance partiellement oubliés et refoulés. En ce qui concerne par exemple l'apprentissage de la propreté, peu de mères se rendent compte qu'en « dressant » leur enfant elles réactivent chez elles des conflits oubliés mais non résolus qu'elles avaient vécus dans les mêmes circonstances. De même, le fait de nettoyer le bébé quand il a souillé ses langes ne peut que ranimer chez la mère ses propres réactions quand on la nettoyait, sans qu'elle ait forcément conscience que ce souvenir a été réveillé.

Qu'ils le montrent ou non, tous les enfants détestent l'apprentissage de la propreté qui a le don de les mettre en rage. Les parents qui peuvent se souvenir tant soit peu de leurs propres colères d'enfant quand on leur apprenait à être propres éprouveront de la sympathie pour l'épreuve subie par leur enfant et accepteront avec douceur et bonne humeur leur résistance. Les choses, alors, se passeront plutôt bien. Le parent qui a refoulé son ressentiment réagira avec ennui (ou par un mouvement de colère) à la mauvaise volonté de son enfant, et cela parce que la colère de l'enfant menace de le priver du refoulement des sentiments négatifs de sa propre enfance. Le danger est ressenti inconsciemment ; la peur se traduit consciemment par une réaction hostile à la résistance de l'enfant. Dans ce cas, l'apprentissage de la propreté sera difficile à la fois pour le parent et l'enfant.

Quand il devient père ou mère, l'adulte est donc exposé à revivre — en partie consciemment, et surtout inconsciemment — un grand nombre d'expériences et de problèmes de son enfance, et il est tenté d'essayer de les résoudre en se comportant d'une certaine façon avec son enfant. Cela peut être l'une des meilleures choses de l'éducation, mais aussi la source de bien des problèmes ! Moins nous sommes conscients de ce qui se passe en nous lorsque nous nous occupons de notre enfant, plus nous sommes capables de mettre en actes, par notre relation à lui, d'anciens problèmes non résolus. C'est cette particularité — le fait de devoir faire face à des expériences de notre enfance au niveau de la conscience et encore plus au niveau de l'inconscient — qui rend la vie familiale très différente de toutes les autres expériences humaines. La seule présence de l'enfant et la nécessité de prendre soin de lui obligent les parents à affronter ces problèmes. L'éducation ne consiste pas seulement à mettre en actes les fantasmes où nous nous imaginions des parents idéaux d'un enfant merveilleux ; elle consiste surtout à nous contraindre de réévaluer nos fantasmes sur ce qu'une famille peut et doit être face à la réalité quotidienne.

Dès l'arrivée du premier bébé, l'épouse cesse d'être considérée et vécue par son mari avant tout comme une compagne, mais en même temps comme l'un des parents de l'enfant. Il serait fastidieux d'exposer en détail comment ce changement affecte les activités quotidiennes de la famille, d'autant plus que la plupart des conséquences sont évidentes. Je ne citerai pour exemple que les sentiments nouveaux et différents que peut éprouver le mari quand il voit sa femme, devenue mère, allaiter leur enfant ou quitter le lit conjugal pour aller consoler le bébé qui pleure. La tendre sollicitude de l'épouse à l'égard du bébé peut provoquer chez le mari un renouveau de tendresse ; mais elle peut, au contraire, faire naître du ressentiment et même de la jalousie. Ici encore il est important de considérer si ces sentiments peuvent devenir conscients ou s'ils sont refoulés ; ou bien, dans le cas où ils sont mis en actes, si l'un des époux ou les deux sont conscients de ce qui se passe (ce qui est très rare) ; ou si le père est plus ou moins conscient de mettre en actes, et pourquoi. Et la différence est grande selon que ces sentiments sont destinés à la femme ou à l'enfant.

Tout cela, mêlé aux développements intérieurs venant de la réactivation de leurs expériences infantiles et plus tardives, provoque de grands changements dans la personnalité des parents, le plus souvent sans qu'ils s'en rendent compte. Qu'ils résistent à ces développements intérieurs ou qu'ils les acceptent, qu'ils résistent à certains d'entre eux et en acceptent d'autres — ce qui est plus fréquent et plus naturel —, de nouveaux ajustements s'opèrent dans leur personnalité et dans leurs relations réciproques. Ces développements peuvent exiger des années pour aboutir, être identifiés, acceptés. Ce qui compte surtout, pour l'enfant comme pour ses parents, c'est ou bien que ces changements soient ressentis par ces derniers comme un enrichissement qui réduit à rien leurs sacrifices, ou bien que la nouvelle situation exige d'eux qu'ils renoncent à quelque chose qu'ils jugent essentiel ; cela leur donnera le sentiment d'une perte importante, malgré leur plaisir d'être devenus des parents.

Bien des années peuvent s'écouler avant que l'enfant ne commence à s'interroger consciemment sur ce que le parentage a signifié pour chacun de ses parents, et il peut très bien ne jamais se poser ce genre de question. Mais, pratiquement depuis la naissance, le sentiment qu'a l'enfant de son importance et son bien-être émotionnel reposent sur la conviction de ses parents que l'enrichissement qu'ils ont acquis en étant les parents de cet enfant compense absolument tout ce à quoi ils ont dû renoncer. La petite enfance est le stade narcissique de la croissance où le bébé croit que le monde n'existe que pour lui. On pourrait en déduire qu'il est convaincu de son importance. C'est assez vrai, mais l'impact sera différent si ces sentiments narcissiques sont contredits par la réalité parentale ou, au contraire, s'ils sont soutenus par elle dans le cas où les parents s'acceptent en tant que tels d'une façon positive.

Rien n'est plus apte à former la personnalité de l'enfant que l'expérience de la vie familiale, les sentiments qu'elle éveille et les attitudes qu'elle inculque ; l'opinion qu'il a de lui-même est également influencée par elle, de même que ses relations à autrui et ce qu'il attend du monde extérieur. Ce qu'il peut observer de la manière dont les membres de sa famille — et particulièrement ses parents — vivent les uns avec les autres et la façon dont il interprète lui-même ces observations déterminent si, plus tard, dans sa vie, il réussira à établir des liens intimes avec les autres ou s'il aura peur de s'engager. Si ses parents, malgré les frictions inévitables et les difficultés qu'ils rencontrent dans leur vie, sont satisfaits de leur mariage, cette satisfaction forgera une assise solide pour une très bonne relation à leur enfant, devenu alors le symbole de leur union. Quand ses parents se réjouissent ou s'inquiètent de son bien-être, l'enfant peut être convaincu de l'importance et de la grande valeur qu'il a pour eux ; sur cette base, il prendra progressivement conscience de sa propre valeur en tant que personne.

D'autre part, si ses parents ne sont pas heureux de vivre ensemble, même s'ils essaient de le cacher, cette situation projettera une ombre sur leur relation à leur enfant. Même dans le cas où les parents, ou l'un d'eux, aiment profondément l'enfant et s'efforcent de le mettre à l'écart de leurs conflits, il n'en souffrira pas moins de les voir malheureux. S'ils essaient de compenser ce qui leur manque dans leur mariage par leurs rapports avec leur enfant, ils ne rendront service à personne : l'enfant n'est pas là pour leur procurer ce genre de satisfaction et, de toute façon, c'est trop lui demander ; et il ne peut en résulter qu'une relation parents-enfant malsaine. Je citerai sur ce point l'exemple bien connu du parent qui est déçu d'un certain aspect de sa vie — sa situation financière ou son statut social — et qui veut à tout prix pousser son enfant à mieux réussir que lui. Ce désir, tout en étant compréhensible, impose un lourd fardeau à l'enfant contraint de poursuivre les buts du parent au lieu de déterminer les siens propres.

L'une des malheureuses contradictions de la vie est que le parent, qui, se sentant seul et privé d'amour, cherche à compenser ses frustrations en se rapprochant de son enfant, y trouvera moins de satisfactions qu'un parent heureux en ménage. Aucun enfant, quel que soit son âge, ne peut offrir à l'un de ses parents un amour ou une compagnie adultes ; et si (consciemment, ou plus probablement inconsciemment) un parent demande inconsidérément un tel service à son enfant, celui-ci sera très déconcerté et pourra même avoir du mal à donner à ce parent son amour d'enfant. De plus, sentant à juste titre qu'on attend de lui plus qu'il ne peut donner, il accueillera mal l'attente du parent, ce qui nuira à leur attachement réciproque.

De même, contrairement à ce que désirent certains parents de nos jours, le père et la mère ne peuvent pas être les amis de leur enfant. L'amitié et l'éducation ne supposent pas le même type de relation. Quand un parent espère que son enfant deviendra son ami intime, il en résulte une relation fondée sur une immaturité relative. Le parent attend de l'amitié de la part d'une personne qui, comparée à lui, est immature ; l'enfant, lui, est amené à rechercher l'amitié d'une personne mal placée pour la lui offrir d'une manière satisfaisante en raison des expériences émotionnelles parent-enfant qui ont eu lieu pendant les premières années formatrices de l'enfant.

Même dans les meilleures conditions, la seule place qu'un enfant puisse bien tenir, et avec plaisir, dans la vie d'un parent, est celle... d'un enfant. Il est incapable de compenser par surcroît quelque chose qui manque dans la vie de son parent malgré l'ardent désir de ce dernier. Enfin, tout ce qu'un parent peut être pour son enfant est simplement ceci : un père (ou une mère) tendre et attentif, c'est-à-dire un adulte responsable qui accepte de tout cœur les immaturités de son enfant, qui s'efforce de l'empêcher de souffrir de ces immaturités, sur le moment et plus tard, tout en lui donnant l'exemple d'une maturité qui le guidera au cours de sa croissance.

Mythes et réalité

La famille humaine a évolué de manière à garantir la survie à tous ses membres, d'abord contre les adversités de la nature, et plus tard, aussi, contre les dangers venant de l'élargissement de la société. La sécurité assurée par les parents a favorisé une période prolongée de l'enfance durant laquelle le petit d'homme n'était pas contraint d'assurer lui-même sa survie. Pendant cette période, il a appris de ses parents ce qu'il avait besoin de savoir et de faire pour devenir un adulte autonome et finalement capable de soutenir à son tour une famille. Tout ce que la famille offrait en matière d'affection et d'amour n'était que la conséquence de cette unité sociale fondamentale qui assurait la formation et la survie de ses jeunes.

Les parents, aujourd'hui, doivent encore et toujours procurer à leurs enfants le bien-être physique, mais cette obligation a diminué d'importance dans les termes de la cohésion familiale. Les conditions économiques et sociales permettent aux parents de ne plus être inquiets en matière d'alimentation et d'habillement de leur enfant ; et tant qu'il est en bonne santé, ils ne se font pas trop de souci pour sa survie. Les angoisses poignantes de jadis ont fait place à des angoisses d'un autre ordre, relatives au bien-être psychologique et émotionnel de l'enfant. L'inquiétude parentale est axée sur la drogue, la délinquance, les déviances sexuelles, les échecs scolaires et universitaires. Il en résulte que le lien qui unit la famille n'est plus fondé sur la nécessité d'assurer la survie, mais sur l'équilibre émotionnel de chacun de ses membres. Les parents ont tendance à croire que leur principale fonction est d'assurer le bien-être psychologique de tous, et cela peut avoir de graves conséquences à long terme pour la vie familiale.

L'un des résultats de ce changement radical est que, maintenant, quand se présentent des problèmes émotionnels, les parents les mettent à leur actif, ou en tiennent responsable le conjoint ou l'enfant, comme si ces problèmes pouvaient être évités. Il faut comprendre que la plupart des difficultés sont inhérentes aux conditions créées par la famille parce qu'elle est fondée beaucoup moins qu'autrefois sur la survie, et beaucoup plus sur le soutien émotionnel. Nos contemporains pensent à tort que les problèmes ne devraient pas exister et que, de toute façon, ils sont imputables à quelqu'un. Cet état d'esprit, cause de bien des malheurs au sein de la famille, aggrave le problème originel et met souvent en question la validité du mariage et de la famille.

On dit depuis toujours qu'« il faut s'unir dans le malheur ». Mais comment s'unir à l'être que nous tenons pour responsable de notre malheur ? Comment faire de lui un confident, un compagnon solide ? Une famille dont les membres s'accusent réciproquement des épreuves qu'ils doivent endurer ne peut être une source de soutien et de consolation ; et pourtant, elle ne peut être heureuse que si chacun de ses membres est convaincu de l'appui des autres en cas de malheur. A bien des égards, la vie était plus facile du temps où l'on croyait que les épreuves étaient envoyées par Dieu, et qu'il fallait donc les supporter sans se poser de questions. Alors, en cas de drame, les membres de la famille pouvaient se serrer les coudes.

Au début de ce chapitre, je citais ce proverbe chinois : « Aucune famille ne peut accrocher cet écriteau à la porte de sa maison : " Ici, nous n'avons aucun problème ". » Autrement dit, la vie familiale engendre nécessairement ses propres difficultés. Certaines sont dues aux personnalités particulières des membres de la famille et à la façon dont ils se comportent les uns à l'égard des autres ; d'autres viennent de ce qu'ils vivent sous le même toit. La plupart de ces problèmes sont inévitables, comme le sont les conflits venant de l'enfant qui veut à la fois avoir droit à des gratifications illimitées et affirmer son indépendance ; ou les problèmes posés par les parents qui veulent mener leur propre vie tout en assumant parfaitement leurs responsabilités familiales. Toutes ces difficultés seraient très réduites si chacun des époux comprenait mieux ce qu'il peut raisonnablement attendre du mariage et de la vie familiale ; cela leur éviterait de s'accuser réciproquement de fautes inexistantes et d'être déçus quand un membre de la famille ne se montre pas à la hauteur de leurs fantasmes irréalistes. Ces derniers sont essentiellement formés pendant la petite enfance et l'enfance, quand aucune réflexion réaliste ne peut entamer l'idée que tous nos désirs doivent être satisfaits. Plus tard, la dure réalité modifie ces rêves puérils, mais il est étonnant de constater qu'un grand nombre de ces rêves restent actifs, du moins dans le subconscient. Cela explique pourquoi tant d'insatisfactions profondes subsistent alors qu'une analyse réaliste prouverait qu'aucune d'entre elles n'est justifiée.

Le mythe de l'« âge d'or », du paradis, du « bon vieux temps » que l'on trouve encore dans tant de cultures continue d'avoir des adeptes dans le monde occidental ; pourtant, quelques secondes de réflexion suffiraient à montrer que la vie d'autrefois était beaucoup plus dure pour les parents et les enfants que ne l'est celle d'aujourd'hui. Cette croyance naïve en l'âge d'or marque le début de toute vie humaine : le petit enfant compte bien que tous ses besoins seront satisfaits sans le moindre effort de sa part. Evidemment, il doit beaucoup recevoir pour que sa survie soit assurée, et on n'attend rien de lui en retour. Comme cette période paradisiaque a existé pour chacun d'entre nous, on comprend facilement qu'à un niveau très profond nous croyions en ce mythe de l'âge d'or avec l'espoir qu'il reviendra un jour. En outre, comme pendant notre petite enfance nous avons vécu dans notre famille une existence qui nous paraît rétrospectivement dénuée de problèmes, nous croyons subconsciemment pouvoir reproduire cette utopie dans notre famille actuelle. Cet espoir, présent dans l'inconscient de l'adulte, l'est également, dans une certaine mesure, dans l'esprit conscient et inconscient de l'enfant, et il a une influence sur le degré de satisfaction que lui procure la réalité familiale. La tendance actuelle consistant à tirer le maximum de satisfactions des activités ludiques, et non pas de la poursuite de buts adultes et responsables, ne fait qu'exprimer le sentiment que seuls les plaisirs puérils valent la peine d'être recherchés.

Un autre aspect de ce mythe est l'idée que la vie familiale était jadis beaucoup plus agréable qu'aujourd'hui. Dans ce passé imaginaire et nébuleux, la famille est supposée avoir dispensé en douceur à tous ses membres la satisfaction de tous leurs besoins psychologiques et émotionnels. Comme cela est censé avoir été la norme jusqu'à une période toute récente, il paraît évident que les familles actuelles — y compris la nôtre — ont dû se dégrader sérieusement.

Les terribles épreuves dont ont souffert nos ancêtres tout au long de l'histoire sont occultées pour qu'elles ne viennent pas détruire le mythe. Parce que nous ne sommes plus soumis à elles, nous oublions les rigueurs effrayantes qui ont caractérisé la vie pendant si longtemps. Nous oublions aussi que, dans la plupart des cas, les plus grandes satisfactions psychologiques venaient de ce que la survie dépendait du travail en commun et de l'entraide dans le cadre familial. Et nous évitons de prendre en considération la brève espérance de vie (moins de la moitié de la nôtre) de la petite minorité de ceux qui parvenaient à l'âge adulte. Même dans les pays civilisés, la vie était dominée par le spectre de dangers omniprésents : épidémies pour lesquelles il n'y avait ni prévention ni remède ; famines périodiques faisant des ravages dans la population et laissant les survivants dans un tel état de faiblesse qu'ils succombaient à la première épreuve ; et également la proportion élevée des femmes qui mouraient en couches et des enfants qui décédaient à la naissance ou en bas âge.

En réalité, la plupart des individus vivaient sans le moindre confort physique. Les travaux pénibles étaient le lot commun à partir de l'enfance. Il ne faut donc pas s'étonner que, dans ces conditions — qui paraîtraient aujourd'hui intolérables —, le moindre réconfort que les membres d'une famille pouvaient s'accorder les uns aux autres était hautement apprécié ; il était souvent le seul élément positif offert par l'existence pour atténuer légèrement une détresse sans espoir.

Depuis quelques générations, les progrès technologiques, sociaux, médicaux et scientifiques ont éliminé la plupart de toutes les souffrances que l'humanité a dû supporter pendant des siècles. Il en résulte que les misères du passé ont cessé de nous toucher, à tel point que nous ne remarquons même pas combien notre existence est devenue relativement plus facile. Nous concentrons alors notre attention sur des problèmes psychologiques et émotionnels qui nous semblent aussi menaçants et aussi insolubles que l'étaient les épreuves physiques et sociales du passé. Et pourtant, il existe une différence très importante : alors que les épreuves de nos ancêtres étaient considérées par eux comme faisant partie des conditions inéluctables de la vie, sans qu'aucun membre de la famille pût être accusé d'en être responsable, ces nouveaux problèmes sont jugés à la fois évitables et susceptibles d'être provoqués par quelqu'un, si bien que nous en rendons responsables d'autres membres de la famille, ou nous-mêmes. Ainsi, nous nous retournons contre l'unité familiale, et aussi contre nous-mêmes, par le biais de la culpabilité.

Cela ne veut pas dire que nous devrions nous estimer parfaitement heureux de pouvoir vivre à l'abri des calamités qui ont accablé nos ancêtres. Cette idée, qui a du vrai, ne peut décider personne à changer de mentalité. Mais le fantasme selon lequel la vie familiale était beaucoup plus satisfaisante dans le passé et qu'elle devrait redevenir telle est un mythe contraire aux faits. De plus — et c'est beaucoup plus grave —, ce mythe nous rend sans raison mécontents du présent. Mon intention n'est pas du tout de conseiller de prendre à la légère les problèmes psychologiques qui tiennent de nos jours tant de place dans la vie familiale. Du moins devrions-nous essayer de les envisager dans une perspective plus rationnelle.

Etant donné que, dans nos cultures, l'unité familiale — et dans une large mesure sa raison d'être — repose sur les liens émotionnels existant entre ses membres, chacun de ceux-ci compte beaucoup sur les autres pour assurer son équilibre affectif. Ce sont ces attentes, ces exigences de plus en plus grandes et en même temps moins tangibles qui rendent les relations familiales si précaires et qui sont à l'origine de graves difficultés. Si nous acceptons ce fait, en comprenant bien son origine et ce qu'il implique, nous pouvons faire un grand pas vers la solution adéquate de ces problèmes, ou tout au moins mieux les tolérer et les rendre moins catastrophiques.

24.

CRÉER DES LIENS SOLIDES

« Le chaînon d'argent, le cordon de soie qui peuvent attacher le cœur au cœur, l'esprit à l'esprit, le corps à l'âme. »

Sir Walter Scott.

Pour nous assurer que nous remplissons raisonnablement notre rôle de parents, il peut être utile de réfléchir à ce qui a soutenu la famille dans le passé et à ce qui a changé à cet égard. Il y a deux cents ans à peine, l'espérance de vie, dans le monde occidental, était d'une trentaine d'années ; et elle était beaucoup plus courte dans le reste du monde, comme aujourd'hui dans certaines contrées. Le mari et la femme vivaient ensemble dix-sept ans en moyenne pour la raison bien simple que, dans la plupart des cas, l'un ou l'autre mourait prématurément. Aujourd'hui, en dépit des séparations et des divorces, le mariage, en moyenne, dure plus longtemps. En outre, dans le passé, les nécessités économiques et les contraintes religieuses opposées à toute séparation poussaient souvent mari et femme à sauver le mariage malgré leurs incompatibilités. Le divorce, aujourd'hui, permet de mettre facilement fin à la vie commune, avec l'approbation de la société.

Mais ce n'est pas tout. En raison de l'allongement de l'espérance de vie, le couple marié a encore des années à vivre après le moment où ses enfants ont atteint leur majorité. Ainsi, dans bien des cas, la nécessité d'assurer le bien-être des enfants et le désir de ne pas se séparer d'eux ne s'opposent plus au divorce. C'est un fait qu'un bon nombre de couples désunis ont déjà vécu ensemble autant d'années que le faisait la moyenne des couples dans le passé.

Nous savons que le divorce désintègre la vie familiale et compromet gravement les relations parents-enfants. Quelles que soient les dispositions légales, l'enfant souffre de devoir partager sa fidélité, et il ne peut s'empêcher de s'interroger sur les drames qui interdisent à ses parents de vivre ensemble ; de plus, il se sent souvent frustré en constatant que l'un de ses parents a décidé de ne plus vivre avec lui. Grâce à des conditions financières plus favorables et au fait que les hommes et les femmes peuvent acquérir l'indépendance et s'entretenir eux-mêmes, ainsi que leurs enfants, la vie est devenue plus facile pour tous. Parmi d'autres avantages, cette situation nous permet d'assurer à nos enfants des études prolongées et nous donne de nombreuses occasions nouvelles de prendre des décisions, parfois très difficiles.

Il n'y a pas si longtemps, les grands événements de la vie d'un individu avaient lieu à la maison et étaient célébrés en famille. Ces événements liaient symboliquement chacun à la famille avec les sentiments les plus profonds, à tel point que maison et famille étaient pratiquement confondues. Peu d'entre nous ont connu la sécurité et la stabilité que l'on gagnait à passer toute sa vie dans la demeure où avaient vécu plusieurs générations d'ancêtres. Aujourd'hui, les déménagements sont fréquents et ne manquent pas de perturber l'enfant.

J'ai été dans ma famille le dernier enfant à naître à la maison. Ma mère était réconfortée et aidée dans ses couches par une sage-femme, tout comme elle l'avait été à la naissance de ma sœur aînée. Après moi, pour autant que je m'en souvienne, tous les enfants appartenant au clan familial ont vu le jour en clinique. Mes grands-parents paternels ont été les derniers membres de ma famille à mourir dans leur lit entourés de tous leurs enfants. Les autres sont morts soit chez eux, soit à l'hôpital, mais jamais en présence de leurs enfants et petits-enfants. La famille ne se réunissait que pour l'enterrement. Le rite de passage où toute la famille assistait à la mort d'un être aimé n'existe donc plus. Il ne reste que les condoléances des survivants.

Dans beaucoup de pays, les funérailles étaient traditionnellement un événement réglé par un rituel très élaboré, même dans les familles dont les moyens étaient limités. Le corps du défunt était exposé aux yeux des visiteurs dans la plus belle pièce toute tendue de noir. La porte de la maison, elle aussi, affichait le deuil. Le cercueil était accompagné en cortège par la famille et les amis jusqu'au cimetière. Après l'enterrement commençait une longue période où tous les membres de la famille portaient le deuil. Pendant des jours, après les funérailles, les membres de la famille étendue venaient consoler chez eux les parents directs du défunt, montrant ainsi qu'ils étaient prêts à les assister en période d'affliction.

La naissance et la mort n'étaient pas les seuls événements qui mettaient en lumière, pendant mon enfance, la valeur primordiale de la maison et de la famille. Par exemple, l'anniversaire de ma grand-mère paternelle était célébré chez elle par un spectacle préparé de longue date par ses nombreux petits-enfants. Ma participation à ces spectacles, devant toute la famille réunie, est l'un de mes souvenirs les plus anciens. En fait, jusqu'à une période récente, *toutes* les grandes circonstances de la vie de chacun — naissance, mariage, anniversaires, mort — avaient lieu dans le cadre de la maison, au sein même de la famille.

Tout cela existait dans le passé quand les conditions d'existence obligeaient les membres d'une famille moyenne à passer la plupart de leurs jours dans une étroite intimité, parfois dans une seule pièce ou, à la rigueur, dans les quelques pièces d'une petite maison. De plus, les membres de la famille se livraient souvent ensemble aux différentes activités de la ferme ou du commerce familial. Ils devaient compter les uns sur les autres dans les bons comme dans les mauvais jours. A vrai dire, il leur arrivait de se chamailler, mais ils dépendaient aussi les uns des autres pour s'informer et se distraire. Ils n'avaient guère d'occasions et n'étaient guère tentés d'aller chercher des satisfactions en dehors de la famille. Toute la vie était concentrée dans un cercle étroit incluant la maison, et l'église que la famille fréquentait en bloc.

De nos jours, où la valeur de la famille, pour ses membres, est fondée essentiellement sur les satisfactions des besoins psychologiques et non des besoins physiques essentiels, il est regrettable que tant d'expériences qui donnaient un sens profond à la vie ne soient plus partagées par la famille. Par exemple, dans les temps anciens, la religion liait entre eux les membres de la famille qui prenaient part tous ensemble aux événements organisés par l'église. C'est encore vrai pour certaines familles et, entre autres, pour tous les mormons et les mennonites. Cela donnait de la stabilité à la famille et de la sécurité aux croyants. Mais maintenant, pour la plupart des gens, la fréquentation de l'église est épisodique ou inexistante, et l'expression symbolique des grands événements de la vie — les fêtes familiales — a été fort réduite et a souvent lieu hors de la maison. En compensation, les parents ont aujourd'hui tendance à insister sur la signification symbolique d'événements familiaux, tels que la naissance, afin de donner à leurs enfants le sentiment de sécurité que seule peut procurer la famille.

Nos enfants se portent mieux et mûrissent plus tôt que ceux des générations précédentes. Grâce aux vaccins et aux soins médicaux, la plupart des maladies dites infantiles ont été éradiquées ou sont moins lourdes de séquelles graves. Pendant ma prime enfance, par exemple, j'ai eu la dysenterie, la scarlatine, la diphtérie, la rougeole, les oreillons, sans parler des grippes sérieuses et des angines qui me condamnaient parfois au lit pendant des semaines. Avec les vaccins préventifs, les sulfamides et les antibiotiques, tout cela a bien changé.

Malgré la gravité de mes maladies d'enfant, je n'ai jamais passé une journée à l'hôpital. Comme tout le monde, à la maison, j'étais soigné par le médecin de la famille. Les consultations au cabinet du docteur n'ont commencé qu'au lendemain de la Première Guerre mondiale. Rien ne peut mieux montrer combien les choses ont changé que l'exemple de Freud : quand il commença à pratiquer la psychanalyse, il allait soigner ses patients à domicile. Aujourd'hui, on se rend chez le docteur et, si nécessaire, on est hospitalisé au lieu d'être soigné à la maison comme autrefois. C'est ainsi que la maison a perdu en partie sa fonction (et son identité) de havre de sécurité où l'on pouvait se blottir quand se présentaient de graves problèmes physiques tels que les maladies et les naissances.

Pendant ma petite enfance, j'étais confié aux soins d'une nourrice puis à ceux d'une bonne ou d'une gouvernante. Mais chaque fois que j'étais malade, c'était ma mère qui répondait à tous mes besoins. Elle passait des heures à me soigner, à me distraire, et elle seule s'occupait de mes repas. Durant les nombreuses nuits où j'étais très malade, elle ne quittait pas mon chevet, épongeait mon visage fiévreux et, pour me soulager, renouvelait les compresses froides. A ces moments-là, j'apprenais à comprendre le rôle irremplaçable d'une mère quand on est dans le besoin, quand on souffre et qu'on est terriblement inquiet ou même désespéré.

Ce rôle, bien sûr, ne se limite pas aux maladies graves. Etant tout petit, quand je ne trouvais pas le sommeil, ma mère — et parfois mon père — me prenait dans ses bras jusqu'à ce que je m'endorme. Plus tard, lorsque je me réveillais, terrifié par un cauchemar, ma mère venait s'asseoir près de mon lit, me parlait, jouait avec moi ou me racontait une histoire. C'est à ces moments-là, je crois, que mes parents et moi avons formé les liens intimes qui, depuis, nous ont toujours réconfortés. Ils savaient, sans doute d'après leurs propres souvenirs, que les cauchemars ne sont pas exceptionnels chez les enfants ; ce n'est que plus tard, grâce à la psychanalyse, qu'on a pu expliquer leur origine et leur fréquence à un certain âge chez tous les enfants. Même aujourd'hui, alors que tout cela est bien connu, beaucoup de parents sont persuadés que leur enfant ne devrait *jamais* avoir de cauchemars. S'il a du mal à s'endormir, ils ont souvent recours (parfois conseillés par un pédiatre qui n'a pas envie de les contredire ou qui préfère simplifier les choses) à des tranquillisants au lieu de rassurer l'enfant par leur présence, par une histoire ou une bonne tisane. Le tranquillisant produit son effet, mais l'enfant apprend ainsi, dès son plus jeune âge, à compter sur les drogues pour se sentir en sécurité au lieu de chercher à se rassurer par des relations humaines enrichissantes. Il ne faut pas s'étonner que tant d'adolescents se droguent pour apaiser leurs angoisses... comme ils le faisaient pendant leur petite enfance. Dans ce cas, les discours sur les dangers de la drogue sont inutiles. Ces jeunes savent au plus profond de leur inconscient que les drogues sont le moyen le plus simple et le plus sûr d'éprouver un soulagement. Ces expédients modernes, qui simplifient à coup sûr la vie des parents, privent l'enfant de réconfort humain aux moments les plus critiques de sa vie. Ils empêchent aussi les parents de savoir combien leur enfant a besoin d'eux et de recevoir sa gratitude quand il apprécie leur sollicitude. C'est une immense satisfaction pour les parents que de constater qu'à cause de leurs efforts leur enfant se sent soudain en sécurité, qu'il leur en est reconnaissant et qu'il peut dormir profondément, en paix avec le monde. Cette expérience mutuelle vécue par les parents et l'enfant les aide à se sentir mieux, ce qui crée entre eux un lien solide et durable.

L'allaitement : première étape vers l'intimité humaine

L'allaitement crée entre la mère et l'enfant un lien intime à la fois physique et émotionnel. Ici, encore, pour mieux illustrer mon propos, je ferai appel à ma propre histoire. J'ai été nourri au sein jusqu'au milieu de ma troisième année, mais pas par ma mère. Elle était trop typiquement inscrite dans l'époque victorienne pour jouer ce rôle. Elle était pourtant très attentive au bien-être de ses enfants et prenait soin de choisir des nourrices heureuses de répondre à tous nos besoins physiques et émotionnels. Tant que ma nourrice a vécu avec nous, elle faisait partie de la famille, de sorte que ma relation à elle m'attachait étroitement à la maison et à la sécurité qu'elle représentait. Le respect qu'elle éprouvait pour mes parents et son bonheur de faire partie de la maison (où on la choyait pour qu'elle soit heureuse et me donne beaucoup de bon lait...) contribuaient à me persuader que j'avais vraiment beaucoup de chance de vivre dans cette maison.

Rien ne venait empêcher ma nourrice d'être tout entière à ma dévotion. Selon la coutume bourgeoise de l'époque, elle avait pour seule fonction de s'occuper du bébé ; toutes les autres tâches domestiques étaient confiées à des serviteurs à plein temps et à une cuisinière. D'autre part, si ma mère m'avait allaité, elle aurait dû continuer d'assumer ses obligations sociales et n'aurait donc pas pu, contrairement à ma nourrice, se consacrer totalement à moi.

Selon la coutume, également, quand la nourrice s'était bien acquittée de sa tâche, elle recevait une dot confortable qui venait s'ajouter au modeste salaire qu'elle avait reçu. Cela lui permettait souvent de pouvoir acheter une maison et de s'occuper convenablement de son propre enfant qu'elle avait laissé au village pour venir exercer à la ville son métier de nourrice. La mienne avait donc tout intérêt à veiller à mon bien-être. Inutile de dire qu'après son départ elle est restée pendant longtemps pour moi un être qui tenait une grande place dans ma vie. J'ai souvent pensé néanmoins que j'aurais de beaucoup préféré être allaité par ma mère.

L'allaitement est de loin le meilleur exemple de ce qui nous lie en même temps à une autre personne et à la vie elle-même. Jusqu'à une période relativement récente, il était l'unique moyen de nourrir le bébé et d'assurer sa croissance et sa survie; il avait par ailleurs l'avantage — d'autant plus important que les vaccins n'existaient pas — de transmettre au nourrisson une partie de la résistance aux maladies acquise par la mère tout au long de sa vie. Mais l'allaitement ne se contente pas d'assurer à l'enfant les éléments nutritifs dont il a besoin; il s'agit en réalité de l'expérience capitale de sa vie qui projettera sa lumière sur toutes ses autres expériences et leur donnera un sens. Il offre à l'enfant, quand tout se passe bien, une base solide sur laquelle reposera sa confiance en soi et en toutes les personnes qui joueront un rôle important dans sa vie. Si l'allaitement est l'occasion pour l'enfant de vivre une expérience désagréable et frustrante, il peut amener ce dernier à se méfier de lui-même et du monde.

Ce qui, dans l'allaitement, unit solidement la mère et l'enfant, c'est le fait que chacun d'eux donne à l'autre et reçoit de l'autre la satisfaction de besoins physiques, le soulagement d'une tension et des gratifications émotionnelles. Par cette interaction, la mère *et* l'enfant sont à la fois actifs et passifs; ils sont totalement eux-mêmes, se rendent personnellement service tout en étant intimement au service l'un de l'autre. La mère est active quand elle offre son sein au bébé, le serre dans ses bras, lui sourit, l'encourage de la voix et du geste; mais elle est passive en laissant l'enfant téter le sein. Le bébé, lui, est actif quand il cherche le mamelon et le suce, quand il adapte son corps à l'étreinte maternelle; quand il regarde sa mère, lui sourit et absorbe son image. Il est passif en s'abandonnant à ses bras et à ses caresses. Par la tétée, l'enfant calme sa faim et se soulage ainsi d'une tension physique impérieuse, tandis que la mère apaise la pression du lait dans son sein. Le plaisir que chacun procure à l'autre et détient de l'autre est ce lien qui peut « attacher le cœur au cœur, l'esprit à l'esprit, le corps à l'âme », comme le dit le poète.

Après avoir plaidé en faveur de l'allaitement au sein, je préciserai que le biberon, grâce à l'hygiène moderne et à la pasteurisation du lait, est devenu un instrument de toute sécurité. Etant donné que la plupart des mères modernes, pour de multiples raisons, ne peuvent nourrir elles-mêmes leur enfant, il est certain que le biberon, quand il est bien donné, peut remplacer le sein d'une façon satisfaisante, et que les enfants « du biberon » peuvent faire leur chemin dans la vie tout comme les autres. La raison en est que ce qui forme la base de la confiance en soi de l'enfant est l'amour maternel. Tandis qu'elle l'aime tendrement, il apprend à s'aimer lui-même, à l'aimer, elle, et à aimer le monde qu'elle représente pour lui. Les messages reçus par l'enfant quand il est nourri affectueusement au bon moment, avec l'exacte quantité de lait qui lui permettra d'attendre paisiblement la prochaine tétée, quand il se sent en sécurité dans les bras maternels et jouit du contact agréable de sa peau avec celle de sa mère — ces messages, par leur combinaison et leurs interactions, persuadent l'enfant qu'il est bien à sa place dans le meilleur des mondes. Quand le bébé, la tête contre la poitrine de sa mère, entend battre son cœur — comme il l'entendait avant sa naissance —, cela forme un lien entre ses existences pré et postnatales ; il a le vague sentiment que le cœur de sa mère continue de battre exclusivement pour lui. Tous ces éléments, indistincts pour l'enfant, constituent une expérience du monde qui marque d'une façon indélébile ses sentiments les plus profonds et influencera sa vie future.

Pour que tout cela ait lieu dans les meilleures conditions possibles, il ne faut pas que la mère, comme c'est souvent le cas, considère la tétée comme une activité inévitable et strictement limitée dans le temps dont le but principal est la nutrition de l'enfant. Dans de nombreux pays, au Japon par exemple, le contact peau à peau est prolongé bien au-delà de la tétée ; le petit enfant peut alors s'endormir sur le sein de sa mère, le mamelon dans sa bouche, au plus grand plaisir de l'un et de l'autre. Tout cela est facilité quand l'enfant partage le lit de sa mère, comme c'est encore le cas dans de nombreuses cultures.

L'alimentation au biberon doit obéir à certaines règles. Le lait, par exemple, ne doit pas s'écouler trop facilement de la tétine ni trop vite, pour que l'enfant puisse s'employer activement à se nourrir. Il doit, pour ainsi dire, « gagner son pain à la sueur de son front » ; pour la première fois, il a l'occasion de se procurer quelque chose par ses propres efforts. L'enfant doit être tenu confortablement contre la poitrine de sa mère, qu'il soit nourri au sein ou au biberon. Il ne doit pas être frustré du plaisir kinesthésique qu'il éprouve en sentant contre sa peau la peau chaude de sa mère et en entendant battre son cœur. Lorsque le biberon fut introduit au Japon, les mères prirent l'habitude de dénuder leur torse et de serrer contre lui le corps nu de l'enfant comme elles le faisaient pour lui donner le sein. La mère moderne du monde occidental pourrait fort bien se comporter comme le font instinctivement les mères japonaises. Il lui suffirait de comprendre que son amour maternel est transmis à l'enfant par le contact intime des deux corps.

Puisqu'il est question du Japon, j'ajouterai que, dans ce pays, comme dans quelques autres cultures, d'importantes formes symboliques sont utilisées pour exprimer au petit enfant le lien intime qui l'unit à sa mère. Selon une coutume ancestrale, la mère du nouveau-né se voit offrir une partie du cordon ombilical qui la reliait à son enfant. De nombreuses mères japonaises gardent les cordons de tous leurs enfants dans un coffret ouvragé posé à une place d'honneur dans leur maison ; et dans certaines régions, quand un enfant se marie, il emporte dans sa nouvelle maison son propre cordon, devenu le symbole de la continuité du lien mère-enfant.

De nos jours, comme je le disais plus haut, les enfants ne sont plus attachés impérativement à leur famille par nécessité physique, et leur maison n'est plus le seul abri sûr à les protéger contre un monde étranger. Toutes les anciennes forces centripètes qui liaient l'enfant à sa famille ont été remplacées par d'innombrables forces centrifuges : la tentation des stimuli venant du monde extérieur, l'importance prise par l'école et par les crèches et jardins d'enfants qui la précèdent, la présence près de l'enfant de personnes qui ne font pas partie de la famille, et l'influence des enfants de son groupe d'âge. Aujourd'hui, ce sont surtout les liens émotionnels qui ancrent l'enfant dans le milieu familial. C'est pourquoi il est particulièrement important que le petit enfant, à une époque de sa vie où il n'est pas influencé par le monde extérieur, puisse jouir du contact le plus intime, à la fois physique et émotionnel, avec les personnes qui sont responsables de lui. La sécurité qui lui est ainsi garantie contrera les forces aliénantes qui ne sont que trop nombreuses dans la vie moderne, même au sein de la famille. L'allaitement et les autres aspects de la vie du bébé — cnangements de langes, bains et jeux —, quand ils sont pratiqués d'une façon convenable et avec l'émotion adéquate, communiquent à l'enfant confiance et sécurité, et lui font comprendre que, dans la vie, nous appartenons à ceux qui prennent tendrement soin de nous et qu'ils nous appartiennent. Pour notre bien-être émotionnel, nous avons besoin de ce sentiment d'appartenance, faute de quoi, et dès un âge très précoce, nous nous sentons perdus, démunis, même au sein d'un monde où règne l'abondance.

Apparition de l'adolescence

L'amélioration de la santé et de la nutrition a permis un étirement de la longévité ; non seulement nous vivons plus longtemps, mais la période pendant laquelle les individus vivent en famille a elle aussi été prolongée. C'est une bonne chose, mais qui pose aux parents et aux enfants de nouveaux et graves problèmes, surtout quand ces derniers atteignent le stade de l'adolescence. Les progrès de l'hygiène et de la santé publique ont augmenté la force physique de génération en génération et ont entraîné une maturation physiologique et sexuelle plus précoce. Par ailleurs, la situation économique des familles et les exigences de la complexité croissante du monde technologique moderne ont permis et nécessité le prolongement de la scolarité. Les jeunes doivent donc vivre beaucoup plus longtemps dans un état de dépendance économique et, dans une large mesure, sociale, vis-à-vis de la famille. Il en résulte une tension qui affecte aussi bien les parents que les enfants : les parents doivent assurer la subsistance de leur progéniture bien après qu'elle a dépassé le stade de l'enfance.

La relation parents-enfant n'engendre que rarement de graves difficultés jusqu'à l'adolescence. Il y a deux siècles environ, et jusqu'à une période considérablement plus récente, les enfants, en moyenne, perdaient par décès l'un de leurs parents vers quatorze ans, c'est-à-dire à l'âge où les parents et les enfants modernes commencent à rencontrer de sérieuses difficultés ; la mort d'un parent en créait bien sûr pour l'enfant, mais très différentes de celles que se posent réciproquement les parents modernes et leurs enfants adolescents.

En réalité, l'adolescence n'est pas un stade de développement qui nous viendrait d'un caprice du ciel ou de notre nature... elle est la conséquence de conditions sociales qui sont apparues récemment, comme le prouvent certains récits sur la vie que l'on menait à la fin du siècle dernier dans les pays les plus évolués du monde.

Voici ce que nous raconte la romancière Flora Thompson sur

la vie, à cette époque, des habitants de son village de la campagne anglaise :

« Un voyageur aurait cherché en vain la jeune et charmante paysanne traditionnelle, avec son chapeau de paille et sa fourche à foin... Aucune fille de plus de douze ou treize ans ne vivait à la maison d'une façon permanente. Certaines, dès onze ans, allaient prendre à la ville leur première place de servante. Un observateur éventuel aurait jugé cruelle cette façon de pousser dans le monde une fillette d'un âge aussi tendre. Dès qu'une petite fille approchait du moment où elle quitterait l'école (vers treize ans, et parfois même plus tôt, par nécessité économique), sa mère lui disait : " Il est bien temps que tu gagnes ta vie, ma fille !" Ses frères, dès qu'ils quittaient l'école, commençaient à rapporter à la maison quelques shillings par semaine, durement gagnés comme valets de ferme. »

Ailleurs, les enfants étaient mis en apprentissage également très tôt, pour gagner leur vie et apprendre un métier... quand ils n'allaient pas travailler dans les mines ou les fabriques.

L'adolescence, telle que nous la connaissons, n'existait, il y a un siècle, que dans les familles de la haute bourgeoisie qui pouvaient se permettre de garder leurs garçons et filles au-delà de l'enfance; et même aujourd'hui, elle n'existe en tant que stade ordinaire de la croissance que dans les pays développés où l'aisance et la longévité autorisent une longue période de scolarité.

De toute évidence, quand l'espérance de vie était inférieure à trente ans, il était économiquement impossible pour la grande majorité des individus de passer la moitié de leur vie dans un état de dépendance infantile. Même aujourd'hui, pour que le processus économique puisse fonctionner dans les pays technologiquement avancés, la plupart des citoyens doivent être des membres actifs de la société pendant la moitié de leur vie. Ainsi, seules l'abondance et la longévité permettent aux jeunes de consacrer leurs dix-huit premières années, et même davantage, à leurs études. Philippe Ariès, l'historien français de la famille et de l'enfance, a noté dans son livre *L'enfant et la vie familiale à travers les siècles* : « On n'avait pas l'idée de ce que nous appelons l'adolescence, et cette idée sera longue à se former. On la devine au XVIIIe siècle... La conscience de la jeunesse [l'adolescence] devint un phénomène général et banal à la suite de la guerre de 1914. »

Alors que l'adolescence est une phase de développement créée par la société, la puberté est une étape naturelle résultant de changements physiques du corps au moment où il atteint la maturité sexuelle. Nous manquons de données exactes sur l'occurrence de la puberté à travers les âges, mais il est à peu près certain que les filles, en Europe et au XVIIe siècle, étaient pubères vers dix-sept ans ; dans la même région, la moyenne, en 1890, est passée à quatorze ans et trois mois, et elle est actuellement de douze ans et demi. Depuis le début du siècle, l'âge de la puberté chez les filles a diminué de près de trois mois par décennie. Nos enfants sont donc sexuellement mûrs beaucoup plus tôt que ceux du début du siècle. Et dans la même période, le temps de scolarité s'est accru dans les mêmes proportions, sinon plus.

La maturité physique et sexuelle plus précoce, combinée avec une période plus longue de dépendance, provoque inévitablement des tensions chez l'individu lui-même et entre lui et sa famille. Il n'est pas étonnant qu'un bon nombre de nos enfants deviennent sexuellement actifs à un âge précoce... si toutefois on peut appeler « enfants » des individus aussi mûrs. Il est intéressant de noter à ce sujet que la loi romaine (le *Corpus juris civilis* de Justinien, au Ve siècle av. J.-C.) fixait l'âge de la majorité légale au moment où l'enfant devenait pubère, décision qui fut confirmée quelque mille ans plus tard par le concile de Trente.

Dans la tradition juive, la majorité est célébrée à treize ans ; les garçons (et depuis peu les filles également) sont introduits cérémonieusement dans la communauté des adultes, du moins en ce qui concerne la religion. Dans de nombreux pays catholiques, la première communion a lieu à peu près au même âge. Jusqu'à la Seconde Guerre mondiale, dans la plupart des pays occidentaux, l'école gratuite prenait fin entre treize et quatorze ans. Les enfants, en quittant l'école, n'étaient pas considérés comme des adultes, mais ils devenaient des membres actifs de la société qui, dans bien des cas, vivaient plus ou moins indépendamment de leurs parents. Seule une infime minorité d'enfants de la haute et moyenne bourgeoisie continuaient leurs études au delà de quatorze ans.

Des enquêteurs ont demandé récemment à un groupe de lycéennes de douze ou treize ans si, plus tard, elles désireraient avoir des bébés. Presque toutes les mains se levèrent pour exprimer une réponse positive. Quand on leur demanda si elles aimeraient avoir des enfants de leur âge, la plupart ne levèrent pas la main.

Quand la question fut modifiée pour leur demander si elles voudraient avoir des enfants adolescents, aucune main ne se leva. Mais, finalement, elles se levèrent presque toutes à la question : « Aimeriez-vous avoir des enfants adultes ? » Ces jeunes filles savaient par expérience personnelle que de graves problèmes se posent aux parents d'enfants préadolescents et surtout adolescents, occupés à se chercher une identité. Mais elles voulaient quand même avoir des enfants avec l'espoir que, leur tour venu, elles trouveraient dans l'ensemble du processus éducatif assez de satisfactions pour compenser les difficultés rencontrées par elles pendant les années d'adolescence de leurs enfants.

Si on avait posé les mêmes questions à des jeunes filles cent cinquante ans plus tôt, le sondage aurait fourni des résultats différents. Il est certain qu'elles auraient toutes désiré être mères un jour, mais la peur de ce qui pouvait se passer au moment de l'accouchement (tant de femmes mouraient en couches !) et leur anxiété justifiée concernant la mortalité infantile les auraient certainement incitées à hésiter avant de répondre affirmativement. Une fois passé la prime enfance, les chances de survie augmentaient sensiblement, de sorte que ces jeunes filles auraient désiré avoir des enfants plus grands. A cette époque, l'adolescence n'était pas considérée comme un stade distinct de la croissance puisque, dès l'âge de treize ans, la plupart des jeunes rejoignaient à plein temps le monde du travail. Mais toutes auraient désiré avoir des enfants adultes parce que les individus, dans leur vieil âge, devaient compter presque totalement sur eux pour avoir des chances de survivre un certain temps.

Ainsi, à l'époque où les enfants, devenus adultes, rendaient à leurs parents les soins et les attentions qu'ils avaient reçus d'eux pendant leur enfance, il existait une réciprocité de relations qui liait les générations sur le plan psychologique, en même temps que leur dépendance économique les reliait affectivement. Mais dans la plupart des pays développés, on a établi un cadre familial où les parents sont responsables plus longtemps qu'avant de leurs enfants, et où ces derniers ne sont plus tenus (et, en général, ne le désirent pas) de prendre soin de leurs parents âgés. Nous avons tendance à oublier que la Sécurité sociale est relativement récente : ce n'est qu'à partir du début de ce siècle que les progrès économiques et médicaux ont permis à une tranche importante de la population, pour la première fois de l'histoire, d'accumuler pendant les années actives un surplus lui permettant de faire face à l'infirmité et à la vieillesse.

Ainsi, il y a seulement de cela quelques générations, la réciprocité dont il vient d'être question donnait aux parents un sentiment de sécurité qu'ils devaient à leurs enfants en ce qui concernait leur avenir, tandis que ces derniers devaient à leurs parents les sentiments de sécurité éprouvés pendant leur enfance. Etant donné la brièveté de l'espérance de vie, la sécurité que leur assuraient leurs enfants ne durait guère. Cependant, tant que les parents vivaient, les enfants pouvaient croire qu'ils remplissaient leur part du contrat, et les parents pouvaient espérer qu'ils le feraient. Les enfants n'avaient aucune raison de se sentir coupables pour tout ce que leurs parents avaient fait pour eux.

Tout cela a cessé d'être vrai. Beaucoup d'adolescents reconnaissent volontiers qu'ils souffrent de leur longue période de dépendance, mais ils ne parlent pas ouvertement des sentiments de culpabilité qu'ils ressentent pour tout ce que leurs parents leur ont donné et leur donnent encore. Ils sont presque tous inconscients de ce sentiment parce qu'ils le refoulent, le jugeant trop pénible, d'autant plus qu'ils ne peuvent rien changer à la situation qui a provoqué leur culpabilité. Mais cela ne veut pas dire que ce sentiment de culpabilité cesse de les travailler au plus profond d'eux-mêmes. Le rejet des parents (ou de leur mode de vie) par les adolescents est motivé par cette culpabilité refoulée qui reste inconsciente et qui s'exprime ouvertement par de l'agressivité. Un exemple flagrant de cette culpabilité est présenté par l'adolescent qui croit — ou feint de croire — que l'argent qui a été depensé pour lui a été mal acquis. Sous-entendu : « Pourquoi me sentirais-je coupable d'avoir dépensé cet argent ou d'en avoir bénéficié, puisqu'il a été gagné malhonnêtement ? »

A cette culpabilité vient s'ajouter le sentiment de malaise ressenti par l'adolescent parce qu'il est obligé d'accepter tout ce que lui offrent ses parents sans avoir aucune chance de leur donner quelque chose en retour. Et pourtant, nos dispositions et nos conventions sociales rendent cette situation inévitable. Dans bien des cas, tout cela empêche l'enfant de manifester sa gratitude : s'il le faisait, cela voudrait dire qu'il est contraint de reconnaître tout ce qu'on a fait pour lui, et ce serait sur ses épaules un trop lourd fardeau que rien ne pourrait alléger.

Les parents, de leur côté, savent que leur enfant, en général, n'exige rien d'eux et que, s'il ne manque de rien, c'est simplement parce que les conditions de vie des classes moyennes le veulent. Les parents sont en général très heureux et même fiers d'être capables de faire le maximum pour leur enfant ; mais quand ce dernier semble estimer que cela va de soi ou, pis encore, quand il leur reproche leur générosité, ils ne peuvent s'empêcher d'éprouver du ressentiment. Ainsi, de façon étrange, c'est le sentiment de culpabilité de l'enfant, ou plutôt le refoulement de ce sentiment et son déni, qui empêche les parents de se sentir appréciés.

Ce qui, naguère, constituait un lien qui procurait une sécurité sociale et économique réciproque, et qui, en conséquence, fournissait des satisfactions d'ordre psychologique aux parents comme aux enfants, est devenu source d'irritation, sinon d'insatisfaction, et cela parce que les services rendus sont à sens unique. Bien que ces réactions négatives restent généralement souterraines, elles nuisent aux bons sentiments réciproques entre parents et enfants, si bénéfiques pour les uns et les autres.

De nos jours, l'adolescence est une période beaucoup trop prolongée de dépendance économique et sociale imposée à des jeunes qui mûrissent plus précocement que jamais physiquement et sexuellement, et qui sont très probablement beaucoup plus avancés sur le plan intellectuel que les jeunes d'autrefois. Ces contradictions provoquent tant de conflits entre les adolescents et leurs parents qu'il est extrêmement important pour ces derniers de créer un lien « qui attache le cœur au cœur et l'esprit à l'esprit », pour citer une fois de plus le poète. Le lien parents-enfant, qui ne peut être créé que par le dévouement parental, doit être assez solide pour que les difficultés de l'adolescence ne le brisent pas, ce qui serait dangereux pour les deux générations. L'enfant, à cause de sa grande insécurité intérieure, désire par-dessus tout que ses parents établissent avec lui un lien à toute épreuve. Les parents de bonne volonté pourront compter sur la solidité de ce lien et sur sa pérennité, grâce à quoi la famille pourra traverser sans grand dommage la tourmente de l'adolescence.

25.
A LA RECHERCHE D'UNE JUSTE PLACE

Le sentiment d'appartenance se développe d'abord et surtout au sein de la famille et de la maison ; et c'est uniquement sur la base de cette expérience précoce qu'il peut s'étendre au voisinage, à la nation, au groupe ethnique et à la religion que pratiquent les parents. Nous plantons nos premières racines, et les plus fermes, dans le terrain de la famille et de la maison ; des sentiments positifs solides sur nous-mêmes et des liens à toute épreuve avec autrui nous ancreront alors dans la vie, renforceront notre sécurité et nous permettront d'affronter avec succès les adversités de l'existence.

Il est triste de penser que tant d'habitants de pays évolués cherchent leurs racines dans un pays ou un passé lointains... Les graines d'un arbre peuvent être transportées très loin de l'endroit où il pousse, mais les arbres qui naissent de ces graines ne peuvent s'enraciner que là où ils ont été plantés. C'est la même chose pour l'homme. Nos racines sont avant tout plongées dans notre famille ; c'est là qu'est notre juste place, dans le sens le plus profond : dans la famille qui nous a élevés depuis la naissance, et aussi dans celle que nous créons pour nous-mêmes et nos enfants. La juste place n'est pas celle, fragile, qui est allouée par le pouvoir en exercice, ni même par les parents, mais celle que nous obtenons par nous-mêmes, d'abord en aimant et en étant aimés, et plus tard par nos propres efforts. C'est à cette condition que notre place peut être sûre et bien à nous.

La famille, à travers les siècles, a été indispensable à la survie de tous ses membres. Sans le travail pénible et obstiné de chacun, tous étaient exposés à souffrir de graves privations. Tant qu'il y avait un toit, tant qu'il y avait suffisamment de nourriture, de vêtements et de rudiments de connaissance, tout allait bien, et chacun se sentait à sa juste place au sein de la famille. Pour survivre, parents et enfants devaient nécessairement se consacrer sérieusement à leurs tâches, et ils en tiraient à juste titre fierté et satisfactions. Les enfants contribuaient très tôt au bien-être économique de la famille, et cet apport, si faible fût-il, leur faisait comprendre que leur vie avait un sens et un but. Après des heures de dur labeur (*trop* dur et *trop* d'heures) dans les champs, l'échoppe et la maison, l'enfant était convaincu d'avoir fait tout son possible et tout ce qu'on attendait de lui. Il connaissait sa juste place au cœur de la famille et savait qu'il la gagnait chaque jour. Certain d'être bien enraciné, il pouvait renforcer continuellement son amour-propre. Et si ses parents n'appréciaient pas sa contribution — comme c'était parfois le cas —, il savait que ce n'était pas de sa faute et que ses parents se trompaient sur lui.

L'enfant moderne, dont on n'attend aucun labeur physique, et dont la charge de travail semble par comparaison si légère, ne peut jamais avoir un tel sentiment de sécurité personnelle. Il a toujours plus de travail scolaire qu'il n'en peut assumer, il y a toujours quelqu'un à qui il souffre d'être comparé. Ses responsabilités scolaires sont loin d'être clairement définies ; la finalité de ses études est pour lui si lointaine qu'il la discerne à peine. L'enfant moderne ne peut donc jamais être sûr d'avoir accompli convenablement son travail. Il ne peut être certain de sa valeur personnelle si elle est déterminée par la façon dont le maître apprécie ses efforts, ou si elle dépend de sa capacité à donner à ses parents des satisfactions émotionnelles en modelant sa personnalité selon leur goût au lieu de suivre ses propres penchants, ses talents et ses expériences personnelles. Ainsi, l'enfant n'est pas certain de bien faire ce qu'il a à faire et il se sent mal à l'aise quant aux conditions de son travail et de sa vie ; il ne comprend pas que cela est dû non pas à ses insuffisances, mais au fait que les conditions actuelles ne lui permettent pas d'être sûr de bien faire ni de ce qu'il peut attendre à bon droit de lui-même. Il sait seulement ce que les autres attendent de lui... et ce n'est pas toujours exprimé très clairement. En outre, quand on lui dit nettement ce qu'il doit faire, il n'en comprend pas toujours la raison. Objectivement parlant, il peut sembler que l'on attende beaucoup moins de la part des enfants appartenant aux classes moyennes que de ceux d'autrefois ; mais nos enfants finissent souvent par être très mécontents d'eux-mêmes et du monde, sans bien savoir pourquoi, ce qui rend ces sentiments encore plus déconcertants.

Les parents et les maîtres diront bien sûr à l'enfant qu'il doit bien travailler en classe, ce qui lui permettra d'avoir plus tard une belle situation... mais cet argument ne semble guère convaincant à l'enfant pour qui une année ou deux semblent être une éternité. Dans le passé, l'enfant qui participait aux moissons savait que c'était pour nourrir sa famille, et il comprenait le sens de ses efforts ; il aidait aussi ses parents à fabriquer des objets utiles qui prenaient forme sous ses yeux. C'était en même temps pour lui la preuve de sa valeur personnelle ; mais à présent, les résultats de ses efforts sont pour le moins intangibles, avec toutes les incertitudes inhérentes à tout ce qui est intangible. Un individu ne peut être convaincu de sa valeur personnelle que s'il a le sentiment d'avoir convenablement réalisé sa tâche, et que celle-ci détenait sa signification propre *au moment* où il l'accomplissait. Ce ne sont pas seulement l'ennui ni les injustices sociales qui poussent les jeunes à chercher l'évasion ou l'oubli dans le vacarme d'une musique assourdissante qui les vide de toute pensée, ou, pis, dans l'usage des drogues ; c'est aussi et surtout un sentiment dominant d'incertitude, ou un mécontentement de soi si pénible qu'ils essaient désespérément de s'en libérer, du moins pour un moment, même s'ils doivent ensuite le payer très cher.

Certains parents veulent que leur enfant participe aux corvées ménagères. Même s'il s'en tire bien, cela ne peut pas lui procurer ce sentiment de sécurité éprouvé autrefois par l'enfant qui, par son travail, contribuait au bien-être de la famille. Cette participation aux corvées facilite les choses pour les parents, mais n'ajoute rien d'important au bien-être de la famille ni à celui, essentiel dans ce contexte, de l'enfant. Il ne voit pas comment son travail dans la maison pourrait améliorer *son* existence. Mais il sait par contre, malheureusement, que ces corvées exigent de sa part des efforts auxquels ses parents n'accordent guère de valeur et qu'elles n'ajoutent pas grand-chose au revenu ni à la sécurité de la famille. Un travail détesté — et l'enfant déteste en général ces corvées — ne peut rien ajouter au sentiment que nous avons de notre propre valeur ni à notre amour-propre.

Nous ne pouvons pas éviter les corvées ni les travaux de routine, mais nous pouvons les accomplir sans trop de ressentiment s'ils résultent d'activités plus importantes. Par exemple, dans beaucoup de familles, on demande aux enfants de faire la vaisselle. S'il faut laver les assiettes, c'est parce qu'on y a mangé un repas qui a dû être préparé. Prévoir et confectionner un repas peuvent être considérés comme des activités créatrices qui impliquent des choix, des décisions et un savoir-faire. Mais l'enfant, en général, ne joue aucun rôle dans la prise de décision et n'éprouve pas la satisfaction que l'on peut tirer de l'élaboration d'un repas réussi. Faire la vaisselle, pour lui, ne peut être qu'une corvée désagréable. Quand on doit exécuter un travail rebutant alors que d'autres ont effectué le travail créatif, on a l'impression d'agir en serviteur, ce qui ne peut que rabaisser notre amour-propre. De plus, quand on nous dicte ce que nous avons à faire, à quel moment et de quelle façon, cela nous empêche de prendre plaisir à ce que nous faisons. J'ai dit plus haut, à propos du jeu, que l'enfant, quand on le laisse libre d'organiser comme il l'entend ses activités, a plus de chance d'être fier de sa réussite que celui qui, à cet égard, n'a pas le droit de prendre des initiatives. Il en va de même pour tout ce que l'enfant est appelé à faire dans la maison pour contribuer à la vie familiale.

Certains parents s'imaginent qu'en demandant à leur enfant d'assurer une partie des corvées domestiques ils lui apprennent à être responsable. Malheureusement, ce n'est pas parce qu'on nous dit que nous avons des responsabilités que nous devenons responsables. Cela reste vrai même si le parent affirme que l'enfant est responsable de certains travaux et l'oblige à les exécuter. L'enfant n'apprendra à agir d'une manière responsable — au lieu d'obéir aux ordres — que s'il est intimement convaincu que son amour-propre exige de lui qu'il réponde avec succès à certaines obligations. Si l'enfant a cette conviction, il n'est guère nécessaire de lui dire ce que sont ses obligations et ses responsabilités. Il le sait de lui-même, par ses propres décisions. Si on lui *dit* de faire quelque chose sous sa responsabilité, cela risque de provoquer chez lui des attitudes négatives. Il ne fait qu'obéir à un ordre, et son amour-propre n'y gagne rien. Et si ses parents — les principales autorités dans la vie d'un enfant — lui rappellent ses responsabilités, ou pis encore s'ils l'obligent à faire ce qu'ils jugent être de sa responsabilité, l'enfant comprend alors que ses parents ne lui font pas confiance et ne le croient pas capable d'agir en accord avec ses convictions et son amour-propre.

Bien des parents, par exemple, disent à leur enfant qu'il *doit* prendre soin de sa chambre, parce qu'elle est *sa* chambre. Dans une certaine mesure, ils obtiennent satisfaction, soit en faisant honte à l'enfant, soit en le contraignant à faire ce qu'ils veulent. Mais contrairement à ce qu'ils pensent, ce n'est pas pour cela que l'enfant se sentira responsable de sa chambre. Il sait depuis sa plus tendre enfance que l'un des principaux aspects de la possession est que l'on peut faire ce que l'on veut de ce qui est à soi à condition de ne nuire à personne. Par conséquent, lorsque l'enfant s'entend dire qu'il est responsable de l'état de sa chambre — c'est-à-dire qu'il doit la rendre conforme à l'idée que se font ses parents de l'ordre et de la propreté — parce que c'est *sa* chambre, il sent très bien que cela contredit l'essence de sa propriété. Dire à l'enfant ce qu'il doit faire de sa chambre, c'est nier qu'elle soit vraiment à lui : si elle était vraiment à lui, il pourrait en faire ce qu'il voudrait. Bien que l'enfant ne sache pas consciemment que le raisonnement de ses parents est erroné, il en a le sentiment et, en conséquence, il a moins confiance en la justice de ses parents... ce qui en aucun cas ne peut lui apprendre à être responsable.

Si, en revanche, les parents font clairement comprendre à l'enfant que tout ce qui se trouve dans la maison, y compris sa chambre, appartient à tout le monde, ils ont quand même leur mot à dire, étant à la tête de la famille, sur la manière dont toutes les pièces doivent être utilisées et entretenues. Comme toutes les pièces de la maison sont propriété commune, il n'y a aucune raison pour que l'enfant soit responsable de l'une d'elles : leur entretien est l'affaire de tous les membres de la famille. Quand la chambre de l'enfant doit être remise en ordre et nettoyée, ce n'est pas à lui seul de s'en charger, mais aussi à ses parents qui, étant les mieux placés pour savoir ce qu'il y a à faire, doivent exécuter la plus grande partie du travail. Il paraît cependant raisonnable que l'enfant, étant à l'origine du désordre, participe à ce travail. D'après mon expérience personnelle, l'enfant qui entretient de bonnes relations avec ses parents trouve tout à fait normal, et même agréable, de les aider, surtout s'ils lui demandent son opinion sur ce qu'il convient de faire, et s'ils en tiennent compte. Cela n'apprend pas à l'enfant à être responsable mais, du moins, évite que sa chambre soit perpétuellement l'occasion de frictions entre ses parents et lui.

Etant donné le style de vie des familles appartenant aux classes moyennes, il n'y a guère de travaux réguliers qui aient aux yeux de l'enfant assez d'importance pour qu'il se sente obligé de les exécuter sauf, bien sûr, en cas de nécessité absolue — quand l'un des parents, par exemple, est handicapé par la maladie, ou quand l'enfant, de par son âge, se sent responsable d'un petit frère ou d'une petite sœur. Les parents doivent donc comprendre qu'il est devenu très difficile pour les enfants de notre époque d'acquérir la sécurité intérieure qui viendrait du sentiment qu'on a besoin d'eux et qu'ils contribuent au bien-être de la famille. Ce sentiment ne peut naître aujourd'hui que d'expériences moins tangibles ; l'enfant doit se sentir obligé d'accomplir tel ou tel travail parce que ce travail est très important, et qu'il est le seul à pouvoir s'en charger d'une manière convenable.

La solitude au sein de la famille

L'enfant, autrefois, savait de bonne heure qu'on avait besoin de lui et qu'il avait donc sa place dans la famille — et il pouvait s'y enraciner ; en outre, étant contraint de travailler avec les autres à longueur de journée et d'année, il ne se sentait jamais seul. La solitude, le sentiment de ne pas avoir de racines sont la malédiction de l'homme moderne, comme l'étaient autrefois la sueur, le sang, les larmes, une vie brève et pénible. Mais nos ancêtres n'étaient pas condamnés à subir ce sort cruel sans le support des êtres qui les touchaient de près. La famille moderne ne jouit en général de son intimité qu'autour de la table où l'on partage les repas, pendant les soirées, les week-ends et les vacances, autrement dit à des moments où n'intervient aucune activité indispensable au bien-être de la communauté. Pensons, par exemple, aux heures que la famille passe en voiture, durant lesquelles les enfants sont contraints de rester passifs. Même si le but du voyage est de mener l'enfant là où il désire aller, la présence d'un adulte au volant lui prouve que seuls ses parents décident du moment où il peut faire ce qu'il a envie de faire. Il dépend entièrement de leur bon vouloir et, pendant le trajet, il doit se tenir tranquille. Parents et enfants, dans la voiture, sont confinés dans un espace étroit où ils ne peuvent que rarement jouir d'un véritable sentiment d'intimité. Les voyages prolongés en voiture, au contraire, mettent les enfants dans un état de nervosité, de tension et d'ennui, tandis que le parent qui est au volant concentre toute son attention sur la route.

La situation devient plus agréable quand on arrive à destination, mais le plaisir procuré par les activités de loisir ne compense pas leur futilité si on les compare à des activités nécessaires à la survie. Comme l'ont fait remarquer certains spécialistes de la famille, la cohésion familiale a été fondée pendant des siècles sur la production de biens qui assuraient le bien-être de tous, alors que les principales activités de la famille moderne consistent à consommer ensemble. Mais il faut beaucoup plus que cela pour créer un sentiment d'appartenance. Pour aussi importante que soit la consommation, elle ne donne à personne la conviction d'avoir une juste place dans l'ordre des choses. Nous savons que la vie est facile quand tout va bien... et dans ce cas, nous n'avons donc pas besoin de la famille pour être contents de nous-mêmes. Des étrangers peuvent très bien partager nos plaisirs et nos jeux, et les amis de vacances ne manquent pas. Mais pour nous sentir en sécurité, nous avons besoin de savoir que quelqu'un est prêt à nous aider en toutes circonstances et à partager nos chagrins et nos difficultés quand les choses vont mal. On n'a guère l'occasion de vivre cela en vacances.

Jusqu'au début de ce siècle, l'enfant pouvait voir de ses propres yeux que ses parents travaillaient dur pour gagner le pain quotidien, et il ne pouvait que les respecter pour leurs peines et leur savoir-faire. Il ne pouvait s'empêcher d'être ému en voyant sa mère mettre un enfant au monde, l'allaiter et l'entourer de sollicitude et préparer les repas de tous, y compris ceux des apprentis ou des garçons et filles de ferme. Tout cela demandait beaucoup de savoir-faire et de durs efforts avant l'avènement des appareils ménagers, des vêtements prêts à porter et des aliments précuisinés. La mère, de plus, rendait d'autres services à la famille : elle soignait les malades, aidait les animaux de la ferme à mettre bas, s'occupait de la basse-cour et du potager, participait même aux semailles et aux moissons, et c'était elle, le plus souvent, qui allait vendre les produits de la ferme au marché de la ville. Tout cela pénétrait l'enfant de l'importance de la contribution maternelle.

Dès son plus jeune âge, l'enfant admirait son père quand il le voyait atteler à la charrue un couple de bœufs robustes, tracer des sillons bien droits, ou réparer le toit de la maison ou les instruments aratoires. L'enfant du forgeron voyait avec respect son père saisir une barre de fer, la chauffer au rouge et lui donner sur l'enclume la forme d'un outil ; celui du menuisier ou du cordonnier s'émerveillait de voir son père façonner de beaux objets très compliqués à partir d'un matériau brut. Ces enfants n'avaient pas besoin des paroles de l'Evangile pour honorer leurs père et mère ; c'était la conséquence logique et inévitable d'un spectacle quotidien.

J'ai toujours été fort impressionné par cette idée : alors que la famille moderne tente de fonder son unité sur l'*amour,* le seul commandement de Dieu qui se rapporte directement aux parents et aux enfants nous ordonne d'*honorer* les auteurs de nos jours et non pas de les *aimer*. De toute évidence, le fait de les honorer était considéré comme suffisant pour établir de justes relations au sein de la famille.

Dans la plupart des cas, honorer, respecter une personne est un sentiment dénué d'ambiguïté, surtout si on le compare au sentiment d'amour qui exige presque toujours la réciprocité et qui manque de constance. Faut-il ajouter que, là où il y a amour, il y a fréquemment jalousie ? Comme l'a montré Freud, l'amour d'un enfant pour l'un de ses parents engendre souvent la jalousie de l'autre, alors que le respect ne peut avoir cette conséquence. Quand les deux parents s'entendent bien et unissent leurs efforts pour entretenir la famille, il est pratiquement impossible d'honorer l'un d'eux sans honorer l'autre.

De plus, en vivant et en travaillant étroitement avec ses parents, l'enfant se faisait d'eux une opinion en tant que personnes. Autre fait très important : avant l'instauration relativement récente de l'enseignement public, l'éducation officielle ne jouait qu'un rôle mineur dans la vie de l'immense majorité des enfants. Le travail exécuté en commun avec leurs parents prenait le pas dans l'esprit de tout le monde sur les quelques années qu'ils passaient à l'école ; et il en reste des traces : la longue période de vacances dont jouissent aujourd'hui nos enfants correspond exactement à la saison où les enfants devaient par nécessité participer aux moissons, à la fenaison ou aux vendanges. Et rares sont les enfants qui le font encore de nos jours.

Ce que les parents apprenaient à leurs enfants tandis qu'ils travaillaient côte à côte formait entre eux un lien très solide. Cet enseignement était très important à cette époque où il était tacitement convenu que les enfants marcheraient sur les traces de leurs parents. Nous aimons tous être appréciés quand nous agissons bien, et plus la personne compte dans notre vie, plus nous tenons à son estime. Pour la plupart des parents, l'enfant a une importance énorme, tout comme l'opinion qu'il a d'eux. Quand un enfant admire le comportement d'un parent et sa valeur en tant que personne, celui-ci éprouve une grande satisfaction. Pour parler le langage de la psychanalyse, nous avons tous besoin de « satisfactions narcissiques » pour assurer notre équilibre émotionnel ; quand les personnes de notre entourage ont une haute opinion de nous, nous partageons leur avis et nous nous sentons bien dans notre peau. Plus nous recevons de satisfactions narcissiques de la part de quelqu'un qui nous est cher, plus nous nous efforçons de prolonger cette situation. C'est pourquoi l'admiration ressentie par l'enfant pour un parent permet à ce dernier d'apprécier davantage son travail, objet de cette admiration, et de mieux supporter sa peine. Le parent se sent en dette vis-à-vis de l'enfant grâce auquel il a le sentiment d'être admiré ou honoré. C'est pour cela, je pense, que les Saintes Ecritures nous disent que, pour le plus grand bien de la famille, les enfants doivent *honorer* leurs parents ; leur amour suivra tout naturellement.

Quand un enfant prenait en charge la ferme de son père, celui-ci avait le sentiment que son fils prenait la relève et que le travail de toute sa vie serait continué au lieu de cesser avec sa mort. Il n'aurait donc pas travaillé en vain. La mère éprouvait le même sentiment ; elle comptait sur sa fille pour mettre des enfants au monde et les élever, comme elle l'avait fait. L'enfant était reconnaissant envers le parent qui lui avait appris à se suffire à lui-même, et le parent était reconnaissant envers l'enfant qui assurait la continuité de sa vie. Leur existence et leurs relations étaient enrichies par cette réciprocité.

Aujourd'hui, la vie et les préoccupations de l'enfant étant très différentes de celles des parents, ces derniers ont rarement le sentiment que le fruit de leur travail profitera au-delà de la tombe aux générations à venir. Etant donné que notre enfant ne peut pas nous observer dans le cadre de notre travail quotidien et ne peut pas le comprendre en le voyant de ses propres yeux, il lui est beaucoup plus difficile de nous honorer en raison de ce travail. Et comme nous ne sommes pas honorés par lui de la même façon que jadis, il nous est beaucoup plus difficile de l'aimer aussi profondément que s'il pouvait apprécier ce que nous faisons et, par là, nous conférer une dignité unique, aussi bien à ses yeux qu'aux nôtres.

L'enfant appartenant aux classes moyennes n'a que rarement l'occasion de voir ses parents au travail ni de comprendre, étant donné la complexité de la plupart des professions modernes, pourquoi ce travail est important en lui-même et pour la survie et le bien-être de la famille. Quand il voyait son père rentrer la moisson, l'enfant ne pouvait pas douter qu'il travaillait pour le bien-être de la famille, et il en était de même quand il voyait sa mère préparer les repas, coudre les vêtements de tous et cultiver le potager. C'est encore vrai de nos jours, par exemple, pour les enfants qui grandissent dans la ferme familiale, mais leur nombre diminue d'année en année. D'autre part, quand l'enfant voit sa mère lui choisir un vêtement dans un grand magasin, ou entasser dans son cabas des boîtes de conserve ou des aliments surgelés, et son père aller et venir entre la maison et son bureau, il ne peut pas avoir l'idée que ses parents travaillent dur pour son bien-être. Il ne peut se fonder sur ce point que sur leurs déclarations, et les paroles n'ont que peu de poids comparées à ce qu'un enfant peut constater à longueur de journée. La plupart du temps, l'enfant moderne ne peut observer ses parents que quand ils se livrent à des activités de loisir... ou de consommation. Comment aurait-il conscience de l'importance de ce que font ses parents dans la vie ? Même quand la mère fait le ménage ou la lessive — travaux nécessaires qui bénéficient à toute la famille —, l'enfant n'apprécie pas ces activités à leur juste valeur parce que, dans son esprit, elles sont trop directement liées à des reproches quotidiens : « Ta chambre est sale... Tu laisses tout traîner... Tes vêtements sont pleins de taches. »

Tout change quand l'enfant voit un parent faire des réparations dans la maison ou en améliorer le confort par son travail. C'est là quelque chose qu'il comprend très bien et qui lui permet d'admirer l'habileté et la compétence du parent. Il est ravi de pouvoir l'aider et très fier quand ses services sont appréciés. Il ne peut admirer et respecter ses parents et leur façon de vivre que s'il est profondément convaincu de la valeur de ce qu'ils font. Il est toutefois plus difficile pour l'enfant d'évaluer correctement leur façon de vivre quand il ne les voit qu'à leurs moments de loisir.

Mais seul le respect de l'enfant lui permet de prendre facilement au sérieux ce que lui disent ses parents, faute de quoi leurs requêtes manquent de poids.

La société d'abondance a séparé les activités de l'enfant de celles de ses parents, et elle les a éloignés physiquement. La plupart des familles des classes moyennes sont, hélas, composées de personnes qui n'apprennent pas en cours de route ce qui est indispensable à une vie heureuse en commun. Comme les parents n'ont pas appris à vivre en bonne entente avec autrui dans le cadre d'un travail pénible et d'une grande intimité physique ni à résoudre les problèmes que cette situation engendre, ils sont incapables de l'enseigner à leur enfant. Ainsi, à notre époque où, pour que notre vie ait un sens, nous devons être très proches les uns des autres émotionnellement (seuls les liens affectifs peuvent maintenant souder la famille), la plupart des individus ont oublié l'art de vivre ensemble en étroit contact physique. Le dicton « loin des yeux, loin du cœur » n'est pas forcément vrai, mais il l'est certainement pour les enfants beaucoup plus que pour les adultes. Evidemment, la proximité physique n'entraîne pas automatiquement l'intimité émotionnelle. C'est ce que beaucoup de jeunes apprennent à leur grande déception quand ils se sentent seuls avec eux-mêmes au sein d'une communauté. Malgré tout, sans une période d'étroit contact physique, l'intimité est souvent impossible.

Limites de l'intimité

La faculté de former des relations humaines intimes doit, pour qu'elles soient durables, être acquise de bonne heure, quand l'intuition joue à plein son rôle. Le petit enfant commence à l'acquérir — intuitivement — quand il se blottit dans les bras de sa mère. Les couvertures le tiendront au chaud, mais sans la chaleur humaine il ne peut y avoir en lui de la chaleur émotionnelle, et seule celle-ci peut le rendre vraiment content de lui-même.

Un vieil adage allemand dit que la plus grande leçon que l'on puisse apprendre de la vie est qu'« il ne faut pas tirer toute la couverture à soi ». Ce dicton remonte au temps où non seulement les enfants, mais toute la famille, dormaient dans le même lit, sous une seule couverture. A cette époque, les enfants apprenaient très vite à s'adapter au voisinage direct d'autrui. Si quelqu'un tirait trop à lui la couverture, ses voisins le réveillaient pour récupérer leur part. Si un enfant, en dormant, donnait un coup de pied à son voisin, celui-ci lui reprochait de l'empêcher de dormir. Si, réveillé par un cauchemar, il se mettait à pleurer, l'autre le calmait, le rassurait, pour que tout le monde puisse dormir en paix. Les enfants apprenaient donc de bonne heure, et en grande partie grâce à leur intuition, les échanges de bons procédés et les adaptations mutuelles qui sont aussi nécessaires à la vie d'aujourd'hui qu'ils l'étaient hier.

Schopenhauer a comparé la triste condition humaine à celle de deux porcs-épics qui essaient de survivre à un hiver rigoureux. Pour ne pas mourir de froid, ils se creusent un terrier. Mais comme il fait encore très froid dans leur abri, ils cherchent chaleur et réconfort en se serrant l'un contre l'autre. Plus ils se rapprochent, plus ils se piquent. Meurtris, désespérés, ils s'écartent pour ne plus souffrir des piqûres. En même temps, hélas, ils perdent le réconfort et la chaleur qu'ils se donnaient mutuellement, et ils sont de nouveau menacés de mourir de froid. Et ils se rapprochent. Finalement, après bien des tâtonnements, ils apprennent à vivre ensemble sans trop se piquer tout en restant assez près l'un de l'autre pour vivre confortablement. Faute d'apprendre cette leçon, ou bien nous sommes trop rapprochés pour vivre à l'aise, ou bien notre isolement nous gèle émotionnellement.

Autrefois, la vie de l'homme était liée à la tradition parce que, par nécessité, il n'était pas libre de disposer de sa vie comme il l'entendait. A mesure que les conditions d'existence se modifiaient à travers les siècles, il apprenait les distances optimales qui lui permettaient de ne pas être l'esclave des autres ou trop isolé d'eux. De nombreuses dispositions traditionnelles furent ainsi établies et respectées sans problème, y compris celles qui réglaient les relations entre mari et femme, leur rôle dans la société et les rapports entre les parents et les enfants et entre les classes sociales. Toutes ces dispositions résultaient de siècles d'essais et d'erreurs destinés à trouver le juste milieu humain dans toutes les situations imposées par la vie. L'expérience se terminait souvent par un compromis inconfortable, restrictif, mais néanmoins vivable entre la liberté individuelle (très limitée par rapport aux idées actuelles) et la solidarité sociale.

La société d'abondance a changé bien des choses. L'abri des porcs-épics est maintenant équipé du chauffage central, et dans ce milieu confortable, nous tendons à nous éloigner les uns des autres, chacun dans son coin. Nous y vivons isolés pour ne plus piquer nos proches ou ne plus être piqués par eux. C'est une fuite éperdue vers la séparation émotionnelle, fondée sur l'angoisse ancestrale d'être exploité par les autres ou de les exploiter. Mais elle a abouti pour beaucoup d'êtres à une incapacité de vivre d'une manière satisfaisante avec autrui. Cela vient de ce que cet art n'a pas été appris pendant l'enfance, ce qui conduit à l'isolement social, lequel finit presque toujours par déterminer un désespoir existentiel. Ces gens frissonnent, non pas à cause du froid, mais en raison de leur isolement dans leurs grands terriers surchauffés. Et ils ne savent pas pourquoi ils tremblent.

Il n'est pas étonnant que des êtres élevés dans la solitude émotionnelle, et qui n'ont jamais appris par leurs conditions de vie à ne pas tirer toute la couverture à eux, aient beaucoup de mal à établir des relations durables. Ils cherchent ce qui leur a manqué, mais ils ne le trouvent jamais parce qu'ils n'ont pas appris à affronter les difficultés inhérentes à la vie en commun. N'ayant pas — ou très peu — connu l'intimité pendant leur croissance, ils sont incapables de la vivre avec autrui une fois devenus adultes. C'est pourquoi il y a tant de mariages brisés ; des mariages qui ont été conclus parce que l'un des partenaires ou les deux espéraient en vain y trouver l'intimité dont avait été privée leur enfance.

Les enfants dont les parents sont séparés ont peur de se lancer dans des relations intimes, et cela parce que celle qu'ils ont formée avec l'un des parents s'est terminée par une profonde déception. De peur de répéter cette douloureuse expérience, ils n'osent pas s'engager sérieusement vis-à-vis d'une autre personne, et c'est ainsi que leur mariage, à son tour, se conclut par un échec. Les enfants qui ont vécu cela sont incapables d'éprouver un sentiment d'appartenance, d'enracinement, parce qu'ils ont été frustrés de la place « juste » et permanente qu'ils espéraient avoir dans la vie de leurs *deux* parents.

En raison de l'instabilité de sa vie, il est difficile et même impossible à l'enfant de se créer un sentiment d'appartenance. Cette instabilité n'est pas forcément dans tous les cas la conséquence d'un mariage brisé. Trop de déménagements, causes de la disparition des amis, peuvent avoir le même résultat ; de même que les changements trop fréquents d'établissements scolaires peuvent avoir un effet destructeur sur la capacité de l'enfant à développer un sentiment solide d'appartenance.

Ici aussi, dans le passé, les choses étaient différentes. Il était parfois très pénible de se savoir fixé pour la vie à l'endroit où l'on était né. Mais le fait que l'on s'attendait à passer là toute sa vie, et que l'on savait que les enfants feraient de même, créait un fort sentiment d'appartenance à un endroit particulier et à un petit groupe de personnes condamnées au même sort.

Il est très intéressant, à ce sujet, de visiter la reconstitution des villages où ont vécu nos ancêtres avant la révolution industrielle. Ces villages étaient en général très petits et les villageois y vivaient très près les uns des autres. Les maisons des plus riches avaient elles-mêmes une surface habitable très réduite. A Sturbridge, dans le Massachusetts, par exemple, la maison d'un notable se limitait, au rez-de-chaussée, à une salle à manger, un salon et une petite cuisine. La surface de chaque pièce était sans doute le quart de ce que l'on jugerait maintenant raisonnable. Les plafonds étaient bas — c'était la seule façon d'avoir chaud l'hiver — et cela donnait une sensation d'intimité. L'étage était une soupente divisée en deux pièces : la chambre des parents et celle des enfants ; elles étaient séparées par une mince cloison en bois qui permettait aux enfants d'entendre tout ce qui se passait dans la chambre de leurs parents, et inversement.

Chaque chambre était tout juste assez grande pour recevoir deux lits et un minimum de meubles. Les enfants dormaient dans des lits gigognes, et il semble qu'ils étaient au moins quatre des deux sexes à vivre dans la même chambre. Il est intéressant de noter que cette promiscuité ne conduisait à aucun désordre sexuel, et il en est de même dans les kibboutzim d'Israël où quatre enfants des deux sexes sans aucun lien de parenté entre eux partagent une petite chambre jusqu'à l'âge de dix-huit ans. Les mœurs sexuelles de l'époque étaient alors — comme dans les kibboutzim d'aujourd'hui — plus strictes qu'elles ne le sont actuellement pour les jeunes des classes moyennes qui, pourtant, dorment dans des chambres distinctes. Détail plus important : deux enfants, ou même davantage, dormaient dans le même lit. Comme je l'ai dit plus haut, cette promiscuité apprenait très tôt aux enfants à se tenir chaud, à se sentir en sécurité, à se réconforter et à veiller à ne pas troubler le sommeil des autres.

Dans les chambres d'enfants, à Sturbridge-Village, il arrive que l'on trouve un cheval à bascule, une poupée et son berceau. La rareté des jouets donnait peu d'occasions de disputes pour les conquérir. Pas de problème non plus pour l'habillement, chacun ayant simplement sa tenue de semaine et son habit du dimanche. Comme il n'y avait rien de fragile, les enfants ne pouvaient pas entendre à tout bout de champ : « Ne touche pas à ça ! » : Et comme il fallait prendre la peine d'aller chercher l'eau au puits du village, les parents ne contraignaient pas leurs enfants à se laver les mains plusieurs fois par jour. Les toilettes étaient dans le jardin : une planche trouée posée sur une tinette suffisait à toute la famille.

L'historien américain Daniel Boorstin a fait judicieusement remarquer, à propos de la reconstitution du village de Williamsburg, qu'il n'est devenu acceptable qu'à partir du moment où les maisons destinées aux touristes ont été pourvues d'installations sanitaires. Si les fossés d'écoulement des eaux sales et les cabinets en plein air de l'époque coloniale avaient été maintenus, leur puanteur aurait fait fuir les visiteurs. Mais ces odeurs faisaient bien partie des conditions de vie il y a de cela quelques générations. Les odeurs corporelles n'étaient pas considérées comme repoussantes et on ne s'aliénait pas son propre corps en raison d'un apprentissage trop précoce ou trop rigide de la propreté. En réalité, les excréments n'étaient pas jugés répugnants et ils étaient même collectés pour servir d'engrais, comme ils le sont encore en Chine, ou de combustible — aujourd'hui pour les nomades. Les déchets du corps étaient très appréciés et traités avec respect.

Cette intimité naturelle avec les fonctions de son propre corps et de celui des autres existait aussi dans le domaine sexuel. Des concepts modernes tels que la « sexualité infantile » n'auraient pas pu être découverts très longtemps avant Freud ; historiquement, l'éloignement de l'adulte à l'égard de la vie sexuelle de son enfant (qui a abouti chez ce dernier à l'aliénation de sa propre sexualité) s'est réalisé très lentement. Cet éloignement n'a atteint son apogée que tout récemment, à l'époque victorienne.

Les tendances modernes, dans les pays développés, ne sont pas la conséquence d'une planification très étudiée de la vie familiale, mais une réaction à la promiscuité qui était de règle il n'y a pas si longtemps. L'espace privé de chacun était naguère très restreint. Aujourd'hui, nous voudrions que chacun de nos enfants ait sa chambre personnelle et, si possible, sa salle de bains, pour que personne ne puisse être surpris en train de prendre soin de son propre corps. C'est là une vie, certes, d'un certain confort, mais qui entraîne un isolement relatif pratiquement à partir de la naissance, puisque les bébés ne dorment plus dans le lit de leurs parents ni même dans leur chambre.

De nos jours, la vie intime de ses parents est soigneusement cachée à l'enfant. Loin de moi l'idée que nos enfants auraient moins de problèmes s'ils pouvaient observer les activités sexuelles de leurs parents ! Mais nous avons pratiquement interdit à nos enfants d'apprendre à vivre intimement avec leur propre corps et celui des autres depuis leur prime enfance. Et cela à une époque où les conditions économiques et sociales nous ont obligés à fonder la cohésion familiale uniquement sur l'intimité émotionnelle !

Nos adolescents ressentent cet isolement physique comme un manque grave, et ils réagissent en conséquence. Contrairement à leurs aînés de l'époque victorienne et postvictorienne, ils n'organisent pas leurs parties dans des salles immenses et inondées de lumière, avec toute la place nécessaire pour former des petits groupes. Les adolescents, aujourd'hui, aiment s'entasser dans la pénombre des discothèques avec un minimum d'espace pour remuer. Ils s'y prennent un peu tard pour reconstituer en partie la vie intime de l'époque coloniale ! Oui, il est trop tard, quand on est adolescent, pour apprendre l'intimité ; et les efforts de nos jeunes, en général, n'aboutissent qu'à une intimité physique et non pas émotionnelle.

26.

L'ENTRAIDE FAMILIALE

« Famille nombreuse, prompt secours. »
Proverbe serbe.

Aucun organisme social ne demande plus de cohésion que la famille si elle veut assurer le bien-être de tous ses membres. Cette cohésion est d'autant plus difficile à réaliser de nos jours que nous attachons beaucoup d'importance à l'individualité de tous les membres de la famille. Les parents veulent avoir des enfants et pensent qu'ils enrichiront leur vie ; mais en même temps, beaucoup d'entre eux craignent qu'ils ne les privent de leur liberté individuelle. Cette ambivalence existe souvent avant même la conception de l'enfant. Un couple de jeunes mariés m'a très bien résumé cela en me disant : « Nous sommes en train de nous organiser un voyage à l'étranger. C'est notre dernière chance d'être des êtres humains. Dès notre retour, nous allons mettre un enfant en route. » Ils étaient bien décidés à avoir un enfant, mais ils savaient que cette naissance les obligerait à renoncer à des choses qui avaient pour eux beaucoup d'importance.

Tant que le rôle et les activités de chacun étaient réglés par la tradition (c'est-à-dire tant que l'individualisation n'était pas considérée comme possible ni même comme importante ou désirable), la solidarité familiale était assez facile à maintenir. Elle imposait des limites à la liberté de chaque individu, mais ces restrictions étaient considérées comme allant de soi. Mais dès qu'il fut admis que chaque individu devait être vraiment lui-même et développer sa personnalité à son gré, les tensions, parmi les membres de la famille, se sont accrues et, dans les cas extrêmes, sont devenues irréductibles.

La solidarité sociale, au sein de la famille, est aussi profondément désirée qu'avant, mais elle est difficile à réaliser étant donné l'intensité des émotions — et même des conflits — engendrées par les gens qui vivent ensemble, chacun luttant pour affirmer son autonomie. De plus, nous avons besoin d'aide pour devenir vraiment nous-mêmes, et si cette aide nous fait défaut, nous en voulons à autrui. Tant que la solidarité domine dans une famille, ses membres sont heureux de vivre ensemble, non pas parce qu'ils n'ont aucun problème, mais parce que, au lieu d'accuser les autres ou soi-même de toutes les difficultés rencontrées, ils les affrontent solidairement. La pratique de la psychiatrie a surtout pour but de calmer l'angoisse de ceux qui souffrent de n'avoir pas connu cette solidarité sociale dans leur famille. Et nous connaissons ce paradoxe : alors que seule la solidarité familiale peut assurer l'individualisation sans dommages émotionnels, le caractère unique de la personnalité tend à se définir par rapport aux autres — et surtout par rapport aux êtres que nous connaissons le mieux —, ce qui risque de détruire l'harmonie sociale.

Le seul antidote, le seul traitement, est la sécurité. Dans la mesure où nous nous savons importants aux yeux de ceux qui comptent dans notre vie, nous nous sentons en sécurité ; et en même temps, les pressions de la jalousie sont réduites. Une famille ne peut être heureuse que si tous ses membres, loin de chercher un coupable, prennent à leur compte les difficultés rencontrées par l'un d'eux. Sinon, comment ce dernier pourrait-il être certain que sa famille est un havre de sécurité ?

Alors, que doit faire une famille moderne appartenant aux classes moyennes ? Nous ne pouvons, nous ne devons pas compter sur les menaces extérieures pour nous unir. Contrairement à nos anciens, la lutte pour la survie n'oblige pas tous les membres de la famille à peiner à longueur de journée pour avoir de quoi manger. J'ai laissé entendre plus haut que l'amour et l'affection sont le sucre glace du gâteau de la nécessité, un lien supplémentaire greffé sur la pure nécessité. Maintenant, l'amour et l'affection sont devenus le lien essentiel qui assure la cohésion de la famille. Malgré d'innombrables expériences, la société humaine n'a jamais trouvé mieux que la famille pour élever ses jeunes et pour nous procurer le bien-être émotionnel ou permettre à l'enfant de devenir vraiment intime avec ses parents — relation qui lui garantit la sécurité intérieure pour le reste de sa vie.

La sécurité procurée par la société est appréciable, mais elle ne peut nous assurer la sécurité intérieure, ni la chaleur et le bien-être émotionnels, ni l'amour-propre, ni le sentiment de la valeur personnelle. Seuls les parents peuvent procurer tout cela à leur enfant; s'il n'obtient pas cela d'eux, il lui sera très difficile d'acquérir plus tard ces biens précieux. Tout dépend donc de la capacité de la famille moderne à procurer cette sécurité émotionnelle fondée sur l'intimité ainsi que sur l'amour et le respect mutuels de tous ses membres.

Prenons l'exemple caractéristique de ce qui se passe quand l'enfant souffre terriblement d'être privé de la sécurité émotionnelle qu'il ne peut trouver au sein de sa famille : il rentre de l'école, très malheureux d'avoir eu de mauvaises notes. Il a l'impression d'être un bon à rien, que sa vie est sans espoir et que le monde entier se ligue contre lui. Ses parents suivront-ils le précepte biblique qui veut que l'on vienne au secours des réprouvés, ou augmenteront-ils le découragement de l'enfant qui, déjà, se sentant coupable de son échec, n'ose pas lever la tête ? C'est le moment où il a le plus besoin de se sentir soutenu par sa famille, de savoir que ses parents seront à ses côtés chaque fois qu'il sera accablé par les souffrances de sa jeune vie. Combien de parents compatiront-ils à son malheur et l'encourageront-ils à ne pas s'avouer vaincu ? Et combien, par leurs reproches, aggraveront-ils son impression d'être un bon à rien ?

D'autre part, s'il revient à la maison ravi d'avoir eu de bonnes notes, ses parents ne manqueront pas de manifester leur satisfaction. Mais s'il n'est approuvé et appuyé que quand il est déjà lui-même parfaitement bien dans sa peau, et désapprouvé quand il est mécontent de lui-même, comment pourrait-il ne pas penser que ses parents ne sont rien d'autre que des amis des bons moments, et qu'il ne peut pas compter sur eux quand il a le plus grand besoin de leur soutien ?

Qu'arrive-t-il dans une famille quand un enfant souffre d'une profonde déception due à la rupture de liens émotionnels importants ? Un jeune adolescent, par exemple, s'était lié d'amitié avec un camarade de classe qui, brusquement, lui tourna le dos. Il éprouva la plus grande déception de sa vie. Les relations entre adolescents sont beaucoup plus éphémères que celles des adultes, mais cela n'empêche pas leurs sentiments d'être très profonds. Cet adolescent se sentira probablement incapable de se retrouver nez à nez avec cet être qui vient de le trahir et de le faire souffrir. Est-ce que ses parents, qui doivent essayer de construire leur famille sur la base de la satisfaction des besoins émotionnels de tous ses membres, lui montreront qu'ils se rendent compte de toute l'intensité de ses sentiments ?

Quand un adulte reçoit un tel coup, il évite en général de rencontrer la personne qui l'a trahi pour ne pas lui montrer son angoisse et pour ne pas être témoin du triomphe insolent du rival qui l'a supplanté. J'ai connu des adultes qui, après la rupture d'une relation intime, ont évité pendant des mois et même des années de revoir la personne qui les avait tant fait souffrir. Mais quand un choc émotionnel bouleverse notre préadolescent et le rend terriblement malheureux, l'aidons-nous à se concentrer sur le travail difficile consistant à accepter le deuil de la relation ? Le dispenserons-nous de l'école pour quelques jours de convalescence parce que son âme est malade d'un grand désespoir ? Si nous le faisons, sa blessure cicatrisera suffisamment pour qu'il ait le courage d'affronter la personne qui l'a profondément atteint dans ses sentiments les plus intimes. Ou exigerons-nous qu'il retourne à l'école dès le lendemain matin, comme si la perte d'un ami intime était infiniment moins grave qu'un petit rhume pour lequel nous n'hésiterions pas à lui permettre de rester à la maison ? Les parents qui prennent une telle décision sont ceux qui, par ailleurs, veulent fonder la famille sur les liens émotionnels et qui, par leur comportement, nient leur importance !

Même si le jeune raconte à ses parents pourquoi il est bouleversé, ils tentent en général de le convaincre de ne pas prendre aussi au sérieux ses sentiments, comme s'il suffisait de le dire pour que l'enfant souffre moins. Le moins qu'ils puissent faire est de se mettre en état d'empathie avec ce qu'il éprouve et de lui permettre d'éviter de rencontrer son bourreau ; il sera alors convaincu que ses parents attachent beaucoup d'importance aux liens émotionnels au lieu de n'en parler que pour la forme.

Si ses parents l'obligent à aller en classe, ils ont l'air de vouloir qu'il ne prenne au sérieux que les liens émotionnels qui l'attachent à eux, à l'exclusion de toutes les personnes étrangères à la famille. Mais les émotions ne peuvent pas être scindées d'une manière schizophrénique : d'un côté, celles qui sont *importantes,* relatives à la famille, et, de l'autre, celles qui sont *sans importance,* concernant, par exemple, un ami. Ou bien les liens intimes sont importants, ou ils ne le sont pas, et l'enfant nous juge en se fondant sur notre façon de réagir à ses émotions. Si nous ne réagissons pas comme il convient à ses sentiments — non seulement par de bonnes paroles, mais aussi par nos actes —, il peut décider de garder pour lui ses sentiments à l'avenir, ce qui nous empêchera de l'aider en cas de besoin.

Un enfant de treize ans s'était profondément attaché à l'un de ses professeurs, une femme qui mourut soudain d'une crise cardiaque en pleine année scolaire. Il pleura toute la journée et refusa le lendemain d'aller au collège. Mais ses parents l'obligèrent à y aller pour qu'il ne prenne pas de retard sur ses camarades. Obligé d'agir à l'encontre de ses sentiments, l'enfant détesta d'emblée son nouveau professeur et toutes celles qui suivirent, restant fidèle à celle qui avait été son amie. En conséquence, il ne fit plus aucun progrès. Ce cas, bien sûr, est inhabituel, mais si on avait accordé à cet enfant les quelques jours de répit qui lui auraient permis de consacrer toute son énergie à calmer sa douleur, sans doute aurait-il accepté la remplaçante et aurait-il continué d'être un bon élève. J'ajouterai quelque chose d'important : ses parents désiraient vivement être aimés de lui, mais devenu adulte, il ne put jamais leur pardonner d'avoir si peu respecté sa profonde détresse d'enfant.

Beaucoup de parents, quelle que soit la façon dont ils réagissent au chagrin de leur enfant, se conduisent comme si, celui-ci étant petit et immature, ses afflictions étaient également petites et immatures. S'ils réfléchissaient un peu, s'ils l'observaient aux moments où il est malheureux, ils comprendraient qu'il n'en est rien. Mais, habituellement, ce n'est pas par insensibilité qu'ils réagissent ainsi. Le plus souvent, ils ont le vif désir de voir leur enfant heureux. Mais ils ne savent pas qu'ils s'enferment dans le cliché faux de l'enfance paradisiaque. Ils obéissent à l'idée très répandue que, pour être un bon parent, il faut absolument s'arranger pour que son enfant soit parfaitement heureux. Mais il suffit d'observer les enfants pour savoir que leur vie, comme cemme des adultes, a sa part de souffrances et de chagrins.

Certains parents ont le tort de penser qu'ils peuvent décider de ce que leur enfant doit ou ne doit pas prendre au sérieux. Quand ils projettent leurs propres incertitudes et leurs propres anxiétés sur lui, ils refusent de croire à la profondeur de ses sentiments et sont incapables d'apprécier son degré de souffrance, puisqu'ils jugent qu'il n'a aucune raison de souffrir. Cette attitude est interprétée par l'enfant comme la preuve que ses parents le connaissent mal et qu'ils ne se soucient guère de ses sentiments.

Les parents qui adoptent ce comportement essaient généralement de distraire l'enfant de sa tristesse ; et ils y parviennent souvent parce qu'il est mal placé pour leur résister et que leur désir de le voir heureux lui montre qu'il a pour eux de l'importance. De plus, les sentiments d'un enfant sont moins stables que ceux de la plupart des adultes ; et il peut assez facilement passer d'une profonde détresse à une humeur moins sombre. Mais cela ne veut pas dire qu'il souffre moins qu'un adulte. Les sentiments qu'il éprouve à la suite, par exemple, de la perte d'un ami continuent de le travailler bien qu'il semble les avoir oubliés pour l'instant. Le chagrin ne tarde pas à revenir et l'enfant s'en veut d'avoir pu oublier pour un moment ses sentiments les plus profonds.

Si nous prenons vraiment au sérieux les sentiments de notre enfant, nous ne devons pas, lorsque nous le voyons malheureux, essayer de le distraire de son chagrin. Nous serions nous-mêmes offusqués si notre meilleur ami essayait de nous faire rire pour nous aider à oublier un deuil au lieu de le partager avec nous. Il en est de même pour notre enfant quand nous essayons sur lui ce genre de manœuvre ; et il ne peut pas nous dire qu'il nous en veut de prendre ses sentiments à la légère et de ne pas compatir à son chagrin.

Les parents doivent impérativement accorder le maximum d'importance aux liens émotionnels. Ils doivent leur consacrer autant de temps et d'efforts que le faisaient leurs ancêtres en travaillant avec leurs enfants pour assurer la survie de la famille. Aujourd'hui, je le répète, ce sont les liens émotionnels qui jouent ce rôle et qui permettent à tous les membres du clan de vivre heureux et en sécurité. Plus ces liens sont solides, plus l'enfant aura de chance de devenir une personne forte et sûre d'elle-même.

Fidélité familiale

Le fait de travailler ensemble pour assurer le pain quotidien constituait une affaire sérieuse. On essayait de compenser par des jours de fête une vie dure et souvent très difficile. Personne ne pensait qu'il pût y avoir d'autre bonheur que d'appartenir à une bonne famille et que la vie pût ne pas être pénible. Tous étaient solidaires, dans les bons comme dans les mauvais moments.

L'un des problèmes les plus navrants de la vie quotidienne de la famille moderne naît de ce que l'on croit possible une vie parfaitement heureuse ou tout au moins à l'abri des épreuves graves. Ce qui, dans le passé, était la pierre de touche du mérite de la famille : quand quelque chose allait mal, on se serrait les coudes pour survivre, est devenu récemment l'écueil sur lequel viennent s'échouer bien des familles. Cela est dû à l'idée fausse que, quand des difficultés surviennent, il faut aussitôt en chercher le responsable.

Cette attitude repose certainement sur des raisons psychologiques valables. L'une d'elles est l'idée communément acceptée que, si un enfant a des ennuis graves, cela ne peut être dû qu'à la façon dont il est élevé. La famille se défend de cette accusation en affirmant qu'elle n'y est pour rien et que tout est de la faute de l'enfant. Et elle lui en veut d'être tenue pour responsable de ses actes. Alors l'enfant, très perturbé, ne sait plus vers qui se tourner pour trouver du répit, alors qu'autrefois il se sentait appuyé et réconforté par la famille elle-même.

La plupart des parents étaient autrefois tellement absorbés par la tâche difficile d'assurer la survie et le bien-être physique de leur enfant qu'ils ne pensaient guère à l'impact que ces difficultés pouvaient avoir sur son développement psychologique. Ils savaient simplement qu'ils devaient lui montrer le bon exemple et lui apprendre à distinguer le bien du mal. Etant donné le dur labeur nécessaire à la survie, ils ne craignaient pas que leur enfant — ou quiconque — leur reprochât de ne pas prendre bien soin de lui. Ils pouvaient alors régler la plupart des problèmes psychologiques — qui existaient bien sûr comme dans toute relation intime — avec une sérénité fondée sur leur propre sécurité intérieure ; et celle de l'enfant s'en trouvait renforcée.

Ces conditions du passé existent encore dans de nombreuses parties du monde ; mais dans nos familles il est devenu difficile pour les parents et les enfants de se sentir en sécurité les uns vis-à-vis des autres. Cela vient de ce que les parents se croient obligés de créer chez leur enfant les conditions intérieures de son équilibre psychologique et émotionnel... et cela non seulement pour le présent, mais aussi pour tout son avenir ! La complexité de ce processus psychologique et l'incertitude quant aux moyens à prendre pour atteindre ce but amènent les parents à se méfier de ce qu'ils font et, évidemment, cette insécurité accroît celle de l'enfant.

Tous les enfants sont profondément affectés par l'insécurité de leurs parents. Mais ce qui aggrave les choses, c'est qu'ils doivent affronter leurs propres anxiétés nées de leur compréhension limitée du monde, de leur manque d'assurance devant les problèmes de la vie et surtout du fait qu'ils doutent de pouvoir être aimés. L'enfant ne peut faire front à ces insécurités que dans la mesure où il sent que ses parents croient en lui et en sa capacité de conduire sa vie avec succès, sinon dans le présent, du moins quand il aura grandi. C'est la seule ligne de conduite qu'il puisse tenir, car il sait que ses parents sont beaucoup plus avertis que lui des problèmes posés par le monde extérieur. Mais quand ces parents ont des doutes sur le comportement de leur enfant et sur son avenir, ce dernier se trouve doublement en mauvaise posture : il est menacé, d'une part, par sa propre insécurité et, d'autre part, par l'absence du réconfort attendu de ses parents. Comme ils sont beaucoup plus compétents que lui pour apprécier la réalité, leurs inquiétudes le concernant lui-même et son avenir lui semblent être fondées sur des défauts qu'ils auraient découverts chez lui et dont il serait inconscient. Il ne sait rien de ces problèmes ni des remèdes qui pourraient leur être appliqués. L'insécurité est particulièrement alarmante et perturbante quand on en ignore l'origine. Les parents qui se tourmentent pour leur enfant et son avenir créent donc ce qu'ils redoutent le plus : un enfant qui ne se sent pas du tout en sécurité. Par contre, les parents qui font confiance à leur manière d'exercer leur éducation combattent l'insécurité de leur enfant et l'aident à avoir pleinement confiance en soi.

Evidemment, tous les parents ont des inquiétudes au sujet de leur progéniture : elles sont inséparables du fait d'être des parents soucieux de bien remplir leur rôle. Comme pour tant de questions relatives à l'éducation, tout dépend d'un juste équilibre entre l'inquiétude et la confiance : inquiétude pour soi-même en tant que parent et pour l'enfant ; confiance en notre enfant qui, parce qu'il est *notre* enfant, sera toujours quelqu'un de très bien, capable d'affronter l'existence avec succès. Comme l'avenir est toujours incertain, nous ne pouvons pas connaître à l'avance les problèmes qu'il rencontrera dans la vie ; le mieux que nous puissions faire pour lui est de lui montrer que nous lui faisons confiance et que nous sommes convaincus de sa grande valeur.

Je ferai encore ici appel à un souvenir personnel. J'étais petit garçon, à Vienne, quand l'un de mes cousins fit une grave bêtise. Ce fut évidemment un grand malheur pour le clan familial, mais, à l'époque, personne ne blâma ses parents. Tout le monde, au contraire, leur dit qu'il était injuste qu'une chose pareille arrivât à d'aussi bonnes personnes. Pour faire face à l'épreuve, notre clan, qui comprenait deux douzaines de familles, se réunit pour aider et réconforter ceux qui étaient directement touchés. On rassembla l'argent qu'il fallait pour que mon cousin pût s'expatrier et repartir du bon pied aux Etats-Unis. On ne lui reprocha rien, sinon tacitement, et il partit avec les meilleurs vœux de tous.

Mis en état de commencer une nouvelle vie dans un pays où personne ne le connaissait, loin de ses parents dont la mésentente et l'attitude négative à son égard avaient pesé lourdement sur lui, et encouragé par l'aide inattendue qu'il avait reçue de tant de parents, mon cousin put reprendre courage et repartir du bon pied. Quant à ses parents, il leur fut plus facile, après avoir reçu de tout le clan l'appui dont ils avaient tant besoin, d'accompagner leur fils de leurs bénédictions au lieu de l'accabler de reproches.

Les choses purent ainsi s'arranger au mieux parce que la famille étendue était persuadée qu'aucun de ses membres ne pouvait être vraiment mauvais. Le proverbe serbe que je cite au début de ce chapitre : « Famille nombreuse, prompt secours », avait gardé à l'époque toute sa force.

Une vingtaine d'années plus tard, c'était déjà moins vrai. Un autre de mes parents, après une série d'échecs, fut envoyé à l'étranger, mais, malheureusement, la structure familiale s'était affaiblie, ainsi que l'esprit de solidarité. Ce second jeune homme, contrairement à mon cousin, n'était pas tombé dans la délinquance ; il était tout simplement incapable de garder longtemps le même emploi et il dépensait plus d'argent qu'il n'en avait. Comme je viens de le dire, bien des conditions de la vie moderne s'étaient combinées pour relâcher la cohésion de la famille étendue, et seuls ses parents directs connaissaient ses ennuis. Il fut donc, comme l'autre, envoyé à l'étranger, mais cette fois en Amérique du Sud, pour y tenter sa chance. Comme il manquait de l'appui et des vœux de réussite de la famille étendue, ce garçon ne put se débarrasser de la mauvaise opinion qu'il avait de lui-même ; de plus, il douta de ses parents qui ne lui pardonnaient pas de leur avoir fait honte. Convaincu que personne ne croyait en lui, il ne réussit pas mieux dans le nouveau monde que dans l'ancien.

On pourra facilement objecter que ces deux garçons étaient différents, comme étaient différentes les circonstances rencontrées par chacun d'eux, et que cela peut expliquer le résultat final. C'est assez vrai ; mais il est certain, dans le cas du second, que dans bien d'autres situations, plus ou moins graves, la famille étendue se montrait beaucoup moins solidaire. L'attitude qui consiste à dire : « Qu'elle ait tort ou raison, ma famille est ma famille », peut être objectivement douteuse, mais, subjectivement, elle permettait de parer aux conséquences les plus graves quand les choses allaient mal et procuraient un répit qui contribuait pour beaucoup à la guérison.

Aujourd'hui, dans des cas semblables, les parents, en général, ne reçoivent plus de la famille étendue le support dont ils ont cruellement besoin ; à leur souffrance s'ajoute un sentiment de culpabilité provoqué par la réprobation de ceux qui, dans le passé, les auraient réconfortés. C'est ainsi que l'une des causes importantes des difficultés de la famille moderne tient au changement de perspective concernant la façon de voir ces revers de fortune et d'y réagir.

Ce changement de perspective vient en grande partie de ce que nous avons reconnu l'importance de la psychologie individuelle : ce phénomène, qui a son origine dans notre personnalité et dans nos relations intimes, est la cause des difficultés les plus graves que nous rencontrons en affrontant la vie et en vivant avec autrui. Tant que nous étions incapables de survivre physiquement sans l'aide de tous les membres de la famille, nous pouvions attribuer tous nos problèmes aux forces extérieures, ce qui nous permettait de continuer de vivre en bonne entente et d'assurer la survie de tous.

Aujourd'hui, nous pouvons nous permettre de penser que nos difficultés sont d'ordre psychologique et qu'elles sont sans doute provoquées par un ou plusieurs membres de la famille.

Il y a de bonnes raisons de croire que la plupart des difficultés de l'enfant viennent des défauts des parents et de leur manière d'exercer leur éducation. Mais cette façon de voir ne peut être bénéfique pour les parents et les enfants que si elle les incite à se transformer. Par exemple, l'enfant qui, pour des raisons inconscientes, se met en mauvaise posture — échecs scolaires, fugues, actes de délinquance — le fait souvent pour punir ses parents, en sachant que ses mauvaises actions les feront souffrir, leur feront éprouver un sentiment de culpabilité et leur attireront la réprobation de leur entourage. Les parents, de leur côté, détestent l'idée que leur enfant puisse leur prouver qu'ils sont de mauvais parents. L'anxiété qui en découle les pousse à réagir avec excès à ses inaptitudes et à ses manquements ordinaires qui, pour eux, laissent prévoir un avenir sombre. L'enfant doit alors affronter non seulement ses propres anxiétés concernant sa valeur personnelle, ce qui est déjà passablement difficile, mais aussi celles de ses parents, ce qui est pour lui un fardeau inacceptable. Combien il était plus facile de régler les dissensions parents-enfant quand les problèmes pouvaient être attribués au fait que le jeune ignorait le monde ou qu'il manquait de chance ! On pouvait alors accepter ses fautes comme faisant partie de notre héritage commun.

Quand ils anticipent chez leur enfant des attitudes hostiles ou un comportement de rejet, les parents ont des sentiments d'insécurité, de peur ou même de colère bien avant qu'il ne leur donne vraiment l'occasion de les éprouver. Autrefois, quand un petit enfant faisait tomber du haut de sa chaise son lait ou sa bouillie sur le sol, il ne venait pas à l'esprit de sa mère qu'il pût, par ce geste, exprimer sa colère contre elle ou contre le monde, ou que cela pût laisser prévoir qu'il aurait une vie difficile. Pour elle, tout venait de ce qu'il était immature et maladroit ; elle comprenait qu'il avait encore besoin d'elle et prenait davantage conscience de l'importance qu'elle avait pour lui. Aujourd'hui, quand nous supposons qu'il peut s'agir d'un acte délibéré d'agacement ou d'un défi, toute la bonne volonté que peut créer notre sentiment d'être important pour notre enfant est compromise par l'idée qu'en repoussant la nourriture préparée pour lui avec sollicitude, il nous repousse nous-même. Nous sentant rejeté, nous avons une réaction d'impatience ou de colère chaque fois qu'il renverse, fait tomber ou casse quelque chose au lieu d'accepter ce qui n'est au fond qu'une preuve de sa maladresse.

D'après les talmudistes, l'ignorance n'a jamais été et ne sera jamais un bienfait, mais il est dangereux de n'avoir que des rudiments de savoir. Maintenant que nous savons que l'enfant aime et repousse à la fois ses parents, nous n'hésitons pas à attribuer ce que nous considérons comme un comportement négatif au fait qu'il nous rejette. Cela peut arriver, mais c'est plus rare que ne le pensent beaucoup de parents inquiets ; et le vrai danger, c'est bien de n'avoir qu'un savoir très limité. Ceux qui en savent plus nous disent que ce qui paraît être un rejet des parents n'est en réalité rien d'autre que le résultat de la frustration éprouvée par l'enfant en raison de son insuffisance. Quand il renverse sa bouillie, par exemple, c'est la plupart du temps parce qu'il est en colère contre lui-même de ne pas savoir mieux manger tout seul ou de ne pas pouvoir choisir lui-même le moment et la composition de son repas. Les parents qui mettaient ingénument toutes les « fautes » de l'enfant sur le compte de sa maladresse et de son manque de maturité étaient plus près de la vérité que les parents modernes qui se demandent avec anxiété s'ils sont des parents acceptables et qui, à cause de cette anxiété, n'hésitent pas à voir dans les attitudes négatives de l'enfant un rejet de leur propre personne. S'ils en savaient un peu plus long sur la psychologie de l'enfant, ils comprendraient que le leur est profondément frustré en raison de sa maladresse et que cette frustration est le ressort principal de ses actes négatifs.

Tout cela montre bien que Flavius Gratien avait raison de dire : « Le savoir, sans la sagesse, est double folie. » Sagesse à propos de nous-mêmes : sans être parfaits, nous sommes néanmoins des parents suffisamment bons si la plupart du temps nous aimons notre enfant et faisons de notre mieux pour bien l'élever. Cette sagesse — ou cette vérité — peut nous protéger de l'idée folle que tout ce que fait l'enfant n'est lié qu'à nous. La plupart de ses actes sont surtout en rapport avec lui-même, et indirectement ou accessoirement avec nous et ce que nous faisons. Cette sagesse vis-à-vis de nous-mêmes et de notre enfant nous permettra de comprendre que la plupart de ses actes jugés par nous hostiles sont dus en réalité au fait qu'il est mécontent de lui. Quand nous savons cela, notre cœur peut aller vers lui et nous ferons tout ce que nous pouvons pour l'aider à se sentir moins malheureux. Ce faisant, nous aurons la satisfaction de nous savoir capables de répondre à ses besoins ; et, de son côté, il saura combien il est merveilleux d'appartenir à une famille qui aide ceux qui souffrent et que tout ne peut qu'aller bien dans cette famille-là.

27.

JOURS MAGIQUES

« Par un jour de fête ensoleillé, les jeunes et les vieux s'avancent pour jouer. »

MILTON, l'*Allegro*.

Il est particulièrement exaltant de se savoir l'unique objet d'une fête, comme l'est l'enfant le jour de son anniversaire. Ces moments privilégiés nous remplissent de joie tout en nous donnant de l'espoir pour l'avenir. Plus nous doutons de notre place dans le monde, plus nous avons besoin d'affirmer notre importance, si possible face à l'univers, ou tout au moins aux yeux des personnes qui comptent le plus dans notre vie.

Que les enfants aient particulièrement besoin de vivre cette expérience, nous nous en rendons compte à l'occasion de leurs fêtes individuelles — un anniversaire, par exemple — et de celles, comme Noël, qui mettent au premier plan tous les enfants. En ces occasions, ils sont comblés d'attentions affectueuses et ont conscience de leur importance. Si les fêtes sont célébrées dans l'esprit qui convient, elles peuvent avoir une influence sur le reste de la vie.

On ne sait pas exactement ce que symbolisaient les premières fêtes de l'humanité, mais il est certain qu'il s'agissait de cérémonies rituelles destinées à assurer la fertilité, et avec elle la naissance et la renaissance des plantes, des animaux et des hommes; d'autres étaient des rites de passage qui solennisaient et glorifiaient les stades de la maturation de l'homme ou des saisons de l'année. Dans l'ancienne tradition judéo-chrétienne, les fêtes religieuses étaient des manifestations d'une joie partagée par tous les participants.

Aujourd'hui, nos plus grandes fêtes, qu'elles soient religieuses ou patriotiques, solennisent et célèbrent une naissance : celle de Jésus-Christ ; sa résurrection — seconde naissance ; et la naissance des nations, de même que le jour de son anniversaire, l'enfant célèbre sa propre naissance. La pâque judaïque célèbre non seulement la fin de l'esclavage en Egypte, mais aussi la naissance de la nation juive ; et elle a abouti aux dix commandements, fondement de la loi judaïque. La dernière Cène, qui était le repas de la pâque juive, est le premier d'une série d'événements qui aboutirent à la Rédemption et à la Résurrection, le jour de Pâques, occasion d'une « vie nouvelle ».

Toutes ces fêtes sont des événements magiques ; qu'y a-t-il en effet de plus magique que la naissance d'un enfant ou la renaissance du monde ? Qu'y a-t-il de plus magique pour l'humanité que la promesse d'un recommencement ?

Bien avant que les lumières de l'arbre de Noël deviennent une tradition en Europe du Nord, d'immenses feux de joie étaient allumés à l'époque païenne le jour du solstice d'hiver pour encourager symboliquement et magiquement le soleil à accroître la longueur des jours et à réchauffer la terre. Encore plus ancienne est la coutume juive consistant à allumer des chandelles pendant la fête du Hanukah pour célébrer cet événement magique : la lampe du temple de Jérusalem avait continué de brûler malgré l'épuisement de sa réserve d'huile. Ainsi, comme il arrive souvent, le rituel magique (arbres illuminés et chandelles) se perpétue tandis que la signification de la fête s'est modifiée à travers les siècles. C'est ainsi que la fête de Noël, d'abord païenne, a évolué pour symboliser maintenant la naissance de l'enfant qui devait créer une nouvelle ère et donner une nouvelle signification à la vie des hommes.

Toutes les fêtes d'enfants ont un trait commun : les privilèges de rang ou d'autorité sont occultés ou renversés. L'enfant devient roi le jour de son anniversaire, il a le droit de se moquer des adultes le 1er avril, et même de leur faire peur pendant la fête d'Halloween, la veille de la Toussaint. Ces renversements des statuts et leurs connotations magiques expliquent pourquoi les fêtes sont particulièrement importantes et agréables pour les enfants ; leur signification symbolique est profondément gravée dans l'inconscient collectif. Alors que les fêtes sont l'occasion pour tous de se réjouir, la façon dont elles ont été célébrées quand nous étions enfants nous marquera pour le reste de notre vie.

S'adressant aux adultes, le poète Longfellow a dit : « Les fêtes sont l'anniversaire secret du cœur. » Quand nous étions jeunes, nous attendions avec impatience le retour de ces fêtes annuelles, et cela pendant des mois. Elles ponctuaient notre vie de la manière la plus agréable et donnaient une tonalité particulière et positive aux jours qui s'écoulaient dans l'attente. La plupart des adultes préfèrent renoncer à cette conception puérile de ce qui rend la vie digne d'être vécue, et ils ont tendance à garder secrets les véritables sentiments que les fêtes leur font éprouver. Mais le sens le plus profond des fêtes reste ancré dans notre inconscient : c'est pourquoi Longfellow les appelait « l'anniversaire du cœur ».

Signification symbolique des fêtes

La façon dont nous célébrons la plupart des fêtes a beaucoup changé. Noël, par exemple, autrefois fête religieuse où seuls les enfants recevaient des cadeaux, est devenu depuis le siècle dernier une fête de plus en plus familiale à laquelle tout le monde participe et où les cadeaux sont échangés par tous. Les fêtes de famille sont certainement une excellente chose et il est regrettable qu'elles ne soient pas plus fréquentes. Les plus anciens d'entre nous se rappellent que, pendant leur enfance, presque tous les dimanches constituaient une fête familiale permettant à tout le clan de se réunir, y compris la famille étendue dont tous les membres vivaient beaucoup plus près les uns des autres, à la fois physiquement, émotionnellement et socialement. Les disputes surgissaient, mais elles étaient vite réglées à l'amiable autour d'un bon repas. Les enfants jouaient ensemble pendant que les adultes, tout en participant à la joie générale, résolvaient quelques problèmes familiaux.

Parmi les souvenirs les plus heureux de mon enfance, je peux compter les dimanches où mes cousins et moi — on nous appelait les « petits » — jouions sous la grande table autour de laquelle étaient réunis une bonne douzaine d'adultes qui oubliaient souvent que nous étions littéralement sous leurs pieds. Nous nous amusions dans une pénombre complice, cachés par l'immense nappe qui retombait presque jusqu'au plancher ; tout en jouant, nous écoutions les bavardages et les discussions des « grands ». Pour eux comme pour nous, les dimanches étaient vraiment de grandes fêtes !

La faim et la famine, sur le plan physique, l'abandon, sur le plan émotionnel sont les deux grandes angoisses de l'homme. Le jeune enfant ne comprend pas la mort — forme ultime de l'abandon — et ne craint donc pas la sienne, mais il a peur de celle de ses parents qui signifierait pour lui un abandon définitif. Bien que dans nos sociétés les enfants ne souffrent pas de la faim, tous, à un moment ou à un autre, connaissent des fringales plus ou moins inquiétantes ; et tous se sentent abandonnés quand leurs parents s'absentent momentanément. Ces premières privations réelles, sous leurs deux formes, sont énormément amplifiées dans l'inconscient de l'enfant où elles deviennent le symbole de toutes les anxiétés. (Même la peur des animaux féroces — qui reviennent si souvent dans leurs cauchemars — est ressentie par eux comme un cas particulier de leur peur de l'abandon, parce que ces animaux ne sont dangereux qu'en raison de l'absence des parents : autrement, ils les chasseraient et seraient là pour protéger l'enfant.)

Les fêtes de famille célébrées autour d'une table copieusement garnie combattent donc les pires anxiétés de l'enfant à la fois en tant qu'expériences réelles et, surtout, à un niveau symbolique. Le « rassemblement du clan » montre à l'enfant que pour se sentir à l'abri de l'abandon il ne doit pas seulement compter sur ses parents, mais aussi sur les membres de la famille étendue. De même, le repas copieux lui donne un sentiment de sécurité, dans la réalité et également sur le plan symbolique, en ce qui concerne la peur de la faim.

Ces fêtes de famille sont donc, au niveau conscient comme au niveau inconscient, l'une des expériences les plus rassurantes que l'enfant puisse vivre face à ses anxiétés les plus pressantes.

Tout au long de l'histoire de l'humanité, les cérémonies des fêtes, et les sentiments heureux qui y sont attachés, ont survécu à l'idée ou à l'événement précis qui était à leur origine. Noël, par exemple, était un rite païen célébrant la renaissance du soleil et de la nature, bien avant que la naissance du Christ y fût attachée. De même les rites de fêtes les plus anciens, qui ont la signification inconsciente et émotionnelle la plus profonde, réapparaissent sous différentes formes après avoir été oubliés pendant des siècles. C'est ainsi que les feux de joie allumés aux sommets des montagnes pour encourager le soleil à briller plus longtemps dans le ciel ont réapparu après des siècles sous la forme des arbres de Noël illuminés. Ces célébrations rituelles, parce qu'elles répondent à des besoins profonds, souvent inconscients, sont trop importantes pour être abandonnées. De même que ces fêtes traditionnelles ont changé à travers les siècles, nous devons aussi, en tant qu'individus, modifier à mesure que nous avançons en âge notre façon de célébrer les fêtes. Nous savons tous par expérience que nos idées se rapportant à Noël sont passées du père Noël et sa hotte à l'esprit de générosité ; du plaisir de recevoir des cadeaux à celui d'en offrir aux autres.

Selon la Bible, Dieu interdit aux juifs de faire des images à sa ressemblance. Mais il est très difficile de ne pas se le représenter sous une forme précise, et la plupart des enfants de notre temps l'imaginent comme un vieillard immortel. A mesure que nous grandissons, cette image, pour la plupart d'entre nous, est peu à peu remplacée par l'idée abstraite d'un être suprême désincarné ou par celle de l'essence divine ou de la cause première. Nous n'en admirons pas moins la manière dont de grands artistes ont représenté Dieu sous une forme humaine, comme le fit Michel-Ange sur le plafond de la chapelle Sixtine. Nous continuons de le voir dans nos rêves tel que nous nous le représentions étant enfants, et tel qu'il subsiste dans notre inconscient.

Alors, pourquoi serions-nous inquiets du fait que nos enfants visualisent Noël sous la forme du « père Noël » ? Même si ses parents n'interviennent pas, l'enfant cessera, en prenant de l'âge, d'associer à Noël une imagerie concrète. Mais pendant les cinq ou six premières années de leur vie, la plupart des enfants de notre époque croient fermement aux images magiques, telles que le père Noël et les œufs de Pâques, même s'ils se croient obligés de faire comme s'ils partageaient la façon de voir de leurs parents. Puis, pendant un an ou deux, ils ont des doutes tout en préférant rester fidèles à leurs anciennes convictions. A partir de là, ils sont heureux d'être capables de laisser croire à leurs parents qu'ils sont convaincus de la réalité de leurs personnages imaginaires, alors qu'il n'en est rien. Grâce à cette petite comédie, le besoin originel de magie qui était lié à ces images continue de procurer des émotions et des expériences heureuses qui lient parents et enfants d'une manière extrêmement agréable.

Le besoin ou plutôt le désir d'aborder les idées abstraites en faisant appel à des images concrètes n'est pas limité à l'enfance ; il existe également pour la plupart des adultes. Peu d'entre nous sont capables de saisir le concept de beauté sans penser à quelque objet dont la perfection donne une signification émotionnelle à l'idée abstraite. Si l'enfant ne commence pas par aimer des objets qu'il trouve beaux — quoi que pensent les adultes de leurs mérites —, il ne pourra pas, plus tard, concevoir l'idée abstraite de la beauté et l'aimer. Si on parle à un enfant de cette abstraction, on ne l'aide pas à apprendre ce que la beauté peut lui apporter. Peut-être pourra-t-il parler intelligemment de l'esthétique, mais cela ne réchauffera pas son âme comme pourrait le faire un certain objet qu'il aime parce qu'il le trouve beau.

Il faut donc laisser le petit enfant croire au père Noël, aux œufs de Pâques et à la « petite souris » parce qu'ils lui permettent d'ajouter une ferveur émotionnelle à d'importants concepts qu'il développera plus tard. Pour lui, la petite souris qui remplace par une pièce de monnaie la dent perdue qu'il a glissée sous son oreiller est à la fois une garantie et la matérialisation de la justice ; elle symbolise aussi la bonne volonté d'un monde qui ne veut pas qu'un enfant perde quelque chose sans compensation.

Si ce sont les parents qui donnent à l'enfant de l'argent pour une dent perdue, cela ne compense pas grand-chose, car il sait déjà qu'ils ont la faculté de donner et de prendre. Il est effrayant pour l'enfant de perdre une partie de son corps ; si ses parents lui font un cadeau pour compenser la perte, c'est très bien, mais peut-il espérer qu'il en sera toujours ainsi ? Ses parents pourront-ils remplacer la dent perdue par une nouvelle ? Mais si le surnaturel intervient en la personne de la petite souris, l'enfant peut être alors beaucoup plus assuré qu'il existe un ordre supérieur du monde qui ne veut pas qu'il puisse perdre quelque chose sans compensation. C'est sur de telles expériences que se construit son sens de la justice et de la morale ; comme l'enfant met longtemps à devenir rationnel, son sens de la justice et de la morale, plus tard, sera faible s'il ne s'appuie que sur la seule raison.

Ce qui est merveilleux dans la magie positive des jours de fête, c'est qu'elle procure à l'enfant la sécurité pour toute l'année à un âge où il en a le plus besoin, même dans les circonstances les plus pénibles de la vie.

Les enfants le savent très bien, comme le montre cette histoire racontée par la psychanalyste suédoise Stefi Pedersen :

Quand les nazis occupèrent la Norvège, Pedersen servit de guide à un groupe de réfugiés comprenant des enfants, qui devaient passer en Suède en plein hiver en franchissant de hautes montagnes. Comme il fallait faire vite et que la progression s'annonçait très difficile, leur bagage se limitait à ce qu'ils pouvaient porter sur le dos. Pour beaucoup, ce n'était pas la première fois qu'ils fuyaient les nazis : quelques années plus tôt, ils avaient quitté l'Autriche ou l'Allemagne pour la Norvège. Ils savaient donc ce que c'était que d'abandonner ce qu'ils possédaient pour n'emporter que le strict nécessaire.

Après avoir franchi la frontière suédoise, le groupe prit un premier repos dont il avait terriblement besoin. Quand les enfants eurent mangé le peu de nourriture qu'ils avaient emportée, il ne restait pas grand-chose dans leur sac à dos. C'est alors que Stefi Pedersen jeta un coup d'œil dans le sac d'un enfant et eut la surprise d'y trouver, parmi d'autres menus objets, une petite étoile de métal brillant, de celles que l'on suspend aux arbres de Noël. Au moment où elle la prenait en main, elle sentit que l'enfant la regardait d'un air gêné, comme si elle avait surpris son secret le plus précieux ; sans rien dire, elle remit soigneusement l'étoile dans le sac.

Etant donné qu'elle allait être responsable des enfants après leur arrivée en Suède et que, d'autre part, en tant que psychanalyste de l'enfance, elle s'intéressait à ce qui, dans leur nouveau pays d'adoption, pourrait leur assurer la sécurité psychologique, elle regarda dans le sac des autres enfants et ne trouva rien d'autre que des ornements sans valeur provenant d'arbres de Noël. C'est ce que ces enfants — juifs pour la plupart, mais élevés dans des familles assimilées qui célébraient Noël non pas comme un événement religieux mais comme une fête familiale s'adressant particulièrement aux enfants — avaient voulu emporter de Norvège de préférence à toute autre chose. A part cela, ils ne possédaient que les vêtements qu'ils avaient sur eux. Pedersen en conclut qu'ils avaient choisi ces symboles du bonheur passé parce qu'ils pouvaient seuls atténuer l'angoisse qu'ils éprouvaient à la veille de leur voyage vers l'inconnu. Les petits ornements de clinquant, symboles du bonheur qu'ils avaient connu dans leur foyer, au sein de la famille, étaient pour eux une promesse d'espoir.

Le même soir, dans un village suédois frontalier, une jeune Norvégienne les rejoignit. Elle avait dû s'enfuir à la hâte pour sauver sa vie, sans disposer de plus de quelques minutes pour mettre dans son sac l'essentiel. Comme plusieurs nuits de marche à l'écart des routes l'attendaient, son sac ne pouvait pas être lourd. En plus d'un minimum de vêtements, elle n'avait emporté qu'une boîte à musique en cuivre qui pesait un bon poids. Comme pour s'excuser, elle expliqua à Pedersen : « Eh bien... je savais que je partais pour toujours, alors j'ai voulu garder quelque chose de joli. »

L'acteur danois Texiere a raconté que la seule chose qu'il avait emportée dans sa fuite vers la Suède était une petite tabatière qui avait appartenu à Hans Christian Andersen. L'objet, qui n'avait que peu de valeur en lui-même, symbolisait la vie confortable qu'il laissait derrière lui. Et Pedersen trouva dans le sac d'une femme, parmi des vêtements de sport convenant à une expédition à travers la montagne, une paire de souliers dorés à hauts talons. Tous ces objets, souvenirs d'une existence heureuse, promettaient à ces réfugiés une vie qui aurait ses bons moments.

Ce qu'il y a ici de plus remarquable, c'est la différence entre les objets que les enfants et les adultes avaient choisis pour les soutenir dans l'adversité. Les adultes, comme on pouvait s'y attendre, avaient emporté un objet symbolisant les moments de bonheur qu'ils avaient vécus avec des êtres réels. La lourde boîte à musique avait été offerte à la jeune femme par un homme qu'elle aimait et qui l'aimait. La femme aux souliers dorés les avait portés le jour le plus heureux de sa vie, où elle se sentait particulièrement belle et optimiste. Les enfants, eux, avaient cherché et trouvé le réconfort en quelque chose qui leur rappelait les joies partagées avec leurs parents et qui, en même temps, symbolisait des pouvoirs supérieurs à ceux de leurs parents. La fête de Noël procure à l'enfant des souvenirs qui le soutiennent dans l'adversité, comme elle le faisait pour nos petits réfugiés. Tous les enfants savent cela dans leur subconscient, et c'est pourquoi ils tiennent tant à la fiction du père Noël qui est porteur d'une signification symbolique très particulière.

« *Réactions d'anniversaire* »

Le poète qui parlait des « anniversaires secrets du cœur » anticipait sur ce que la psychanalyse devait peu à peu découvrir : les fêtes forment notre façon de voir la vie, que ce soit positivement ou négativement. La force destructrice des réactions négatives met beaucoup mieux en lumière l'importance des fêtes que ne le font les influences positives ordinaires.

L'étude de certains types de comportements pathologiques graves a montré qu'ils sont fréquemment cycliques et reviennent à l'occasion de l'anniversaire d'un événement important, en général sans que le patient s'en rende compte. Ce phénomène est connu dans la littérature psychologique sous le nom de « réaction d'anniversaire », et il a toujours une signification personnelle unique ; c'est un jour, ou une époque de l'année, où a eu lieu un événement très malheureux, tel que la mort de l'un des parents ou d'un enfant. Ces réactions sont particulièrement marquées autour des fêtes, surtout celle de Noël. Les suicides sont souvent liés à des réactions d'anniversaire, que ce soit autour d'une fête ou d'un désastre personnel, ce qui montre que, dans notre subconscient, nous nous souvenons très bien de ce qui nous est arrivé un certain jour ou à une période précise de l'année. Les répercussions d'un événement heureux sont également fortes, mais comme il n'y a aucune raison de refouler ces souvenirs, les réactions positives d'anniversaire sont beaucoup moins spectaculaires et donc moins facilement observables. Par exemple, les personnes qui, dans leur enfance, ont eu de tristes Noëls ont tendance à souffrir de graves dépressions pendant toute leur vie à chaque retour de la fête. Alors que ceux qui, étant enfants, n'ont eu que des Noëls heureux ne sont plus tard jamais déprimés à cette époque, même s'ils vivent une vie solitaire et attristante. Les souvenirs des jours de fête heureux leur permettent de mieux supporter l'adversité.

L'anniversaire de l'enfant est pour lui une fête pas comme les autres qui lui prouve que son arrivée au sein de la famille a bien été pour ses parents un « heureux événement ». Il souffre chaque fois que son anniversaire n'est pas l'objet d'une fête. J'en donnerai brièvement deux exemples. Un garçon, né le 21 décembre, en a voulu toute sa vie à ses parents qui, pour faire l'économie d'une fête, célébraient son anniversaire le jour de Noël. Un autre garçon, né, lui, le jour même de Noël, aurait pu s'en réjouir, mais au contraire il se sentait très malheureux de ne pas avoir deux fois dans l'année l'occasion de constater combien il comptait pour ses parents. Dans le premier cas, il eût été facile de célébrer l'anniversaire du garçon le 21 décembre, et il avait parfaitement raison de penser que ses parents refusaient de se mettre en frais pour lui deux fois en quelques jours. Les choses étaient moins faciles pour les parents de l'enfant né le jour de Noël, mais, avec un peu d'ingéniosité, ils auraient pu trouver une solution ; par exemple, en célébrant avec plus d'éclat la fête de son saint patron, ils auraient pu s'inspirer d'un cas célèbre : l'anniversaire du roi ou de la reine d'Angleterre est fêté un autre jour que celui où ils sont nés. L'important est que l'enfant se sache particulièrement apprécié et aimé à l'occasion d'une fête exceptionnelle qui lui est consacrée.

Dans certains cas, des fêtes manquées peuvent assombrir toute une vie. Une petite fille avait vu naître sa sœur quelques jours après son propre anniversaire. Pour simplifier les choses, leurs parents décidèrent de fêter les deux anniversaires le même jour, et choisirent pour cela celui de la puînée. L'autre se sentit terriblement frustrée ; on lui avait « volé », dit-elle, son anniversaire, et elle devait inviter ses amis le jour où sa sœur fêtait le sien. Elle avait déjà souffert de l'arrivée de cette petite sœur, et maintenant elle la détestait de devoir partager avec elle son anniversaire. Il lui semblait que ses parents l'aimaient beaucoup moins que sa rivale ; et elle détestait aussi les cadeaux qu'elle recevait et qui, pourtant, valaient bien ceux de sa sœur.

Quand elle approcha de l'adolescence, cette jeune fille refusa d'inviter ses propres amis le jour de l'anniversaire commun. J'ignore comment la plus jeune des deux réagit au fait de devoir partager son anniversaire avec son aînée, mais cette dernière ne pardonna jamais à ses parents d'avoir fait à ses dépens l'économie d'une fête. Parvenue à l'âge adulte, elle éprouva toujours du ressentiment pour sa sœur, tout en sachant qu'elle n'était pour rien dans le choix de ses parents. Elle attribua à cette expérience de son enfance les sentiments d'infériorité et de frustration qui ne purent s'atténuer qu'à partir du moment où elle put organiser de beaux anniversaires pour ses propres enfants.

La littérature psychanalytique donne beaucoup d'exemples de

personnes qui ont eu des réactions d'anniversaire très dépressives vers la période de l'année où, étant enfants, ils avaient perdu leur père ou leur mère. Quand leur propre enfant — leur favori ou celui qui était du même sexe qu'eux — atteignait l'âge auquel ils avaient perdu un parent, le comportement et l'état d'esprit de cet enfant leur rappelaient leur propre enfance, et ils sombraient dans une dépression profonde et même suicidaire, ou faisaient une crise de schizophrénie. Pour ces parents, le fait de revivre leur enfance à travers leur enfant réactivait un traumatisme psychologique qu'ils avaient été incapables de surmonter au même âge.

Tout cela montre comment les enfants, par leur seule existence, et en vivant dans une étroite intimité émotionnelle avec leurs parents, peuvent avoir sur eux une influence positive ou négative, et que les parents ont invariablement un impact encore plus grand sur leurs enfants, pour le meilleur et pour le pire. Les parents seraient donc bien avisés de réserver à leur enfant des jours de fête bien à lui et de partager pleinement sa joie pour compenser sensiblement les frustrations de leur propre enfance.

28.
NE PAS CROIRE AU PÈRE NOËL ?

« Virginia, tes petits amis se trompent. Ils ont été contaminés par le scepticisme d'une époque sceptique. Ils ne croient qu'en ce qu'ils voient. Ils pensent que rien ne peut exister en dehors de ce que leur petit esprit est capable de comprendre... Ne pas croire au père Noël ?... Pas de père Noël ? Dieu merci, il vit, et il vivra éternellement. Dans mille ans, il continuera de réjouir le cœur des petits enfants. »

Francis Pharcellus Church,
dans *The New York Sun*
du 21 septembre 1897.

Les enfants souffrent vivement quand on les prive des quelques jours de fête qui leur appartiennent en propre, et ils perdent beaucoup de leur joie de vivre si ces jours ne sont guère différents des autres. Pour la plupart des enfants, dans notre culture, à part les cérémonies religieuses et officielles, seuls leur anniversaire et Noël restent des fêtes bien à eux. Alors que la naissance du Christ a une signification religieuse profonde pour tous les croyants, c'est le père Noël, et lui seul, qui s'adresse aux enfants comme aucun « esprit de générosité » ne pourrait le faire. Le fait d'échanger des cadeaux, en tant que symbole et gage d'amour et de bonne volonté, peut avoir lieu n'importe quand et en n'importe quelle occasion, y compris, bien sûr, à Noël. Mais aucun enfant ne peut croire que le père Noël puisse apporter des cadeaux à ses parents, et il les croirait fous s'il les voyait poser leurs chaussures dans la cheminée la veille de Noël ! De même, Noël, en tant qu'anniversaire de la naissance du Rédempteur, est un jour de fête célébré par tous les chrétiens, mais un gros et jovial père Noël, qui descend dans la cheminée pour mettre sous l'arbre ses cadeaux, n'existe que pour les petits. C'est pourquoi les enfants à qui on permet de croire au père Noël et de tirer le maximum de plaisir de cette croyance ressentent Noël comme un moment d'immense bonheur personnel ; et plus tard, quand ils seront à leur tour des parents, parce qu'ils auront encore en eux toute la chaleur de leurs anciens sentiments, ils pourront offrir de joyeux Noëls à leurs enfants.

Toutes les fêtes acquièrent leur signification la plus profonde par l'intermédiaire de connotations magiques. Si nous privons l'enfant du caractère magique de ses fêtes, elles perdent leur signification symbolique et inconsciente ; en même temps, elles cessent de produire les effets réconfortants et enrichissants dont pourrait bénéficier toute la vie de l'enfant. Une rationalité prématurée, comme toutes les expériences trop précoces, laisse l'enfant mal armé pour affronter les difficultés de la vie.

Les parents d'un petit garçon très intelligent de six ans décidèrent un jour de lui dire que le père Noël n'était qu'une invention. A la Noël suivante, ils lui firent donc comprendre que le père Noël qu'il avait devant lui n'était autre que l'un de ses oncles. Alors, l'enfant, au bord des larmes, s'écria : « Pourquoi le *vrai* père Noël n'est-il pas venu me voir, *moi* ? » Les parents, personnes très rationnelles, étaient sidérés. Ils ne s'étaient pas rendu compte qu'étant à un âge où on a encore besoin de l'appui de la magie pour pouvoir affronter la vie, leur enfant ne pouvait croire leurs explications d'adultes et souffrait d'être le seul enfant à être privé de la visite du « vrai » personnage magique. Ses parents eurent beau lui dire que les autres enfants ne recevaient pas non plus la visite du « vrai » père Noël, il resta persuadé qu'il était le seul à ne pas le voir. « Ce n'est pas possible, dit-il, l'oncle John ne peut pas visiter tous les enfants ! » Cette réflexion pleine de bon sens reflétait son désir de s'en tenir à ce qu'il croyait du père Noël, quoi que pussent dire ses parents, même s'il avait sous les yeux la preuve qu'il s'agissait bien de son oncle dissimulé derrière une grande barbe et une houppelande rouge. Quand ses parents lui dirent que les autres enfants recevaient la visite d'un oncle ou d'un ami de la famille, il s'entêta : « Peut-être, mais pour beaucoup d'enfants, c'est le *vrai* père Noël qui vient ! »

Pour qu'on ne puisse pas croire qu'il s'agissait d'un enfant particulièrement têtu, je précise qu'il était toujours prêt à écouter la voix de la raison, sauf quand il était profondément impliqué sur le plan émotionnel. En cela, il n'était pas tellement différent de nous tous. Très intelligent, très sensible, il avait eu l'occasion de s'exprimer librement, et il ne s'en était pas privé. Beaucoup d'enfants, tout en pensant exactement comme lui, n'osent pas parler du fond du cœur parce qu'ils sont convaincus que leurs parents se moqueront d'eux. Ils gardent leur chagrin pour eux-mêmes et en veulent à leurs parents d'être obligés de le faire. Ils pensent que le père Noël — et d'autres bonnes choses de la vie — a d'excellentes raisons de les éviter et ont peur que tel soit leur destin pour toute la vie.

Un petit garçon de cinq ans essaya par un moyen différent de garder vivant dans son esprit le personnage magique, malgré les efforts de ses parents qui voulaient lui faire accepter prématurément une idée plus rationnelle de Noël. La veille de Noël, sa mère décida donc de lui dire que le père Noël n'existait pas, pour la seule raison qu'elle le croyait en âge de savoir la « vérité ». Ce n'était, lui dit-elle, qu'une jolie histoire qu'on racontait aux enfants. Elle lui parla ensuite de l'« esprit de générosité » dont le père Noël n'était que le symbole. Le petit garçon sembla accepter cette explication. Mais un peu plus tard, il demanda : « Et si le feu est allumé quand le père Noël descend dans la cheminée ? » Sa mère trouva sa question stupide, car il n'y avait pas de cheminée dans leur immeuble, et elle lui dit de ne pas s'inquiéter, puisque ce n'était qu'une « histoire ». Mais au milieu de la nuit, l'enfant se réveilla et demanda d'une voix angoissée : « Est-ce qu'il y a un père Noël ? » La mère ne savait plus où en était son fils : croyait-il en la réalité du père Noël, comme le laissait supposer sa question du milieu de la nuit, ou acceptait-il qu'il ne s'agissait que d'une histoire, comme il semblait s'y être résigné au cours de la journée ?

En demandant, en se réveillant, si le père Noël existait et en s'inquiétant de ce qui arriverait si le feu était allumé, l'enfant se montrait incapable d'accepter l'explication rationnelle de sa mère. Celle-ci trouvait étrange qu'il pût parler d'un feu dans une cheminée inexistante, et cela parce qu'elle était dans l'impossibilité de voir le monde comme il le voyait. Ce qu'elle estimait stupide semblait à son fils parfaitement sensé : puisqu'il croyait au père

Noël, il savait qu'il descendrait par la cheminée... Voyant la confusion de son enfant, la mère commença à se demander si elle avait eu raison de lui dire que le père Noël n'existait pas...

Elle était disposée à admettre les fantasmes de son enfant, mais, malheureusement pour eux deux, seulement jusqu'à un certain point. Elle hésitait à accepter sa croyance, mais refusait catégoriquement sa conviction que le père Noël descendrait par une cheminée inexistante. Mais pour l'enfant qui croit au père Noël, celui-ci doit nécessairement descendre par la cheminée, même s'il n'y en a pas. Il est difficile de comprendre cette logique si on l'approche avec l'esprit rationnel d'un adulte, mais pour l'enfant, c'est tout à fait normal... et ça l'était pour nous quand nous étions petits. Comme nous voulons nous montrer plus rationnels que nous ne le sommes, nous l'avons oublié.

Il est difficile d'imaginer comment un enfant de cinq ans pourrait croire en la réalité d'un « esprit de générosité » et ne pas croire au père Noël qui est pourtant beaucoup plus réel, plus tangible qu'un « esprit ». La mère avait ses propres raisons de vouloir que son enfant ait de Noël la même idée qu'elle. Mais est-il vraiment raisonnable de célébrer une fête d'enfant si on le contraint à la vivre selon le cadre de référence d'un adulte ? La logique voudrait qu'il n'y eût pas de fêtes du tout ! L'embarras de cette mère venait de ce qu'elle voulait que son fils adopte son propre concept de la réalité ; la difficulté de l'enfant venait de ce que sa mère n'était pas disposée à accepter la validité de sa propre conception de la réalité.

Cette mère disait volontiers que son plus cher désir était de voir son enfant heureux. Elle lui avait dit qu'il n'y avait pas de père Noël pour ne pas lui mentir, et aussi parce qu'elle avait peur que les autres enfants prennent son fils pour un bébé encore dupe d'une telle fable. Mais en réalité, elle le voulait plus avancé intellectuellement et émotionnellement qu'il ne pouvait l'être puisqu'elle voulait le voir remplacer le père Noël par un « esprit de générosité », c'est-à-dire renoncer à un symbole enfantin pour une idée abstraite.

Ces élaborations intellectuelles ne pourront jamais remplacer les satisfactions émotionnelles d'une croyance en un personnage magique apportant des cadeaux à tous les enfants. Ce que la mère pensait de l'« esprit de générosité » et ce que l'enfant pensait du père Noël étaient deux choses totalement différentes. Elle voulait qu'il jouisse de Noël d'une manière adulte en échangeant simplement des cadeaux et des vœux. Mais une fête célébrant l'esprit de générosité exige que tous les participants fassent un cadeau, et l'enfant devrait, lui aussi, devenir une personne « généreuse ». Il semble que le père Noël — ou son inventeur, quel qu'il soit — comprenait mieux la nature des besoins de l'enfant. Selon la légende, le père Noël travaille toute l'année au pôle Nord à préparer les cadeaux destinés aux enfants. Bon génie qui ne veut rien recevoir en retour, il vient en pleine nuit, sans être vu, bien que nous lui donnions une apparence précise. Tout comme nos enfants, nous savons qu'il y a une grande différence entre recevoir des cadeaux d'un personnage mythique désintéressé, et en recevoir de la part de parents et d'amis qui, pour le moins, attendent de la gratitude.

Les jeunes enfants ne peuvent saisir les concepts abstraits que sous une forme concrète. Piaget donne un excellent exemple de la façon dont l'enfant développe un concept de la réalité très différent de celui de l'adulte. Tandis qu'il se promenait avec son petit garçon dans le jardin situé derrière sa maison, il lui demanda : « Où est papa ? » L'enfant montra du doigt la fenêtre du bureau de Piaget en disant : « Il est là-haut. » L'enfant était à un âge où sa sécurité reposait sur l'idée que son père était dans son bureau. Si Piaget avait essayé de convaincre son fils, à ce stade de développement mental, que son père ne pouvait pas être en même temps en deux endroits différents, il aurait certainement accru le sens de la réalité de l'enfant, mais il lui aurait donné aussi un sentiment de confusion et d'insécurité. Le fait de savoir que son père était dans son bureau permettait à l'enfant de se sentir en sécurité dans le monde ; mais si son père lui disait qu'il ne pouvait pas être à la fois dans son bureau et près de lui dans le jardin, l'enfant aurait été bouleversé à l'idée qu'il ne pouvait rien savoir avec certitude.

L'histoire de Piaget montre comment, dans la réalité du jeune enfant, le papa en chair et en os et l'esprit de papa peuvent avoir des existences indépendantes et que, loin de se nuire, elles s'enrichissent mutuellement. Pour le petit enfant, les personnes qui comptent dans sa vie existent au même moment en différents endroits à la fois sous les formes physiques et spirituelles. C'est pourquoi les parents ont du mal à comprendre que leur enfant ne soit pas troublé en voyant tant de pères Noël dans la rue et les magasins à l'approche du 25 décembre... ce qui, d'ailleurs, lui plaît beaucoup. La raison en est que l'enfant a commencé à séparer les idées abstraites de leur personnification physique, de même que le fils de Piaget séparait le papa travaillant sérieusement dans son bureau de celui qui jouait avec lui au jardin. Pour les adultes, tous ces pères Noël qui traînent dans les rues détruisent toute la beauté et le mystère de Noël. Pour le jeune enfant, ils sont la preuve de la réalité et de l'omniprésence du mystère. L'observation de Piaget montre aussi pourquoi le petit enfant peut croire qu'un seul et même père Noël puisse apporter des cadeaux à tous les enfants, dans le monde entier, et au même moment.

Un autre exemple montrera que rien ne peut ébranler le désir ou le besoin d'un enfant de croire au père Noël s'il n'est pas encore prêt à renoncer à cette image sympathique en faveur de la froide réalité. Il s'agit ici d'une mère juive et de son petit garçon, âgé de cinq ans. Etant donné la religion de la famille, on ne parlait pas de Noël à la maison. Mais l'enfant connaissait la tradition par l'école et la télévision. Un jour, à la veille de Noël, la mère, en faisant ses emplettes dans un supermarché, vit que son fils s'ennuyait et lui dit de faire un tour et de l'attendre à un certain endroit. Elle fut étonnée de le voir revenir vers elle presque aussitôt. Très excité, il lui annonça : « J'ai parlé au père Noël ! — Et que lui as-tu dit ? — Je lui ai demandé comment il pouvait savoir si les petits enfants étaient juifs ou chrétiens. » Et il ajouta : « Tu sais, maman, il avait l'air très embarrassé. » La famille de ce petit garçon ne célébrait pas Noël, mais il savait avec certitude qu'il existait un père Noël qui ne se manifestait que pour les petits chrétiens. Fort heureusement, sa mère n'eut pas le courage de le détromper.

Les cadeaux du père Noël

On peut s'expliquer pourquoi le mythe du père Noël fut si bien accueilli dès qu'on le lia à la célébration de Noël, qui était à l'origine une grande fête religieuse concernant les petits et les grands. Elle ne devint vraiment une fête enfantine que quand le père Noël fit son apparition, car ce n'est qu'en croyant en lui que les enfants peuvent jouir pleinement de leurs cadeaux. Beaucoup d'enfants pensent qu'ils ne méritent pas de recevoir des cadeaux de leurs parents, soit parce qu'ils se conduisent mal, soit parce qu'ils ont des idées négatives à l'égard de leurs parents. Et ils sont encore plus nombreux à penser que ces cadeaux les obligent à manifester de la gratitude, même s'ils n'en ont pas du tout envie. Mais tous les enfants savent qu'ils ne pensent que du bien du père Noël et qu'il ne compte pas sur leur gratitude ; ils peuvent donc accepter ses cadeaux sans aucun sentiment d'ambivalence.

Il était sans doute plus facile aux parents de préparer un beau Noël pour leurs enfants et de se réjouir en les voyant croire au père Noël du temps où la fête n'était pas encore devenue une vaste entreprise commerciale. Le vacarme publicitaire qui entoure Noël a excité l'attente des enfants à un point tel que la réalité, le plus souvent, leur paraît décevante, ce qui les frustre aussi bien que leurs parents. Autre conséquence de cette commercialisation : les parents sont incités à gâter leur enfant d'une manière excessive, sur le plan psychologique comme sur le plan économique. En outre, étant donné qu'ils essaient de faire de Noël une fête de plus en plus somptueuse, il leur est difficile de renoncer à la gratitude de l'enfant. Du temps où les cadeaux étaient modestes, ils pouvaient feindre de croire qu'ils venaient bien du père Noël ; mais maintenant qu'ils consacrent tant d'argent et d'effort à la fête, malgré leurs bonnes intentions ils aimeraient que leur enfant manifeste sa reconnaissance. Ce désir inconscient rend l'enfant encore plus désireux de croire au père Noël, ce qui accroît le malentendu entre parents et enfant.

Tous les enfants, évidemment, savent que leurs parents ont un rôle important dans la préparation de Noël. C'est ce mélange de fiction et de réalité qui donne à la fête tout son éclat magique. Les enfants sont si sensibles à la signification profonde de Noël que plus les adultes s'impliquent dans sa réalité, plus l'imagination de l'enfant est éveillée et satisfaite. L'arbre a une très grande importance. Quand l'enfant, qui a vu ses parents l'introduire dans la maison, le découvre dans toute sa splendeur de lumières et de scintillements, il sait sans l'ombre d'un doute qu'il s'agit d'un arbre réel et en même temps, de toute évidence, qu'aucun arbre réel ne peut lui ressembler. Les parents ont transformé pour leur enfant la réalité quotidienne de l'arbre pour en faire un objet venu tout droit du pays des merveilles.

Ce qu'il y a de vraiment merveilleux en Noël, mis à part sa

signification religieuse, c'est le miracle qui se produit dans la tête de l'enfant et qui lui permet de faire de la personne déguisée en père Noël la promesse d'un monde bienveillant et gratifiant. Pour l'enfant, le père Noël est entre autres symboles celui de la générosité de ses parents mais aussi du bon vouloir de l'univers. Ce bon vouloir ne peut être garanti par un certain nombre de cadeaux, mais il est indiqué par l'empressement que mettent les parents à créer pour leur enfant, une fois par an, un monde en plein accord avec son besoin de magie. La présence du père Noël, symbole d'un entier dévouement au bonheur de l'enfant, donne à celui-ci plus de sécurité que ne le feraient des cadeaux offerts par ses parents en leur propre nom.

Dans notre société, le père Noël représente de bien des manières les derniers vestiges de la croyance très ancienne en un âge d'or où tout était accordé aux humains sans aucune contrepartie de leur part. Ce mythe, évidemment, est une projection du monde tel que le conçoit le petit enfant. Le ventre volumineux du père Noël semble être gros de toutes les bonnes choses qu'il s'apprête à distribuer, et il est, dans ce sens, le symbole d'une existence utérine parfaitement heureuse.

Les enfants ne sont que trop conscients des limites que leur imposent leurs parents et la réalité. Ils ont donc de bonnes raisons de savoir qu'au moins une fois par an le pays des merveilles — ou le paradis de l'existence enfantine — leur sera restitué. Ces fêtes sont extrêmement réconfortantes pour l'enfant, lui prouvant que l'âge d'or n'est pas perdu à jamais. Elles lui procurent la force de supporter les difficultés du moment et lui donnent de l'espoir pour l'avenir.

Une petite fille de dix ans, tandis qu'elle parlait avec ses parents du père Noël, déclara : « Je sais très bien qu'il n'existe pas et que ce n'est pas la petite souris qui met une pièce sous mon oreiller ! » Et soudain, elle éclata en sanglots en s'écriant : « Je déteste la réalité ! » Cette aversion venait de ce que ses parents l'avaient obligée trop tôt à renoncer à ses rêves d'un monde paradisiaque. Ils avaient certainement eu l'intention de la rapprocher d'une compréhension saine de la réalité, mais leurs explications rationnelles avaient eu pour seul résultat de l'en éloigner ; en effet, la réalité devient insupportable pour les jeunes — et les moins jeunes — si elle n'est pas compensée par le soulagement apporté par l'imagination et des événements ou des rites particulièrement satisfaisants. Le jeune enfant, pour pouvoir maîtriser la réalité, et pour ranimer et soutenir sa confiance en l'avenir, a besoin de se servir de sa pensée magique (et de croire au père Noël, à l'ange gardien et aux bonnes fées).

Ce besoin de magie est le plus intense pendant environ six ans, entre quatre ans et dix ans, c'est-à-dire pendant la période où l'enfant doit apprendre à affronter le monde réel ; ensuite, il le refoule à mesure que se développe sa rationalité. Mais ce besoin reste emprisonné dans l'inconscient. Il peut se réaffirmer avec toute sa puissance pendant l'adolescence, quand l'enfant échappe à la domination parentale. Les enfants qui ont appris trop tôt que le père Noël n'existe pas, à qui on a raconté non pas des contes de fées, mais des histoires vraies, arrivent souvent au lycée en croyant aux tireuses de cartes. En s'engageant ainsi dans la pensée magique, ces adolescents tentent de rattraper ce qu'ils ont été obligés de perdre à un âge plus précoce.

Il vient nécessairement un moment où l'enfant cesse de croire en la réalité du père Noël, quand son expérience de la réalité commence à prendre le dessus ; mais il arrive fréquemment, à ce stade, que les parents fassent « comme si » le père Noël était un personnage bien réel, recréant ainsi, pour la plus grande joie de tous, le monde imaginaire de l'enfance ; mais cela n'est possible que si le père Noël a vraiment été une réalité pour l'enfant, et si ce dernier n'a pas été poussé prématurément à accepter la façon de voir des adultes.

Par conséquent, si les parents veulent aider leur enfant à acquérir une saine compréhension de la réalité, ils doivent non seulement lui permettre de conserver ses rêves, mais aussi s'arranger pour que ses fantasmes deviennent réalité à certains moments importants de sa vie. Tel est l'éminent service que rendent les fêtes à l'économie psychique de l'enfant : elles lui donnent des forces qui lui permettront d'affronter avec succès les épreuves de la vie.

29.

LE « VRAI » PÈRE NOËL ET LE DIABLE

> « Il détestait par-dessus tout les sermons moralisateurs, les mots d'ordre et les petites annonces... Il respectait l'arbre de Noël, les œufs de Pâques, le baptême. »
>
> Karl Jay SHAPIRO,
> *Elégie pour un soldat mort.*

Si la commercialisation de Noël et l'énorme publicité que lui donne la télévision n'avaient pas excité l'envie des enfants dans des proportions déraisonnables, la modestie des cadeaux serait certainement plus satisfaisante que leur abondance. En ne donnant à l'enfant que quelques présents, on élimine l'ambivalence dont je parlais plus haut. A l'appui de cette idée, je citerai une fête d'enfant célébrée depuis des siècles dans la plupart des pays européens, y compris la Hollande d'où elle fut introduite à La Nouvelle-Amsterdam (rebaptisée New York par les Britanniques) et qui, de là, s'est étendue au Nouveau Monde : la Saint-Nicolas. Ce jour-là, le 6 décembre, les enfants reçoivent des cadeaux bon marché afin que les parents les plus pauvres puissent se permettre de participer à la fête et que les enfants ne se sentent pas coupables de recevoir des cadeaux qu'ils estiment immérités.

Quelques mots sur cette fête aideront à comprendre le personnage de saint Nicolas et ce qu'il évoque dans le subconscient des enfants. Ce saint s'adresse à certaines de nos émotions les plus importantes et c'est à travers lui que nous pouvons le plus facilement avoir accès au sens le plus profond de Noël.

Bien avant que notre manière actuelle de célébrer Noël

existât, Nicolas était le saint le plus vénéré et le plus populaire dans toute l'Europe.

En ce qui concerne le saint lui-même, l'hagiographie signale qu'il y aurait eu deux saints évêques de ce nom à Myre, ancienne ville de la Lycie, en Asie Mineure. Le premier aurait vécu au IIIe ou au IVe siècle ; de nombreux miracles lui ont été attribués, mais on ne connaît de lui rien de bien précis, et certains se demandent même s'il a vraiment existé. On a de meilleures raisons de penser que l'autre évêque Nicolas de Myre a vécu au VIe siècle, mais en dehors de cela, pour lui comme pour l'autre, on ne sait pas grand-chose avec certitude. Toujours est-il qu'ils ont été fondus en un seul personnage, saint Nicolas de Myre, à qui l'on prête de nombreux miracles, très différents les uns des autres. Ce saint était si vénéré qu'une expédition militaire fut envoyée à Myre (qui venait d'être détruite, au XIe siècle) pour sauver ses reliques. En 1087, une église fut édifiée à Bari pour recevoir quelques-unes de ces reliques. Depuis cette époque, une multitude de grandes et petites églises furent dédiées à ce saint dans toute l'Europe et sa fête n'a jamais cessé d'être célébrée avec éclat.

Certains des nombreux miracles attribués à ce saint conviennent très bien à notre sujet : il a sauvé plusieurs enfants en danger de mort et en a ressuscité d'autres, ce qui lui a valu de devenir le patron des enfants. Ayant hérité d'une grande fortune, il la distribuait généreusement. La légende raconte qu'il donna un sac de pièces d'or à trois jeunes vierges qui ne pouvaient se marier par manque de dot ; il déposa un sac au pied du lit de chacune d'elles, pendant qu'elle dormait, afin qu'elle ignorât l'origine du don. Ce dernier détail est devenu un élément important du rôle du père Noël.

Saint Nicolas était également le patron de la famille et de la fertilité humaine. En tant que tel, il était invoqué par les femmes qui désiraient avoir un enfant. Sa réputation, sur ce point, était telle que, dans les pays alpins, il suffisait de dire qu'une femme avait prié saint Nicolas pour faire comprendre qu'elle attendait un enfant ; et quand on disait qu'il avait visité une famille, cela signifiait qu'un bébé y était né.

Dans certaines parties de la Suisse, ce n'était pas une cigogne qui apportait les bébés, mais Smichlaus, nom dialectal de notre saint. En Bretagne, les femmes qui désiraient avoir un enfant se rendaient à une chapelle à lui consacrée où une statuette le représentait était suspendue par une corde au plafond ; quand elles frottaient cette statuette sur leur ventre, elles étaient censées devenir enceintes. Cela montre bien que certaines coutumes païennes relatives à la fertilité se sont incorporées aux rites qui accompagnent le culte de saint Nicolas.

Dès le xie siècle, dans certaines régions de l'Europe, on racontait que saint Nicolas, monté sur son cheval gris pommelé, survolait les toits au milieu de la nuit, le jour de sa fête, et laissait tomber dans les cheminées soit des nouveau-nés, soit des cadeaux pour les enfants. De là vient la légende du père Noël conduisant son traîneau tiré par des rennes au-dessus des maisons. Aux processions de la Saint-Nicolas, la personne qui le représente est habillée en évêque, puisqu'il en était un, ou porte une robe de cardinal, ce qui est sans doute à l'origine de la tenue rouge du père Noël.

Quels sont les traits de saint Nicolas qui peuvent s'adresser à l'esprit inconscient de l'enfant, particulièrement en relation avec les rites ou autres événements qui accompagnent la célébration de Noël ? De nombreux éléments suscitent des réponses inconscientes par leur combinaison et leur totalité aussi bien que par leur aspect propre. Tous les enfants, par exemple, se demandent avec inquiétude si leurs parents ont fait ou non bon accueil au père Noël. Par conséquent, toute fête célébrant l'arrivée d'un enfant est rassurante, et c'est évidemment le cas de Noël. La joie avec laquelle l'enfant Jésus a été accueilli en ce monde non seulement par Marie et Joseph, mais aussi par les bergers et les Rois mages, suggère à l'enfant que sa naissance fut également pour ses parents un joyeux événement, et aussi pour la communauté élargie, puisque tout le monde célèbre Noël.

L'avent est une période de joyeuse anticipation, comme l'est celle qui précède la naissance d'un enfant. L'arrivée du père Noël au milieu de la nuit a quelque chose de mystérieux, comme la venue au monde des enfants, qui naissent pour la plupart pendant la nuit. Le père Noël descend par la cheminée jusqu'à l'âtre qui donne à la maison une chaleur dispensatrice de vie ; et le gros ventre du père Noël rappelle celui d'une femme au terme de sa grossesse. Le petit enfant, le jour de sa naissance, descend par un conduit étroit et sombre, et ainsi fait le père Noël. Une légende tenace veut que les cigognes apportent les nouveau-nés et les laissent tomber dans la cheminée — thème que l'on retrouve dans les légendes du père Noël et de saint Nicolas. Enfin, et surtout, les parents connaissent la vraie version de la conception et de la naissance, mais les enfants sont supposés l'ignorer et on leur raconte une version différente ; de même, les parents savent la vérité sur le père Noël et font croire autre chose à leur enfant. Par leur combinaison, ces significations symboliques font de Noël l'un des événements les plus heureux de la vie de l'enfant.

Quand j'étais petit, en Autriche, la Saint-Nicolas était célébrée, comme dans de nombreux pays, selon une tradition séculaire qui s'est maintenue jusqu'à nos jours : deux adultes visitent les maisons où se trouvent des enfants, l'un habillé en évêque, et portant une crosse, tient le rôle de saint Nicolas ; l'autre est son serviteur ou sa contrepartie, et son nom ainsi que son habillement dépendent des coutumes locales. Dans les pays germaniques, il est en général appelé Ruprecht quand il n'est qu'un domestique chargé d'un sac de cadeaux ; mais le plus souvent on l'appelle Black Peter, le père Fouettard en France, et Krampus ou Grampus en Autriche, où il représente le diable ; son visage est noirci, il a un masque cornu, une queue et même des pieds fourchus ; vêtu de noir, il tient à la main un grand sac vide où il mettra les enfants méchants pour les emporter loin de chez eux. Presque toujours, il agite d'une main une baguette et de l'autre fait tinter des chaînes destinées aux mauvais sujets (le père Fouettard, lui, les menace de son martinet). Mais ce personnage redoutable aux yeux des enfants est sous la coupe du bon évêque saint Nicolas qui, toujours, l'arrête à temps... de même que, dans la légende dorée, il sauve les petits enfants.

Le jour de la Saint-Nicolas, donc, ces deux personnages vont de porte en porte et demandent aux parents, qui attendaient leur visite, si leurs enfants ont été sages ou méchants. La réponse traditionnelle est : « Plutôt sage, mais pas toujours. » Sur quoi le diable fait un pas en avant et fait mine de s'emparer de l'enfant (ou de lui donner des coups de martinet si c'est le père Fouettard), mais le bon saint vient à son secours et remet le diable à sa place, montrant par là qu'il est le grand protecteur de tous les enfants. Puis le saint fait un petit sermon pour conjurer l'enfant d'être sage à l'avenir et il lui donne son modeste cadeau, en général une orange et des bonbons. Mais l'un de ses cadeaux les plus traditionnels est particulièrement significatif : c'est une branchette semblable à celle dont Krampus menace l'enfant mais recouverte d'une peinture argentée qui scintille et sur laquelle sont attachés des petits fruits ou des bonbons. La branchette de saint Nicolas transforme donc l'instrument qui punit à l'occasion les enfants pour en faire un objet de plaisir. Ainsi, le jour de la Saint-Nicolas, le côté négatif de l'ambivalence parentale est satisfait par les menaces de punition simulées par le personnage diabolique, puis le côté positif de cette ambivalence l'emporte, et l'enfant reçoit les cadeaux, qui sont beaucoup plus directs et réels que ne l'était le châtiment symbolique.

Les deux personnages inséparables de la Saint-Nicolas évoquent les deux côtés de notre personnalité d'une façon que tout le monde peut comprendre. La réponse des parents à leur question montre qu'ils savent que leur enfant n'est ni tout bon ni tout mauvais, ce qui permet à l'enfant de jouir de ses petits cadeaux sans le moindre sentiment de culpabilité. Evidemment, le déguisement impressionnant de l'évêque, avec sa mitre et sa crosse, et l'aspect redoutable de Krampus — tout comme le costume rouge du père Noël — ajoutent beaucoup au plaisir de la fête. En se déguisant et en se comportant comme ils le font pour les petits, avec la complicité des parents, ils donnent corps et réalité aux fantasmes de l'enfant et lui montrent qu'ils les acceptent pleinement.

Le changement fondamental des fêtes

Noël n'est pas la seule fête d'enfants à célébrer symboliquement la naissance, la fertilité et le réveil de la nature. Le 1er Mai, avec ses danses autour du mât enrubanné, était aussi l'occasion de fêtes auxquelles tout le monde participait, et en particulier les enfants et les jeunes, qui y prenaient beaucoup de plaisir. C'était vraiment un jour où « jeunes et vieux s'avancent pour jouer ». (De nos jours, le 1er Mai n'est plus fêté que par les syndicalistes et la gauche qui lui gardent son ancien sens de nouveau départ.) Une autre grande fête célèbre une nouvelle aube : Pâques, le jour de la Résurrection, sans laquelle l'histoire du Christ se serait terminée avec sa mort sur la croix. Pâques célèbre le commencement d'une nouvelle vie, d'une nouvelle ère, d'un nouvel espoir.

Comme le montrent son nom anglais, *Easter,* et certains de ses rites, Pâques a aussi de profondes significations symboliques en relation avec la naissance, la renaissance et la fertilité. *Easter* vient du nom de la déesse allemande Ostara qui régnait sur le printemps et la fécondité. L'un de ses symboles était l'œuf et c'est à cette tradition que l'œuf de Pâques doit son origine. L'œuf tient une place importante dans les mythes de création de tous les pays du monde pour signifier la naissance, et c'est dès le ve siècle qu'il a été introduit dans les cérémonies de Pâques. L'Eglise catholique romaine, au xiie siècle, a légitimé cet apport en introduisant le rite de la *Benedictio ovarum* qui autorisait le symbole de l'œuf pour les cérémonies religieuses du jour de Pâques. Depuis, pour la fête laïque, l'œuf a tenu une place importante : la chasse aux œufs de Pâques, pour les enfants, par exemple, et l'usage d'offrir des œufs décorés.

De nombreux rites — et le sens commun — attestent la relation entre l'œuf et la naissance. Par exemple, chez les gitans hongrois, quand une femme est en train d'accoucher, ses parents et ses amis lui rendent visite et l'un d'eux pose sur elle un œuf tandis que tout le monde chante : « L'œuf, l'œuf est rond / Et le ventre est rond / Que vienne l'enfant en bonne santé ! / Dieu, Dieu lui ordonne de naître ! »

Toutes les grandes fêtes d'enfants — anniversaires, Noël, Pâques — sont donc des jours qui commémorent et célèbrent la naissance et qui, ainsi, affirment à l'enfant que son arrivée sur cette terre était un événement faste, ardemment désiré par ses parents et le monde. Plus on célèbre ces fêtes, plus l'enfant se sait aimé.

Pour se sentir émotionnellement en sécurité, l'enfant ne doit pas seulement être aimé et chéri, mais aussi savoir que ses facettes les plus sombres peuvent être acceptées. Le rite traditionnel de la Saint-Nicolas reconnaît le fait que les enfants ne peuvent pas être sages tout le temps ; et certaines coutumes du temps pascal permettent aux enfants de manifester au grand jour leurs tendances asociales. Dans le comté d'Oxford, en Angleterre, par exemple, pendant la semaine précédant Pâques, des bandes de garçons et de filles allaient naguère de maison en maison pour solliciter des cadeaux. Si, après avoir chanté un refrain de Pâques, ils ne voyaient pas venir un présent, ils criaient en chœur : « Ici habite une méchante femme / Que le diable prenne sa vie / Et qu'il l'emmène en enfer ! » Puis les enfants coupaient la ficelle retenant le loquet de la porte, enduisaient de boue le trou de la serrure et laissaient devant la porte d'autres preuves de leur mécontentement.

Un autre jour était consacré à l'expression du côté négatif de l'ambivalence des enfants : le 1er avril, qui, à une certaine époque, était l'une des fêtes les plus joyeuses du calendrier juvénile. Toutes sortes de tours pendables étaient joués aux adultes qui devaient les accepter avec bonne humeur. Il y avait encore d'autres jours semblables, selon les coutumes locales, tels que le nouvel an, la Saint-Valentin, le mardi gras, qui tous étaient l'occasion pour les jeunes de se rebeller et de défier les adultes. Mais la Saint-Nicolas, sur ce plan, était particulièrement appréciée des jeunes, surtout en Hollande. Après les visites du saint et de Ruprecht, tard dans la soirée et pendant la nuit, des bandes de garçons et de filles qui s'étaient noirci le visage se répandaient bruyamment dans les rues, poursuivant les passants, salissant les murs et les fenêtres et accumulant en chemin les dégâts. Là aussi, les adultes devaient sourire...

Aux Etats-Unis, nous avions une fête qui permettait aux jeunes et aux adolescents de se venger des adultes : Halloween, qui avait lieu la veille de la Toussaint. Son origine était une fête celtique, située à la fin des beaux jours, en relation avec la transhumance et le retour des flammes dans les cheminées.

Aux Etats-Unis, donc, ce jour-là, les enfants pouvaient exprimer librement leur ressentiment contre les adultes qui les obligeaient à se conduire d'une façon plus civilisée qu'ils ne le voulaient... ou qu'ils ne pouvaient. Halloween était le seul jour de l'année où ils pouvaient menacer les adultes et leur faire peur, ce qui n'était au fond qu'un juste retour des choses. C'était la seule nuit où ils pouvaient maculer les portes et les fenêtres, soulager leur rage d'avoir dû subir un apprentissage draconien de la propreté en renversant les tinettes dans les jardins, et abattre les clôtures pour bien montrer qu'ils en avaient assez de ne pas avoir le champ libre.

Evidemment, ce qui faisait d'Halloween un événement très significatif pour les enfants, c'est le fait que les adultes entraient dans le jeu : ils faisaient semblant d'avoir peur de leurs déguisements et de leurs menaces, et leur donnaient des bonbons quand ils les abordaient avec la phrase traditionnelle : « *Trick or treat !* » (« Donne, ou je te joue un mauvais tour »). Ceux qui ne se conformaient pas à l'esprit du jeu étaient des rabat-joie, comme le sont les adultes qui affirment que le père Noël n'existe pas à un enfant qui ne demande qu'à croire en lui.

Cette fête affirmait aux enfants que leurs parents, au fond d'eux-mêmes, malgré leur volonté de les socialiser, ne rejetaient pas totalement le côté négatif des sentiments qu'ils éprouvaient pour eux ; les parents savaient que ces sentiments existaient et leur rendaient justice, du moins symboliquement, une fois par an. Après s'être libéré de son hostilité, l'enfant pouvait se concentrer pleinement, pendant la période de Noël qui commençait quelques semaines plus tard, sur les sentiments positifs qu'il éprouvait pour ses parents.

Hélas ! tout récemment, dans certaines régions des Etats-Unis, par exemple en Californie et à New York, les adultes, la veille de la Toussaint, ont pris l'habitude de se déguiser en sorcière, en diable ou en fantôme, comme le faisaient les enfants pour Halloween, les privant par leur participation active de la seule fête qui était la leur en toute exclusivité. Cette nuit-là, les enfants n'essaient plus de faire peur aux adultes ; on leur a volé leur seule chance de l'année d'affirmer leur domination. Les adultes qui se conduisent ainsi ont sans doute été privés de fêtes joyeuses dans leur enfance et essaient de se rattraper. Mais ce faisant, ils interdisent à leurs propres enfants de renverser les rôles et de tourmenter symboliquement leurs parents et tous les autres adultes, ne serait-ce qu'une fois par an.

Aristote le savait déjà : nous ne pouvons nous rendre disponibles pour nos objectifs les plus élevés que si nous nous purgeons d'abord des forces négatives qui sont en nous. En édulcorant les fêtes, en les rendant « convenables » et civilisées, les adultes les ont coupées des sources les plus profondes de l'existence humaine ; en les rendant insipides pour leurs enfants, ils ont créé pour eux un monde tout aussi insipide, un monde qui veut ignorer à la fois leurs anxiétés et leurs aspirations les plus positives. Plus regrettable encore, nous affadissons en même temps les sentiments qu'ils éprouvent pour nous, et tout le monde en pâtit, les enfants et les adultes. Si nous pouvions réintroduire de la magie dans leur monde, nos relations en seraient considérablement enrichies.

*
**

Le propos de ce livre est d'inciter les parents à réfléchir personnellement à certains aspects de l'éducation et de les aider à trouver de bonnes solutions à tous les problèmes que leurs enfants peuvent leur poser. Les efforts qu'ils produiront dans ce sens feront d'eux des « parents acceptables » pour leur bénéfice et celui de leurs enfants. Le parent suffisamment bon sera toujours conscient que rien ne peut être plus merveilleux dans sa vie que le fait de concevoir, porter et mettre au monde un enfant. De même, la naissance est l'événement le plus merveilleux de la vie de l'enfant. Plus ils jouiront ensemble, chacun à sa façon, de ce qui en découle — élever l'enfant, pour les parents, être élevé par ses parents, pour l'enfant —, plus ils seront heureux.

Si ce livre, en dépit de ses limites, peut contribuer à faire de ce bonheur virtuel une réalité, alors, oui, il aura atteint son but.

REMERCIEMENTS

Je veux tout d'abord rendre hommage à D. W. Winnicott dont l'idée de la « mère suffisamment bonne » a inspiré le titre de ce livre. J'ai appliqué cette idée aux deux parents, puisqu'ils sont conjointement responsables du développement de l'enfant. Mon titre signifie que, pour bien élever un enfant, il ne faut pas essayer d'être des parents parfaits ni attendre de lui qu'il soit un être parfait, ou qu'il le devienne. La perfection est hors de portée de tout être humain.

Mais il est tout à fait possible d'être des parents acceptables, c'est-à-dire qui élèvent bien leur enfant. Pour y parvenir, leurs erreurs — qui viennent le plus souvent de l'intensité de leurs réactions émotionnelles vis-à-vis de l'enfant — doivent être largement compensées par les nombreuses circonstances où ils s'y prennent bien. Le but de ce livre est d'aider les parents à être « suffisamment bons ».

Mes idées sur l'éducation des enfants se sont formées pendant tant d'années qu'il m'est impossible d'exprimer ma gratitude envers toutes les personnes qui les ont influencées. La plupart de ces idées sont nées des problèmes d'éducation que j'ai eu à résoudre, soit personnellement, en tant que parent, soit parce qu'on me les exposait en me demandant de trouver une solution. Je peux toutefois exprimer ici toute ma gratitude à Joyce Jack qui m'a inlassablement aidé à rendre ce livre plus lisible. C'est elle qui m'a incité à faire lire le manuscrit à Katherine Bernard dont les suggestions m'ont été fort précieuses.

Il y a de cela de nombreuses années, Theron Raines m'a dit que je devrais écrire un livre sur l'éducation des enfants. Maintenant que cet ouvrage est terminé, je peux le remercier d'en avoir été l'initiateur. Je dois également beaucoup à Robert Gottlieb, qui n'a jamais cessé de s'intéresser à mon travail et de m'encourager, et cela avec une patience exemplaire, car la période de gestation a été particulièrement longue...

TABLE DES MATIÈRES

PREMIÈRE PARTIE
PARENTS ET ENFANT

1. En guise d'introduction : importance des expériences précoces 11
2. Conseils d'experts ou expérience intérieure ? 25
3. Parents ou étrangers ? 42
4. Leurs raisons et les nôtres 55
5. Résultats scolaires : un sujet de discorde 65
6. Une humanité commune 80
7. « Pourquoi ? » 89
8. L'empathie 99
9. La discipline 110
10. Faut-il punir ? 124
11. L'enfance revisitée 147
12. Les enfants doivent-ils tout savoir du passé de leurs parents ? . 156

DEUXIÈME PARTIE
LE DÉVELOPPEMENT DE LA PERSONNALITÉ

13. L'élaboration de l'identité 167
14. Le jeu : un pont vers la réalité 185
15. Comprendre l'importance du jeu 204
16. Le jeu comme moyen de résoudre les problèmes 218
17. Jeu et réalité : un équilibre précaire 234
18. Les parents et le jeu : deux poids, deux mesures 248
19. S'affirmer par les affrontements 260

20. Le jeu et l'inconscient 270
21. Au-delà de la victoire et de la défaite. 293
22. Vers la civilisation. 303

TROISIÈME PARTIE
FAMILLE, ENFANT, COMMUNAUTÉ

23. Idéal et réalité 313
24. Créer des liens solides 329
25. A la recherche d'une juste place 344
26. L'entraide familiale 360
27. Jours magiques. 373
28. Ne pas croire au père Noël ? 384
29. Le « vrai » père Noël et le diable 393

Remerciements. 403

*Achevé d'imprimer le 21 avril 1988
sur presse CAMERON,
dans les ateliers de la S.E.P.C.
à Saint-Amand-Montrond (Cher)
pour le compte des éditions Robert Laffont
6, place Saint-Sulpice, 75279 Paris Cedex 06*

Dépôt légal : mai 1988.
N° d'Édition : 31094. N° d'Impression : 3875-449.